Studies in International, Transnational and Global Communications

Reihe herausgegeben von
Carola Richter, Internationale Kommunikation, Freie Universität Berlin, Berlin, Deutschland
Michael Brüggemann, Institut für Journalistik/Kommunik, Universität Hamburg, Hamburg, Deutschland
Susanne Fengler, Institut für Journalisitk, TU Dortmund, Dortmund, Deutschland
Sven Engesser, Institut für Kommunikationswissenschaft, TU Dresden, Dresden, Sachsen, Deutschland

Um angesichts zunehmender Globalisierung Kommunikationsprozesse und Medienentwicklungen zu verstehen, ist eine Perspektiverweiterung über staatliche und kulturelle Grenzen hinweg unerlässlich. Eine Vielzahl von medienvermittelter Kommunikation entwickelt sich jenseits von oder quer zu nationalstaatlichen Grenzen. Gleichzeitig gilt es, die Beharrungskräfte von Nationalstaaten nicht zu vernachlässigen und in vergleichenden Perspektiven Unterschiede und Gemeinsamkeiten bei Medienentwicklungen in verschiedenen Ländern und Regionen herauszuarbeiten und zu erklären. Studien zu Formen medienvermittelter Kommunikation in allen Weltregionen sollen helfen, den Blick für Phänomene der Globalisierung und ihrer Auswirkungen auf Medien und Kommunikation zu erweitern.

Die Reihe ist offen für eine Bandbreite an Feldern der Kommunikationswissenschaft, für die internationale und transnationale Ansätze konstitutiv sind oder fruchtbar gemacht werden können, wie zum Beispiel Auslands- und Kriegsberichterstattung, Journalismusforschung, Public Diplomacy, Medien und Transformation, politische Kommunikation, Mediensystemforschung (Medienpolitik, Medienökonomie), Nutzungsforschung, Medien und Migration. Genauso sind unterschiedliche theoretische und methodische Zugänge der sozialwissenschaftlichen Forschung willkommen. Die Reihe soll dabei sowohl aktuelle Fall- und Länderstudien als auch Überblicksdarstellungen beinhalten.

In the face of increasing globalization, understanding communication processes and media developments requires a widening of perspective beyond national and cultural boundaries. A multitude of mediated communications is developing beyond or across national borders. At the same time, it is important not to neglect the enduring force of nation-states, and to identify and explain differences and similarities in media developments in various countries and regions using comparative perspectives. Studies on forms of mediated communication in all regions of the world should help to broaden the view on the phenomena of globalization and their impact on media and communication.

The series is open for a variety of topics related to international and transnational communication, such as foreign and war reporting, comparative journalism research and political communications, public diplomacy, media and transformation, media systems research (media policy, media economics), audience research, media and migration. Theoretical and methodological approaches from different social sciences are welcome. The series intends to include current case studies and country-specific studies as well as broader overviews.

Weitere Bände in der Reihe http://www.springer.com/series/15233

Thomas Hanitzsch · Josef Seethaler ·
Vinzenz Wyss
(Hrsg.)

Journalismus in Deutschland, Österreich und der Schweiz

 Springer VS

Hrsg.
Thomas Hanitzsch
Ludwig-Maximilians-Universität München
München, Deutschland

Josef Seethaler
Österreichische Akademie der
Wissenschaften
Wien, Österreich

Vinzenz Wyss
ZHAW Züricher Hochschule für
Angewandte Wissenschaften
Winterthur, Schweiz

ISSN 2569-1481   ISSN 2569-149X   (electronic)
Studies in International, Transnational and Global Communications
ISBN 978-3-658-27909-7   ISBN 978-3-658-27910-3   (eBook)
https://doi.org/10.1007/978-3-658-27910-3

Die Deutsche Nationalbibliothek verzeichnet diese Publikation in der Deutschen National-
bibliografie; detaillierte bibliografische Daten sind im Internet über http://dnb.d-nb.de abrufbar.

Springer VS

Verantwortlich im Verlag: Barbara Emig-Roller

Springer VS ist ein Imprint der eingetragenen Gesellschaft Springer Fachmedien Wiesbaden GmbH
und ist ein Teil von Springer Nature.
Die Anschrift der Gesellschaft ist: Abraham-Lincoln-Str. 46, 65189 Wiesbaden, Germany

Inhaltsverzeichnis

Herausgeber- und Autorenverzeichnis

Über die Herausgeber

Thomas Hanitzsch ist Professor für Kommunikationswissenschaft mit Schwerpunkt Journalismusforschung am Institut für Kommunikationswissenschaft und Medienforschung der LMU München. Nach einem Studium der Journalistik und Arabistik/Orientalischen Philologie an der Universität Leipzig hat er 2004 an der TU Ilmenau promoviert und sich 2010 an der Universität Zürich habilitiert. In seiner Forschung beschäftigt er sich mit dem Vergleich von Journalismuskulturen sowie mit Medienvertrauen und Kriegsberichterstattung.

Josef Seethaler ist stellvertretender Direktor des Instituts für vergleichende Medien- und Kommunikationsforschung der Österreichischen Akademie der Wissenschaften und der Alpen-Adria-Universität. Er leitet die Arbeitsgruppe „Media, Politics & Democracy", ist Lehrbeauftragter der Universität Wien und in zahlreichen Beratungs- und Gutachterfunktionen tätig. Er forscht zu politischer Kommunikation und gesellschaftlicher Partizipation, Mediensystemen, Wissenschaftskommunikation sowie Medien- und Kommunikationsgeschichte.

Vinzenz Wyss ist Professor für Journalistik an der Zürcher Hochschule für angewandte Wissenschaften in Winterthur. Nach dem Studium der Germanistik, Publizistik und Soziologie war er journalistisch tätig, promovierte 2002 an der Universität Zürich und gründete die Beratungsfirma Media Quality Assessment. In Forschung und Lehre beschäftigt er sich mit journalistischer Qualität und Qualitätssicherung, Medienethik und Medienkritik.

Autorenverzeichnis

Marlene Dietrich-Gsenger Institut für vergleichende Medien- und Kommunikationsforschung, Österreichische Akademie der Wissenschaften, Wien, Österreich

Filip Dingerkus ZHAW Zürcher Hochschule für Angewandte Wissenschaften, Winterthur, Schweiz

Thomas Hanitzsch Ludwig-Maximilians Universität München, München, Deutschland

Guido Keel ZHAW Zürcher Hochschule für Angewandte Wissenschaften, Winterthur, Schweiz

Corinna Lauerer Ludwig-Maximilians Universität München, München, Deutschland

Josef Seethaler Institut für vergleichende Medien- und Kommunikationsforschung, Österreichische Akademie der Wissenschaften, Wien, Österreich

Nina Steindl Ludwig-Maximilians Universität München, München, Deutschland

Vinzenz Wyss ZHAW Zürcher Hochschule für Angewandte Wissenschaften, Winterthur, Schweiz

Abbildungsverzeichnis

Tabellenverzeichnis

Zur Einleitung: Journalismus in schwierigen Zeiten

Thomas Hanitzsch, Josef Seethaler und Vinzenz Wyss

Aktuell kommt kaum ein Bericht zur Lage des Journalismus ohne Krisenrhetorik aus. Als Treiber der Krise gelten sinkende Auflagen und Marktanteile, die Abwanderung von Anzeigen in das Internet, die Konkurrenz durch kostenlose Online-Nachrichtenportale und Bürgerjournalismus sowie die Veränderung des Nachrichtenkonsums insgesamt (Meckel et al. 2012). Frank Patalong (2015) beschrieb den journalistischen Arbeitsmarkt im *Spiegel* unlängst als „Krisestan", und auch die Journalismusforschung spekuliert betriebsam über das „Ende" bzw. „Sterben" des Journalismus (Charles und Stewart 2011; McChesney und Pickard 2010). Bereits 2005 haben Rudolf Gerhardt, Hans Mathias Kepplinger und Marcus Maurer im Feuilleton der *Frankfurter Allgemeinen Zeitung* gemahnt, dass jede Journalismuskrise auch eine Krise der demokratischen Öffentlichkeit sei.

Wie in vielen westlichen Demokratien ist Journalismus auch in Deutschland, Österreich und der Schweiz zudem verstärkt zum Objekt öffentlicher

T. Hanitzsch (✉)
Ludwig-Maximilians Universität München, München, Deutschland
E-Mail: thomas.hanitzsch@ifkw.lmu.de

J. Seethaler
Institut für vergleichende Medien- und Kommunikationsforschung, Österreichische Akademie der Wissenschaften, Wien, Österreich
E-Mail: josef.seethaler@oeaw.ac.at

V. Wyss
ZHAW Zürcher Hochschule für Angewandte Wissenschaften, Winterthur, Schweiz
E-Mail: vinzenz.wyss@zhaw.ch

© Springer Fachmedien Wiesbaden GmbH, ein Teil von Springer Nature 2019
T. Hanitzsch et al. (Hrsg.), *Journalismus in Deutschland, Österreich und der Schweiz*, Studies in International, Transnational and Global Communications,
https://doi.org/10.1007/978-3-658-27910-3_1

Kritik geworden. Gerade mit Blick auf die Berichterstattung über politisch auf-
geladene Themen (z. B. Asyl und Migration) sehen sich Journalisten zunehmend
dem Vorwurf von mangelnder Objektivität ausgesetzt.[1] Debatten um eine „Sys-
tem-", „Lücken-" und „Lügenpresse" sowie um die vermeintliche „Staatsnähe"
des öffentlichen Rundfunks haben der Glaubwürdigkeit und dem Ansehen von
Journalismus in Teilen der Bevölkerung geschadet (Schultz et al. 2017). Journalistische Akteure müssen zunehmend damit leben, dass ihre Leistungen von der
Gesellschaft kritisch hinterfragt werden (Fiedler 2015; Frank 2016).

Diese Entwicklungen, so scheint es, treffen den Journalismus in einer Situation der Verwundbarkeit. Denn der Berufsstand steht vor enormen Herausforderungen. Die tief greifenden Veränderungen der letzten beiden Jahrzehnte
haben unter Journalisten zu einem extremen Anpassungsdruck geführt. Verantwortlich hierfür sind u. a. eine zunehmende Ökonomisierung der Medienproduktion, die Hybridisierung und Boulevardisierung journalistischer Inhalte
sowie die zunehmend prekären Arbeitsbedingungen im Journalismus. Eine ganze
Reihe von Indizien deutet darauf hin, dass sich die Realitäten der journalistischen
Arbeit und die Bedingungen, unter denen sie stattfindet, längst verändert haben
(Jarren 2015; Kramp et al. 2013; Loosen und Dohle 2014; Meckel et al. 2012;
Weischenberg et al. 2006a).

Die damit entstehende allgemeine Verunsicherung ist überall im Journalismus
spürbar. Vor diesem Hintergrund betrachtet sich dieses Buch als eine Zustands-
beschreibung des Journalismus in einer Zeit, in der Medieninstitutionen ökonomisch unter Druck stehen und journalistische Autorität keine naturgegebene
Selbstverständlichkeit mehr ist. Die in diesem Band berichteten Ergebnisse basieren auf einer Befragung von über 2500 Journalisten, die in den Jahren 2014 und
2015 in Deutschland, Österreich und der Schweiz durchgeführt wurde. Dabei
ging es uns vor allem um die Frage, welche Akteure im Journalismus tätig sind,
wie sich die Zusammensetzung des Berufsstands verändert und wie Journalisten
in den drei Ländern die veränderten Arbeitsrealitäten wahrnehmen. Im Rahmen
der Befragung wurde hierzu eine Fülle von Daten erhoben – zu den soziodemografischen Profilen der Journalisten, den Anstellungsverhältnissen und Tätigkeitsbereichen sowie ihren professionellen Einstellungen vor allem hinsichtlich des
beruflichen Rollenverständnisses und journalistischer Ethik, ihres Vertrauens in

---

[1]In diesem Buch wird mit Blick auf die Lesbarkeit die männliche Form „Journalist" bzw.
„Journalisten" verwendet. Dies berücksichtigt auch Journalistinnen – sofern nicht explizit
anders ausgewiesen.

gesellschaftliche Institutionen sowie die Wahrnehmung von redaktioneller Autonomie und Einflüssen auf die journalistische Arbeit.

Dabei arbeitet sich die Analyse an zwei Vergleichsmaßstäben ab – einem
zeitlichen sowie einem Ländervergleich. So werden die Ergebnisse der aktuellen Studie, soweit möglich, mit den Befunden aus ähnlichen Vorläuferstudien
abgeglichen, wodurch Rückschlüsse auf Veränderungen im Zeitverlauf möglich
werden. Entsprechende Zahlen liegen für Deutschland aus den Jahren 1993 und
2005 vor (Weischenberg et al. 2006a, b), für Österreich aus 2007 (Kaltenbrunner
et al. 2007, 2008) sowie für die Schweiz aus den Jahren 1998 und 2008 (Bonfadelli et al. 2011; Keel 2011).

Darüber hinaus werden die Ergebnisse konsequent im Dreiländervergleich
diskutiert. Die Forschung zeigt hier übereinstimmend, dass die Mediensysteme
in Deutschland, Österreich und der Schweiz im globalen Maßstab sehr ähnliche
Rahmenbedingungen für Journalismus bieten (Blum 2014; Brüggemann et al.
2014; Hallin und Mancini 2004). Unter diesen Bedingungen haben Journalisten
in den drei Ländern wiederum kongruente Einstellungsmuster und Praktiken entwickelt (Hanitzsch et al. 2011, 2019). Damit folgt der hier verwendete Ansatz
der Logik des *Most Similar Systems Design,* bei dem sehr ähnliche Länder miteinander verglichen werden (Przeworski und Teune 1970).

Theoretische Perspektive: Journalismus als diskursive Institution

Vorläuferstudien haben sich oft an systemtheoretischen Prämissen abgearbeitet
(Keel 2011; Scholl und Weischenberg 1998; Weischenberg et al. 2006a). Dabei
hat sich das begriffliche Instrumentarium der Systemtheorie oft als recht sper-
rig erwiesen. Denn auch wenn die Theorie eine brauchbare Heuristik zur
Beschreibung von Journalismus als „fest umrissenen, identifizierbaren Sinn- und
Handlungszusammenhang" (Weischenberg 2001, S. 77) liefert, so bleibt dennoch
die Ausblendung der handelnden Akteure ihr „genetisches Erklärungsdefizit"
(Schimank 1995, S. 84). Zur Überwindung dieses Defizits wurden verschiedene
Ansätze fruchtbar gemacht – wie die Strukturationstheorie, die journalistische
Organisationen als Systeme organisierten Handelns versteht, die sich durch die
Interdependenz von Handeln und Struktur auszeichnen (Altmeppen 2006; Wyss
2016). Strukturen begrenzen bzw. ermöglichen demnach menschliches Handeln;
gleichzeitig werden diese Strukturen durch das handelnde Zusammenwirken der
Akteure fortwährend (neu) hervorgebracht (Melischek und Seethaler 2011).

Der Gedanke der Rekursivität zwischen Struktur und Handeln liegt auch neueren institutionalistischen Ansätzen zugrunde, die Institutionen als menschengemachte Rahmenbedingungen des Handelns verstehen, die Ordnung schaffen und Unsicherheit reduzieren (North 1991). Diese Strukturen umfassen formale und informelle Regeln, Konventionen und Praktiken sowie die entsprechenden organisationalen Manifestationen (Parsons 2007). Soziale Institutionen beeinflussen menschliches Handeln, indem sie die kognitiven Skripte, Kategorien und Modelle bereitstellen, die für das Handeln unerlässlich sind (Hall und Taylor 1996). Der Schlüssel zu individuellem Verhalten liegt dabei in der „Logik der Angemessenheit" (Cook 1998, S. 61).

Die vorliegende Studie basiert auf der Perspektive des diskursiven Institutionalismus, der neben dem Rational Choice-basierten, historischen und soziologischen Institutionalismus als vierte Spielart institutionalistischer Ansätze gilt (Schmidt 2008). Hier wird Journalismus als Institution begriffen, deren Identität und Rolle in professionellen und gesellschaftlichen Diskursen fortwährend verhandelt werden. Diese Diskurse, in denen sich die *Beschreibung regelhafter Strukturen aus der Wahrnehmung der beteiligten Akteure* vollzieht, sind konstitutiv für die Strukturen selbst. In konzeptioneller Hinsicht lässt sich die vorliegende Studie daher von zwei grundlegenden theoretischen Prämissen leiten, die im Folgenden näher erläutert werden: Journalismus ist erstens eine *soziale Institution,* die zweitens *diskursiv hervorgebracht* wird.

Journalismus als soziale Institution

Der US-amerikanische Kommunikationswissenschaftler Timothy E. Cook (1998, S. 70) hat Institutionen definiert als „social patterns of behavior identifiable across the organizations that are generally seen within a society to preside over a particular social sphere". Diese Strukturen sind von zeitlichem Bestand und erstrecken sich über die Grenzen von einzelnen Organisationen. Journalismus kann nach Cook als eine solche Institution angesehen werden, da er alle diese Bedingungen erfüllt. Als Institution, fügt Bartholomew Sparrow (2006, S. 155) hinzu, bildet Journalismus ein „ordered aggregate of shared norms and informal rules that guide news collection". Der institutionelle Charakter von Journalismus ist in der Forschung denn auch weithin unbestritten und nach Cook der Grund für die bemerkenswerte Ähnlichkeit von journalistischen Praktiken im Zeit- und Ländervergleich.

Der institutionelle Rahmen von Journalismus besteht demnach aus Regeln, Konventionen und Praktiken, die einschränkend und ermöglichend zugleich sind.

Darunter befinden sich formale Strukturen (z. B. Pressegesetze und Arbeitsverträge) und informelle Konventionen und Praktiken (wie die Autorisierung
von Interviews durch Interviewpartner). Über Formen der beruflichen Sozialisation und Ausbildung wachsen Nachwuchsjournalisten in dieses Regelwerk hinein
(Gravengaard und Rimestad 2014). Dieser Sozialisationsprozess findet in einem
Kontext statt, in dem journalistische „Veteranen" gemeinsame Ziele haben und
ein Repertoire an beruflichen Mythen und Erzählungen teilen. Die kollektive
Weitererzählung von historischen Schlüsselmomenten des Journalismus dient
dabei der Zementierung von professionellen Normen (Zelizer 1993). Ein Beispiel
hierfür ist die *Spiegel*-Affäre von 1962, die letztlich zum Rücktritt des damaligen
deutschen Verteidigungsministers Franz Josef Strauß führte. Die Konservierung
dieser Momente im kollektiven Gedächtnis des Journalismus dient letztendlich
der definitorischen Kontrolle über Grenzen von legitimer journalistischer Praxis
(Carlson 2017; Deuze 2005).

Die Entscheidungen, die Journalisten im Rahmen ihrer täglichen Arbeit treffen, werden demnach weniger von ihren persönlichen Werten und sozialen Dispositionen bestimmt als von Annahmen und Erwartungen hinsichtlich dessen,
was als angemessene oder legitime Praxis gilt. Journalisten arbeiten auf diese
Weise im Sinne von unausgesprochenen und oft unhinterfragt akzeptierten Normen, Regeln und Konventionen, die als Journalismus-immanente Selbstverständlichkeit verstanden werden (Cook 1998; Schultz 2007). Je stärker die Journalisten
in diese Praktiken eingelebt sind, umso mehr verkennen sie die Ergebnisse ihres
Handelns letztlich als individuelle Hervorbringungen (Raabe 2005).

Journalismus als diskursive Hervorbringung

Traditionelle institutionalistische Ansätze wie jene, auf die sich die Journalismusforschung üblicherweise beruft, begreifen Wandel oft als etwas, das durch einen
externalen Schock ausgelöst wird. Die Politikwissenschaftlerin Vivien Schmidt
(2008) drängt daher auf eine Perspektive, die eine Veränderung von Institutionen
auch von innen heraus erklären kann. Schmidt (2011) argumentiert dabei, dass
Institutionen vor allem auch mit Sinn und kollektiver Erinnerung aufgeladen sind.
Wandel und Dynamik entsteht mithin durch die diskursive Umdeutung institutioneller Normen und Praktiken. Im Gleichklang mit strukturationstheoretischen
Überlegungen werden Institutionen hier in zweierlei Form begriffen: als Strukturen, die den Akteuren vorgegeben sind, sowie als Konstrukte hervorgebracht
durch die handelnden Akteure. In einem diskurstheoretischen Sinn bedeutet dies,
dass Journalismus als Institution *auch* deshalb existiert, weil und indem wir über
ihn sprechen (Hanitzsch und Vos 2017).

Journalismus sowie die mit ihm verbundenen Normen und Praktiken sind mithin erkenn- und greifbar, da sie als Teil eines größeren Bezugsrahmens – eines Diskurses – existieren (Panizza und Miorelli 2013). Dieser Diskurs dreht sich maßgeblich um die Deutungshoheit über Identität und Rolle von Journalismus in der Gesellschaft. In Anlehnung an die Arbeiten des französischen Soziologen Pierre Bourdieu (1999) kann dieser Diskurs als ein Raum beschrieben werden, in dem verschiedene Akteure – maßgeblich Journalisten – miteinander im Wettbewerb um diskursive Autorität stehen und versuchen, ihre jeweilige Deutung von Journalismus als dominantes Paradigma durchzusetzen. Dabei sind die diskursiven Gewichte letztlich ungleich verteilt – etwa zwischen Vertretern der journalistischen „Elite" einerseits und weniger einflussreichen Akteuren auf der anderen Seite (Hanitzsch und Vos 2017).

Als Ergebnis dieses Aushandlungsprozesses „sedimentieren" dominante diskursive Positionen als institutionelle Normen und Regeln sowie Werte und Praktiken (Howarth 2000). Diese Strukturen stecken den Rahmen für die als „angemessen" und „akzeptabel" erachtete Praxis ab (Schmidt 2008). Als dynamische Struktur ist dieses Regelwerk wiederum Gegenstand von diskursiver (Neu-)Formung, (Re-)Interpretation, Aneignung und Reform. Als Institution stellt Journalismus somit den diskursiven „Werkzeugkasten" zur Verfügung, der es Journalisten ermöglicht, durch die Komplexitäten und Unsicherheiten ihrer Tätigkeit zu navigieren.

Journalismus als veränderliches Objekt

Eine diskursive Perspektive betrachtet Institutionen also nicht primär in ihrer statischen Verfasstheit, sondern vielmehr als Objekte beständiger Veränderung. Die institutionelle Logik des Journalismus ist daher als dynamische Bedeutungsstruktur Gegenstand einer fortdauernden diskursiven Aushandlung (Zelizer 1993). Auch wenn Journalisten in diesem Diskurs die zentralen Akteure sind, so können Journalismusforscher kaum für sich reklamieren, hier vollends unbeteiligt zu sein. Sie greifen unweigerlich in diesen Diskurs ein – selbst in ihren scheinbar objektivsten Momenten, etwa wenn sie im Rahmen ihrer Forschung die Grundgesamtheit bestimmen oder eine Stichprobe (z. B. von Journalisten) ziehen. Die Journalismusforschung muss damit als wesentlicher Bestandteil eines breiteren Diskurses über die kulturelle Bedeutung von Journalismus angesehen werden.

Das Verständnis einer diskursiv-institutionalistischen Perspektive bietet nach unserer Auffassung hier mehrere Vorteile. Zum einen lässt sich der Wandel von Journalismus als fortwährender Aushandlungsprozess begreifen, in dem journalistische und außerjournalistische Akteure um diskursive Autorität ringen – und damit um die Deutungshoheit darüber, was legitimen Journalismus im Kern ausmacht und wie sich Journalismus innerhalb der Gesellschaft positioniert. Der Fokus liegt mithin auf einer dynamischen und fortwährenden Transformation von Journalismus sowie auf der diskursiven Aushandlung seiner Grenzen als adaptive Antwort auf veränderte Bedingungen (Carlson 2017). Wenn neue journalistische Paradigmen – wie Bürger- oder vernetzter Journalismus – die Arena betreten, verändern sie effektiv die diskursiven Bezüge innerhalb des journalistischen Feldes und erzwingen damit oft eine Umdeutung tradierter Prämissen bezüglich der gesellschaftlichen Identität und Rolle von Journalismus.

Darüber hinaus erlaubt der hier ausgeführte Ansatz eine überzeugendere Zusammenführung von zwei eigentlich gegensätzlichen Perspektiven: Einerseits versuchen makrotheoretische Zugänge wie die System- oder Feldtheorie, die gesellschaftliche Rolle von Journalismus sowie seine vielfältigen institutionellen Zwänge und Mechanismen nachzuzeichnen. Andererseits setzt die empirische Journalismusforschung klassisch an Journalisten als individuelle Akteure an (mit ihren professionellen Selbstverständnissen, Praktiken und Erfahrungen). So werden Befragungen von Journalisten häufig von der Mikro- auf die Makroebene aggregiert, um auf diese Weise Aussagen über Journalismus als gesellschaftlichen Sinnzusammenhang zu treffen. Dabei ist nicht immer intuitiv klar, welchem theoretischen Verständnis die Aggregationslogik dabei folgt. Die damit verbundenen Probleme haben James S. Coleman (1984) und Hartmut Esser (1993) im Kontext des methodologischen Individualismus beschrieben. Der Ansatz des diskursiven Institutionalismus kann hier, wie wir glauben, eine argumentative Brücke bauen. Indem wir als Forscher mit – freilich ausgewählten – Journalisten sprechen, erhalten wir Zugang zu einem professionellen Diskurs, in dem Kernaspekte von Journalismus in der Gesellschaft fortwährend gedeutet und gegebenenfalls neuverhandelt werden. Jedes einzelne Interview, das wir führen, lädt mithin Journalisten ein, ihre Position in diesem Diskurs zu artikulieren. Auf diese Weise gewinnen wir als Forscher wertvolle Einblicke in die Befindlichkeiten einer Institution, die aktuell verletzbarer erscheint als jemals zuvor.

Diskursives Echo: Journalismus unter Druck

Die zum Teil dramatischen Veränderungen der gesellschaftlichen Bedingungen, unter denen Journalismus operiert, haben in den vergangenen zehn bis 15 Jahren ein hörbares Echo hinterlassen. Eine Vielzahl von Publikationen setzt sich mit der Transformation von Journalismus auseinander; für den deutschsprachigen

Raum seien stellvertretend die Bände *Die Zukunft des Journalismus* (Weischenberg et al. 1994) und *Journalismus und Wandel* (Behmer et al. 2005) genannt. In der internationalen Forschung werden diese Debatten ebenfalls breit geführt, u. a. in Pablo Boczkowski und C. W. Andersons (2017) Buch *Remaking the News,* in einem 2019 erschienenen Sonderheft der Fachzeitschrift *Journalism* sowie in der Serie *Predictions for Journalism* des NiemanLab, in der sich jährlich eine Vielzahl von Forschern zur Zukunft des Journalismus äußert.[2]

Es kann hier nicht darum gehen, alle in der Forschungsliteratur diskutierten Entwicklungen anzusprechen. Hervorheben möchten wir vor allem jene Aspekte, die uns bei der Planung und Durchführung der Studie wichtig waren. Diese Punkte lassen sich auf sieben Ebenen festmachen, die wiederum eine strukturierende Funktion für dieses Buch haben: redaktionelle Autonomie und berufliche Einflüsse, das journalistische Arbeitsumfeld und die Anstellungsbedingungen, die Zusammensetzung des Berufsstandes, das berufliche Rollenverständnis und professionelle Identität, das journalistische Vertrauen in Institutionen, journalistische Ethik sowie die Wahrnehmung von Wandel im Journalismus.

Redaktionelle Autonomie und berufliche Einflüsse

Auch wenn sich Journalisten in Deutschland, Österreich und der Schweiz im internationalen Vergleich weiterhin umfangreicher redaktioneller Autonomie erfreuen (Hamada et al. 2019), so wird ihre Arbeit von einer Vielzahl an Faktoren beeinflusst. Viele dieser Bedingungen haben sich, folgt man der öffentlichen wie fachlichen Diskussion, seit den letzten großen Journalistenbefragungen graduell verschlechtert.

Hinsichtlich einer Einflussnahme seitens der Politik stellt sich – vor dem Hintergrund eines allgemeinen Abwärtstrends für Pressefreiheit im globalen Maßstab (Dunham 2017) – die Lage für die drei Länder in einem vergleichsweise positiven Licht dar – mit einer leichten Verschlechterung der Situation für Deutschland und die Schweiz (Hanitzsch und Mellado 2011; Hanitzsch, Ramaprasad et al. 2019). Der *Media Pluralism Monitor* stellt konkret für Deutschland im Jahr 2017 nur ein geringes Maß an politischer Einflussnahme fest (Steindl und Hanitzsch 2018). Entwarnung bedeutet diese Diagnose jedoch nicht. Erinnert wird in diesem Zusammenhang oft an die Absetzung des ZDF-Chefredakteurs

---

[2]http://www.niemanlab.org/collection/predictions-2019/

Nikolaus Brender im Jahr 2009, die dem Vernehmen nach vom damaligen hessischen CDU-Ministerpräsidenten Roland Koch betrieben wurde. In einem Kommentar für *Spiegel Online* warf Markus Brauck (2009) dem ZDF damals „Zustände wie im italienischen Staatsfernsehen" vor und titelte „Deutschland ist jetzt Berlusconi-Land". Eine solche Diagnose erscheint vor dem Hintergrund des Gesamtzustandes des deutschen Mediensystems allerdings doch etwas überzogen.

In Österreich stellt sich die Situation durchaus prekärer dar, da die enge Bindung einzelner Medien an Politiker und politische Parteien hier durchaus eine lange Tradition hat (Seethaler und Melischek 2015). Im ORF ist die Gefahr der Einflussnahme durch politische Kräfte denn auch strukturell verankert: 15 der 35 Mitglieder des ORF-Stiftungsrates werden von der Regierung nominiert. Überdies ist die Vergabe von Werbeaufträgen an einige wenige Medien durch staatliche Stellen fragwürdig, und die Bestellung und Abberufung von Chefredakteuren folgt in Österreich kaum internationalen Standards (Seethaler 2018; Seethaler et al. 2018). In der Schweiz hat vor allem der Aufkauf von Gratiszeitungen durch den SVP-Rechtspolitiker Christoph Blocher Anlass zu Diskussionen gegeben. Das Zeitungshaus der Blocher-Beteiligungsfirma Robinvest und deren Tochter Swiss Regiomedia geben 31 Lokalzeitungen in mehr als sechs Kantonen heraus. In einer Analyse der *Winterthurer Zeitung,* eine der wichtigsten Blätter des Verlagshauses, kommt der Verein für Medienvielfalt (2019) zu dem Schluss, dass die früher zwar bürgerliche aber dennoch unpolitisch orientierte Zeitung inzwischen stark durch die nationalkonservative SVP geprägt sei.

Spürbar sind auch die ökonomischen Einflüsse auf Journalismus. Hier ist vor allem das traditionelle Geschäftsmodell des Journalismus zu nennen, das durch Auflagenschwund und einem zum Teil dramatischen Rückgang der Anzeigenerlöse unter Druck geraten ist (Meckel et al. 2012; Meier 2009; Novy 2013; Röper 2012). Die veränderte Mediennutzung hat ebenfalls ihre Spuren hinterlassen: Während die Reichweite der Tageszeitungen in Deutschland unter den über 60 Jahre alten Menschen noch bei knapp 80 % liegt, verliert das Medium anhaltend junge Leser (BDZV 2012; Meier 2009). Jüngere Lesergenerationen steigen auf mobile Angebote um, die nach wie vor günstig bzw. gratis verfügbar sind. Bei genauerer Betrachtung wird allerdings deutlich, dass es sich bei den aktuellen Entwicklungen tatsächlich eher um eine Tageszeitungsfinanzierungskrise handelt (Jarren 2012). Tageszeitungen verlieren auf dem Werbemarkt kontinuierlich Marktanteile; Anzeigen wandern zunehmend ins Netz (BDZV 2012; Heffler und Höhe 2016).

Medienunternehmen sehen sich mithin der Herausforderung gegenüber, sinkende Einnahmen in traditionellen Märkten durch neue Geschäftsmodelle im

Internet zu kompensieren – was sich erkennbar als schwierig erweist (Brandstetter und Schmalhofer 2014; Hölig und Hasebrink 2016; Nielsen 2016). Gleichzeitig treten neue Anbieter auf den Markt und verstärken die Konkurrenz für
traditionelle Medienhäuser, etwa durch günstige oder gar kostenlose Nachrichten-
portale im Internet (Jarren 2015; Meckel et al. 2012; Novy 2013). Insgesamt hat
die digitale Revolution die ökonomischen Rahmenbedingungen von Journalismus
radikal umgestaltet, überwiegend zum Nachteil von kostenintensivem Qualitätsjournalismus, wie Chris Peters (2019, S. 76) pointiert feststellt: „The problem is
that while many still love the idea of journalism, not as many want to pay for it".

Diesen ökonomischen Herausforderungen begegnen Medienunternehmen
habituell mit Umstrukturierungen (wie die Einführung integrierter Newsrooms
sowie crossmedialer Produktions- und Vertriebsweisen) und Einsparungen im
Ressourceneinsatz, wodurch sich die Arbeitsbedingungen in den Redaktionen
weiter verschlechtern (Beck et al. 2010; Blöbaum 2008; Fürst et al. 2017). Als
Konsequenz der fortschreitenden Konzentrationsprozesse wird die Angebots-
vielfalt als notwendige Voraussetzung für einen demokratischen Diskurs in einer
pluralen Gesellschaft gefährdet (Erdal 2009; Meier 2006). Dies zeigt sich insbesondere am Beispiel Österreichs, wo die vier größten crossmedial agierenden
Unternehmen mittlerweile zwei Drittel des Marktes bedienen (Seethaler 2018)
und die Medienpolitik nicht imstande ist, eine angemessene Antwort auf Viel-
falts- und Qualitätsverluste zu geben (Trappel 2019). In der Schweiz kontrollieren die Verlage Tamedia, Ringier und die NZZ rund 80 % des Printmarktes. Aus
Kostensenkungsgründen schließen sich hier immer mehr Zeitungen zusammen;
es entstehen Zentralredaktionen, die zahlreiche Blätter mit den gleichen Inhalten beliefern. Während Verlagschefs betonen, dass dieses Modell letztlich einen
Qualitätsgewinn darstelle, hat das Forschungsinstitut Öffentlichkeit und Gesellschaft der Universität Zürich in seinem Jahrbuch *Qualität der Medien* zeigen
können, dass besonders bei meinungsbetonten Formaten wie Kommentaren und
Leitartikeln der Vielfaltsverlust augenfällig ist (fög 2018).

Journalistisches Arbeitsumfeld und Anstellungsbedingungen

Als Konsequenz dieser Entwicklungen hat sich auch das journalistische Arbeitsumfeld nachhaltig verändert. Medienunternehmen sparen beim Personal, strei-
chen feste Stellen und setzen vermehrt auf freie Journalisten, Pauschalisten und
Leihredakteure. In der Folge sind im journalistischen Arbeitsmarkt zunehmend
prekäre Anstellungsbedingungen vorzufinden (Beck et al. 2010; DJV 2009;

Schnedler 2013). Durch die oft sehr verschiedenen Anstellungsbedingungen entsteht in vielen Redaktionen zudem ein eigentümliches Geflecht aus Journalisten, die zwar unter demselben Dach tätig sind, allerdings zu ganz unterschiedlichen Bedingungen (Fromm et al. 2015; Schade 2016). Weil immer mehr Festangestellte freigesetzt werden und freiberuflich weiterarbeiten, geht die Vergütung journalistischer Arbeit effektiv zurück (Beck et al. 2010; DJV 2009, 2014a).

Die Zahl der arbeitslosen Journalisten liegt in Deutschland nach Angaben der Bundesagentur für Arbeit (2016) bei etwa 4800. Für das Jahr 2000 nannte der Deutsche Journalisten-Verband noch eine entsprechende Zahl von etwa 700 (Kaiser o.D.). Das Schweizer Bundesamt für Statistik weist für Januar 2014 knapp 1200 arbeitslose Personen im Sektor „Medienschaffende und verwandte Berufe" aus (Staatssekretariat für Wirtschaft SECO 2014). Im Nachbarland Österreich schließlich bedingte die Wirtschafts- und Finanzkrise von 2008 laut dem Arbeitsmarktservice AMS ebenfalls einen Anstieg der Arbeitslosenzahlen im österreichischen Journalismus – und zwar von 410 auf 641 Personen (Lachmayr und Dornmayr 2015).

Durch die Auslagerung redaktioneller Tätigkeiten auf freie Journalisten, Pauschalisten und Zulieferer wird der Entgrenzung des Journalismus zu anderen Bereichen weiter Vortrieb geleistet. Denn für viele Journalisten ist es angesichts der prekären wirtschaftlichen Bedingungen, unter denen sie zu arbeiten gezwungen sind, zur Notwendigkeit geworden, Tätigkeiten in der PR und Öffentlichkeitsarbeit anzunehmen (Sadrozinski 2013). Nach einer vom Deutschen Journalisten-Verband durchgeführten Untersuchung haben etwa knapp 36 % der befragten Freiberufler angegeben, zusätzliches Geld in der Presse- und Öffentlichkeitsarbeit zu verdienen (DJV 2014b). Auch Scheinselbstständigkeit im Journalismus wird in der Forschungsliteratur zunehmend thematisiert (Fromm et al. 2015; Meyen und Springer 2009; Schade 2016).

Die Verschlechterung journalistischer Arbeitsbedingungen hat letztlich auch das Europäische Parlament auf den Plan gerufen. Die im Jahr 2013 von dem Gremium verabschiedete Charta *Normensetzung für die Freiheit der Medien in der EU* weist mit aller Dringlichkeit darauf hin, dass eine steigende Zahl von Journalisten „unter prekären Bedingungen beschäftigt wird und es ihnen an den sozialen Sicherheiten mangelt, die auf dem normalen Arbeitsmarkt üblich sind" (Europäisches Parlament 2013). Es überrascht daher wenig, dass Journalisten ihre berufliche Zukunft oft düster sehen. In einer Umfrage unter knapp 1700 Journalisten in Deutschland haben 54 % der Befragten angegeben, sie würden ihre Situation als „sehr" oder „eher schwierig" bewerten (Marketagent 2010). In der gleichen Studie befanden 55 % der Journalisten ihre Arbeitsbedingungen für „weniger" oder

„überhaupt nicht gut". Und über zwei Drittel der Befragten waren der Meinung, dass zahlreiche Tageszeitungen im Jahr 2020 bereits nicht mehr erscheinen würden.

Im englischsprachigen Raum hat sich die Hoffnung breitgemacht, die Herausbildung einer neuen Generation von „unternehmerischen Journalisten" („entrepreneurial journalists") könnte eine geeignete Antwort auf die Veränderung der journalistischen Anstellungsbedingungen sein (Singer 2018). Diese Idee stellt die wirtschaftliche Eigenverantwortung des einzelnen Journalisten in den Vordergrund, geleitet von ökonomischer Unabhängigkeit und gelebt durch Praktiken der Selbstvermarktung (Cohen 2015). Aus einer kritischen Perspektive stellt sich die Vision des „entrepreneurial journalism" allerdings eher als neoliberaler Ansatz dar, der versucht, die Verlagerung des unternehmerischen Risikos auf die Schultern der einzelnen Arbeitnehmer in ein positives Licht zu stellen.

Zusammensetzung des Berufsstandes

Aufgrund der veränderten ökonomischen und technologischen Rahmenbedingungen ist davon auszugehen, dass sich auch die Anforderungsprofile an junge Journalisten und die Qualifikationserfordernisse für einen erfolgreichen Berufseintritt den neuen Realitäten angepasst haben. Journalisten produzieren zunehmend crossmedial, was sowohl für die Inhalte als auch für die Verbreitungsplattformen und -technologien gilt. Zudem beziehen Medienunternehmen bzw. deren Produkte in sozialen Netzwerken wie Facebook oder Twitter verstärkt Position, um das eigene Publikum zu beobachten und mit diesem zu interagieren (Heise et al. 2014; Machill et al. 2014; Wladarsch 2014), was u. a. zur Herausbildung neuer Berufsfelder wie dem Social-Media-Redakteur führt (Primbs 2016). Der Umbau redaktioneller Strukturen geht darüber hinaus mit einer schleichenden Erosion der im deutschsprachigen Journalismus klassisch stark ausgeprägten Ressortbindung einher. Der Deutsche Journalisten-Verband rät Berufsanfängern daher, nicht mehr nur auf eine Spezialisierung in bestimmten Wissensgebieten zu setzen, sondern gleichzeitig Flexibilität durch „breit gefächerte Fachkenntnis in den journalistischen Arbeitsbereichen und neuen Medientechniken" mitzubringen (Kaiser o. D.).

All dies, so könnte man vermuten, macht Journalismus attraktiv vor allem für medienaffine und technikversierte junge Menschen, für die der Umgang mit sich stetig verändernden Medientechnologien quasi zur „natürlichen" Umwelt gehört. Durch die fortwährende Kontraktion des Marktes und Schrumpfung des Berufsstandes sind in den vergangenen Jahren allerdings weniger junge Menschen in journalistische Tätigkeiten gegangen, was zu einer schleichenden „Alterung" der Berufsgruppe geführt hat. In Deutschland, Österreich und der Schweiz hat das Durchschnittsalter von Journalisten kontinuierlich zugenommen (Bonfadelli et al. 2011; Kaltenbrunner et al. 2007; Weischenberg et al. 2006b). Die Zahl der Journalisten mit akademischen Abschlüssen ist in allen drei Ländern ebenfalls angestiegen.

Gleichzeitig hat sich die Situation für Frauen im Journalismus nur schleppend verbessert. Die letzten großen Journalistenbefragungen waren für Deutschland auf einen Anteil von 37 % Journalistinnen gekommen, in der Schweiz lag der Wert mit 35 % geringfügig darunter (Bonfadelli et al. 2011; Weischenberg et al. 2006b). Für Österreich hingegen hatten Kaltenbrunner et al. (2007) mit 42 % einen deutlich höheren Prozentsatz an weiblichen Journalisten ermittelt. Dabei ist auch der Anteil von Journalistinnen in leitenden Funktionen leicht gewachsen. Trotzdem sind Frauen in redaktionellen Führungsetagen immer noch eklatant unterrepräsentiert (Kaltenbrunner 2007; Keel 2011; Weischenberg et al. 2006b). In Österreich verfügt nur der ORF über einen Gender Mainstreaming Plan; doch auch dieser änderte nichts daran, dass die Frauenquote im Stiftungsrat nur knapp über 20 % liegt. In den Aufsichtsräten privater Rundfunkanstalten wird nicht einmal die Zehn-Prozent-Marke überschritten (Seethaler et al. 2018).

Geschlechterbedingte Ungleichheiten in der Bezahlung von Journalisten sind in jüngerer Zeit stärker in den Blickpunkt der Öffentlichkeit geraten. Dabei ist schon länger bekannt, dass Journalistinnen für die gleichen Tätigkeiten häufig schlechter bezahlt werden als ihre männlichen Kollegen (Weischenberg et al. 2006b). Die öffentliche Debatte hat jedoch in Deutschland Fahrt aufgenommen, als bekannt wurde, dass Birte Meier, die beim ZDF für das Politikmagazin *Frontal 21* arbeitet, ihren Arbeitgeber wegen ungleicher Bezahlung verklagt hatte. Die Klage, die im Februar 2019 in zweiter Instanz vom Landesarbeitsgericht Berlin-Brandenburg abgewiesen wurde, wird demnächst vermutlich vor dem Bundesarbeitsgericht landen (Mayer 2019). Auch in der Schweiz flackert die Genderdebatte im Journalismus immer wieder auf. So lancierte etwa das Netzwerk Medienfrauen Schweiz 2017 eine breite Diskussion darüber, warum sich Medienhäuser über ihre eigene Frauenförderung ausschweigen.

Berufliches Rollenverständnis und professionelle Identität

Die veränderten Rahmenbedingungen – und hier insbesondere die technologischen und gesellschaftlichen Kontexte – haben sich dabei auch auf das berufliche Rollenverständnis und die professionelle Identität von Journalisten ausgewirkt. Von zentraler Bedeutung ist hier, was Max Kaase bereits 1984 in einem Aufsatz im *International Political Science Review* als „partizipatorische Revolution" beschrieben hat: Vor dem Hintergrund einer veränderten technologischen Umgebung vollzieht sich ein radikaler Wandel im Verhältnis zwischen Journalisten und ihrem Publikum (Allan und Hintz 2019; Beaufort und Seethaler 2017b). Diese Veränderung zeigt sich u. a. in der stärkeren Relevanz von Bürgerjournalismus und anderen Formen nicht-professioneller Content-Produktion. Spätestens seit dem Siegeszug der sozialen Medien – allen voran Twitter, Facebook und Instagram – zirkulieren „klassische" journalistische Nachrichten in einer hybriden Medienumwelt, in der die traditionelle und professionelle Berichterstattung zunehmend mit anderen Angeboten und Plattformen konkurriert (Chadwick 2017).

Partizipative Technologien stellen den traditionellen Journalismus daher vor ganz neue Herausforderungen (Singer et al. 2011). Mit dem Internet steht als Alltagsmedium ein Kommunikationskanal zur Verfügung, der Journalismus in seiner exklusiven Funktion als Bereitsteller aktueller Informationen existenziell herausfordert (Lünenborg 2012). Damit einher geht ein Funktionswandel von Journalismus – vom „Gatekeeper" zum „Gatewatcher" (Bruns 2005). Da der Zugang zu Information in der digitalen Welt theoretisch unbegrenzt ist, verändert sich auch die gesellschaftliche Rolle von Journalismus. Im Vordergrund steht heute vermehrt eine Navigationsfunktion: Journalismus ordnet und verifiziert Informationen und bietet Orientierung in einer zunehmend multioptionalen Gesellschaft (Rössler et al. 2014).

In diesem Kontext wird sich Journalismus stärker über seinen individuellen und gesellschaftlichen „Nutzwert" definieren (Eickelkamp 2011), sowohl mit Blick auf politische Prozesse als auch in seiner Funktionalität als Ressource im Alltag. Vor allem Letzteres, so ist anzunehmen, wird in seiner Bedeutung zunehmen. Schon jetzt zählt Lifestyle-Berichterstattung zu den wenigen Segmenten im Journalismus, in dem in den vergangenen Jahren Wachstum zu verzeichnen war und wo weiteres Wachstum durchaus möglich ist (Hanusch 2019). Die Allgegenwart von Lifestyle-Nachrichten, Prominentenberichterstattung und anderen Formen von „Soft News" kann dabei als journalistische Antwort auf längerfristige gesellschaftliche Veränderungen betrachtet werden (Hanitzsch und Vos 2018). Im Zuge von Modernisierungsprozessen entkoppelt sich Identität zunehmend von sozialen Dispositionen und entwickelt sich zu einer dauerhaften Baustelle (Bauman 2000). Zudem verlieren traditionelle gesellschaftliche Institutionen wie Familie, Schule oder Religion zunehmend an Autorität hinsichtlich der

Durchsetzung kollektiver Normen. Zumindest zum Teil kann Journalismus diese Lücke füllen, indem er entsprechende Angebote macht, die Mediennutzern bei der Orientierung im Alltag helfen (Hanusch und Hanitzsch 2013; Seethaler und Beaufort 2017a).

Letztlich zeigen sich gerade mit Blick auf das berufliche Rollenverständnis und die professionelle Identität die gesellschaftlichen Positionsveränderungen von Journalismus am allerdeutlichsten. Denn in diesem Diskurs wird der Platz und die Legitimität von Journalismus im Zusammenspiel der gesellschaftlichen Institutionen verhandelt (Hanitzsch und Vos 2018). Diese gesellschaftlichen Debatten hängen sich im Augenblick dabei sehr prominent an der Frage auf, inwiefern Journalismus als Institution noch das Vertrauen seines Publikums hat.

Insbesondere die öffentlichen Rundfunksender sehen sich in allen drei Ländern vermehrt der Kritik ausgesetzt, sie würden das politische Weltgeschehen lückenhaft abbilden, verzerrt wiedergeben oder primär aus der Sicht der Regierenden darstellen. Insbesondere im Osten Deutschlands wurden Medien auf dem Höhepunkt der sogenannten Flüchtlingskrise auf Montagsdemonstrationen pauschal als „Lügenpresse" beschimpft. Allerdings lässt sich ein solcher Vertrauensverlust empirisch oft nicht belegen. Wie Carsten Reinemann und Nayla Fawzi (2016) in einem Gastbeitrag für den *Tagesspiegel* zeigen können, steht die Krisenerzählung eines massiven Glaubwürdigkeitsverlusts im Widerspruch zu den Realitäten der öffentlichen Meinung. In einer Sekundärauswertung von Daten des *World Values Survey* kommen Hanitzsch, van Dalen und Steindl (2018) für Deutschland und die Schweiz zu einem ähnlichen Ergebnis. In der Schweiz hat eine vom Bundesamt für Kommunikation (2018) in Auftrag gegebene Studie ergeben, dass in puncto Glaubwürdigkeit die Fernsehprogramme der öffentlich finanzierten SRG einen Wert von 80 % erzielen. Die Radioprogramme der SRG kommen auf 81 %. Ähnliches wurde auch für Österreich festgestellt (Beaufort 2017). Dass in der öffentlichen Debatte dennoch von einer Vertrauenskrise die Rede ist, rechnen Reinemann und Fawzi (2016) dem Umstand zu, dass die Medien mittlerweile im Internet intensiv attackiert werden.

Journalistisches Vertrauen in Institutionen

Dies alles lässt Journalisten in Deutschland, Österreich und der Schweiz recht verunsichert zurück. Insbesondere in sozialen Medien wird die Autorität und Legitimität von Journalismus von einer Minderheit der Bevölkerung mit einer nie dagewesenen Vehemenz infrage gestellt. Das gilt freilich nicht nur für den Journalismus, sondern auch für andere gesellschaftliche Institutionen. Politik-wissenschaftler wie Ron Inglehart und Christian Welzel (2005) vermuten hinter diesem Einstellungswandel einen schleichenden Prozess der gesellschaftlichen Emanzipation von Autorität. Bürger stellen heute höhere Erwartungen an das Funktionieren von Institutionen als in früheren Zeiten und es scheint für Journa-listen immer schwieriger zu werden, diese Erwartungen einzulösen. Matt Carlson (2019) beschreibt dieses Problem als „Anspruchs-Paradox": Journalisten gründen ihre Legitimität auf ihrer Rolle als Grundpfeiler der Demokratie und auf ihrer Verpflichtung gegenüber der Wahrheit – auf normativen Ansprüchen, die unmög-lich zu allem Zeiten erreicht werden können.

Die Frage nach dem Vertrauen lässt sich freilich auch in die andere Richtung stellen – nämlich danach, wie viel Vertrauen Journalisten in gesellschaftliche Ins-titutionen haben und ob sich Journalisten in dieser Hinsicht von ihrem Publikum unterscheiden. Diese Frage ist vor allem deshalb relevant, da Vertrauen als ent-scheidende Ressource für das Funktionieren einer repräsentativen Demokratie gilt (Mishler und Rose 2001). Insbesondere das Vertrauen in politische Institutionen befindet sich jedoch überall in der westlichen Welt auf dem Rückzug (Mair 2006; Norris 1999). Als eine wesentliche Ursache haben Forscher die zunehmend nega-tive Politikberichterstattung ausgemacht (Capella und Jamieson 1997; Mair 2006; Moy et al. 1999). Auch für Deutschland, Österreich und die Schweiz können Studien zeigen, dass Medien in der Tendenz eher negativ über Politik berichten (Engesser et al. 2014; Plasser et al. 2009).

Die Forschung sollte jedoch nicht bei der Betrachtung von negativer Bericht-erstattung stehen bleiben. Eine der zentralen Annahmen der Journalismus-forschung ist schließlich, dass die persönlichen Einstellungen von Journalisten bei der Nachrichtenproduktion eine wichtige Rolle spielen (Weaver 1998; Shoe-maker und Reese 2014). Aktuelle Forschungsergebnisse aus Belgien, Spanien und den Niederlanden legen hier tatsächlich eine eher zynische Einstellung von Journalisten gegenüber Politikern nahe (Berganza et al. 2010; Brants et al. 2010; van Aelst et al. 2008). Anhand von Daten aus der ersten Welle der *Worlds of Journalism Study* konnten Hanitzsch und Berganza (2014) zeigen, dass Journa-listen in Deutschland, Österreich und der Schweiz im internationalen Vergleich relativ hohes Vertrauen in politische Institutionen haben. Allerdings ist das Ver-trauen in Politiker und politische Parteien unter den Journalisten in allen drei Ländern deutlich geringer als das Vertrauen in die Regierung und das Parlament. Gleichzeitig liegt das Politikvertrauen unter deutschen und Schweizer Journalis-ten signifikant über dem Bevölkerungsdurchschnitt (für Österreich waren keine Daten verfügbar).

Journalistische Ethik

Die Beschäftigung mit dem Stellenwert ethischer Normen in der journalistischen Praxis hat in der Forschung seit Ende der 1980er Jahren zunehmende Aufmerksamkeit genossen. Ein wesentlicher Grund hierfür sind u. a. die von der Öffentlichkeit zunehmend breit wahrgenommenen Medienaffären, die regelmäßig Diskussionen über die Gültigkeit berufskultureller ethischer Maßstäbe und Standards in Gang setzten. Von einem „Ethikbedarf" (Haller und Holzhey 1992; Thomaß 1998, S. 261) ist immer dann die Rede, wenn spektakuläre journalistische Skandale über die Journalistenszene hinaus Kopfschütteln auslösen. Kapitale Fehlleistungen wie das *Stern*-Fiasko der gefälschten Hitler-Tagebücher von 1983, die Berichterstattung über das Gladbecker Geiseldrama aus dem Jahr 1988 oder die Fälschungen des Schweizer Journalisten Tom Kummer zwölf Jahre später ließen „die Methoden von Journalisten und Medien […] zum öffentlichen Glaubwürdigkeitsrisiko" werden (Weischenberg et al. 2006a, S. 167). Jakob Augstein (2009, S. 82), Miteigentümer des *Spiegel* und Chefredakteur der Wochenzeitung *der Freitag,* behauptet sogar recht unverblümt, „Journalismus und Ethik gehen selten zusammen". Schnell heißt es dann, die journalistische Berufsethik befinde sich in der Krise, auch wenn der Salzburger Kommunikationswissenschaftler und Unternehmensrechtler Gerwin Haybäck (1990) zurecht daran erinnert, dass journalistische Verfehlungen eine lange Tradition haben – ebenso wie auch die öffentliche Debatte darüber.

In Deutschland hat insbesondere die Art und Weise, wie das Geiseldrama von Gladbeck von der Berichterstattung begleitet wurde, Wellen der Kritik ausgelöst. Bernd Gäbler (2018), von 2001 bis 2005 Geschäftsführer des Adolf-Grimme-Instituts, berichtet im *Tagesspiegel* 30 Jahre nach den historischen Ereignissen von Reportern, die für Interviews mit den Geiselnehmern Schlange standen, und von Journalisten, die den Entführern aktiv bei ihrer Flucht zur Seite gestanden haben. Für Siegfried Weischenberg, Journalismusforscher und selbst mehrere Jahre Bundesvorsitzender des Deutschen Journalisten-Verbandes, zeigt der Fall der Gladbecker Geiselaffäre, dass einstmals weitgehend konsentierte Maßstäbe für journalistisches Handeln mittlerweile großzügiger gehandhabt werden. Die Gründe dafür sucht er unter anderem in einer voranschreitenden „Schreinemakerisierung" der Medienwelt – in Anspielung an die Sat.1-Moderatorin Margarethe Schreinemaker, die zu Beginn der 1990er Jahre mit ihrem Format *Schreinemakers live* enorm erfolgreich war. „Schreinemakerisierung", schreibt Weischenberg (1997, S. 11), „vermittelt keine Fakten, sondern das Gefühl, dass die Menschen – von einer glaubwürdigen Herrin der Gezeiten – über diese Welt auf dem Laufenden gehalten werden."

Zum Zeitpunkt, zu dem dieses Buch entsteht, wird die deutsche Medienwelt wieder von einem Medienskandal erschüttert. Die Fälschungen des ehe-
maligen *Spiegel*-Redakteurs Claas Relotius haben gerade vor dem Hintergrund
einer zunehmenden Medienskepsis in Teilen der Bevölkerung besondere Brisanz
erlangt. Für Mathias Döpfner (2019), Vorstandsvorsitzender von Axel Springer SE und gleichzeitig Präsident des Bundesverbandes Deutscher Zeitungsver-
leger, wird das Grundvertrauen der Menschen in den Journalismus nachhaltig
beschädigt, wenn „aus dem ‚Sturmgeschütz der Demokratie' (Rudolf Augstein
über den *Spiegel,* d. Verf.) ein ‚Luftgewehr der Fantasie' geworden ist". Döpfner
fordert nun eine konsequente Aufarbeitung der Affäre, da Journalisten sonst ihre
Glaubwürdigkeit als kritische Kontrolleure der Politik verlieren könnten.

Gleichzeitig stellen sich im Zusammenhang mit der Berichterstattung über
Migration und Geflüchtete alte Fragen neu. Debatten entzünden sich hier unter
anderem am journalistischen Umgang mit Ausländerkriminalität. Einerseits stehen Journalisten in der Pflicht, auch unbequeme Wahrheiten zu berichten. Gleichwohl gilt es, rassistischen Vorurteilen nicht in die Hände zu spielen. Philipp Cueni
(2007), Medienethik-Dozent am renommierten Medienausbildungszentrum
(MAZ) in Luzern, findet jedoch, dass diese Fragen falsch gestellt werden. Denn
der journalistische Imperativ lautet in jedem Fall: „Ob es mir passt oder nicht, ich
darf nicht überlegen, wem ich nütze oder schade". Letztlich gelte es, die Dinge
beim Namen zu nennen. Für Cueni ist journalistische Ethik daher zuallererst eine
Frage der Haltung. Ethik im Journalismus sei demnach zu verstehen „als lautes
Nachdenken" über die Aufgabe von Journalisten und die Folgen ihres Handelns.
Dabei gelte es, „die richtigen Fragen zum eigenen beruflichen Handeln zu stellen" und Verantwortung für das eigene Handeln zu übernehmen.

Wahrnehmung von Wandel im Journalismus

Der Wandel des Journalismus und die Veränderungen in den Kontexten, innerhalb derer Journalisten tätig sind, werden freilich auch von Medienschaffenden
selbst beobachtet und reflektiert. Der erzählerische Nenner, auf den diese Veränderungen gebracht werden, reicht von der Beschreibung einer durchaus tief
greifenden, aber dennoch chancenreichen Übergangsphase (Kuhn und Nielsen
2014) über die Auflösung von Journalismus als Sinn- und Handlungszusammenhang bis hin zum Postulat vom Ende des Journalismus (Charles und Stewart
2011). Dabei ist es oft eine Frage der Perspektive, ob und inwiefern Wandel
im Journalismus als Risiko oder als Chance bewertet wird. Die Vervielfachung
der in der öffentlichen Kommunikation tätigen Akteursgruppen mag etwa einen

Bedeutungsverlust des professionellen Journalismus als intermediäre Institution anzeigen (McChesney und Nichols 2010; Schönhagen und Kopp 2007), sie kann aber auch zu einer Neudefinition seiner gesellschaftlichen Rolle herausfordern (Bruns 2005; Deuze und Witschge 2018; Seethaler und Beaufort 2017).

In technologischer Hinsicht wird, wie oben angesprochen, der journalistische Arbeitsalltag zunehmend von der rasanten Entwicklung des Internets und digitaler Anwendungen geprägt. Beispielhaft wird dies im Innovationsumfeld von *computational journalism* deutlich, wo es zu einer Verschmelzung von journalistischen Tätigkeiten mit Software- und Algorithmen-gestützten Anwendungen in Redaktionen kommt (Thurman 2019). Technische Fertigkeiten gewinnen für Journalisten in einer multimedialen Medienumwelt eine bislang ungekannte Bedeutung (Keel 2011; Kramp und Weichert 2012). Soziale Medien werden von Redaktionen zunehmend als Quelle, Distributionskanal und *„awareness system"* sowie zur journalistischen Selbstvermarktung genutzt (Hermida 2010, S. 301; Domingo 2019; Hanusch und Bruns 2017; Seethaler und Melischek 2019).

In wirtschaftlicher Hinsicht scheint die Finanzierung von qualitativ hochwertigem Journalismus infolge der Digitalisierung immer schwieriger zu werden (Nielsen 2019). In Deutschland, Österreich und der Schweiz wurde die Ökonomisierung durch die Einführung des privaten Rundfunks strukturell vorangetrieben. Hinzu kommen eine wachsende Zahl von Börsennotierungen sowie fortschreitende Prozesse der Marktliberalisierung, Medienkonvergenz und -konzentration (Birkner 2010; Meier und Jarren 2001). Aktuell rütteln konjunkturelle Schwächen auf dem Werbemarkt sowie strukturelle Veränderungen der Medieninfrastruktur an etablierten Geschäftsmodellen der Medienorganisationen (Beck et al. 2010; Lauerer et al. 2017; Meckel et al. 2012).

Medienunternehmen reagieren auf die ökonomischen Herausforderungen geradezu instinktiv mit Kosteneinsparungen und einer Verknappung von redaktionellen Ressourcen. Kosten- und rechercheintensiver Journalismus – wie etwa investigative Berichterstattung – weicht einer an Sensation und Prominenz ausgerichteten Kultur. Eine durch intensive Publikumsforschung untermauerte Orientierung am Publikumsmarkt lässt Service- und Lifestyle-Journalismus florieren (Eide und Knight 1999; Hanusch 2012). Kosteneinsparungen im redaktionellen Bereich bilden zudem ein Einfallstor für Einflussversuche durch Öffentlichkeitsarbeit staatlicher Stellen und privater Unternehmen. Insgesamt führen Einsparmaßnahmen zwangsläufig zu einer Überlastung von Redakteuren (Weischenberg et al. 2006a). Von einer solchen Verschlechterung der Arbeitsbedingungen bleibt die Autonomie des Journalismus vermutlich nicht unberührt (Örnebring 2016).

All diese Veränderungen werden freilich auch von Journalisten registriert. Dabei mag die subjektive Wahrnehmung des Wandels durch die Journalisten nicht immer im Einklang mit den tatsächlichen Veränderungen im beruflichen Umfeld stehen. Ungeachtet dessen ist die journalistische Innenperspektive auf den Wandel ein wichtiger Indikator dafür, wie präsent die Transformation des Berufsstands im Alltag der Journalisten tatsächlich ist.

Über die Studie und dieses Buch

Wie zu Beginn dieses Kapitels angemerkt, liegen die letzten großen Berufsfeldstudien mittlerweile über zehn Jahre zurück. Das vorliegende Buch versteht sich daher als erneute Bestandsaufnahme von Journalismus in einer Zeit, in der sich Journalisten in allen drei Ländern enormen Herausforderungen gegenübersehen. In den folgenden Kapiteln sollen die im vorangegangenen Abschnitt diskutierten Herausforderungen – von uns als „diskursives Echo" bezeichnet – im Kontext unserer Befragungsergebnisse betrachtet werden. Dabei besteht das Hauptziel dieses Buches darin, Kernergebnisse zu berichten und in aktuelle Entwicklungen im Berufsfeld einzuordnen. Jedes Kapitel versucht dabei auch einen Abgleich der Ergebnisse mit Erkenntnissen aus der internationalen Journalismusforschung sowie dort, wo es sich anbietet, auch einen Vergleich mit Befunden aus früheren Journalistenbefragungen.

Die in diesem Buch präsentierten Analysen sind das Ergebnis eines Gemeinschaftsprojekts von deutschen, österreichischen und Schweizer Journalismusforschern. In diesem Rahmen haben Projektteams in den drei Ländern zwischen Oktober 2014 und August 2015 Telefon- bzw. Online-Interviews mit insgesamt 2502 Journalisten geführt. Im größeren Kontext war die Studie mit der zweiten Welle der *Worlds of Journalism Study* abgestimmt, die etwa zeitgleich in 67 Ländern durchgeführt wurde (Hanitzsch, Hanusch et al. 2019). Aufgrund der organisatorischen Einbettung der Befragung in die *Worlds of Journalism Study* mussten freilich einige inhaltliche und methodische Konzessionen gemacht werden (vgl. Kap. 2). So war es zum Beispiel nur begrenzt möglich, exakten Fragebogenwortlaut aus Vorläuferstudien für einen Zeitvergleich aufzugreifen.

In der Drei-Länder-Studie haben Forscher von insgesamt vier Wissenschaftsinstitutionen über fünf Jahre hinweg zusammengearbeitet. An der deutschen Studie waren Thomas Hanitzsch, Corinna Lauerer und Nina Steindl von der LMU München beteiligt; in Österreich wurde die Befragung von Josef Seethaler unter Mitarbeit von Marie-Isabel Lohmann an der Österreichischen Akademie der Wissenschaften durchgeführt. In der Schweiz war die Projektorganisation aufgrund der verschiedenen Sprachregionen etwas komplexer. Hier wurde die Studie von Vinzenz Wyss, Filip Dingerkus und Guido Keel an der Zürcher Hochschule für Angewandte Wissenschaften in Winterthur verwirklicht, wobei die Onlinebefragung von frankophonen und italienischsprachigen Journalisten von Annik Dubied und Vittoria Sacco an der Université de Neuchâtel koordiniert wurde. Finanziert wurde das Projekt in den drei Ländern über eine Gemeinschaftsförderung durch die Deutsche Forschungsgemeinschaft, dem österreichischen Fonds zur Förderung der wissenschaftlichen Forschung sowie den Schweizerischen Nationalfonds (im so genannten „D-A-CH Lead Agency-Verfahren").[3]

Das Buch besteht aus insgesamt zehn Kapiteln. Im folgenden Kapitel berichten Nina Steindl, Corinna Lauerer und Thomas Hanitzsch über die methodische Anlage der Studie. Dabei widmen sie sich zunächst grundlegenden Definitionen und formalen Kriterien zur Eingrenzung der Grundgesamtheit sowie der operationalen Umsetzung der definitorischen Vorgaben in den jeweiligen Ländern. Als Ergebnis dieses Rechercheprozesses werden schließlich die Rahmendaten für die journalistische Grundgesamtheit und deren Verteilung über die Medientypen hinweg für Deutschland, Österreich und die Schweiz präsentiert. Darüber hinaus dokumentieren die Autoren das Vorgehen bei der Stichprobenziehung und Datenerhebung.

Im dritten Kapitel präsentieren Marlene Dietrich-Gsenger und Josef Seethaler ein differenziertes Bild der grundlegenden Merkmale und Einstellungen der in Deutschland, Österreich und der Schweiz befragten Journalisten. Im Mittelpunkt der Darstellung stehen der Frauenanteil im Journalismus, die Verteilung von Journalisten nach Altersgruppen sowie die politischen Einstellungen von Medienschaffenden. Darüber hinaus beschäftigt sich das Kapitel mit dem Bildungsstand von Journalisten, der Akademisierung des Berufsfeldes und dem Ausmaß, in dem sich Journalisten während ihres Studiums im Journalismus oder verwandten Fächern einschlägig spezialisiert haben.

Das vierte Kapitel, verfasst von Corinna Lauerer, Filip Dingerkus und Nina Steindl, widmet sich dem Arbeitsumfeld von Journalisten. Ausgangspunkt der Analyse war die Frage, für welche Medientypen Journalisten tätig sind und wie flexibel sie in den drei Ländern arbeiten. Einen weiteren Schwerpunkt bilden die Anstellungs- und Einkommensverhältnisse. Hier legen die Autoren besonderes

[3]Dank gebührt darüber hinaus Jana Erthel, die uns als studentische Hilfskraft an der LMU München bei der finalen Bearbeitung des Buchmanuskripts unterstützt hat.

Augenmerk auf die vertraglichen Bedingungen, zu denen Journalisten angestellt sind, das Ausmaß freiberuflicher Tätigkeit und die Zahl der Redaktionen, die sie mit ihrer Arbeit beliefern.

Im fünften Kapitel fragen Corinna Lauerer und Guido Keel nach dem Umfang von redaktioneller Autonomie, die Journalisten im Rahmen ihrer Tätigkeit erfahren. Der Fokus wandert dann zu den potenziellen Quellen von Einflüssen auf die redaktionelle Arbeit und wie diese Aspekte in Bezug auf ihre Wirkmächtigkeit von Journalisten wahrgenommen werden. Dabei unterscheiden die Autoren zwischen individuellen Einflüssen, prozessbezogenen und professionellen Einflüssen, organisationsbezogenen Einflüssen sowie zwischen ökonomischen und politischen Einflüssen und Einflüssen des persönlichen Netzwerks.

Das sechste Kapitel, verfasst von Thomas Hanitzsch und Corinna Lauerer, präsentiert Kernergebnisse zum beruflichen Rollenverständnis der deutschen, österreichischen und Schweizer Journalisten. Im Zentrum der Analyse steht das Bild, das Journalisten von ihrer Rolle in der Gesellschaft haben. Wollen sie in erster Linie informieren und vermitteln? Sehen sie sich als Kontrollinstanz gegenüber politischen und wirtschaftlichen Mächten? Oder geht es primär darum, gesellschaftlichen Gruppen eine Artikulationsplattform zu geben und Menschen zur Teilhabe am politischen Geschehen zu befähigen? Anhand dieser Fragen lassen sich Hinweise darauf gewinnen, wo Journalismus im Zusammenspiel der gesellschaftlichen Institutionen verortet werden kann.

Im siebten Kapitel untersucht Nina Steindl die journalistische Wahrnehmung von politischen und anderen gesellschaftlichen Institutionen in Deutschland, Österreich und der Schweiz. Das Hauptaugenmerk liegt dabei auf dem Vertrauen, das Journalisten den gesellschaftlichen Institutionen in ihren Ländern entgegenbringen. Dabei unterscheidet die Autorin zwischen politisch-repräsentativen Institutionen (Regierung, Parlament, politische Parteien sowie Politiker), regulativen Institutionen (Justiz, Polizei und Militär) sowie den Medien selbst.

In Kapitel 8 setzen sich Vinzenz Wyss und Filip Dingerkus mit Aspekten der professionellen Ethik auseinander. Dabei interessiert es sie vor allem, inwiefern sich die befragten Journalisten in den drei Ländern eher an einer so genannten berufskulturellen Pflichtethik oder einer Situations- oder gar Individualethik orientieren. Darüber hinaus beschäftigt sich ihre Analyse mit der Akzeptanz von umstrittenen bzw. „unlauteren" Methoden der Recherche wie z. B. die Verwendung vertraulicher Regierungsdokumente ohne Erlaubnis, die Benutzung versteckter Aufzeichnungsgeräte oder die Praxis, sich als jemand anderes auszugeben.

Das neunte Kapitel, verfasst von Josef Seethaler, widmet sich der journalistischen Wahrnehmung von Wandel. Im Kern geht die Analyse der Frage nach, wie Journalisten die Art und das Ausmaß der Veränderungen in ihrem Beruf registrieren und reflektieren. Dabei wird konzeptionell unterschieden zwischen Wandel im Journalismus einerseits und Veränderungen in den Einflüssen auf die journalistische Tätigkeit andererseits. Diese Wahrnehmungen werden entlang von fünf Dimensionen beschrieben: in technologischer, ökonomischer, organisationaler, inhaltlicher und gesellschaftlicher Hinsicht.

Im letzten Kapitel schließlich ziehen wir als Forschergruppe Bilanz. In einem Textformat, das einem Fazit am nächsten kommt, werden die Kernergebnisse aus allen drei Ländern noch einmal thesenhaft zusammengefasst. Darüber hinaus werden die Hauptbefunde der Studie im Hinblick auf ihre Relevanz für den Journalismus als Institution und Berufsstand, für Journalisten als professionelle Akteure, für die Medienregulierung und Medienpolitik, für die Journalistenausbildung sowie für das wissenschaftliche Verständnis von Journalismus als Forschungsgegenstand diskutiert.

Thomas Hanitzsch ist Professor für Kommunikationswissenschaft mit Schwerpunkt Journalismusforschung am Institut für Kommunikationswissenschaft und Medienforschung der LMU München. Nach einem Studium der Journalistik und Arabistik/Orientalischen Philologie an der Universität Leipzig hat er 2004 an der TU Ilmenau promoviert und sich 2010 an der Universität Zürich habilitiert. In seiner Forschung beschäftigt er sich mit dem Vergleich von Journalismuskulturen sowie mit Medienvertrauen und Kriegsberichterstattung.

Josef Seethaler ist stellvertretender Direktor des Instituts für vergleichende Medien- und Kommunikationsforschung der Österreichischen Akademie der Wissenschaften und der Alpen-Adria-Universität. Er leitet die Arbeitsgruppe "Media, Politics & Democracy", ist Lehrbeauftragter der Universität Wien und in zahlreichen Beratungs- und Gutachterfunktionen tätig. Er forscht zu politischer Kommunikation und gesellschaftlicher Partizipation, Mediensystemen, Wissenschaftskommunikation sowie Medien- und Kommunikationsgeschichte.

Vinzenz Wyss ist Professor für Journalistik an der Zürcher Hochschule für angewandte Wissenschaften in Winterthur. Nach dem Studium der Germanistik, Publizistik und Soziologie war er journalistisch tätig, promovierte 2002 an der Universität Zürich und gründete die Beratungsfirma Media Quality Assessment. In Forschung und Lehre beschäftigt er sich mit journalistischer Qualität und Qualitätssicherung, Medienethik und Medienkritik.

Die methodische Anlage der Studie

2

Nina Steindl, Corinna Lauerer und Thomas Hanitzsch

Einleitung

Die in diesem Buch berichteten Ergebnisse basieren auf standardisierten Interviews, die in den Jahren 2014 und 2015 mit über 2500 Journalisten in Deutschland, Österreich und der Schweiz durchgeführt wurden. Konzeptionell und methodisch war die Studie eingebettet in die zweite Welle der *Worlds of Journalism Study*, in der zwischen 2012 und 2016 insgesamt über 27.500 Journalisten in 67 Ländern zum aktuellen Stand sowie zum Wandel ihres Berufsfelds befragt wurden.

Der methodische Rahmen der *Worlds of Journalism Study* stellte also die internationale Vergleichbarkeit der Daten sicher, während die Umsetzung durch nationale Forscherteams die nötige Expertise einbrachte, um den Journalismus in den jeweiligen Ländern möglichst adäquat abzubilden. Um den höchsten methodologischen Standards komparativer Forschung zu genügen, folgten alle nationalen Forschergruppen einem gemeinsam erarbeiteten Forschungsdesign (Lauerer und Hanitzsch 2019), das die Definition zentraler Konstrukte, Leitlinien zur Auswahl der zu befragenden Journalisten sowie den Fragebogen

N. Steindl (✉) · C. Lauerer · T. Hanitzsch
Ludwig-Maximilians Universität München, München, Deutschland
E-Mail: nina.steindl@ifkw.lmu.de

C. Lauerer
E-Mail: corinna.lauerer@ifkw.lmu.de

T. Hanitzsch
E-Mail: thomas.hanitzsch@ifkw.lmu.de

© Springer Fachmedien Wiesbaden GmbH, ein Teil von Springer Nature 2019   25
T. Hanitzsch et al. (Hrsg.), *Journalismus in Deutschland, Österreich und der Schweiz*, Studies in International, Transnational and Global Communications,
https://doi.org/10.1007/978-3-658-27910-3_2

zur Datengewinnung vorgab. Weitere Abstimmungen zwischen den nationalen Forscherteams begleiteten die Umsetzung der Vorgaben und nötige Adaptionen an die jeweiligen nationalen Gegebenheiten in den drei Ländern.

Um das Berufsfeld Journalismus möglichst genau abzubilden, wurde eine repräsentative Auswahl an Journalisten angestrebt. Diese sollte über eine zweistufige Zufallsauswahl gewonnen werden: Erst galt es eine angemessene Zahl an Redaktionen für jeden Medientyp auszuwählen, um dann dort tätige Journalisten zu selektieren. Solch eine Stichprobe kann man freilich erst dann ziehen, wenn die Grundgesamtheit der Journalisten bekannt ist. Um ein möglichst genaues Abbild der Grundgesamtheit in verkleinertem Maßstab zu erhalten, mussten wir deshalb zunächst schätzen, wie viele Journalisten insgesamt in einem Land tätig sind und wie sie sich über die verschiedenen Medientypen hinweg verteilen. Dieser Schritt ist so zentral wie komplex. Deshalb sollen im Folgenden nicht nur die finalen Schritte der tatsächlichen Auswahl der Journalisten und deren Befragung umrissen werden. Vielmehr wird zunächst auch das umfangreiche Verfahren aufgezeigt werden, das vorab nötig war, um die Grundgesamtheit an Journalisten in Deutschland, Österreich und der Schweiz zu ermitteln.

Der erste Teil dieses Kapitels widmet sich daher Definitionen und formalen Kriterien, die sicherstellen sollten, dass die Ermittlung der Grundgesamtheit in allen drei Ländern auf Grundlage eines vergleichbaren konzeptionellen Verständnisses erfolgt. Zunächst klären wir die Definition von „Journalisten" und „redaktionellen Einheiten" bzw. „Medienangeboten", da lediglich Journalisten von Interesse waren, die hauptberuflich bei journalistischen Medien tätig waren. Im Anschluss werden die Kriterien vorgestellt, die eine Redaktion erfüllen musste, um als solche gezählt zu werden: die eigenständige Produktion journalistischer Inhalte, die den Funktionen journalistischer Kommunikation entsprechen sowie ein Mindestmaß an Periodizität, Reichweite und Redaktionsgröße. Insbesondere die Frage der Eigenständigkeit einer Redaktion erwies sich in Zeiten crossmedialer Produktion und integrierter Newsrooms als Herausforderung. Deshalb wurde in der Konsequenz mit dem Konzept der redaktionellen Einheit gearbeitet.

Der zweite Teil des Kapitels widmet sich der operationalen Umsetzung der definitorischen Vorgaben in den jeweiligen Ländern. Zunächst werden die Quellen vorgestellt, die im Rechercheprozess herangezogen wurden. Im Anschluss werden Spezifika pro Mediensegment aufgezeigt, die es bei der Bestimmung der Grundgesamtheit zu beachten galt. Und schließlich werden die Rechercheergebnisse und damit die Grundgesamtheit an Journalisten und deren Verteilung über die Medientypen hinweg in Deutschland, Österreich und der Schweiz vorgestellt.

Im letzten Teil des Kapitels wird kurz das Vorgehen bei der tatsächlichen Auswahl der Stichprobe auf Basis der recherchierten Grundgesamtheit beschrieben. Abschließend werden zentrale Informationen zur Erhebung zusammengetragen, die zwischen Oktober 2014 und August 2015 mittels standardisierter Telefon- oder Online-Interviews mit 2502 Journalisten erfolgte.

Formale Bestimmung der Grundgesamtheit

In einem ersten Schritt musste die Grundgesamtheit der Journalisten ermittelt werden, um in weiterer Folge repräsentative Daten generieren zu können. Im Rahmen der *Worlds of Journalism Study* war dahin gehend festgelegt, dass die Grundgesamtheit aus allen professionellen Journalisten des jeweiligen Landes besteht.[1] Als professioneller Journalist gilt,

1. wer vorwiegend mit journalistischen (anstelle von administrativen, organisatorischen oder technischen) Aufgaben betraut ist,
2. wer Nachrichten, durch die eine gesellschaftliche Funktion erfüllt und ein öffentlicher Diskurs ermöglicht werden soll, auswählt, bearbeitet und veröffentlicht,
3. wer dies basierend auf professionellen Normen, Werten und Regeln tut sowie
4. wer hauptberuflich im Journalismus tätig ist. Als hauptberuflich tätig gelten Personen, die zum Zeitpunkt der Erhebung mindestens 50 % ihres Einkommens aus journalistischen Tätigkeiten beziehen – unabhängig vom Anstellungsverhältnis. Demnach gingen sowohl Festangestellte als auch Pauschalisten, feste Freie und freie Journalisten in die Grundgesamtheit ein.

Von der Grundgesamtheit ausgeschlossen wurden hingegen Personen, die diesen Kriterien nicht genügten. Personen galten demnach *nicht* als professionelle Journalisten,

---

[1]Die Darstellung der (formalen Bestimmung der) Grundgesamtheit der *Worlds of Journalism Study* sowie deren praktische Umsetzung wurde für den deutschen Kontext bereits in Steindl et al. (2017) dargelegt. Aufbau und Struktur lehnen sich an die dortigen Ausführungen an.

- wenn sie sich überwiegend, also zu mehr als 50 %, aus verwandten Kommunikationsbereichen finanzieren, wie z. B. aus der Werbung, Öffentlichkeitsarbeit oder Unternehmenskommunikation,
- wenn sie einer journalistischen Tätigkeit nur nebenberuflich nachgehen oder diese lediglich unregelmäßig ausüben, oder
- wenn sie einer nicht-beruflichen journalistischen Tätigkeit nachgehen, also Laienjournalismus betreiben bzw. als Amateur- oder Hobby-Journalisten tätig sind, wie z. B. als Bürgerjournalisten oder Blogger.

Auf Basis dieser Definition ist die vorliegende Studie prinzipiell auch mit früheren Befragungen vergleichbar, etwa mit beiden *Journalismus in Deutschland*-Studien (siehe Weischenberg et al. 1993; Weischenberg et al. 2006a) sowie – mit Einschränkung[2] – auch die Schweizer *Journalisten-Enquête* aus 2008 (siehe Bonfadelli et al. 2012; Keel 2011) und dem österreichischen *Journalisten-Report* (siehe Kaltenbrunner et al. 2007, 2008).

Um die so definierte Grundgesamtheit an Journalisten erfassen zu können, wurde die Medienlandschaft der drei Länder zunächst eingehend studiert. Dies erfolgte jeweils unter der Leitung der nationalen Forscherteams durch die Sichtung, Analyse und Abbildung der Strukturen an nationalen, regionalen und lokalen Medienorganisationen und -angeboten. Diese wurden entlang der einzelnen Mediensegmente und -typen erfasst, um dadurch zugleich die Verteilung der Journalisten über diese ermitteln zu können. Im Printmediensegment wurden Zeitungen, Zeitschriften und Anzeigenblätter bzw. Gratiszeitungen (in Österreich und der Schweiz) getrennt recherchiert. Im Rundfunksegment haben wir die Typen Hörfunk und Fernsehen differenziert nach ihrer Eigentümerschaft (privat versus öffentlich-rechtlich) erfasst. Zudem wurden Nachrichtenagenturen und Mediendienste sowie im Onlinesegment eigenständige Online-Medien und Online-Ableger von traditionellen Medien getrennt berücksichtigt. In diesem Rechercheprozess lag das Hauptaugenmerk auf den Redaktionen innerhalb der Medienorganisationen sowie auf den Medienangeboten. Als *Redaktion* war dabei zunächst jede Organisationseinheit zu verstehen,

---

[2]Den hier referierten Studien ist zwar das Streben nach Repräsentativität gemeinsam, allerdings unterscheiden sich diese von der vorliegenden Studie z. T. im Hinblick auf Definitionen, Operationalisierungen und Sampling-Strategien. Die konkreten Abweichungen sind den einzelnen Länderabschnitten zu entnehmen.

1. die redaktionell eigenständig agiert,
2. sich mit der Produktion journalistischer Inhalte auseinandersetzt und
3. den Funktionen journalistischer Kommunikation entspricht.

Wichtigstes Kennzeichen der redaktionellen Eigenständigkeit war neben journalistisch tätigen Personen auch das Vorhandensein einer eigenen Redaktionsleitung. Zentral für die Studie waren demnach die redaktionellen Ausgaben, und nicht nur die publizistischen Einheiten. Diese Differenzierung ist im Bereich der Lokal- oder Regionalzeitungen besonders relevant, da hier der Mantelteil des „Muttermediums" (die publizistische Einheit) oftmals in der lokalen Ausgabe übernommen wird. Sofern in der konkreten Lokal- bzw. Regionalredaktion jedoch zusätzlich eigenständig journalistisch gearbeitet wird, wie z. B. bei der Erstellung von Lokal- oder Regionalseiten, wurde diese ebenfalls in den entsprechenden Listen bzw. in der Grundgesamtheit erfasst. Redaktionen, die keine redaktionell eigenständige Produktion journalistischer Inhalte betreiben, wurden bei der Bestimmung der Grundgesamtheit von vornherein ausgeschlossen.

Im Zuge des Rechercheprozesses zur Ermittlung der Population an Redaktionen zeigten sich allerdings zwei Herausforderungen hinsichtlich der redaktionellen Eigenständigkeit. Zum einen fanden sich mehrere Redaktionen, die zwar journalistische Inhalte zur Verfügung stellen, diese jedoch nicht selbstständig produzieren, sondern lediglich übernehmen. Konkret fallen darunter z. B. lokale Fernsehsender, die zwar eine Nachrichtensendung ausstrahlen, deren Inhalte jedoch nicht innerhalb des Hauses produziert oder bearbeitet, sondern von einem Partnersender oder einer Produktionsfirma zugeliefert werden. Zum anderen bestand eine weitere Herausforderung darin, dass eine Gesamtredaktion in integrierten Newsrooms mehrere Medienangebote produziert. Damit war es letztlich wenig zielführend, die Grundgesamtheit ausschließlich anhand der Anzahl an Medienorganisationen oder -angeboten zu bestimmen, da dies zu einer systematischen Verzerrung geführt hätte. Vielmehr zeigte sich die Notwendigkeit, die Grundgesamtheit anhand redaktioneller Einheiten zu bestimmen.

Als *redaktionelle Einheit* gilt jede Redaktion, die journalistische Inhalte in redaktioneller Eigenständigkeit produziert, unabhängig von der Anzahl der von ihr dabei verantworteten Medienangebote und der übergeordneten Medienorganisation. Um als *journalistische Inhalte* zu gelten, mussten diese den Funktionen der journalistischen Kommunikation entsprechen, also etwa aktuell und informativ sein, und dahin gehend z. B. auf das Beobachten des aktuellen Weltgeschehens oder die Unabhängigkeit von Interessen fokussieren (Deuze 2005). Darunter sind konkret jene Beiträge zu verstehen, die von professionellen

Journalisten unter Bezugnahme auf die spezifischen Regeln des Berufs erstellt werden, wie z. B. unter Berücksichtigung von Neutralität oder Ausgewogenheit.

Journalisten treffen in ihrer Arbeit also stets Entscheidungen über Themen und evaluieren die Qualität von Informationen. Auf Basis der Relevanzkriterien des Berufs wählen sie in weiterer Folge Nachrichten aus und publizieren Inhalte, durch die gesellschaftliche Debatten ermöglicht werden (Weischenberg et al. 2006). Dabei repräsentieren journalistische Inhalte jedoch nicht ausschließlich politische Themen. So wurden in der vorliegenden Studie auch Beiträge als journalistische Inhalte begriffen, die in den Bereich des Populär- und Nutzwertjournalismus fallen. Dabei handelt es sich z. B. um Sport-, Unterhaltungs-, Lifestyle-, Prominenz- und Serviceberichterstattung.

Um die Anzahl der redaktionellen Einheiten zu erfassen, wurden also journalistische Medienangebote in den einzelnen Segmenten und Typen gesichtet. Bei der praktischen Umsetzung wurden lediglich Medien(-angebote) berücksichtigt, die über ein eigenes Nachrichtenprogramm oder einen eigenen Nachrichtenbereich verfügen und diese in redaktioneller Eigenständigkeit produzieren. Sofern die oben genannten Kriterien zutrafen, mussten diese zudem über eine gewisse 1) *Periodizität,* 2) *Reichweite* und 3) *Redaktionsgröße* verfügen, um in der Grundgesamtheit Berücksichtigung zu finden.

Die *Periodizität* war insofern von Relevanz, als dass journalistische Inhalte dem Kriterium der Aktualität journalistischer Kommunikation genügen mussten. Daher war es notwendig, dass die journalistischen Inhalte in einem als aktuell geltenden Erscheinungsrhythmus publiziert werden. Eine solche Mindestperiodizität unterscheidet sich je nach Mediensegment bzw. -typ (siehe folgende Abschnitte). Während beim Medientyp der Zeitung aufgrund des tages- bzw. wochenaktuellen Charakters eine „natürliche" Periodizität vorgegeben ist, zeigt sich innerhalb des Rundfunksegments z. B. im Hinblick auf Fernsehnachrichten, dass diese (mitunter sogar mehrmals) täglich ausgestrahlt werden, während Reportage-Formate eher in einem ein- oder zweiwöchigen Rhythmus Verbreitung finden. Die Notwendigkeit für die Festlegung einer Mindestperiodizität zeigt sich daneben auch im Zeitschriftensegment, in dem die Erscheinungshäufigkeit zwischen wöchentlich und jährlich schwankt.

Um ein adäquates Abbild des Journalismus gewährleisten zu können, musste jedes Medienangebot auch über eine gewisse *Reichweite* und *Redaktionsgröße* verfügen. Obwohl sich Deutschland, Österreich und die Schweiz durch zahlreiche Gemeinsamkeiten auszeichnen, sind vor allem die Reichweiten aufgrund der national unterschiedlichen Bedingungen zum Teil recht verschieden. Daher wurde in jedem Land je nach Mediensegment bzw. -typen eine separate Mindestreichweite gewählt. Das Printmediensegment konnte über die verkaufte Auflage erfasst werden; das Rundfunksegment über die Mindestpublikumsreichweite (nach Empfang; siehe folgende Abschnitte). Auch die Größe der Redaktion, die das konkrete Medienangebot erstellt, war von Bedeutung. So musste jede redaktionelle Einheit eine Mindestgröße von drei Journalisten aufweisen, um bei der Bestimmung der Grundgesamtheit berücksichtigt zu werden. Nicht berücksichtigt wurden zudem jegliche Medienangebote, die den obigen Kriterien nicht genügten. Dabei handelt es sich um jene,

- die prinzipiell *keinen redaktionellen Teil* ausweisen können. Gemeint sind hierbei z. B. Hörfunksender, die ausschließlich Musik spielen, oder Fernsehsender, die reine Teleshopping-Kanäle sind.
- die über einen redaktionellen Teil verfügen, deren Inhalte jedoch als *nicht journalistisch* klassifiziert werden müssen. Dabei handelt es sich z. B. um die Webseiten von Reiseveranstaltern, Dating-Plattformen, fiktionale Erzählformate oder auch um Spiele- oder Rätselhefte.
- die ausschließlich von *Laien* oder *ehrenamtlichen Mitarbeitern* erstellt werden. Diese werden – entsprechend obiger Definitionen – nicht als professionelle Journalisten aufgefasst und betreiben damit keinen professionellen Journalismus.
- die von nicht unabhängigen Dritten herausgegeben werden. Dabei handelt es sich z. B. um Kunden-, Mitglieds- und Mitarbeiterzeitschriften von Unternehmen und Verbänden oder auch um Angebote, die im Verantwortungsbereich von Interessensverbänden oder politischen Parteien stehen.

Praktische Bestimmung der Grundgesamtheit

Um die Grundgesamtheit an redaktionellen Einheiten sowie die Verteilung der Journalisten entsprechend der oben genannten Kriterien erfassen zu können, wurde die Medienlandschaft in Deutschland, Österreich und der Schweiz einer genauen Analyse unterzogen. Hierzu wurden, wie bereits angedeutet, entlang der einzelnen Segmente bzw. Medientypen Listen mit Medienorganisationen und -angeboten erstellt und überprüft, wie viele redaktionelle Einheiten darin enthalten sind. Der dafür nötige Rechercheprozess unterlag der Verantwortung des jeweiligen nationalen Forscherteams und soll im Folgenden umrissen werden.

Verwendete Quellen

Zur Recherche wurde eine Vielzahl von Quellen herangezogen. In Deutschland waren dies im Wesentlichen Informationen der Journalistenverbände (z. B. des DJV), die Webseiten von Medienunternehmen bzw. einzelner Medienangebote, Informationen aus den Jahresberichten der Landesmedienanstalten sowie Verzeichnisse, Statistiken und Datenbanken (z. B. IVW, Stamm und Zimpel).[3] In Österreich hat man sich vor allem der Informationen und Daten des Journalisten-, Medien- und PR-Indexes sowie des Pressehandbuches bedient. In der Schweiz wurden als Ausgangspunkt für die Recherche zunächst die Arbeiten von Keel (2011) und Künzler (2013) herangezogen und unter Berücksichtigung neuer Entwicklungen aktualisiert. Dabei wurde insbesondere auf die WEMF AG für Werbemedienforschung und der von ihr veröffentlichten Marktanteilsdaten von Print und Online zurückgegriffen, ebenso wie auf Daten des Bundesamtes für Kommunikation (BAKOM) und Informationen aus dem Schweizer PR- und Medienverzeichnis (2013) sowie des Vereins Schweizer Privatradios (VSP).

Obgleich der Großteil an notwendigen Informationen über diese Quellen abgedeckt werden konnte, waren insbesondere in Deutschland ergänzende telefonische Nachfragen erforderlich. Oft gab es Unklarheiten z. B. hinsichtlich der Strukturen der Medienhäuser bzw. der Redaktionen, in anderen Fällen waren entsprechende Informationen unzugänglich. Dennoch konnten auf Basis dieser Quellen relativ schnell erste Entscheidungen für oder gegen die Aufnahme einer redaktionellen Einheit in die Grundgesamtheit getroffen werden, da in zahlreichen Fällen eindeutig erkennbar war, ob diese den eingangs besprochenen Kriterien entsprechen. Darüber hinaus mussten auch medientypspezifische Charakteristika berücksichtigt werden, da jedes Mediensegment bzw. jeder Medientyp spezifische Anforderungen notwendig machten. Diese werden im Folgenden näher beschrieben.

Spezifische Charakteristika im Printmediensegment

Im Printmediensegment wurden die Medientypen Zeitungen und Zeitschriften (sowie in Deutschland auch mittels eigenem Code Anzeigenblätter) erfasst. Zeitungen wurden differenziert in Tageszeitungen sowie in Wochen- und

---

[3]Für einen detaillierten Einblick zu den Quellen und Herausforderungen des Rechercheprozesses in Deutschland siehe auch Steindl et al. (2017).

Sonntagszeitungen. Als Ausgangspunkt fanden jeweils nicht nur die publizistischen Einheiten, sondern auch die redaktionellen Ausgaben Berücksichtigung. Zwar stellen publizistische Einheiten den Mantelteil vieler Lokal- und Regionalzeitungen zur Verfügung – und leisten damit einen wesentlichen Teil der journalistischen Arbeit. Dennoch verfügen viele Lokal- und Regionalzeitungen oftmals über eine eigenständige Redaktion, die journalistische Inhalte – hier dann zumeist mit Lokal- oder Regionalbezug – produzieren und damit den übernommenen Mantelteil ergänzen. Die notwendigen Informationen konnten zumeist über das Impressum der einzelnen Angebote (bzw. über deren Online-Auftritte) zusammengetragen werden. Besonders im Bereich der Lokal- und Regionalzeitungen war es darüber hinaus notwendig, Besitzverhältnisse und Unternehmensstrukturen genauer zu betrachten. Denn zahlreiche Redaktionen mussten aufgrund mangelnder redaktioneller Eigenständigkeit von der Grundgesamtheit ausgeschlossen werden. In Deutschland war es notwendig, dass eine verkaufte Auflage von mindestens 10.000 Exemplaren gegeben ist; in Österreich war eine bundesweite Reichweite von 0,5 % der Bevölkerung über 14 Jahre erforderlich; in der Schweiz eine Mindestauflage von 4000 Stück, um, in Anlehnung an die Kriterien des WEMF (2014), ebenfalls eine Abdeckung von mindestens 0,5 % der Bevölkerung nach Auflage pro Nutzer zu gewährleisten.

Als Zeitschriften wurden ausschließlich redaktionelle Einheiten in der Grundgesamtheit erfasst, die Inhalte für ein universelles Publikum produzieren. Unmittelbar ausgeschlossen wurden Kunden- und Fachzeitschriften, Rätselhefte sowie PR- und Werbezeitschriften, da diese nicht bzw. kaum journalistische Inhalte anbieten. Neben den oben genannten Mindestreichweiten musste auch eine Mindestperiodizität gegeben sein. Im Zeitschriftensektor variiert der Erscheinungsrhythmus stark, von wöchentlich bis jährlich. In Deutschland wurden zunächst Listen von den im Inland produzierten Medienangeboten erstellt und auf Basis der zuvor dargestellten formalen Kriterien überprüft. Davon ausgehend mussten die von eigenständigen redaktionellen Einheiten produzierten Medienangebote über eine Periodizität von mindestens sechs Ausgaben pro Jahr verfügen, um dem Kriterium der Aktualität zu entsprechen. In Österreich sollten Zeitschriften neben einer Mindestreichweite von 0,5 % mindestens monatlich erscheinen. In der Schweiz war neben der Mindestauflage ein mindestens vierteljährlicher Erscheinungsrhythmus erforderlich.[4]

---

[4]Die verschiedenen Kriterien wurden auf nationaler Ebene in Abhängigkeit der unterschiedlichen Medienlandschaften sowie Erfassung von Reichweiten- und Auflagengrößen je so gewählt, dass Verzerrungen vermieden werden.

Anzeigenblätter fanden Berücksichtigung, sofern eigenständig produzierte journalistische Inhalte mindestens die Hälfte des Inhalts ausmachten. Amtsblätter wurden in der Grundgesamtheit nicht berücksichtigt, ebenso Anzeigenblätter, die von Agenturen, PR- oder Marketing-Abteilungen oder auch von Werbetreibenden herausgegeben wurden. In Deutschland wurden darüber hinaus Anzeigenblätter aufgrund ihrer Bedeutung im Zeitungsmarkt als separate Kategorie erfasst. In der Schweiz und in Österreich wurde kein eigener Code erstellt. In Anlehnung an bisherige Erhebungen wurde von den beiden Forscherteams entschieden, diese in der Kategorie der Zeitungen zu erfassen (siehe z. B. WEMF 2013 und Künzler 2013), da eine klare Abgrenzung nicht möglich war.

Spezifische Charakteristika im Rundfunksegment

Im Rundfunksegment wurden sowohl private als auch öffentlich-rechtliche Hörfunk- und Fernsehanstalten bzw. -formate erfasst und in vier entsprechenden Einzelgruppen berücksichtigt. Programmveranstalter, die augenscheinlich keine journalistischen Inhalte anbieten, wurden unmittelbar von der Grundgesamtheit ausgeschlossen (z. B. Teleshopping-Kanäle oder reine Musiksender im Hörfunk). Während das Vorhandensein von redaktionellen Einheiten im Printmediensegment relativ eindeutig feststellbar war, erwies sich dies in den Medientypen Hörfunk und Fernsehen als weitaus komplexer. In Deutschland zeigen sich insbesondere im Rundfunk Defizite bei der Transparenz im Hinblick auf Produktionsweisen und Redaktionsstrukturen, was unter anderem der Größe und Unübersichtlichkeit des deutschen Rundfunksegments geschuldet ist. Mit Blick auf Produktionsweisen zeigte sich in Deutschland auf Nachfrage, dass Inhalte teilweise ausgelagert produziert oder lediglich von Partnersendern zur Verfügung gestellt werden. Derartige Medien wurden von der Grundgesamtheit ausgeschlossen, da das Kriterium der eigenständigen Produktion nicht erfüllt wurde. Im Hinblick auf die Redaktionsstrukturen einiger Medienhäuser zeigten sich zum Teil laufende Umstrukturierungsprozesse auf redaktioneller Ebene, wie z. B. bei der *Deutschen Welle,* die es teilweise schwierig machten Journalistenzahlen, Tätigkeitsbereiche oder die Anzahl redaktioneller Einheiten konkret zu erfassen. Dies erforderte weiterführende Recherchen und Telefonate. Insbesondere bei größeren Rundfunkanstalten, in denen mehrere Redaktionen gemeinsam thematische Beiträge für ein Format produzieren oder eine Redaktion unterschiedliche Formate beliefert, diente zunächst ein Fokus auf Format-Ebene der Erfassung dahinterliegender Strukturen und in weiterer Folge der Anzahl der redaktionellen Einheiten.

In allen drei Ländern galt das Periodizitätskriterium eines mindestens zweiwöchigen Erscheinungsrhythmus. Zudem musste in Deutschland eine Mindestreichweite von 10.000 Haushalten vorliegen, die durch die Daten der Landesmedienanstalten relativ einfach ermittelt werden konnte. Ausgehend von deren Listen wurde eine erste Selektion nach Reichweite und Spartenprogramm vorgenommen. Danach wurden in einem zweiten Schritt Medienorganisationen gefiltert, die journalistische Inhalte verbreiten und diese auch eigenständig produzieren. Auf Formatebene wurde in einem letzten Schritt die Anzahl der redaktionellen Einheiten geprüft. Nicht aufgenommen wurden solche Einheiten, die lediglich für unregelmäßig ausgestrahlte Formate oder Formate wie Interview- oder Talk-Sendungen produzieren. In Österreich wurden alle öffentlich-rechtlichen und privaten Fernseh- und Radiosender als redaktionelle Einheiten erfasst, die im Sinne der eingangs gegebenen Kriterien eigenständig journalistische Inhalte produzieren. Hinsichtlich des Fernsehens wurde dabei eine bundesweit zu erreichende Tagesreichweite von mindestens 0,5 %, für öffentlich-rechtliche Radiosender von 3,0 % gewählt; für private Radiosender galt eine Mindestreichweite von 1,5 %. In der Schweiz musste eine Bevölkerungsabdeckung von mindestens 0,5 % im Empfangsgebiet gewährleistet sein. Hinsichtlich der Schweizerischen Radio- und Fernsehgesellschaft (SRG) wurden Redaktionen anhand von Kontakten und dem Unternehmensorganigramm ausgewählt, um eine repräsentative Anzahl zu erreichen.

Spezifische Charakteristika in Nachrichtenagenturen, Mediendiensten und Online-Medien

In allen drei Ländern wurden Nachrichtenagenturen jeweils als redaktionelle Einheiten in der Grundgesamtheit erfasst. Zudem wurden auch Mediendienste bzw. Zulieferer sowie Produktionsfirmen in die Grundgesamtheit aufgenommen, die über eine eigenständige Redaktion verfügen und auch sonst den obigen Kriterien entsprechen. Vorab ausgeschlossen wurden solche Organisationen, die vorwiegend oder ausschließlich PR-, Werbe-, Unternehmens- oder Marketing-Kommunikation betreiben. Da für Deutschland keine vollständigen Verzeichnisse von Mediendiensten vorlagen, wurde neben einer einfachen Suchmaschinen-Anfrage vor allem auf die Impressen vieler Medienorganisationen oder -angebote zurückgegriffen, die dort ausweisen müssen, welche Quellen sie heranziehen. Dadurch konnte ein praxisnahes Bild an Mediendiensten generiert werden.

Im Onlinemediensegment wurden Online-Ableger von traditionellen Medien sowie eigenständige Online-Medien getrennt erfasst. Für Deutschland kann festgehalten werden, dass auch in diesem Bereich die Datenlage teils unvollständig bzw. intransparent war, da auch hier keine vollständige Dokumentation verfügbar war. Für die Online-Ableger von traditionellen Medien waren Informationen zumeist über das Muttermedium erhältlich, wenngleich die redaktionelle Eigenständigkeit geprüft werden musste. Denn zahlreiche Online-Ableger (zumeist von größeren Medienorganisationen) werden in einer gemeinsamen Online-Redaktion zentral erstellt und verwaltet.

Bei eigenständigen Online-Medien handelt es sich um jene, die kein traditionelles Pendant aufweisen, sondern ausschließlich im Internet publiziert werden. Unmittelbar ausgeschlossen wurden Online-Medien, die zwar redaktionelle, jedoch keine journalistischen Inhalte zur Verfügung stellen. Dabei handelt es sich z. B. um Websites von Reiseveranstaltern, Partner- oder Jobbörsen. In Deutschland und Österreich wurde darüber hinaus eine Mindestreichweite von 10.000 Visits pro Monat festgelegt. Für die Erfassung von deutschen Online-Medien erwies sich die Online-Mediennutzungsstatistik der IVW als besonders hilfreich. In der Schweiz wurde ebenfalls nach Klickrate und Relevanz sortiert, wobei hier auf die Top 100 Liste für Online-Nutzung der NET-Metrix-Audit[5] zurückgegriffen wurde.

Ergebnis des Rechercheprozesses: Grundgesamtheit der Journalisten

Als Ergebnis des Rechercheprozesses in Deutschland, Österreich und der Schweiz konnte die Anzahl der redaktionellen Einheiten über die verschiedenen Mediensegmente und -typen hinweg festgehalten werden. Dieser Schritt war notwendig, um die Grundgesamtheit der Journalisten bestimmen zu können. Denn die im Rechercheprozess gesammelten Informationen zur Anzahl redaktioneller Einheiten dienten als Grundlage für die Bestimmung der Grundgesamtheit hauptberuflicher Journalisten (im Sinne der oben erörterten Definition der *Worlds of Journalism Study*). Dies ermöglichte bereits in weiten Teilen das Erfassen der Anzahl der dort tätigen Journalisten (und in der weiteren Folge auch ihrer Kontaktdaten). Darauf basierend konnten die aktuellen Journalisten-Populationen bestimmt sowie Aufschluss über die Verteilung der Journalisten auf die einzelnen Medientypen gewonnen werden. Da Journalismus jedoch ein offener Beruf

---

[5]https://netreport.net-metrix.ch/audit/

ist, kann die Zahl der Journalisten auch auf Grundlage dieser Daten letztlich nur geschätzt werden. Im Folgenden sollen daher Population und Verteilung der Journalisten in den einzelnen Ländern vorgestellt werden.

Journalisten in Deutschland

Die Bundesagentur für Arbeit (2017) geht derzeit von etwa 200.000 Personen aus, die in publizistischen Berufen tätig sind, wobei davon rund 150.000 im Bereich Journalismus zu finden seien. Zu berücksichtigen ist hierbei allerdings, dass die Bundesagentur für Arbeit (2010) auch Personen als Redakteure versteht, die weder hauptberuflich im Journalismus tätig, noch überwiegend mit journalistischen Aufgaben betraut sind. So werden beispielsweise auch technische Redakteure oder Redaktionsassistenten, ebenso wie Personen, die sich mit fiktionalen Erzählungen beschäftigen, als Redakteure erfasst. Nicht verwunderlich ist daher, dass sich die Angaben hinsichtlich der Journalisten-Zahlen in Deutschland zum Teil enorm unterscheiden. Andere Quellen sprechen beispielsweise davon, dass alleine im Bereich der Freiberuflichkeit von über 100.000 Journalisten ausgegangen werden kann – unberücksichtigt sind dabei jedoch die festangestellten Journalisten (siehe Buckow 2011; DJV 2014; Meyen und Springer 2009).

Da also in Deutschland keine allgemein gültigen Daten über Zahl und Verteilung der (hauptberuflichen) Journalisten auf die einzelnen Medientypen vorhanden sind, wurden bereits im Zuge des Rechercheprozesses zur Bestimmung der Grundgesamtheit an redaktionellen Einheiten stets auch Daten zur Größe der einzelnen Redaktionen sowie zu deren Mitgliedern gesammelt. Dabei zeigte sich, dass rund die Hälfte aller redaktioneller Einheiten Angaben zu ihren journalistisch tätigen Angestellten und zum Teil auch zu freien Mitarbeitern zur Verfügung stellen, wie z. B. im Impressum oder im Online-Auftritt. Diese Personen konnten zum Teil namentlich und mit Kontaktinformationen und Ressortzuordnung erfasst werden. Erschwert wurde insbesondere die Recherche von freien Journalisten, sofern diese nicht öffentlich im Medienangebot ausgewiesen waren. Denn telefonische Nachfragen zu Freiberuflern wurden von mehreren Redaktionen aus datenschutzrechtlichen Gründen abgelehnt. Ergänzend wurde unter anderem auf frei zugängliche Datenbanken (wie z. B. Zimpel) zurückgegriffen sowie auf Informationen der Journalisten-Verbände. Dadurch war es möglich, die Grundgesamtheit und Verteilung der in Deutschland tätigen Journalisten zu bestimmen. Fehlende Informationen wurden entsprechend der durchschnittlichen Angaben innerhalb des jeweiligen Medientyps (siehe oben) sowie unter Berücksichtigung der Entwicklungen am Medienmarkt (z. B. hinsichtlich der Bedeutungszunahme des Onlinesegments) extrapoliert und mit Daten aus früheren Jahren (vor allem Weischenberg et al. 2006a) abgeglichen. So können wir für Deutschland von einer Grundgesamtheit von circa 41.250 hauptberuflichen Journalisten ausgehen. Darin enthalten sind auch rund 9600 freie Journalisten im Hauptberuf.

Diese Angaben zeichnen die Entwicklungen der vergangenen 20 Jahre fort: So hatten Weischenberg et al. (2006a) ermittelt, dass die Zahl der hauptberuflich in Deutschland tätigen Journalisten seit der ersten repräsentativen Erhebung im Jahr 1993 rückläufig ist. Während sie 1993 etwa 54.000 hauptberufliche Journalisten gezählt hatten, waren es im Jahr 2005 nur noch circa 48.000. Dabei sei die Zahl der Festangestellten über die Jahre relativ stabil geblieben; vorwiegend die Anzahl der hauptberuflichen freien Journalisten habe sich kontinuierlich zurück entwickelt. So wurden im Jahr 1993 etwa 18.000 hauptberufliche Freie erfasst, im Jahr 2005 waren es nur noch rund 12.000. Dieser Rückgang der Journalisten-Zahlen scheint nach wie vor anzudauern. Einen Anteil daran trug neben der Medienkrise zu Beginn der 2000er Jahre sicher auch die jüngste Wirtschafts- und Finanzkrise. Während die Arbeitslosenzahlen unter den Journalisten zu Beginn des Millenniums auf rund 9000 anstiegen, hat sich zwar die Lage in den vergangenen Jahren wieder aufgehellt. Dennoch bringen die im Jahr 2015 rund 4800 als arbeitslos gemeldeten Redakteure oder Journalisten zum Ausdruck, dass die Lage im Journalismus keineswegs entspannt ist (vgl. Bundesagentur für Arbeit 2016; Kaiser o. D.). Weiteres Indiz für die Verringerung der Gruppe hauptberuflicher Journalisten in Deutschland ist in den abnehmenden Mitgliederzahlen der Journalistenverbände zu sehen: Der Deutsche Journalisten-Verband (DJV) verzeichnet aktuell rund 36.000 Mitglieder[6] und stellt damit eine Abnahme von 6000 Journalisten seit 2005 dar.[7]

Zu betonen ist insgesamt, dass sich die Studie lediglich den hauptberuflich tätigen Journalisten angenommen hat und sich daher die hier dargestellte Abnahme der Journalistenzahlen auf diese Gruppe fokussiert. Nicht berücksichtigt wurden nebenberufliche Feste sowie jene der etwa 100.000 Freien, die weniger als 50 % ihres Einkommens aus dem Journalismus beziehen. Hinzukommt, dass in

---

[6]Gemäß den Angaben des DJV unter https://www.djv.de/startseite/profil/der-djv/djv-profil. html.

[7]Weischenberg et al. (2006) waren im Jahr 2005 von rund 42.000 Mitgliedern ausgegangen. Die dort zitierte Zahl basiert auf einer Angabe von Nicole Sauer, DJV-Presse- und Öffentlichkeitsarbeit, im Mai 2005.

der deutschen Studie bspw. Journalisten aus dem Segment der Fachzeitschriften in unserer Zählung nicht berücksichtigt wurden, was zugleich auch eine Abweichung zu den *Journalismus in Deutschland*-Studien darstellt.

Insgesamt zeigt sich im Vergleich zu den vergangenen Jahren, dass die Verteilung der Journalisten auf die einzelnen Mediensegmente und -typen relativ stabil geblieben ist (Weischenberg et al. 2006a). Lediglich das Online-Segment hat, wenig überraschend, aufgrund von Digitalisierung und Internet in den vergangenen zehn Jahren weiter zugelegt (vgl. Tab. 2.1). Die Mehrheit der deutschen Journalisten ist jedoch im Printwesen, allen voran bei Zeitungen, beschäftigt.

Tab. 2.1 Verteilung der Journalisten in Deutschland, Österreich und der Schweiz

	Deutschland		Österreich		Schweiz	
	Population %	Sample %	Population %	Sample %	Population %	Sample %
Print	*54*	*59*	*54*	*55*	*60*	*55*
Zeitungen	27	32	45	51	35	45
Zeitschriften	20	20	9	4	25	10
Anzeigenblätter	7	7	–	–	–	–
Nachrichtenagenturen und Mediendienste	*4*	*4*	*3*	*4*	*4*	*3*
Rundfunk	*26*	*26*	*31*	*30*	*30*	*31*
Fernsehen gesamt	12	11	9	15	12	11
Öffentlich	8	7	5	11	9	6*
Privat	4	4	4	4	3	5
Hörfunk gesamt	14	16	22	15	15	20
Öffentlich	8	9	13	8	6	12*
Privat	6	6	9	7	9	8
Online-Medien	*16*	*8*	*11*	*12*	*3*	*9*
Online-Ableger	12	6	7	10	–	3
Eigenständig	4	2	4	2	–	6
Gesamt	41.250	N = 774	4100	N = 805	10.000	N = 799

Anmerkung: Angaben zum Sample basieren auf dem Hauptmedium. Da aufgrund von freier oder primär multimedialer Tätigkeit nicht alle Journalisten einem Hauptmedium zugeordnet werden konnten, weichen die Angaben zu Stichprobengrößen von den Angaben des Gesamtsamples ab. Mehrfachnennungen sind nicht enthalten

Journalisten in Österreich

Gemäß der Mikrozensus-Arbeitskräfteerhebung der Statistik Austria waren zum Zeitpunkt der Erhebung 19.400 Personen in der Berufsgruppe „AutorInnen, JournalistInnen und LinguistInnen" erwerbstätig. Diese Gruppe lässt sich allerdings nicht nach Teilgruppen oder Zuordnungskriterien aufschlüsseln. Die erste und einzige Gesamterhebung der österreichischen Journalisten ermittelte im Jahr 2007 knapp 7100 Personen, die hauptberuflich journalistisch tätig waren.[8] Zu berücksichtigen ist jedoch, dass die Hauptberuflichkeit in Anlehnung an das österreichische Mediengesetz und Journalistengesetz – und damit abweichend von der vorliegenden Studie – definiert wurde. Sie gilt als jene Tätigkeit, die „nicht bloß als wirtschaftlich unbedeutende Nebenbeschäftigung" ausgeübt wird (Kaltenbrunner et al. 2007, S. 168). Daher wurde diese Definition als monatliches Bruttoeinkommen von mindestens 1000 EUR operationalisiert (Kaltenbrunner et al. 2007). Daneben gab es keine untere Reichweitengrenze oder Mindestgröße für Redaktionen oder eine Einschränkung bezüglich der Erscheinungsweise, um in das Sample aufgenommen zu werden. Zudem belief sich eine Schätzung jener Freien, die die Einkommensgrenze von 1000 EUR nicht überschreiten, auf weitere 900 Personen (Kaltenbrunner et al. 2007).

Zur Ermittlung der Grundgesamtheit wurden in einem ersten Schritt die Daten des Journalisten-, Medien- und PR-Indexes sowie des Pressehandbuchs ausgewertet. Beide Nachschlagewerke stellen hilfreiche Quellen zur Erfassung der Population österreichischer Journalisten dar. Die auf dieser Basis generierten Listen mussten jedoch einer eingehenden Prüfung unterzogen werden. Denn die genannten Quellen erfassen einerseits einen weiteren Personenkreis als hauptberufliche Journalisten, andererseits weisen sie manche Journalisten doppelt aus – und dennoch sind nicht alle Journalisten aufgelistet. Besonders hinsichtlich der freien Journalisten sind die Angaben dürftig. Die bereinigten und in weiterer Folge mit Hilfe von Informationen seitens der Redaktionen ergänzten Listen ergaben eine Schätzung von rund 4100 hauptberuflich bei den Medien, welche die Grundgesamtheit bilden, tätigen festangestellten und freien Journalisten. Dabei ist jedoch davon auszugehen, dass der Anteil letzterer aufgrund des Fehlens vollständiger Informationen unterschätzt wurde. Ohne untere

---

[8]Diese Angaben beruhen auf den Rückmeldungen der Redaktionen sowie auf Eigenrecherche von Kaltenbrunner et al. (2007). Darin enthalten sind nur Pauschalisten und ständige Freie, nicht aber freie Mitarbeiter. Gemäß Redaktionsrückmeldungen kommen zur genannten Grundgesamtheit 724 freie Journalisten hinzu.

Reichweitengrenze, Eingrenzung der Erscheinungshäufigkeit und redaktionelle Mindestgröße sowie ohne Ausschluss von Kunden-, Fach-, PR-, Werbezeitschriften hätte die Grundgesamtheit mehr als doppelt so viele, nämlich über 8300 Journalisten umfasst.

Wie Tab. 2.1 zu entnehmen ist, zeigt sich in Österreich insbesondere im Hinblick auf das Online-Segment eine Position zwischen Deutschland und der Schweiz, da etwa ein Zehntel der Journalisten im Online-Segment beschäftigt ist. Dieser Anteil hat sich im Vergleich zum Jahr 2007 fast verdreifacht (Kaltenbrunner et al. 2007). Das Printsegment entspricht hinsichtlich seines relativen Anteils jenem in Deutschland, während das Rundfunksegment ähnlich stark wie in der Schweiz ausgeprägt ist. Das Printsegment hat gegenüber 2007 deutlich abgenommen, nämlich um rund 13 Prozentpunkte, das Rundfunksegment hat dagegen leicht zugelegt (um etwa vier Prozentpunkte), was als Folge des Ausbaues der privaten Sender interpretiert werden kann. So wurden beispielsweise im Fernsehsektor *Puls 4* und *Servus TV* erst nach der letzten Erhebung gegründet.

Journalisten in der Schweiz

Die Grundgesamtheit der Journalisten in der Schweiz wird auf aktuell unter 10.000 Personen geschätzt. Insgesamt zeigt sich damit auch hier der Trend in Richtung einer Abnahme der Journalisten-Zahlen (insbesondere im Zeitschriftensektor): während die *Journalisten-Enquête* 2008 von etwa 10.500 Journalisten ausging (Bonfadelli et al. 2012; Keel 2011), lässt die aktuelle Schätzung der Grundgesamtheit von weniger als 10.000 hauptberuflichen Journalisten vermuten, dass diese Zahl während der vergangenen zehn Jahre zwar (nach der Medienkrise) etwas abgenommen hat. Im Vergleich zu Deutschland und Österreich fällt der abnehmende Trend allerdings weniger ausgeprägt aus und ist relativ stabil geblieben. Die aktuelle Schätzung beinhaltet auch rund zehn Prozent freie Journalisten (siehe z. B. Verband impressum), gleichwohl hierbei Unklarheit darüber besteht, wie hoch die Anzahl jener ist, die dem Kriterium der Hauptberuflichkeit genügen. Auch im Hinblick auf die Schweizer Vergleichsdaten (Bonfadelli et al. 2012; Keel 2011) ist darauf hinzuweisen, dass diese Studien zum Teil Unterschiede bei der Zusammensetzung der Population zeigen (auch hinsichtlich der Abbildung der Sprachregionen) und beim Sampling auf Mitgliederlisten von Berufsverbänden gesetzt haben (z. B. Impressum und Comedia). Dagegen hat die aktuelle Studie versucht, eine stärkere Variation an unterschiedlichen (auch kleineren) Medienangeboten zu generieren – unter besonderer Berücksichtigung der verschiedenen Sprachregionen.

Im Hinblick auf die Verteilung der Schweizer Journalisten auf die einzelnen Mediensegmente bzw. -typen zeigt sich, dass das Printmediensegment als dominierend hervorsticht (vgl. Tab. 2.1). Die Bestimmung der Anteile der Schweizer Medien sowie die Verteilung der Journalisten auf die einzelnen Medientypen wurde dabei in Anlehnung an die Arbeiten von Bonfadelli et al. (2012) und Keel (2011) aktualisiert. Als besonderes Charakteristikum für die Schweiz gelten die föderalistische Kleinräumigkeit, die vier Landessprachen sowie die große Stellung der SRG, welche den größten medialen Arbeitgeber darstellt.

Stichprobenziehung

Um den Journalismus in Deutschland, Österreich und der Schweiz möglichst präzise abzubilden, wurde die Stichprobe über eine zweistufige Zufallsauswahl konstruiert. Aus den Listen der redaktionellen Einheiten wurde im ersten Schritt eine geschichtete Zufallsstichprobe gezogen, deren Quoten anteilsmäßig der Verteilung der Journalisten in den einzelnen Medientypen entsprechen. Aus den Listen der Journalisten, die für die gezogenen redaktionellen Einheiten pro Medientyp tätig sind, wurde in einem zweiten Schritt eine einfache Zufallsauswahl von Personen getroffen. Die zu erreichende Quote von Journalisten wurde entsprechend der Verteilung in der Grundgesamtheit berechnet, um ein repräsentatives Abbild erzielen zu können. Dieses Vorgehen erfolgte in ähnlicher Weise in allen drei Ländern. Davon abweichend wurde in Österreich die Medienstichprobe als proportional geschichtete Auswahl realisiert, und in der italienischen und französischen Schweiz wurden redaktionelle Einheiten randomisiert und Journalisten mittels bewusster Quotenauswahl gezogen.

Wie Malik (2011) zutreffend bemerkt, ist die Durchführung einer repräsentativen Journalistenbefragung nicht nur durch die mangelnde Bereitschaft der Journalisten oder ganzer Medienbetriebe schwierig. Hinzu kommt die Problematik der stark zugenommenen Anfragen von Forschungsinstitutionen, denen Journalisten täglich ausgesetzt sind, insbesondere in Deutschland. Dies ist ein Umstand, der auch bei der Durchführung der vorliegenden Erhebungen erschwerend hinzukam. Daneben war die exakte Differenzierung der Journalisten nach Online-Ableger und traditionellem Medium bei der praktischen Umsetzung der Kontaktaufnahme relativ schwierig, insbesondere in Deutschland und der Schweiz. Denn eine strikte Trennung war aufgrund der Redaktionsstrukturen nicht immer eindeutig möglich. Daher wurden die Journalisten im Interview gebeten anzugeben, für welche Medientypen sie tätig sind. Die konkreten Länderspezifika in der Vorgehensweise der Stichprobenziehung sowie Schwierigkeiten bei der Umsetzung sollen im Folgenden näher beleuchtet werden.

Deutschland

Ausgehend von einer qualifizierten Schätzung der Grundgesamtheit von 41.250 Personen, die in Deutschland aktiv und hauptberuflich einer Tätigkeit als Journalist nachgehen, wurde eine zweifach geschichtete Zufallsstichprobe gezogen. In einem ersten Schritt wurde aus den medientypspezifischen Listen jede n-te redaktionelle Einheit gezogen, um jeder Redaktion die gleiche Chance einzuräumen, in die Stichprobe zu gelangen. Die Verteilung der gezogenen Zufallsstichprobe entspricht damit auch der Verteilung der Journalisten über die Medientypen in der Grundgesamtheit. In einem zweiten Schritt wurde aus den zuvor gezogenen redaktionellen Einheiten eine einfache Zufallsauswahl der darin tätigen Journalisten gezogen. Dies erfolgte unabhängig von Position, Ressort, Alter und Geschlecht der Journalisten. Beachtung fand hingegen die Größe der Redaktion. So wurden jeweils in großen redaktionellen Einheiten fünf, in kleinen jeweils drei Journalisten befragt. Die Einteilung danach, was als große bzw. kleine redaktionelle Einheit zu verstehen ist, wurde gemäß der durchschnittlichen Redaktionsgröße innerhalb des jeweiligen Medientyps bestimmt. Als große redaktionelle Einheiten galten dabei jene, die über dem Durchschnitt des jeweiligen Medientyps lagen.

Bereits während der intensiven Vorbereitungen und Recherchen im Zuge der Bestimmung der Grundgesamtheit konnten Kontaktinformationen der zu befragenden Journalisten (E-Mail-Adressen und Telefonnummern) zusammengetragen werden – sofern diese vorhanden waren. Hierzu wurde vor allem auf die Webseiten der Medienbetriebe bzw. -angebote zurückgegriffen. Aber auch Datenbanken (z. B. Zimpel) erwiesen sich als hilfreiche Quelle. Daneben war es notwendig, Daten und Informationen durch telefonische Nachfragen einzuholen, da zahlreiche Medienorganisationen keine ausreichenden Informationen zur Verfügung stellen (etwa im Impressum). Zudem war es in einigen Fällen aufgrund laufender Umstrukturierungsmaßnahmen schwierig, den dahinterliegenden Strukturen auf den Grund zu gehen. Im Zuge der telefonischen Recherche haben wir zumeist nach Listen von Journalisten gefragt, die in der konkreten Redaktion tätig sind. Waren solche Listen nicht verfügbar oder wurden aus Datenschutzgründen nicht bereitgestellt, versuchten wir, Kontaktinformationen über die Chefredaktion zu erhalten. Die Chefredaktion war in vielen Fällen bereit, das Forschungsvorhaben tatkräftig zu unterstützen, während es in anderen Fällen erfolgversprechender war, nach konkreten Journalisten zu fragen.

Die Erhebung wurde über ein Mehrmethodendesign realisiert. Im November 2014 wurde mit dem Aussenden von Einladungen zur Teilnahme an der Befragung begonnen. Darin wurde den Journalisten ein Link zur Verfügung gestellt, über den sie selbst entscheiden konnten, an der telefonischen Befragung teilzunehmen oder den Online-Fragebogen auszufüllen. Ab Februar 2015 wurden in einem zweiten Schritt telefonische Interviews geführt. Hierbei wurden sowohl die Journalisten kontaktiert, die in das telefonische Interview eingewilligt hatten als auch jene, die auf unsere E-Mail-Anfrage nicht reagiert hatten oder von denen keine Mail-Adresse vorlag. Auf diese Weise konnten in Deutschland insgesamt 775 verwertbare Interviews mit Journalisten geführt werden. Die kombinierte Rücklaufquote betrug rund 35 %. Während viele E-Mail-Anfragen ohne Rückmeldung blieben, zeigte sich bei telefonischen Nachfragen, dass die Journalisten zum Teil sehr skeptisch waren und nach weiterführenden Informationen zum Zweck und zur institutionellen Anbindung der Studie verlangten. In Tab. 2.2 findet sich eine entsprechende Übersicht der Eckdaten zur Erhebung.

Österreich

Basierend auf einer Schätzung von rund 4100 Journalisten als Grundgesamtheit wurde auch in Österreich eine zweifach geschichtete Zufallsstichprobe gezogen (vgl. Tab. 2.2). Hierzu wurden zunächst nach den bereits oben genannten Kriterien Listen mit redaktionellen Einheiten erstellt. Im zweiten Schritt wurden ausgehend von den Daten des Journalisten-, Medien- und PR-Indexes sowie des Pressehandbuches Kontaktdaten (E-Mail-Adressen) aller Journalisten aufgelistet sowie anhand der laufend aktualisierten Medien- und Journalisten-Datenbank auf pressehandbuch.at (heute: medienhandbuch.at) verifiziert bzw. gegebenenfalls korrigiert und ergänzt. Basierend auf der zuvor erwähnten Liste an redaktionellen Einheiten wurde eine proportional geschichtete Zufallsauswahl vorgenommen, wobei unter Beachtung eines Reichweitenkriteriums zwei Schichten definiert wurden (bundesweite Reichweite größer als 1,5 % in der ersten und größer als 0,5 % in der zweiten Schicht sowie bei Online-Angeboten 500.000 bzw. 25.000 Unique Users). In der ersten Schicht galt überdies für die neun öffentlich-rechtlichen Regionalradios ein Richtwert von drei Prozent Reichweite, um einer Überrepräsentation des öffentlich-rechtlichen Hörfunks entgegenzuwirken. Denn wie sich in der ersten Welle der *Worlds of Journalism Study* gezeigt hatte, waren Journalisten des öffentlich-rechtlichen Rundfunks eher als ihre Kollegen bei privaten Sendern zu einem Interview bereit. Bedauerlicherweise hat diese Maßnahme letztlich zu einer Unterrepräsentation der öffentlich-rechtlichen Radiojournalisten geführt, während das öffentlich-rechtliche Fernsehen überrepräsentiert ist. Umgekehrt galt in der zweiten Schicht für den Radiosektor – im Unterschied zu den anderen Mediensegmenten – keine untere Reichweitengrenze, da in Österreich relativ viele kleine Radiosender existieren. Ziel der proportionalen

Tab. 2.2 Eckdaten zu den Erhebungen in Deutschland, Österreich und der Schweiz

	Deutschland	Österreich	Schweiz
Population (Schätzung)	41.250	4100	10.000
Stichprobenziehung	Zweistufige Zufallsauswahl von redaktionellen Einheiten Zufallsauswahl von Journalisten aus redaktionellen Einheiten	Zweistufige Zufallsauswahl von redaktionellen Einheiten (proportional geschichtet) Zufallsauswahl von Journalisten aus redaktionellen Einheiten	De: zweistufige Zufallsauswahl Ro/Te: Zufallsauswahl von redaktionellen Einheiten und bewusste Quotenauswahl von Journalisten
Stichprobengröße	N = 775	N = 818	N = 909
Rücklaufquote	35 %	29 %	De: 22 %/Ro: 38 %/Te: 43 %
Erhebungszeitraum	11/2014–08/2015	11/2014–08/2015	De: 10/2014–06/2015 Ro/Te: 11/2014–01/2015
Erhebungsart	Telefon und Online	Telefon und Online	Online

Anmerkung: De = deutschsprachige Schweiz; Ro = Romandie/französischsprachige Schweiz; Te = Tessin/italienischsprachige Schweiz

Schichtung war es, mit den in die erste Schicht einbezogenen Redaktionen den gesamten, breitenwirksamen Journalismus in Österreich abzubilden.

In beiden Schichten wurde aus medientypspezifischen Listen jede n-te redaktionelle Einheit gezogen und, wie bereits in Deutschland, basierend auf der durchschnittlichen Redaktionsgröße je Medientyp, als große oder kleine Einheit klassifiziert. Anschließend wurden in der ersten Schicht der reichweitenstärkeren Medienangebote jeweils 28 Journalisten von großen redaktionellen Einheiten sowie 16 Journalisten von kleinen Redaktionen per Zufall gezogen und kontaktiert. Analog wurde in Bezug auf die zweite Schicht mit Medienangeboten von geringerer Reichweite vorgegangen. Die Quoten der geschichteten Zufallsstichproben folgten anteilsmäßig der Verteilung der Journalisten in den einzelnen Medientypen. Bei der Stichprobenziehung wurde weiterst darauf geachtet, dass Gruppen der Chefredakteure und der Journalisten mit Teilleitungsfunktion entsprechend ihrer Verteilung in der Grundgesamtheit auch im Sample vertreten sind.

Die Bitte um Teilnahme an der Befragung wurde über die Chefredaktion hergestellt, die jeweils über eine Informationsmail kontaktiert wurden und diese den Journalisten weitervermittelt haben. Im Anschluss daran wurden die ausgewählten Journalisten nach einer Woche direkt kontaktiert. Sofern diese nicht innerhalb eines Monats reagiert hatten, stellte das österreichische Team telefonische Nachfragen an.

Schweiz

Ausgehend von einer geschätzten Grundgesamtheit von etwas weniger als 10.000 Journalisten wurde die Stichprobe in der deutschsprachigen, italienischen und französischen Schweiz getrennt gezogen. In der deutschsprachigen Schweiz wurde eine zweifach geschichtete Zufallsstichprobe gezogen, ähnlich wie in Deutschland und Österreich. Für Redaktionen, für die keine vollständigen Mitarbeiterlisten vorlagen, wurden entweder über die Impressen oder durch die Mithilfe der Medienorganisationen Kontaktdaten gesammelt. Nur in der Westschweiz und im Tessin wurden dagegen die redaktionellen Einheiten zunächst randomisiert und die Journalisten anschließend mittels bewusster Quotenauswahl gezogen (vgl. Tab. 2.2). Beim öffentlichen Rundfunk SRG wurde mittels persönlicher Kontakte und dem Unternehmensorganigramm eine entsprechend größere Anzahl an Journalisten ausgewählt, um die SRG-Redaktionen adäquat abzubilden. Die Kontaktaufnahme erfolgte insgesamt über die Medienorganisation bzw. die Redaktion. Erst in einer zweiten Welle wurden Listen von Mitarbeitern erstellt, die entsprechend abgearbeitet wurden. Insgesamt zeigte sich auch in der Schweiz das Problem der Rekrutierung und Einordnung von Journalisten bei Online-Ablegern und dem entsprechenden Muttermedium.

Erhebung und Stichprobenbeschreibung

Basierend auf dieser Stichprobenziehung wurden im Zeitraum zwischen Oktober 2014 und August 2015 insgesamt 2502 Interviews in Deutschland, Österreich und der Schweiz von den nationalen Forscherteams durchgeführt. Von diesen wurden 22 % (n = 544) der Interviews telefonisch sowie 78 % (n = 1958) über einen Online-Fragebogen umgesetzt. Der Großteil der online durchgeführten Interviews stammt aus der Schweiz und Österreich. In Deutschland haben Journalisten das telefonische Interview bevorzugt. Die Rücklaufquoten für die drei Länder bewegen sich im Bereich zwischen 22 und 43 % (vgl. Tab. 2.2).

Über die verschiedenen Medientypen hinweg entspricht die Verteilung der Journalisten in der Stichprobe weitgehend jener in der Grundgesamtheit. Eine Ausnahme bilden die freien Journalisten; sie sind in der Gesamtstichprobe unterrepräsentiert. So wurden zum Beispiel in Deutschland knapp 20 % Freiberufler in der Stichprobe berücksichtigt; dieser Anteil liegt zehn Prozent unter dem entsprechenden geschätzten Anteil in der Grundgesamtheit. Dies liegt vor allem am eingeschränkten Zugang zu dieser Gruppe. Eine Gegenüberstellung der Verteilung der Journalisten entlang der einzelnen Mediensegmente und -typen in Deutschland, Österreich und der Schweiz in der Grundgesamtheit und der tatsächlichen Stichprobe findet sich in Tab. 2.1.

Deutschland

Die eigentliche Erhebung erstreckte sich von November 2014 bis August 2015. Dabei konnten in Deutschland insgesamt 775 verwertbare Interviews mit Journalisten geführt werden. Aufgrund der unerwartet geringen Teilnahmebereitschaft der angefragten Journalisten konnte die ursprüngliche Zielmarke (N > 1050) nicht erreicht werden. Der Großteil (69 %) wurde telefonisch befragt, während sich 31 % für die Teilnahme an der Online-Befragung entschieden.

Die Verteilung der Journalisten in der Stichprobe wurde mit einer Reihe von Quellen abgeglichen, insbesondere mit der Studie *Journalismus in Deutschland* aus dem Jahr 2005 (Weischenberg et al. 2006a). Unter Berücksichtigung der Veränderungen am Medienmarkt (insbesondere im Online-Bereich aber auch im

Hinblick auf Multimedia-Tätigkeiten) zeigt sich, dass die Stichprobe die Grundgesamtheit der Journalisten in Deutschland adäquat widerspiegelt. Die größte,
jedoch vertretbare Abweichung liegt im Bereich der Online-Ableger. Immerhin rund ein Viertel der deutschen Befragten gab an, dass sie sowohl für den
Online-Ableger als auch für das Muttermedium oder für mindestens einen weiteren Medientyp arbeiten. Hier haben wir in Zeitungen etwas mehr Journalisten befragt als laut Schätzung der Grundgesamtheit notwendig gewesen wären.
Gründe hierfür sind insbesondere in einem zunehmend multimedialen Arbeitsumfeld zu sehen.

Österreich

Zwischen November 2014 und August 2015 wurden insgesamt 818 Journalisten aus 123 redaktionellen Einheiten österreichweit befragt (Rücklaufquote
29 %). Auch in Österreich wurden sowohl telefonische als auch Online-Interviews durchgeführt. Dabei zeigte sich, dass österreichische Journalisten den
Online-Fragebogen bevorzugten (zu rund 99 %). Über die einzelnen Medientypen hinweg entspricht die Verteilung der Journalisten in der Stichprobe
im hinreichenden Maße der Grundgesamtheit. Das Fernsehen ist, wie oben
bereits erwähnt, in der Stichprobe etwas überrepräsentiert, der Hörfunk etwas
unterrepräsentiert. Aber nicht nur der Rundfunksektor als Ganzes entspricht
weitgehend seinem Anteil an der Grundgesamtheit, sondern auch der öffentlich-rechtliche und der private Sektor sind im Wesentlichen gut repräsentiert.
Ähnliches gilt für den Printsektor. Er ist im Vergleich zur Verteilung in der
Grundgesamtheit ebenfalls in entsprechender Größe abgebildet, während innerhalb des Sektors die Zeitungen etwas überrepräsentiert und die Zeitschriften
unterrepräsentiert sind. Auch die Nachrichtenagenturen und der Online-Bereich
sind – mit einem leichten Überhang der Online-Ableger traditioneller Medien –
adäquat im Sample vertreten. Zugleich ist anzumerken, dass Volontäre und Praktikanten nicht erfasst wurden. Schließlich ist aufgrund der in den herangezogenen
Quellen lückenhaften Informationen über die freien Journalisten davon auszugehen, dass sie im österreichischen Sample deutlich unterrepräsentiert sind.

Schweiz

Die zur Befragung eingeladenen Journalisten wurden entsprechend ihrer Verteilung in der Grundgesamtheit entlang der Sprachregionen und Medientypen,

in Anlehnung an die Studie aus 2008 (Keel 2011), ausgewählt. In der deutschsprachigen Schweiz wurden die Daten zwischen Oktober 2014 und Juni 2015 erhoben (Rücklaufquote: 22 %), während die Erhebungen im Tessin (43 %) und in der Westschweiz (38 %) zwischen November 2014 und Januar 2015 realisiert wurden. Insgesamt konnten für die Schweiz 909 verwertbare Interviews durchgeführt werden, die sich folgendermaßen innerhalb des Landes verteilen: 73 % deutschsprachige, acht Prozent italienischsprachige und 19 % französischsprachige Schweiz. Sämtliche Interviews wurden mittels eines Online-Fragebogens generiert. Im direkten Abgleich mit den Vergleichsstudien weist das aktuelle Schweizer Sample damit die größte Diversität auf, insbesondere hinsichtlich der Repräsentation der Sprachregionen.

In der Schweiz zeigt sich eine adäquate Verteilung der Stichprobe strukturgleich zur Grundgesamtheit, gleichwohl freie Journalisten etwas unterrepräsentiert sind. Lediglich der Online-Bereich ist etwas überrepräsentiert, was auf die intransparente Informationslage bzw. auf die nicht eindeutigen Strukturen im Onlinesegment zurückgeführt werden kann.

Stichprobenfehler, Vertrauensintervall und Non-Response

Wie bei allen stichprobenbasierten Befragungen ist natürlich auch in der vorliegenden Studie zu berücksichtigen, dass die in diesem Buch berichteten Ergebnisse nur eine – wenngleich auch relativ präzise – Annäherung an die tatsächlichen Parameter in der Grundgesamtheit bilden. Trotz des bei der Stichprobenziehung geleisteten enormen Aufwands sind geringfügige Abweichungen der berechneten Kennwerte von den „wahren" Werten in der Gesamtpopulation der Journalisten in Deutschland, Österreich und der Schweiz in Rechnung zu stellen. Diese maximal zu erwartende Abweichung und der sich daraus ergebende Schwankungskorridor für deskriptive Kennwerte (Vertrauens- oder Konfidenzintervall) lassen sich wie folgt berechnen:

Die Breite des Schwankungskorridor hängt maßgeblich vom Stichprobenumfang sowie von der Größe der Population, der Variabilität der gemessenen Merkmale und dem zugrunde gelegten Konfidenzniveau ab. Folgen wir dem sozialwissenschaftlichen Standard und setzen ein Konfidenzniveau von 95 % an, dann ergibt sich für Anteilswerte von 50 % (z. B. 50 % der Befragten stimmen einer Aussage zu) eine maximale Schwankungsbreite von ±3 % in allen drei Ländern. Für Anteilswerte von ca. 10 oder 90 % verringert sich dieser Korridor auf ±2 %. Insbesondere bei der Interpretation kleiner Unterschiede ist diese Schwankungsbreite entsprechend berücksichtigt worden.

Die oben genannten Anteilswerte gelten freilich nur für den Fall, dass alle befragten Journalisten auch auf die Frage jeweils geantwortet haben. Dies trifft vor allem dann nicht zu, wenn Fragen aufgrund einer Filterung nicht allen Befragten vorgelegt wurden bzw. Fragebogenaspekte von einzelnen Journalisten als nicht relevant bzw. unzutreffend eingestuft wurden. So wurden die Fragen zum journalistischen Wandel (vgl. Kap. 9) nur jenen Journalisten vorgelegt, die mindestens fünf Jahre Berufserfahrung hatten. Für einen Teil der Journalisten waren Fragen zum Einfluss von Werbung oder Eigentümern (vgl. Kap. 5) nicht relevant, da das Medium, für das sie tätig waren, keine Werbung schaltete bzw. über keine Eigentümer im klassischen Sinne verfügte.

Darüber hinaus kommt es immer wieder vor, dass Befragte aus anderen (zumeist persönlichen) Gründen auf bestimmte Fragen nicht antworten (Non-response). Bei der überwiegenden Mehrheit der Fragen lag dieser Anteil unterhalb von fünf Prozent (oft deutlich geringer). Am stärksten von Non-Response betroffen war die Frage zur politischen Einstellung, die bei 22 % der österreichischen Journalisten unbeantwortet blieb (Deutschland: 11 %; Schweiz 12 %). Einen relativ hohen Anteil von Non-Response generierten wie zu erwarten auch die Fragen zum Einkommen (9 % im Länderdurchschnitt) sowie zum Alter (7 %). Auch hier wurden die Ergebnisse entsprechend vorsichtig interpretiert.

Nina Steindl ist seit 2014 wissenschaftliche Mitarbeiterin am Institut für Kommunikationswissenschaft und Medienforschung der LMU München. Ihr Studium der Publizistik- und Kommunikationswissenschaft sowie der Kultur- und Sozialanthropologie absolvierte sie 2011 an der Universität Wien. Derzeit promoviert sie zum Thema des politischen Vertrauens von Journalisten.

Corinna Lauerer ist seit 2013 wissenschaftliche Mitarbeiterin am Institut für Kommunikationswissenschaft und Medienforschung der LMU München. Sie studierte Kommunikations- und Staatswissenschaft an der Universität Erfurt sowie LMU München und sammelte praktische Erfahrung in den Bereichen Marktforschung, Kampagnen- sowie Mediaplanung. Ihr Forschungsschwerpunkt liegt an der Schnittstelle zwischen Medienökonomie und Journalismusforschung. Ihr Dissertationsprojekt widmet sich der Beziehung von Redaktion und Werbevermarktung in deutschen Medienorganisationen.

Thomas Hanitzsch ist Professor für Kommunikationswissenschaft mit Schwerpunkt Journalismusforschung am Institut für Kommunikationswissenschaft und Medienforschung der LMU München. Nach einem Studium der Journalistik und Arabistik/Orientalischen Philologie an der Universität Leipzig hat er 2004 an der TU Ilmenau promoviert und sich 2010 an der Universität Zürich habilitiert. In seiner Forschung beschäftigt er sich mit dem Vergleich von Journalismuskulturen sowie mit Medienvertrauen und Kriegsberichterstattung.

Soziodemografische Merkmale

3

Marlene Dietrich-Gsenger und Josef Seethaler

Einleitung

Die Einstellungen der Menschen zu Medien und Journalismus sind „eher diffus, wenig strukturiert und wenig kohärent", musste vor etwa einem Jahrzehnt eine Befragung in Deutschland eingestehen (Donsbach et al. 2009, S. 133). Die seither zwischen „Lügenpresse"-Vorwürfen und Vorstellungen einer „Vierten Gewalt" (in der Version eines von NDR und ARTE beauftragten Journalismus-Thrillers) oszillierende und eskalierende Diskussion dürfte das Bild des Journalismus in der Öffentlichkeit nicht versachlicht haben. Den Boden für solcherart verzerrte Images bilden, so vermutet eine US-amerikanische Studie, nicht zuletzt die in der Populärkultur bzw. vor allem in Filmen verbreiteten Stereotype von Journalisten. Der rücksichtslose Medienmagnat, der jähzornige Chefredakteur, der ehrenhafte, keine Risiken scheuende Investigativ-Reporter, die sarkastische Journalistin, die sich in einem von Männern dominierten Beruf zu behaupten versucht, der machthungrige Klatschkolumnist, die schroffe, aber weichherzige Lokalredakteurin, der naive Jungreporter – sie alle bevölkern die Massenkultur und prägen die Vorstellungswelt vieler Menschen (Ehrlich und Saltzman 2015). Diesen Stereotypen Fakten entgegenzusetzen ist eines der Anliegen der *Worlds of Journalism Study,*

M. Dietrich-Gsenger (✉) · J. Seethaler
Institut für vergleichende Medien- und Kommunikationsforschung, Österreichische
Akademie der Wissenschaften, Wien, Österreich

J. Seethaler
E-Mail: josef.seethaler@oeaw.ac.at

© Springer Fachmedien Wiesbaden GmbH, ein Teil von Springer Nature 2019   51
T. Hanitzsch et al. (Hrsg.), *Journalismus in Deutschland, Österreich und der
Schweiz,* Studies in International, Transnational and Global Communications,
https://doi.org/10.1007/978-3-658-27910-3_3

deren Ergebnisse schon allein hinsichtlich der in diesem Kapitel vorgestellten soziodemografischen Merkmale ein sehr differenziertes Bild des Journalismus in Deutschland, Österreich und der Schweiz zeichnen.

Dies muss auch der – unvermeidlichen – Vorstellung des „typischen" Journalisten vorausgeschickt werden, da er in seiner (statischen) Durchschnittlichkeit die hinter den einzelnen Merkmalen zumeist gegebene breite Varianz verdeckt. Er, der deutsch-österreichisch-Schweizer Durchschnittsjournalist, ist jedenfalls männlich, in seinen frühen Vierzigern, hat mit einiger Wahrscheinlichkeit einen Studienabschluss, ist fest angestellt und sieht sich politisch etwas links der Mitte. Der typische deutsche Journalist ist mit seinen 46 Jahren der älteste und hat schon 20 Jahre berufliche Erfahrung hinter sich. Sein Schweizer Kollege ist mit 42 Jahren der jüngste und mit knapp 15 Berufsjahren der unerfahrenste. Der typische österreichische Journalist ist zwar nur ein Jahr älter, hat aber schon 18 Jahre Erfahrung und somit am frühesten seine berufliche Laufbahn begonnen. Dazu passt, dass die Wahrscheinlichkeit, keinen Studienabschluss zu haben, bei ihm größer ist als bei den anderen. Dennoch liegt sein monatliches Gehalt wie in Deutschland im Schnitt zwischen 2401 und 3000 EUR netto. In der Schweiz darf man im Journalismus immerhin im Monat auf 5001 bis 6000 Schweizer Franken netto hoffen. Die typischen Journalisten Deutschlands und der Schweiz eint hingegen eine ähnliche politische Haltung links der Mitte des politischen Spektrums, während sich der österreichische Durchschnittsjournalist eher in der Mitte positioniert.

Es ist nicht selbstverständlich, dass der Wissenschaft und der Branche selbst solche Daten vorliegen, die auf repräsentativen Befragungen beruhen und länderübergreifende Vergleiche zulassen. Die letzten repräsentativen Berufsfeldstudien liegen in Deutschland über zehn Jahre zurück (Schneider et al. 1993; Scholl und Weischenberg 1998; Weischenberg et al. 2006a). In der Schweiz gab es bis Ende der 1990er Jahre keine repräsentative Studie, die sich mit den soziodemografischen Merkmalen und Arbeitsbedingungen der Journalisten befasst hat. Erstmals wurde eine solche Erhebung 1998 von einem Forschungsteam der Universität Zürich und Universität Bern durchgeführt. Die Studie von Marr et al. (2001) orientierte sich an jener von Scholl und Weischenberg (1998) sowie an den US-amerikanischen Journalistenstudien von Johnstone et al. (1976) sowie von Weaver und Wilhoit (1986, 1996). Zehn Jahre später wurde die Schweizer Studie wiederholt (Bonfadelli und Marr 2008; Wyss und Keel 2010; Bonfadelli et al. 2011; Keel 2011). Repräsentative soziodemografische Daten für Österreich lagen erstmals in den 1990er Jahren vor (Karmasin 1996). Doch erst über ein Jahrzehnt später wurde die erste Vollerhebung durchgeführt, an die eine repräsentative Befragung von 500 Journalisten zu deren Selbstverständnis und ihre Arbeitsweise anschloss (Kaltenbrunner et al. 2007, 2008). Die hier genannten Studien werden zu Vergleichszwecken herangezogen, doch sind die Vergleiche sehr vorsichtig zu interpretieren, da sie in der Definition der Grundgesamtheit, der Samplebildung und der methodischen Herangehensweise sowohl voneinander als auch von der aktuellen *Worlds of Journalism*-Studie abweichen (vgl. Kap. 2).

Geschlechterverteilung

Der Journalismus ist in Deutschland, Österreich und der Schweiz männlich dominiert (vgl. Tab. 3.1): Nur 40 % der Journalisten in allen drei Ländern sind Frauen. Die Schweiz weist mit unter 39 % im Vergleich zu Deutschland und Österreich den niedrigsten Frauenanteil auf, wenn auch die Unterschiede zwischen den Ländern gering sind (vgl. Abb. 3.1). In Deutschland beträgt er 40, in Österreich knapp 41 %, wobei in Österreich allerdings nur etwas weniger als 95 % der Befragten die Frage nach dem Geschlecht beantwortet haben. In der Schweiz haben hingegen nur zwei der Befragten die Antwort verweigert, in Deutschland niemand. Sowohl in Deutschland als auch in der Schweiz lässt sich ein leichter Anstieg des Frauenanteils im Journalismus beobachten: In der Schweiz waren 2008 nur 35 % der Befragten weiblich (Bonfadelli et al. 2011), in Deutschland 2005 37 % (Weischenberg et al. 2006a). In Österreich als dem Land mit dem höchsten Anteil muss man hingegen von einer Stagnation sprechen. Schon 2007 waren 42 % der österreichischen Journalisten weiblich (Kaltenbrunner et al. 2007).

Nicht bloß der Anteil von Frauen im Journalismus, auch die geschlechterbasierte Segregation verändert sich nur sehr zögerlich. Während sich in vertikaler Hinsicht die „gläserne Decke" nur in kleinen Schritten nach oben verschiebt – den Platz des Chefredakteurs oder einer vergleichbaren Position nimmt in allen drei Ländern in vier von fünf Fällen ein Mann ein (vgl. Kap. 4) –, hat sich die Hoffnung, dass sich die von Klaus (2005) für den deutschen Markt festgestellte horizontale Segregation, also die Ungleichverteilung innerhalb der Medientypen und Ressorts, einzuebnen beginnt (Weischenberg et al. 2006a), nur ansatzweise bewahrheitet. Weiterhin existieren bemerkenswerte Unterschiede der Geschlechterverteilung in den verschiedenen Mediensparten und Ressorts. Betrachtet man nur das Medium, für das Journalisten in erster Linie tätig sind (Hauptmedium), dann zeigt sich, dass sich in Deutschland und in der Schweiz die Unterrepräsentation von Frauen im klassischen Medium Zeitung besonders hartnäckig hält. Dort sind weiterhin gegenüber dem Durchschnittsanteil von Frauen im Journalismus deutlich weniger Journalistinnen, und zwar nur knapp über 30 %, beschäftigt (vgl. Tab. 3.2). In Deutschland

Tab. 3.1 Soziodemografische Merkmale von Journalisten im Überblick

		Deutschland		Österreich		Schweiz	
		N		N		N	
Anteil Journalis-tinnen	%	773	40,1	774	40,8	909	38,5
Alter (Jahre)	Mittelwert	746	45,6	719	43,0	853	41,6
	Median	746	46	719	43	853	41
Berufserfahrung (Jahre)	Mittelwert	760	19,5	785	17,9	909	14,6
	Median	760	20	785	17	909	14
Höchster Bildungs-abschluss		748		767		871	
Promotion	%	29	3,9	69	9,0	29	3,3
Master, Magister oder Diplom	%	482	64,4	354	46,2	368	42,3
Bachelor	%	54	7,2	62	8,1	209	24,0
Hochschul-studium nicht abgeschlossen	%	61	8,2	103	13,4	91	10,4
Abitur	%	108	14,4	155	20,2	95	10,9
Kein Abitur	%	14	1,9	24	3,1	79	9,1
Spezialisierung im Studium[a]		621		588		695	
Im Journalismus	%	127	20,5	150	25,5	190	27,3
Anderes Fach im Bereich Kommunikation	%	98	15,8	65	11,1	68	9,8
Journalismus und anderes Fach im Bereich Kommunikation	%	47	7,6	106	18,0	71	10,2
Keine ein-schlägige Spezialisierung	%	249	56,2	267	45,4	366	52,7

(Fortsetzung)

Tab. 3.1   (Fortsetzung)

		Deutschland		Österreich		Schweiz	
		N		N		N	
Mitgliedschaft in Berufs- verband	%	771	53,3	805	49,4	903	56,8
Politische Einstellung[b]	Mittelwert	691	3,96	641	4,71	797	4,02

Anmerkung: [a]Die Prozentwerte beziehen sich auf jene Befragte, die ein Studium zumindest teilweise absolviert haben. [b]Skala: 0 = politisch links … 10 = politisch rechts

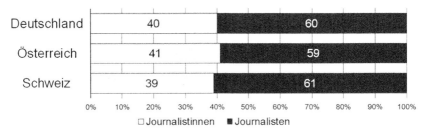

Abb. 3.1   Verteilung nach Geschlecht. (Anmerkung: N = 773 (Deutschland); N = 774 (Österreich); N = 909 (Schweiz))

Tab. 3.2   Anteil Journalistinnen nach Medientyp (Hauptmedium)

	Deutschland		Österreich		Schweiz	
	N	%	N	%	N	%
Zeitung	243	31,7	385	42,1	362	30,7
Zeitschrift	156	48,7	32	37,5	81	54,3
Fernsehen	83	43,4	118	42,4	86	38,4
Hörfunk	121	42,1	115	39,1	158	46,2
Agentur & Dienst	34	29,4	27	22,2	27	44,4
Online	60	50,0	86	45,3	70	48,6

Anmerkung: Die Befragten konnten mehrere Medientypen nennen

Tab. 3.3 Anteil Journalistinnen nach Ressort

	Deutschland		Österreich		Schweiz	
	N	%	N	%	N	%
Nachrichten/Aktuelles	22	45,5	31	54,8	61	29,5
Politik	52	30,8	112	35,7	79	30,4
Wirtschaft	40	37,5	47	42,6	51	31,4
Kunst, Kultur und Feuilleton	54	38,9	85	47,1	53	43,4
Lokales und Regionales	76	38,22	32	43,8	51	43,1
Bildung und Wissenschaft	20	50,0	20	75,0	18	66,7
Sport	79	13,9	51	17,6	43	4,7
Service und Lifestyle	58	60,3	22	50,0	47	59,6

Anmerkung: Bei bis zu drei genannten Ressorts wurde das erstgenannte Ressort codiert. Generalisten (mehr als drei verschiedene Ressorts) sowie Ressorts mit weniger als 4 % der Befragten pro Land sind in der Tabelle nicht enthalten

und Österreich gilt dies auch für die an einer zentralen Informationsschnittstelle agierenden Nachrichtenagenturen, für die nur 29 bzw. 22 % Frauen arbeiten. In den Redaktionen der Rundfunksender bewegt sich der Frauenanteil zwischen 38 und 46 %. Überdurchschnittlich viele Journalistinnen sind in allen drei Ländern im – schlecht bezahlten – Onlinesektor tätig (Deutschland: 50 %, Österreich: 45 %, Schweiz: 49 %). In Deutschland und der Schweiz betrifft dies auch den Zeitschriftensektor (49 bzw. 54 % Frauenanteil).

Wenig hat sich auch an der Verteilung der Geschlechter auf die Ressorts geändert. Die „klassischen" Ressorts Politik und Wirtschaft sowie, etwas abgeschwächt, auch die Ressorts Kultur und Lokales sind fest in männlicher Hand (vgl. Tab. 3.3) – vom Sportressort ganz zu schweigen, in dem nur zwischen fünf (Schweiz) und 18 % (Österreich) Frauen tätig sind. In Österreich mit seinem generell etwas höherem Frauenanteil liegen die Anteilswerte von Journalistinnen in fast allen genannten Ressorts über jenen in Deutschland und in der Schweiz und im Ressort Nachrichten/Aktuelles sogar über der 50 %-Marke, doch im Zeitvergleich haben sich auch hier – von einem Plus im Bereich der Lokalberichterstattung abgesehen – kaum Veränderungen ergeben (Kaltenbrunner et al. 2007). Ebenso unverändert ist die starke Präsenz von Frauen in der nicht tagesaktuellen Berichterstattung zu Bildung und Wissenschaft sowie zu Service und Lifestyle; in Deutschland ist zumindest das Bildungsressort in gleichen Teilen mit Frauen und Männern besetzt. Eine Gleichverteilung der Geschlechter ist auch in den Redaktionen der deutschen überregionalen Medien gegeben (vgl. Tab. A2.1 im Anhang). Dramatisch sind hingegen die Unterschiede bei den deutschen und Schweizer Regional- und Lokalmedien: dort ist nur knapp über ein Drittel der Redaktionen weiblich (in beiden Ländern: 37 %). In Österreich liegen regionale wie überregionale Medien im landesweiten Durchschnitt. Wenn 2007 prognostiziert wurde, dass Frauen „langsam" die Medien erobern werden (Kaltenbrunner et al. 2007, S. 115), so bleibt dies offensichtlich immer noch ein Wunsch an die Zukunft – in der Gegenwart sind sie in allen drei Ländern unterrepräsentiert.

Altersverteilung

Wie bereits eingangs erwähnt, liegt das Durchschnittsalter der Journalisten in Deutschland bei 46, in Österreich bei 43 und in der Schweiz bei 42 Jahren (vgl. Tab. 3.1). Im Vergleich zu früheren Studien werden Journalisten in Deutschland und Österreich immer älter: Der deutsche Journalist war 2005 durchschnittlich knapp 41 Jahre alt (Weischenberg et al. 2006a) und der österreichische Journalist zwei Jahre später 40 Jahre (Kaltenbrunner et al. 2007). Lediglich in der Schweiz kann man gegenüber dem 2008 gemessenen Durchschnittsalter von 43 Jahren von einer leichten Verjüngung sprechen (Bonfadelli et al. 2011).

Hinsichtlich der Verteilung der Journalisten auf Altersgruppen (vgl. Abb. 3.2) sind 68 % der deutschen Journalisten älter als 40 Jahre; vier von zehn sind sogar älter als 50 Jahre. In ihren Dreißigern sind nur 25 % der Befragten. 2005 waren in Deutschland noch 40 % zwischen 36 und 45 Jahre alt und 30 % zwischen 26 und 35 Jahre (Weischenberg et al. 2006a). Die diesen Altersgruppen entsprechenden Vergleichswerte aus der *Worlds of Journalism*-Studie liegen bei 25 und 21 %; die Altersverschiebung fällt also recht deutlich aus.

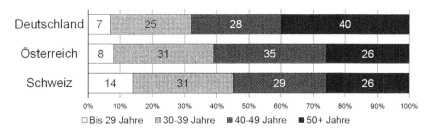

Abb. 3.2 Verteilung nach Altersgruppen. (Anmerkung: N = 746 (Deutschland); N = 719 (Österreich); N = 853 (Schweiz))

Dies gilt auch für Österreich. 61 % der befragten Journalisten sind heute älter als 40 Jahre; die Altersgruppe der 40- bis 49-Jährigen ist mit 35 % die am stärksten vertretene Gruppe. Jene der über 50-Jährigen ist mit 27 % kleiner als in Deutschland, aber im Vergleich zu 2007 stark gewachsen. Damals waren nur 18 % der Befragten über 50 Jahre alt. Die größte Altersgruppe bildeten 2007 noch die 30- bis 39-Jährigen mit 37 %; heute liegt dieser Wert um sechs Prozentpunkte niedriger. Die Gruppe der unter 30-Jährigen hat sich innerhalb von zehn Jahren sogar fast halbiert: 2007 waren noch 14 % der befragten Journalisten unter 30 Jahre alt, heute sind es nur 8 % (Kaltenbrunner et al. 2007).

In der Schweiz ist hingegen die Gruppe der unter 30-Jährigen mit 14 % um einiges größer als in den anderen beiden Ländern. Mehr noch: Während diese Altersgruppe, die den journalistischen Nachwuchs ausmacht, in Deutschland und Österreich schrumpft, ist sie in der Schweiz um 8 % gewachsen (Bonfadelli et al. 2011, S. 15). Die nächstfolgende Altersgruppe der 30- bis 39-Jährigen bildet in der Schweiz mit 31 % der Befragten sogar die größte Gruppe, und nur 26 % sind über 50 Jahre alt. Schweizer Journalisten sind also im Vergleich zu ihren österreichischen, aber besonders zu ihren deutschen Kollegen relativ jung.

Journalistinnen sind jünger als ihre männlichen Berufskollegen: in Deutschland und in der Schweiz beträgt der durchschnittliche Altersunterschied fast viereinhalb Jahre, in Österreich etwas unter vier Jahre (vgl. Tab. A2.1 im Anhang). Demgemäß beschränkt sich die in Deutschland und der Schweiz zu beobachtende leichte Zunahme des Frauenanteils seit den letzten Erhebungen im Wesentlichen auf die jüngeren Altersgruppen (vgl. Tab. A2.1 im Anhang). So stiegt er in der Gruppe der deutschen 26- bis 35-jährigen Journalisten gegenüber 2005 von 44 auf 60 % (Weischenberg et al. 2006a) und in der Gruppe der unter 35-jährigen Schweizer Journalisten gegenüber 2008 von 26 auf 50 % (Bonfadelli et al. 2011). In den nächsthöheren Altersgruppen muss man hingegen eher von einer Stagnation sprechen: In Deutschland beträgt der Frauenanteil bei den 36- bis 45-Jährigen 37 % (2005: 36 %) und bei den 46- bis 55-Jährigen 36 % (2005: 34 %). In der Schweiz nahm er zwar auch unter den 35- bis 44-Jährigen leicht zu (von 32 auf 36 %), sank aber bei der darüberliegenden Altersgruppe von 42 auf 31 %. In Österreich stagnierte nicht nur der Frauenanteil generell, sondern auch bei den unter 29-Jährigen, die allerdings mit 59 % die einzige Altersgruppe darstellen, die von einem Frauenüberhang gekennzeichnet ist. Zwischen den anderen Altersgruppen kam es nur zu leichten Verschiebungen. Für die Gesamtentwicklung entscheidend ist, dass unter den Journalisten, die mehr als 15 Jahre Berufserfahrung haben, in allen drei untersuchten Ländern nur um die 30 % Frauen zu finden sind. Offenbar entscheiden sich Journalistinnen zugunsten von Familiengründung und Kindererziehung eher für einen

Berufsaustieg als Männer, und die Arbeitsbedingungen scheinen vielfach einem Wiedereinstieg entgegenzustehen (siehe Kap. 4).

Quer über die Altersgruppen lässt sich jedoch nicht nur eine geschlechtsspezifische Schieflage beobachten, sondern auch eine Schieflage in der Verteilung der Medientypen, für die die Journalisten arbeiten (vgl. Tab. A2.2 im Anhang). Wenig überraschend sind jüngere Journalisten vor allem in Online-Redaktionen zu finden, aber auch in den Redaktionen der privaten Fernseh- und Radiounternehmen. Der Altersdurchschnitt schwankt in diesen Sektoren zwischen 33 und 41 Jahren. Die jüngsten Journalisten sind im Vergleich der drei Länder mit durchschnittlich 33 Jahren bei Schweizer Privatradios beschäftigt. Mit durchschnittlich 51 Jahren sind Journalisten beim deutschen öffentlich-rechtlichen Radio am ältesten, gefolgt von ihren Kollegen bei deutschen Zeitungen und beim deutschen öffentlich-rechtlichen Fernsehen mit 49 Jahren. Generell lässt sich sagen, dass der durchschnittliche Journalist bei Printmedien, beim öffentlichen Rundfunk und bei den Nachrichtenagenturen in den Mittvierzigern ist. Der freie Journalist ohne Redaktionszuordnung gehört mit durchschnittlich um die 50 Jahre zu den ältesten in der Branche, was seine prekäre Berufssituation deutlich unterstreicht.

Hinsichtlich des Verbreitungsgebiets der Medien lassen sich nur leichte Unterschiede im Durchschnittsalter der Journalisten ausmachen. In Deutschland sind die für lokale und regionale Medien arbeitenden Journalisten um etwa zweieinhalb Jahre älter als ihre durchschnittlich 44 Jahre alten Kollegen bei überregional verbreiteten Medien, in der Schweiz und in Österreich ist es umgekehrt: Redaktionen von Lokal- und Regionalmedien sind hier durchschnittlich jünger besetzt (Schweiz: 40 Jahre, Österreich: 42 Jahre) als solche von überregionalen Medien (Schweiz: 42 Jahre, Österreich: 44 Jahre). Dies lässt sich auch an der Verteilung auf die Altersgruppen ablesen (vgl. Tab. A2.2 im Anhang).

Im Schnitt haben deutsche Journalisten durchschnittlich fast 20 Jahre Berufserfahrung, in Österreich knapp 18 Jahre und in der Schweiz 15 Jahre (vgl. Tab. 3.1). Die geschlechtsbedingten Unterschiede sind jedoch deutlich: Während Männer in deutschen Redaktionen durchschnittlich fast 22 Jahre, in Österreich fast 20 und in der Schweiz etwas mehr als 16 Jahre Berufserfahrung angesammelt haben, sind dies bei deutschen Journalistinnen rund sechs bzw. in Österreich und der Schweiz vier Jahre weniger (vgl. Tab. A2.1 im Anhang). Die relativ kürzeste Erfahrung bringen in allen drei Ländern Journalisten im Online-Bereich (mit elf bis 13 Jahren) und bei privaten Fernsehstationen ein (um die 13 Jahre). In der Schweiz und in Österreich gilt dies auch für Privatradios (sieben bis zwölf Jahre). Auf relativ lange Erfahrung können Journalisten über die Ländergrenzen hinweg beim öffentlichen Rundfunk (mit 16 bis über

25 Jahren) und bei den Nachrichtenagenturen (mit 16 bzw. 21 Jahren) zurück-
blicken, in Österreich und Deutschland auch in den Zeitungsredaktionen (mit
19 bzw. 23 Jahren) (vgl. Tab. A2.2 im Anhang).

Akademisierung und Mitgliedschaft in Berufsverbänden

Journalisten werden zumindest in Deutschland und Österreich nicht nur durchschnittlich immer älter, sondern steigen auch später in den Beruf ein: Dies deutet auf eine längere Dauer der Ausbildungszeit hin, was wiederum durch die
seit Jahren beobachtbare Akademisierung des Berufsfeldes mitverursacht sein
könnte. Die Zahl der Journalisten mit akademischen Abschlüssen steigt jedenfalls kontinuierlich an: 64 % der deutschen Journalisten besitzen einen Master-
abschluss oder ein Diplom, sieben Prozent einen Bachelorabschluss und weitere
vier Prozent haben ein Doktoratsstudium abgeschlossen. Somit sind mehr als drei
Viertel der deutschen Journalisten Akademiker. Jene, die ein Hochschulstudium
begonnen, aber nicht abgeschlossen haben, machen acht Prozent des Samples
aus (vgl. Tab. 3.1 und Abb. 3.3). 2006 hatten nur 66 % der befragten Journalisten angegeben, ein Hochschulstudium abgeschlossen zu haben. Der Anteil der
promovierten Journalisten lag bei drei Prozent und die Gruppe jener, die ein Studium begonnen aber nicht abgeschlossen haben, machte damals noch 15 % aus
(Weischenberg et al. 2006a).

In der Schweiz ist die Zahl der Akademiker ebenfalls sehr hoch, jedoch etwas
geringer als in Deutschland: 70 % der Befragten gaben an, ein Hochschulstudium

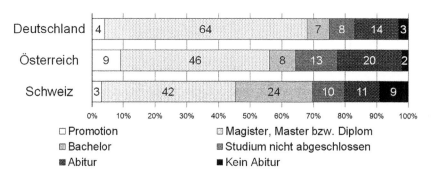

Abb. 3.3 Höchster Bildungsabschluss. (Anmerkung: N = 748 (Deutschland); N = 767
(Österreich); N = 871 (Schweiz))

abgeschlossen zu haben (davon 46 % mit einem Master bzw. Doktorat); weitere zehn Prozent haben ein Studium begonnen, aber nicht abgeschlossen. Diese hohe Zahl an Akademikern gab es in der Schweiz nicht immer. Im Vergleich zu Deutschland wurde hier eine nicht-universitäre Ausbildung lange Zeit bevorzugt. Dementsprechend hatten 1998 nur 44 % der Schweizer Journalisten einen Hochschulabschluss, während die deutschen Kollegen bereits zu zwei Dritteln akademisiert waren (Bonfadelli et al. 2011). Seither ist die Akademisierungsrate jedoch stetig angestiegen. 2008 gaben bereits 56 % der Journalisten an, studiert zu haben, ehe die heutige Zahl von fast 70 % erreicht worden ist.

Österreich hinkt hinsichtlich der Akademisierung sowohl im deutschsprachigen Raum als auch international hinterher, dennoch hat sich die Zahl der Akademiker in den letzten zehn Jahren fast verdoppelt: 63 % der Befragten haben heute einen Hochschulabschluss. Im Jahr 2007 galt dies nur für knapp mehr als ein Drittel. Diese 63 % setzen sich aus acht Prozent Absolventen eines Bachelorstudiums und 46 % Absolventen eines Magister- bzw. Masterstudiums zusammen, ergänzt um den vergleichsweise hohen Wert von neun Prozent promovierter Journalisten. Freilich ist auch die Gruppe der Studienabbrecher in Österreich besonders groß: 13 % haben ein Studium begonnen, aber nicht abgeschlossen.

Der Bildungsunterschied zwischen Frauen und Männern ist in allen drei Ländern frappant und insbesondere in Österreich mit 22 Prozentpunkten Differenz besonders stark ausgeprägt (vgl. Tab. 3.4). Hier besitzen 76 % der Journalistinnen einen Universitätsabschluss; bei ihren männlichen Kollegen sind es nur etwa 54 %. In Deutschland erreichen Journalistinnen mit 84 % die höchste Hochschulabschlussquote überhaupt; bei Männern liegt sie bei 70 %. In der Schweiz ist die Schere etwas kleiner, aber mit 75 zu 66 % immer noch deutlich zugunsten der Frauen.

Nach Medientypen aufgeschlüsselt (vgl. Tab. A2.3 im Anhang) arbeiten überdurchschnittlich viele Hochschulabsolventen in allen drei Ländern im Onlinesektor (78 bis 91 %) und für Zeitschriften (72 bis 75 %), in Deutschland und der Schweiz auch für Nachrichtenagenturen (81 bzw. 92 %) und den öffentlichen Rundfunk (Radio: 92 bzw. 72 %; Fernsehen: 89 bzw. 75 %). In Österreich liegt zwar der Akademikeranteil im öffentlich-rechtlichen Fernsehen über dem Gesamtmittelwert (67 vs. 63 %), aber unter jenem für das – relativ junge – Privatfernsehen (72 %), während er beim öffentlich-rechtlichen Radio (57 %) als auch bei Nachrichtenagenturen (52 %) im Gegensatz zur Situation in den anderen beiden Ländern weit unter dem Landesmittelwert liegt. Im privaten Radiosektor (44 bis 66 %) und bei Zeitungen (62 bis 70 %) sind in allen drei Ländern unterdurchschnittlich wenige Akademiker tätig, in Deutschland und der Schweiz trifft

Tab. 3.4 Ausbildung nach Geschlecht

	Deutschland		Österreich		Schweiz	
	Weiblich %	Männlich %	Weiblich %	Männlich %	Weiblich %	Männlich %
Kein Abitur	3,1	1,1	1,6	4,2	6,3	10,8
Abitur	6,4	19,7	13,8	24,5	9,5	11,8
Bachelor-Abschluss	7,8	6,9	10,6	6,4	25,3	23,2
Master-/Magister-Abschluss, Diplom	73,9	58,2	56,4	39,1	47,6	38,9
Promotion	2,7	4,6	9,3	8,8	1,8	4,3
Hochschulstudium begonnen, nicht abgeschlossen	6,1	9,5	8,3	17,0	9,5	11,0
N	295	452	312	453	336	535

Anmerkung: Anteile beziehen sich auf das jeweilige Geschlecht (pro Land)

dies auch für das Privatfernsehen zu (67 bzw. 68 %). Im Gegensatz zur Schweiz existiert in Deutschland und Österreich ein signifikanter Unterschied zwischen lokalen und regionalen Medien auf der einen und überregionalen Medien auf der anderen Seite (vgl. Tab. A2.3 im Anhang): Während der Akademikeranteil bei letzteren 81 bzw. 67 % beträgt, sinkt er bei ersteren auf 72 bzw. 57 % herab.

Was die Studienwahl betrifft, hat sich nur in Österreich eine Mehrheit der befragten Journalisten, die ein Universitätsstudium zumindest teilweise absolviert haben, nämlich fast 55 %, auf Journalismus oder ein anderes Fach im Bereich Kommunikation spezialisiert (vgl. Tab. 3.1 und Abb. 3.4). Demgegenüber streben mehr als die Hälfte der deutschen (56 %) und Schweizer Journalisten mit einem Universitätsstudium (53 %) keine universitäre Ausbildung in berufsnahen Bereichen an. Dennoch hat die Attraktivität eines berufsspezifischen Studiums in allen drei Ländern zugenommen, wenn auch in unterschiedlichem Ausmaß. So hatten sich in Österreich etwa ein Jahrzehnt früher nur 27 % der Journalisten mit Hochschulstudium für Journalistik und/oder Medien- und Kommunikationswissenschaft entschieden (Kaltenbrunner et al. 2008). Den bei Weischenberg

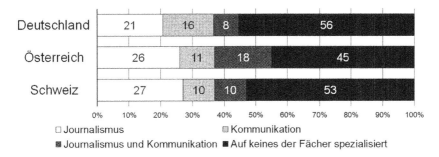

Abb. 3.4 Professionelle Spezialisierung im Universitätsstudium. (Anmerkung: Anteile beziehen sich auf die Zahl der Befragten (pro Land), die ein Studium zumindest teilweise absolviert haben. N = 621 (Deutschland); N = 588 (Österreich); N = 695 (Schweiz))

et al. (2006a) für Deutschland genannten 31 % aller befragten Journalisten (nicht nur jener mit Hochschulstudium!) stehen nun 44 % gegenüber, die berufs-spezifische Fächer studiert haben; und in der Schweiz kann der errechnete Anteil von 47 % einschlägig Ausgebildeter mit den 2008 ermittelten Werten von 24 und 14 % für den deutschsprachigen und den französischsprachigen Landesteil ver-glichen werden (Wyss und Keel 2010).

Eine Spezialisierung in der universitären Ausbildung findet sich in allen drei Ländern überproportional bei Frauen, wobei die geschlechtsbedingten Unter-schiede besonders in Österreich und der Schweiz augenfällig sind (vgl. Tab. 3.5). So haben sich fast 62 % der österreichischen und 52Prozent der Schweizer Jour-nalistinnen mit Hochschulstudium auf Journalismus oder ein anderes Fach im Bereich Kommunikation spezialisiert, während dies nur für 49 bzw. 44 % der männlichen Kollegen in diesen beiden Ländern gilt. In Deutschland ist nicht nur die Differenz mit 46 vs. 42 % nicht so groß, sondern für beide Geschlechter gilt, dass sie mehrheitlich ein Studium in einem anderen, möglicherweise dem thema-tischen Schwerpunkt der angestrebten beruflichen Tätigkeit entsprechenden Fach-bereich absolviert haben. Dies dürfte für die Arbeit bei Nachrichtenagenturen besonders wichtig sein (vgl. Tab. A2.4 im Anhang): 73 bzw. 63 % der Journalis-ten mit Hochschulstudium, die bei österreichischen bzw. deutschen Agenturen arbeiten, haben kein Studium der Journalistik oder Kommunikationsforschung absolviert; in der Schweiz sind es nur knapp die Hälfte. Im Gegensatz dazu ist in allen drei Ländern der Anteil von Journalisten, die eine journalistische bzw. kommunikationsbezogene Ausbildung bevorzugt haben, im Onlinesektor auf-fallend hoch (56 bis 65 %). In der Schweiz gilt dies auch für den privaten

Tab. 3.5 Professionelle Spezialisierung im Universitätsstudium nach Geschlecht

	Deutschland		Österreich		Schweiz	
	Weiblich %	Männlich %	Weiblich %	Männlich %	Weiblich %	Männlich %
Journalismus	21,9	19,4	28,4	23,2	30,7	25,1
Anderes Fach im Bereich Kommunikation	15,8	15,8	13,3	9,3	12,9	7,7
Sowohl Journalismus als auch anderes Fach im Bereich Kommunikation	8,3	7,0	20,1	16,1	8,6	11,3
Nicht in derartigen Fächern spezialisiert	54,0	57,7	38,3	51,4	47,9	55,9
N	265	355	264	323	280	415

Anmerkung: Anteile beziehen sich auf das jeweilige Geschlecht und die Zahl der Befragten (pro Land), die ein Studium zumindest teilweise absolviert haben

Rundfunksektor (Radio: 60 %, Fernsehen: 53 %) und in Deutschland und Österreich für private Fernsehstationen (60 bzw. 58 %). Abweichend vom Gesamtbild finden sich in Österreich auch bei der Zeitung (56 %) und beim öffentlich-rechtlichen Radio und Fernsehen (53 bzw. 60 %) mehr Journalisten mit einer fachspezifischen Hochschulausbildung als ohne eine solche. Hinsichtlich des Verbreitungsgebietes lassen sich keine gravierenden Unterschiede zwischen regionalen und überregionalen Medien feststellen (vgl. Tab. A2.4 im Anhang).

Ergänzend sei noch erwähnt, dass 49 % der österreichischen, 53 % der deutschen und stattliche 57 % der Schweizer Journalisten Mitglied eines Berufsverbandes sind (vgl. Tab. 3.1). Männer sind in allen drei Ländern stärker organisiert als Frauen (vgl. Tab. A2.5 im Anhang), und Journalisten, die entweder bei privaten Radio- und Fernsehsendern als auch im Onlinesektor arbeiten, verzichten zu einem größeren Teil als anderswo auf den Schutz durch die Mitgliedschaft in einer Berufsorganisation. In Deutschland trifft dies auch für den – sehr diversen – Zeitschriftenmarkt zu, während Österreich aus diesem Gesamtbild insofern ausschert, als bei privaten Fernsehstationen und Online-Medien überdurchschnittlich viele Journalisten in Berufsorganisationen zusammengeschlossen sind. Länderübergreifend gilt dies für Zeitungen und Agenturen, in Deutschland und der Schweiz auch für den öffentlichen Rundfunk und in Österreich für Zeitschriften (vgl. Tab. A2.5 im Anhang). Im Vergleich nach Verbreitungsgebieten sind in Deutschland Journalisten, die für regionale und lokale Medien arbeiten, stärker organisiert als ihre Kollegen bei überregionalen Medien; in Österreich ist es umgekehrt, wenn auch die Unterschiede deutlich schwächer ausgeprägt sind. In der Schweiz spielt der Faktor Verbreitungsgebiet keine Rolle (vgl. Tab. A2.5 im Anhang).

Politische Einstellung

Journalisten ordnen sich hinsichtlich ihrer politischen Orientierung eher links der Mitte ein: So lassen sich wohl die Ergebnisse vergangener Journalistenstudien zusammenfassen. In Deutschland waren 2005 die Grünen (36 %) und die SPD (26 %) und in Österreich 2008 die Grünen (34 %) jene Parteien, denen sich die befragten Journalisten am ehesten zugeneigt fühlten. Allerdings hatten 20 % in Deutschland und 30 % in Österreich keinerlei Parteipräferenz angegeben (Weischenberg, Malik und Scholl 2006a; Kaltenbrunner et al. 2008).

Für deutsche und Schweizer Journalisten gilt diese Positionierung im Wesentlichen weiterhin (vgl. Tab. 3.1). Auf einer Skala von 0 bis 10, wobei 0 für politisch links und 10 für politisch rechts steht, liegen die Mittelwerte für beide Länder nahe 4,0 und signalisieren einen Standort moderat links der Mitte des politischen Spektrums. Wenn das Monatseinkommen über 6000 EUR bzw. 8000 Franken steigt, dann rücken die Befragten sowohl in Deutschland (MW = 4,9) als auch in der Schweiz (M = 4,7) deutlich zur Mitte hin. Generell sehen sich Journalisten mit Leitungsfunktion (Deutschland: MW = 4,2; Schweiz: MW = 4,4) politisch stärker der Mitte zugewandt als jene ohne Leitungsfunktion (in beiden Ländern: MW = 3,8). Der Unterschied zwischen den beiden Geschlechtern ist hingegen nur in der Schweiz signifikant (Frauen: 3,6; Männer: 4,3), und auch im Vergleich der Altersgruppen schwanken die Mittelwerte nur in geringem Ausmaß ohne erkennbaren Trend (in Deutschland: zwischen 3,8 und 4,1, in der Schweiz: zwischen 3,9 und 4,1).

Etwas anders ist die Situation in Österreich. Hier positionieren sich jene Journalisten, die die Frage nach der politischen Einstellung beantworteten, deutlich weniger links von der Mitte als in den beiden Nachbarländern (vgl. Tab. 3.1, MW = 4,7). Signifikante Unterschiede gibt es zwischen Männern (MW = 5,0) und Frauen (MW = 4,3); über die Altersgruppen hinweg verändert sich die Orientierung von links von der Mitte unter den unter 30-jährigen (MW = 4,3) hin zu einer klaren Position in der Mitte unter den über 50-jährigen (MW = 5,0). Journalisten, die eine Leitungsfunktion innehaben, rücken – im Unterschied zu jenen ohne Leitungsfunktion (MW = 4,5) – etwas rechts von der Mitte (MW = 5,2); solche mit einem Monatseinkommen von über 6000 bzw. über 7200 EUR noch ein Stück weiter nach rechts (MW = 5,4 bzw. 6,0).

Auch im Vergleich der Medientypen lassen sich Unterschiede feststellen (vgl. Tab. A2.6 im Anhang), die ein weitgehend länderübergreifendes Muster ergeben. So sind in allen drei Ländern Journalisten, die bei Zeitschriften, Agenturen und beim öffentlichen Radio und Fernsehen arbeiten, etwas stärker dem linken bzw. linksliberalen Spektrum zugeneigt als der jeweilige Landesdurchschnitt; für Österreich trifft dies auch auf Journalisten in Online-Redaktionen zu. Umgekehrt ordnen sich Journalisten bei Zeitungen, beim privaten Radio und Fernsehen sowie in Deutschland und in der Schweiz auch bei Online-Medien rechts vom Durchschnitt ein. Uneinheitlich ist hingegen der Befund für die Verbreitungsgebiete (vgl. Tab. A2.6 im Anhang). In Österreich und der Schweiz nehmen für überregional verbreitete Medien arbeitende Journalisten eine etwas linkere Position ein als jene, die für lokale und regionale Medien tätig sind. In Deutschland besteht hingegen keinerlei Zusammenhang dieser Art.

Soziodemografische Merkmale im internationalen Vergleich

Mit Blick auf die soziodemografischen Merkmale zeigen sich durchaus einige Unterschiede zwischen den deutschen, österreichischen und Schweizer Journalisten. Wie stellt sich die Situation in diesen drei Ländern aber im internationalen Vergleich dar? Die *Worlds of Journalism Study* (Hanitzsch, Hanusch et al. 2019) erlaubt eine solche Einordnung, wenngleich eine adäquate Interpretation nur unter Einbezug kultureller Kontextvariablen möglich ist.[1]

---

[1]Ein Überblick über die Werte aller Länder findet sich auf https://worldsofjournalism.org/data-d79/data-and-key-tables-2012-2016/.

In 35 von 67 Ländern liegt der Frauenanteil im Journalismus unterhalb des internationalen Mittelwerts von 43 %. Journalisten in Deutschland, Österreich und der Schweiz positionieren sich mit ihren Anteilwerten um die 40 % nahe dieser Marke, in deren Umfeld sich die meisten von Hallin und Mancini (2004) untersuchten westeuropäischen und nordamerikanischen Länder befinden. Historisch sich über lange Zeiträume ausbildende Systeme neigen wohl zu stabilen Strukturen, die sich wahrscheinlich nur durch gezielte Steuerungsmaßnahmen aufbrechen lassen. Finnland ist beispielsweise der einzige westeuropäische Staat, in dem mehr Frauen (55 %) als Männer journalistisch tätig sind. In Norwegen ist das Geschlechterverhältnis ausgewogen. In den USA waren hingegen nur 27 % der Befragten Frauen. Auch wenn dieser besonders niedrige Wert der Art der Samplebildung geschuldet sein mag, so stellt auch der von Willnat et al. (2017) ermittelte, um zehn Prozentpunkte höher liegende Anteil einen eher niedrigen Wert dar – trotz eines Anstiegs um viereinhalb Prozent seit der Erhebung im Jahre 2002 (Weaver et al. 2007). Lettland weist mit 72 % den größten Anteil an Frauen im Journalismus auf, Bangladesch mit 11 % den niedrigsten.

Das Durchschnittsalter der in der *Worlds of Journalism Study* befragten Journalisten erstreckt sich von 28 (Tansania) bis 51 Jahre (Schweden). Dass Schweden das altersmäßige Schlusslicht bildet, scheint erneut nicht zufällig zu sein: Mit Ausnahme Frankreichs, das mit einem Mittelwert von 37 Jahren sehr nahe dem Gesamtmittel über alle 67 Länder von 38 Jahren liegt, gehören die Journalisten in allen westeuropäischen und nordamerikanischen Ländern im weltweiten Vergleich zu den älteren Vertretern ihres Berufs. Liegen schon der Schweizer (42 Jahre) und der österreichische Durchschnittsjournalist (43 Jahre) beträchtlich über dem Gesamtmittelwert, so wirkt ihr deutscher Kollege mit seinen 46 Jahren besonders alt: Nur in den Niederlanden, USA und Schweden sind Journalisten im Durchschnitt noch älter.

Anders gestalten sich die Ergebnisse des Vergleichs der Akademisierungsraten der in den 67 Staaten befragten Journalisten. Hier lassen sich keine Ähnlichkeiten zwischen den westeuropäischen und nordamerikanischen Ländern feststellen: die Akademisierungsraten in diesem geografischen Raum schwanken immerhin zwischen 61 % in Schweden und 97 % in Spanien. Relativiert wird freilich der Eindruck, dass sich Deutschland, Österreich und die Schweiz in Bildungsfragen deutlich unterscheiden würden. Im internationalen Vergleich unterschreiten die drei Länder allesamt erheblich den Gesamtmittelwert von 85 % und liegen unter den 67 untersuchten Staaten ziemlich eng beieinander: und zwar auf den Plätzen 51 (Deutschland), 59 (Schweiz) und 65 (Österreich) – nicht gerade ein rühmliches Ergebnis. In 38 Ländern liegt der Akademikeranteil unter den befragten Journalisten über des Gesamtmittelwert. In vielen asiatischen Ländern wie China,

Südkorea, Indien, Japan und Bhutan gaben jeweils 99 % der befragten Journalisten an, ein Studium an einer Universität abgeschlossen zu haben. Doch auch in den USA, welche häufig als Trendsetter im Journalismus bezeichnet werden, liegt die Akademikerquote bei 93 % – und das seit den 1970er Jahren bei stetig steigender Tendenz (Weaver et al. 2007). Auffallend niedrig ist in Deutschland, Österreich und der Schweiz auch der Grad der professionellen Spezialisierung in der akademischen Ausbildung. Mit Anteilswerten zwischen 37 und 42 % am Gesamtsample der Journalisten sind die drei Länder weit vom Gesamtmittelwert von 61 % entfernt und schneiden im internationalen Vergleich erneut eher schlecht ab. So befinden sie sich lediglich unter den zehn letzten Plätzen in der Rangordnung der 67 an der *Worlds of Journalism Study* beteiligten Länder.

Die politische Orientierung der Journalisten reicht im internationalen Vergleich von moderat rechts der Mitte (Moldawien: MW = 6,3) bis moderat links der Mitte (Italien: MW = 3,6). Zu betonen ist jedoch, dass es sich dabei um eine Selbsteinschätzung der Befragten handelt. Generell kann man von einer Präferenz für politische Positionen etwas links von der Mitte sprechen; jedenfalls sind die Antworten der Journalisten in den meisten der 42 Länder, in denen diese Frage gestellt worden ist, durchschnittlich dem linken Teil der zehnstufigen Skala zur Messung der politischen Einstellung zuzuordnen. Auch der Gesamtmittelwert liegt mit 4,6 in diesem Bereich. Deutschland und die Schweiz reihen sich mit Werten um 4,0 unter die zehn am stärksten links positionierten Länder ein. Österreich (MW = 4,7) und die USA (MW = 4,8) liegen als beiden einzigen der 15 in dieser Auswertung enthaltenen Staaten Westeuropas und Nordamerikas leicht unter dem Gesamtmittelwert.

Fazit

Die in diesem Kapitel vorgestellten Daten geben nicht nur Auskunft über die soziodemografischen Merkmale der Journalisten in Deutschland, Österreich und der Schweiz; in den Ergebnissen spiegeln sich auch die Strukturen des Berufsfeldes wider. Diese zeigen: Journalisten in Deutschland, Österreich und der Schweiz arbeiten heute in einem Spannungsfeld zwischen Stabilität und Wandel.

Die durchschnittlichen Journalisten in den drei Ländern scheinen Stabilität zu signalisieren. Sie sind zu einem überwiegenden Teil männlich, haben in vielen Fällen studiert, sind zwischen 40 und 50 Jahre alt und arbeiten als vollzeitangestellte Redakteure am liebsten in einer Printredaktion. Journalisten werden immer älter und es scheint, dass, wenn man erst einmal im Journalismus Fuß gefasst hat, man ihn auch nicht so schnell wieder verlässt. Der späte Einstieg in den Beruf deutet auf eine längere Ausbildungsdauer hin. Das ist aber nur die eine Seite der Medaille.

Die andere Seite zeigt eine Alterspyramide, die sich in Richtung der älteren Altersgruppen verschiebt und dem Nachwuchs zunehmend geringere Chancen einzuräumen scheint. International gesehen, muss man den Journalismus in den drei Ländern als überaltert bezeichnen. Die in den letzten Jahren steigende Akademisierung des Berufs ist im internationalen Vergleich immer noch extrem niedrig. Wie im Kapitel zum Arbeitsumfeld dargelegt, arbeiten vier von zehn Journalisten in Deutschland und in der Schweiz und drei von zehn in Österreich für mehrere Medientypen; jeder Fünfte geht in allen drei Ländern einer Nebenbeschäftigung nach. Online-Medien werden zunehmend wichtiger als Arbeitgeber, doch die dort bezahlten Gehälter zählen zu den niedrigsten in der Branche (was immer noch – wenig zeitgemäß – auf ein niedriges Prestige hindeutet). In Deutschland geht die Einkommensschere überhaupt stark auseinander.

Frauen, die den größten Teil des Nachwuchses ausmachen und zudem höher gebildet sind und schneller in den Beruf einsteigen, sind in den Redaktionen der drei Länder weiterhin unterrepräsentiert. Im Schnitt sind nur vier von zehn Journalisten weiblich – und sie sind Ressorts überrepräsentiert, die in der redaktionellen Hierarchie eher nachrangig firmieren (z. B. Bildung, Wissenschaft, Service, Lifestyle, Gesundheit und Religion). Journalistinnen haben nicht nur, wie im Kapitel Arbeitsumfeld nachzulesen ist, geringere Aufstiegschancen als Männer, sondern verdienen auch dann weniger, wenn sie Leitungsfunktionen einnehmen. Viele von ihnen gehen jedoch dem Journalismus überhaupt verloren, weil sie aus Gründen der Familienplanung aus dem Beruf aussteigen und den Wiedereinstieg nicht mehr schaffen oder bestenfalls in Teilzeit zurückkehren und dadurch kaum Führungspositionen einnehmen können. Die gläserne Decke ist immer noch eine Realität und kann wohl in historisch über lange Zeiträume gewachsenen und daher gegenüber Veränderungen besonders resistenten Mediensystemen nur durch gezielte Steuerungsmaßnahmen durchbrochen werden.

Marlene Dietrich-Gsenger studierte Kommunikationswissenschaft an der Universität Salzburg. Zuletzt war sie am Institut für vergleichende Medien- und Kommunikationsforschung an der Österreichischen Akademie der Wissenschaften tätig. Ihre Forschungsschwerpunkte liegen in der kommunikationswissenschaftlichen Geschlechterforschung sowie in der Journalismusforschung.

Josef Seethaler ist stellvertretender Direktor des Instituts für vergleichende Medien- und Kommunikationsforschung der Österreichischen Akademie der Wissenschaften und der Alpen-Adria-Universität. Er leitet die Arbeitsgruppe „Media, Politics & Democracy", ist Lehrbeauftragter der Universität Wien und in zahlreichen Beratungs- und Gutachterfunktionen tätig. Er forscht zu politischer Kommunikation und gesellschaftlicher Partizipation, Mediensystemen, Wissenschaftskommunikation sowie Medien- und Kommunikationsgeschichte.

Journalisten in ihrem Arbeitsumfeld

Corinna Lauerer, Filip Dingerkus und Nina Steindl

Einleitung

Das journalistische Arbeitsumfeld hat sich in den letzten Jahrzehnten tief greifend gewandelt. Die größten Treiber dieses Wandels waren sicherlich technologischer Fortschritt und ökonomische Herausforderungen, auf die Medienunternehmen ihrerseits mit Umstrukturierungs- sowie Kostensenkungsmaßnahmen reagierten (Deuze und Fortunati 2011). Um crossmedial arbeiten und mit dem beschleunigten Tempo der Online-Nachrichtenproduktion Schritt halten zu können, wurden zahlreiche Redaktionen zentralisiert und medienübergreifend integriert. Die Antwort der Medienunternehmen auf die finanziellen Einbußen, in Folge des veränderten Mediennutzungsverhaltens und wegbrechenden Werbeeinnahmen, lag vor allem in Ressourcenkürzungen sowie Entlassungen (Beck et al. 2010).

So ist zu vermuten, dass die dezimierte Schar an hauptberuflich tätigen Journalisten flexibel verschiedene Medienangebote, Redaktionen und gegebenenfalls

C. Lauerer (✉) · N. Steindl
Ludwig-Maximilians Universität München, München, Deutschland
E-Mail: corinna.lauerer@ifkw.lmu.de

N. Steindl
E-Mail: nina.steindl@ifkw.lmu.de

F. Dingerkus
ZHAW Zürcher Hochschule für Angewandte Wissenschaften, Winterthur, Schweiz
E-Mail: filip.dingerkus@zhaw.ch

© Springer Fachmedien Wiesbaden GmbH, ein Teil von Springer Nature 2019
T. Hanitzsch et al. (Hrsg.), *Journalismus in Deutschland, Österreich und der Schweiz*, Studies in International, Transnational and Global Communications,
https://doi.org/10.1007/978-3-658-27910-3_4

Medientypen bedient. Das mag Gräben innerhalb der Profession auftun. Während Journalisten, die mit Multikanalfähigkeit aufwarten können, eine neue Kategorie an „Super-Journalisten" bilden dürften, ist für andere der Innovations- und Effizienzdruck womöglich mit Autonomieverlust und Stress verbunden (Lischka 2018, S. 280). Neben der vor allem technologisch getriebenen Flexibilisierung der Arbeit steht ebenso zur Diskussion, inwiefern wirtschaftliche Engpässe zu einer Flexibilisierung der Beschäftigung führen und die Entwicklung von Gehältern eindämmen. So berichtete Jörg Sadrozinski, der bis 2017 Leiter der Deutschen Journalistenschule war, dass nur noch wenige der Abgänger Festanstellungen ergattern (Löhr 2013): „Vor der Medienkrise war es genau umgekehrt, da war die Festanstellung noch die Regel und das freie Arbeiten die Ausnahme". Sogenannte atypische Beschäftigungsverhältnisse – wie befristete Arbeitsverhältnisse oder verstärkte Zusammenarbeit mit freien statt angestellten Journalisten – sind für Arbeitgeber kostengünstiger und weniger risikoreich. Dennoch ist auch hier das Schwert zweischneidig. Einerseits können Teilzeitarbeit sowie Freiberuflichkeit zwar eine deutlich unabhängigere Gestaltung des Arbeitsalltages und Privatlebens ermöglichen (Buckow 2011; Meyen und Springer 2009). Andererseits sind diese Formen atypischer Beschäftigung in der Regel mit geringerer sozialer Sicherheit verbunden und oftmals schlechter vergütet als klassische Festanstellungen. Deshalb werden sie in der Forschung als Kernelement prekärer Arbeitsbedingungen diskutiert (Gollmitzer 2014; Wyss 2012). Man denke etwa an Pauschalisten, die oftmals die gleiche Arbeit wie festangestellte Kollegen leisten, aber deutlich weniger Sicherheit genießen, ja sogar durch Scheinselbstständigkeit in eine rechtliche Grauzone gedrängt werden.

Da sich Alter und Geschlecht als markante Determinanten atypischer Beschäftigung und ungleicher Aufstiegschancen oder Bezahlung erwiesen haben (Motakef 2015; Ricceri 2016; Stone 2012; Vosko 2010), ziehen auch wir überall dort Berufserfahrung und Geschlecht als Vergleichsebene heran, wo es bedeutsam erscheint. So ist die Zahl der Journalistinnen in den drei Ländern zwar angewachsen, in der Führungsriege waren Frauen aber in den letzten umfassenden Journalisten-Befragungen nach wie vor deutlich unterrepräsentiert (Kaltenbrunner et al. 2007; Keel 2011; Weischenberg et al. 2006a). Die Thematik gewinnt eher an Brisanz als dass sie selbige verliert. Dies zeigen etwa die Bemühungen des österreichischen Vereins „Frauennetzwerk Medien", des Netzwerks „Medienfrauen" in der Schweiz, der deutschen Gleichstellungsinitiative „ProQuote" oder der Fall Birte Meier. Die Journalistin, die als feste Freie für das Magazin *Frontal 21* arbeitet, hatte das ZDF erfolglos verklagt, weil sie sich gegenüber männlichen Kollegen finanziell benachteiligt sah.

Um die aktuelle Arbeitssituation erfassen zu können, gehen wir in diesem Kapitel der Frage nach, wie flexibel Journalisten in Deutschland, Österreich und der Schweiz arbeiten und angestellt sind. Im Fokus stehen dabei die Anzahl der Redaktionen und Medien, für die Journalisten tätig sind, die Art und Befristung der Anstellung sowie das Einkommen.

Flexibilisierung des journalistischen Arbeitsumfeldes

Für den Journalismus ging der technische Fortschritt, den die Digitalisierung mit sich brachte, mit einer Umstrukturierung des bisherigen Arbeitsumfeldes einher. Zwei Aspekte sollen hier besonders hervorgehoben werden: die Flexibilisierung von journalistischen Tätigkeitsbereichen und der beruflichen Anstellungsverhältnisse. Hinsichtlich der Tätigkeitsbereiche und Arbeitsabläufe passten Medienunternehmen die Prozesse den neuen technischen Möglichkeiten und wirtschaftlichen Notwendigkeiten an, indem sie die Produktion und Distribution von Medienangeboten für unterschiedliche Plattformen miteinander verschmolzen. Dies bedeutet eine zunehmende redaktionelle Konvergenz auf Organisationsebene mit dem wachsenden Anspruch an Journalisten, multi- und crossmedial zu arbeiten (Lischka 2018). Die Zusammenlegungen von Unternehmen und Redaktionen, die Mehrfachverwertung von Artikeln, die Einrichtung von Autorenpools, insbesondere aber die Einführung von *Newsrooms* und *Newsdesks* zur crossmedialen Zentralisierung verschiedener Ressorts und Distributionskanäle sowie die Nutzung multimedialer Vertriebswege sind zentrale Beispiele für die Umstrukturierung bisheriger Arbeitsabläufe (Beck et al. 2010; Blöbaum 2008; Meier 2006). So produzieren heute zahlreiche Redaktionen mitunter plattformübergreifend mehrere Medienangebote gleichzeitig und Journalisten arbeiten parallel für mehrere Redaktionen (Neuberger et al. 2009). Diese Umstrukturierungen können der journalistischen Qualität und vor allem der Kosteneffizienz der journalistischen Produktion zuträglich sein, da Abläufe professionalisiert, komplexe Themen über verschiedenen Ressorts hinweg adressiert und Ressourcen geschont werden. Demgegenüber stehen allerdings ein potenzielles Absinken der Medienvielfalt auf Angebotsebene und das Anwachsen des Leistungsdrucks auf Journalisten (Beck et al. 2010; Erdal 2009; Meier 2006).

Im Arbeitsalltag der Journalisten gehen diese Veränderungen mit Grenzverschiebungen einher. Sie erfordern eine erhöhte Flexibilität in der journalistischen Tätigkeit, insbesondere in Form von ressort-, redaktions- und medienübergreifender Nachrichtenproduktion. In vielen europäischen Ländern arbeiteten Journalisten bereits 2009 zumindest gelegentlich für mehrere Medienplattformen

(Örnebring 2016). Neben traditionellen Fähigkeiten müssen Journalisten heute viele weitere Geschicke beherrschen, um für vielfältige Kanäle tätig werden zu können. Insbesondere im Online-Journalismus fordern die Schnelllebigkeit und eine ganze Palette an neuen Aufgabenfeldern hohe Flexibilität (Lischka 2018; Örnebring 2010). Der „Super-Journalist" von heute bringt idealerweise neben einer journalistischen Expertise auch Fähigkeiten im Bereich des Storytellings, Projektmanagements und der Informationstechnik im Online-Journalismus mit (Spyridou und Veglis 2016). Während diejenigen, die mit Multikanalfähigkeit aufwarten können, auf dem Arbeitsmarkt gefragt sein dürften, fallen andere zurück. Ebenso führt die vielfältige Tätigkeit für manche zu höherer Arbeitszufriedenheit, für andere ist der Innovations- und Effizienzdruck mit Autonomieverlust und Stress verbunden (Lischka 2018).

Hinsichtlich des Anstellungsverhältnis, das die Grundlage und den Rahmen für jede weitere journalistische Tätigkeit bildet, diskutieren Praxis und Forschung über einen möglichen Trend weg von Normalarbeitsverhältnissen und hin zu atypischer Beschäftigung. Normalarbeitsverhältnisse gehen mit einer dauerhaften Vollzeitstelle in einem unbefristeten Beschäftigungsverhältnis, mit regelmäßiger monatlicher sowie subsistenzsichernder Vergütung und mit der Möglichkeit zur kollektiven Interessenvertretung durch Betriebsrat sowie Gewerkschaft einher, bei gleichzeitig vollständiger Integration in die sozialen Sicherungssysteme (Bundeszentrale für politische Bildung 2014). Im Gegensatz dazu umfasst atypische Beschäftigung Formen von Teilzeitarbeit, Zeitarbeit, Selbstständigkeit, Heimarbeit, Mehrfachbeschäftigung, Schwarzarbeit sowie illegaler Lohnarbeit (Kalleberg 2000; Rodgers 1989).

In atypischer Beschäftigung befinden sich im Journalismus damit freiberufliche Journalisten, Pauschalisten und feste Freie, aber auch Journalisten, die befristet oder in Teilzeit angestellt sind, sowie Journalisten, die nebenbei anderen bezahlten Tätigkeiten nachgehen. Derartige Beschäftigungsformen bergen Vor- wie Nachteile für Journalisten. Führen in Teilzeit wird beispielsweise als Werkzeug zur Steigerung der Chancengleichheit diskutiert, da geteilte Führungspositionen berufstätigen Eltern eine bessere Koordination von Job und Privatleben ermöglichen (Bessing et al. 2016). Zum anderen gilt Flexibilisierung als Kernelement prekärer Arbeit, wird also in einem Atemzug mit mangelnder sozialer Absicherung genannt. Laut Brinkmann und Kollegen (2006, S. 17) ist ein Beschäftigungsverhältnis prekär, „wenn die Beschäftigten aufgrund ihrer Tätigkeit deutlich unter ein Einkommens-, Schutz- und soziales Integrationsniveau sinken, das in der Gegenwartsgesellschaft als Standard definiert und mehrheitlich anerkannt wird". Ebenso sei Erwerbsarbeit als prekär einzustufen, wenn sie subjektiv mit überdurchschnittlichem Sinnverlust, Anerkennungsdefizit und Unsicherheit in der Planung verbunden ist.

Die Gruppe der freischaffenden Journalisten, Pauschalisten und festen Freien wird meist – wie auch in den folgenden Analysen – unter dem Begriff „Freie" zusammengefasst. Die Nachteile ihrer fehlenden oder losen Anstellung liegen primär im geringeren Einkommen und geringerer Integration in soziale Absicherungssysteme. Die Spitze der journalistischen Prominenz unter den freischaffenden Journalisten ausgenommen, ist etwa das Einkommen von Solo-Selbstständigen in der Kreativwirtschaft niedriger als unter angestellten Journalisten, außerdem unsicher und volatil. Das unterscheidet sie von Freiberuflern in anderen Bereichen oder klassischen Selbstständigen wie Unternehmern (Hirschler 2014; Manske und Schnell 2010). Freiberufliche Journalisten berichten aber nicht nur von geringem Rechtsschutz, Stress, Konkurrenzdruck, verschwimmenden Grenzen zwischen Privat- und Berufsleben, Problemen bei der Durchsetzung von Schutzrechten für ihre Arbeit und dem Kampf mit ihrer beruflichen Identität, sondern ebenso von umfassenderer Freiheit und insgesamt hoher Arbeitszufriedenheit (Buckow 2011; Edstrom und Ladendorf 2012; Gollmitzer 2014; Meyen und Springer 2009; Obermaier und Koch 2015; Summ 2013). Dieser potenzielle Vorteil hoher Flexibilität in der Lebensgestaltung entfällt für Pauschalisten und feste Freie allerdings. Sie befinden sich in einer arbeitnehmerähnlichen Position (Meyen und Springer 2009) und leisten oftmals die gleiche Arbeit wie Festangestellte, werden aber durch die Anstellung über Freiberuflerverträge in die Scheinselbstständigkeit gedrängt.

Der Einsatz von freiberuflichen Journalisten als vorübergehend Beschäftigte ist eine tief verwurzelte Form des Outsourcings in der Nachrichtenbranche (Örnebring und Ferrer Conill 2016; Weichler 2005). Medienunternehmen profitieren von der Arbeit mit Freien und losen Anstellungsverhältnissen, da die Kosten für soziale Absicherung geringer ausfallen als bei regulären Arbeitnehmern und das Arbeitsverhältnis flexibler kündbar ist. Den Großteil des Risikos verlagert der Arbeitgeber damit auf Arbeitnehmer und Arbeitsmarkt. Flexibilisierung in Form atypischer Beschäftigung ist dabei ein allgemeiner Trend auf dem europäischen Arbeitsmarkt, den Arbeitssoziologen vor allem als Begleiterscheinung steigender Marktliberalisierung sehen, der wiederum durch Ökonomisierung sowie Globalisierung Vortrieb geleistet wird (Brinkmann et al. 2006; Motakef 2015). In der Medienbranche haben darüber hinaus der Siegeszug des Internets sowie Finanzkrisen seit dem Jahr 2000 den Wettbewerb um Rezipienten und Werbekunden verschärft (Beck et al. 2010; Kramp und Weichert 2012). Auch Online-Medien selbst werden von finanziellen Engpässen geplagt, verursacht durch mäßige Tausendkontaktpreise für Werbeschaltungen, Ad-Blocker, immense Konkurrenz durch Suchmaschinen und soziale Medien, die schwierige Durchsetzbarkeit von Leistungsschutzrechten sowie eine geringe Zahlungsbereitschaft des Publikums (Levy et al. 2018; Nielsen 2016).

Zahlreiche Medienunternehmen versuchten Umsatzverluste mit klassischen Kostensenkungsstrategien auszugleichen (Heinrich 1996; Beck et al. 2010). Da Ressourcen und Personal bereits in den ersten Krisenzeiten zu Beginn des neuen Jahrtausends abgebaut und Stellen danach selten erneuert wurden (Rang et al. 2007), griff die folgende Reduzierungswelle in den Jahren nach 2008 eine bereits dezimierte Basis an Journalisten an (Beck et al. 2010). Gemäß offiziellen Statistiken lag die Zahl arbeitsloser Journalisten in Deutschland 2015 mit etwa 4.800 (Bundesagentur für Arbeit 2016), in der Schweiz 2014 mit 1191 (Staatssekretariat für Wirtschaft SECO 2014) und in Österreich ebenfalls 2014 mit 641 jeweils verhältnismäßig hoch (Lachmayr und Dornmayr 2015). Diese Zahlen stellen jedoch eher eine Annäherung dar. Zum einen melden die Bundesämter für Statistik nur bedingt detaillierte Zahlen für verschiedene Berufsgruppen innerhalb der Medienbranche und die Definitionen der Berufsgruppe Journalisten variiert mitunter. Zum anderen beantragen viele freiberufliche Journalisten kein Arbeitslosengeld und setzen auf kontinuierliche Sichtbarkeit in der Branche. Die Datenlage zu arbeitslosen und freien Journalisten ist entsprechend vage (vgl. Kap. 2; Steindl et al. 2017).

Da entlassene Journalisten als Freie auf den Markt drängen und arbeitnehmerähnliche Journalisten für Arbeitgeber risikoärmer und kostengünstiger sind, gäbe es gute Gründe für die Annahme, atypische Beschäftigung habe infolge der ökonomischen Umbrüche im Mediensektor an Bedeutung gewonnen. Doch zum einen stellt sich die Lage vielschichtiger dar als auf den Blick zu vermuten wäre, wie die Analysen im weiteren Verlauf des Kapitels zeigen werden. Zum anderen sind „die Grenzen zwischen unselbstständiger Beschäftigung, freiberuflicher Tätigkeit und Arbeitslosigkeit besonders fließend" (Lachmayr und Dornmayr 2015, S. 36). Diese dynamischen Prozesse von Grenzgängern zwischen Arbeitslosigkeit, haupt- und nebenberuflicher Tätigkeit in Zahlen zum Status quo zu gießen, mutet daher wie der Versuch an, alle Bienen eines ausschwärmenden Stocks zu zählen. Abschließende Antworten wird deshalb auch die vorliegende Studie, die primär zum Zweck des internationalen Vergleichs hauptberuflicher Journalisten erstellt wurde, nicht bieten können. Aber wir können die Datenlage aktualisieren und um weitere Puzzleteile erweitern.

In der Befragung baten wir die Journalisten anzugeben, welche der folgenden Bezeichnungen ihre Anstellung am besten beschreibt: Vollzeit, Teilzeit, freier Journalist, fester Freier oder Pauschalist. Darüber hinaus fragten wir Voll- und Teilzeit-Journalisten, ob ihr Vertrag befristet ist. Das Einkommen wurde für

Deutschland und Österreich anhand des Netto-Monatsgehalts nach Abzug von Steuern und Sozialversicherungsabgaben erhoben.[1] In der Schweiz, wo die Einkommenssteuer in der Regel erst nach Jahresschluss abgeführt wird, bezieht sich das abgefragte Einkommen auf das monatliche Brutto Einkommen vor Abzug von Steuern und Abgaben. Die Journalisten gaben außerdem an, ob sie einer bezahlten Nebentätigkeit jenseits des Journalismus nachgehen. Basierend auf der angegebenen Position erstellten wir zusätzlich eine Variable zur Hierarchie, welche die Befragten in Journalisten mit Leitungsfunktion (Chefredakteur, Herausgeber, Programmdirektor, Redaktionsleiter), mit Teilleitungsfunktion (Chef vom Dienst, Ressortleiter, Produzent) und ohne Leitungsfunktion (Redakteur, Reporter, Autor, Volontär, Praktikant) unterteilt. Um Flexibilität nicht nur im Sinne der Beschäftigung betrachten zu können, sondern auch hinsichtlich flexibler Tätigkeit, fragten wir die Journalisten außerdem, für welche und wie viele Medientypen, Redaktionen sowie Medienangebote sie arbeiteten und ob sie als Generalisten oder für spezielle Ressorts tätig waren.

Das journalistische Tätigkeitsfeld

Im Hinblick auf flexible Tätigkeit für mehrere Medientypen zeigen unsere Ergebnisse, dass in Deutschland und Österreich jeder vierte Journalist mehrere Medientypen bedient. In der Schweiz sind es drei von zehn. Die Unterschiede zwischen den drei Ländern sind also gering (vgl. Abb. 4.1) und Journalisten, die crossmedial tätig sind, stellen die Minderheit dar.

Gleicht man ab, wie häufig Journalisten insgesamt für einen bestimmten Medientyp arbeiten (vgl. Tab. 4.1) und für wie viele Journalisten dieser das *Hauptmedium* darstellt (vgl. Kap. 2), erhält man ein Bild davon, welche Medien Journalisten verstärkt als *weitere* Medientypen neben dem hauptsächlichen bedienen. Diese Betrachtung offenbart, dass crossmediale Tätigkeit in Deutschland, Österreich und der Schweiz vor allem in einer zusätzlichen Tätigkeit für Online-Medien besteht. Etwa 19 % der deutschen, 15 der österreichischen

---

[1]Das zehnstufige Intervall für die Kategorie-Bildung basiert auf dem nationalen Durchschnittsgehalt eines Vollzeit-Journalisten, wie von der *Worlds of Journalism Study* vorgegeben. Die Messung in der Schweiz wich von diesem Vorgehen ab und verwendete eine neunstufige Skala in 1000er-Schritten, wobei nur der Schritt für die vorletzte Kategorie auf 2000 verdoppelt wurde, um sprungartig ansteigende Gehälter in den oberen Rängen abzudecken.

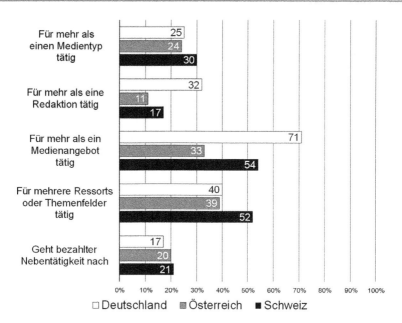

Abb. 4.1 Flexible Tätigkeit. (Anmerkung: N = 759–775 (Deutschland); N = 799–818 (Österreich); N = 901–909 (Schweiz))

Tab. 4.1 Tätigkeit für Medientypen im Ländervergleich

	Deutschland %	Österreich %	Schweiz %
Zeitungen	37,6	57,6	57,3
Zeitschrift	24,3	6,2	14,7
Fernsehen	13,2	18,5	13,3
Radio	18,7	18,1	21,5
Nachrichtenagenturen und Mediendienste	5,2	3,4	4,2
Online	26,7	26,3	28,9
Anzeigenblätter	7,9	–	–
N	774	805	799

Anmerkung: Mehrfachnennungen möglich

und 20 der Schweizer Journalisten bedienen neben ihrem Hauptmedium auch noch Onlinekanäle. Während Online als Hauptmedientyp also noch eine untergeordnete Rolle spielt (vgl. Kap. 2), ist der Online-Journalismus als weiterer Tätigkeitsbereich äußerst wichtig. Der Medientyp, für den Journalisten am zweithäufigsten neben ihrem Hauptmedium tätig sind, ist die Zeitung mit sechs Prozent der deutschen, sieben der österreichischen und zwölf Prozent der Schweizer Journalisten. Zeitungen sind für einige Journalisten also ein Nebenschauplatz. Etwa dann, wenn sie der Zeitung nicht gänzlich den Rücken kehren, sich ihr Arbeitsalltag aber verstärkt um den Online-Ableger dreht. Zusätzliche Tätigkeiten für Nachrichtenagenturen und Mediendienste sind am seltensten. In allen drei Ländern trifft dies auf weniger als ein Prozent der Journalisten zu.

Crossmediales Arbeiten in Form von zusätzlicher Tätigkeit für digitale Kanäle dürfte in den folgenden Journalistengenerationen weiter zunehmen. Diese gewinnen damit Kompetenzen im digitalen Arbeitsumfeld, die auf dem Arbeitsmarkt unabdingbar werden dürften. Hofstetter und Schönhagen (2014) sehen allerdings die Gefahr, dass darunter zentrale Fähigkeiten wie die Recherchekompetenz leiden könnten und diese daher bei der Ausbildung der angehenden Journalisten besonderer Förderung bedürfen.

Darüber hinaus konnten einige Journalisten, die für mehrere Medientypen tätig waren, keiner davon klar als hauptsächliches Medium zugeordnet werden. Ihre Tätigkeit verteilte sich vielmehr gleichermaßen auf mehrere.

Nebst der Möglichkeit für verschiedene Medientypen tätig zu sein, zeigt sich flexible Arbeit auch darin, dass Journalisten für mehrere Redaktionen oder Medienangebote tätig sind. In der Schweiz (83 %) und in Österreich (90 %) war der Großteil der Journalisten allerdings auch 2015 noch nur für eine Redaktion tätig. In Deutschland trifft dies hingegen lediglich auf 68 % zu (vgl. Tab. 4.2). Über 70 % der deutschen Journalisten produzieren außerdem Inhalte für mehrere Medienangebote. Damit sind deutsche Journalisten sowohl hinsichtlich belieferter Medienangebote als auch im Hinblick auf die Anzahl der Redaktionen, für die sie arbeiten, deutlich flexibler tätig als ihre Kollegen in den beiden Nachbarländern. In Österreich ist dabei die Tätigkeit für nur eine Redaktion und nur ein Medienangebot (67 %) am stärksten ausgeprägt und hat sich damit noch nicht stark verändert. Auch in der Schweiz ist das Arbeiten in nur einer Redaktion – wie in früheren Befragungen (Keel 2011) – noch immer die Norm. Allerdings produziert etwas mehr als die Hälfte der Schweizer Journalisten (54 %) Inhalte für mehr als nur ein Medienangebot.

Insgesamt weisen die relativ hohen Standardabweichungen aber darauf hin, dass die Angaben der Journalisten dazu, für wie viele Medienangebote sie tätig sind, stark variieren. Etwa freie Journalisten arbeiten naturgemäß für zahlreiche

Tab. 4.2 Anzahl der Redaktionen und Medienangebote im Ländervergleich

Tätig für…	Deutschland %	Österreich %	Schweiz %
1 Redaktion	67,8	89,5	83,4
2 Redaktionen	14,1	6,6	9,2
3 Redaktionen	8,6	1,8	4,4
4 und mehr Redaktionen	9,5	2,1	3,0
1 Medienangebot	29,2	67,1	46,0
2 Medienangebote	37,5	16,3	28,2
3 Medienangebote	16,2	9,9	13,5
4 und mehr Medienangebote	17,1	6,7	12,3
N	775	818	909

Anmerkung: Anzahl der Befragten, die jeweils für eine Redaktion oder ein Medienangebot bzw. zwei, drei und mindestens vier Redaktionen bzw. Medienangebote tätig sind

unterschiedliche Angebote (Steindl et al. 2017). Auch Journalisten, die den gemeinsamen überregionalen Mantelteil für mehrere Regionalzeitungen herausgeben, sind klassische Beispiele. Die Tätigkeit für mehrere Medienangebote ist also nichts Ungewöhnliches, nimmt aber wohl aufgrund von Umstrukturierungen und Ressourcenkürzungen weiter zu (Kaltenbrunner und Luef 2017). In Deutschland geben sogar mehr als 17 % an, für mindestens vier Medienangebote zu arbeiten. Hier dürfte sich die Zusammenlegung von Redaktionen zu integrierten Newsrooms bemerkbar machen. Denn auch wenn man ausschließlich die klassisch Vollzeitbeschäftigten betrachtet, verändert sich das Bild kaum. In Deutschland produzieren immer noch 69 % für mehrere Medienangebote, in der Schweiz sind es 53 % und in Österreich 31 % der Vollzeitangestellten.

Weltweit haben Medienunternehmen Arbeitsprozesse umstrukturiert, um doppelte Arbeitsleistungen zu vermeiden, Mitarbeiter zu vernetzen und Produktionsprozesse zu entschlacken. Diese Maßnahmen werden beispielsweise von renommierten Verlagshäusern wie der NZZ als Qualitätssicherungsmaßnahme crossmedialer Produktion gehandelt (Wilczek 2014), um die wirtschaftliche Effizienz zu verbessern und so anderweitige Investitionen zu ermöglichen. Sie bergen aber auch die Gefahr, dass sich die Personalreduktion und der gesteigerte Arbeits- und Leistungsdruck negativ auf die Qualität und Diversität der Medienprodukte niederschlagen (García Avilés et al. 2014; Rinsdorf 2017).

Der Trend zu einer flexibleren Arbeitsausrichtung setzt sich auch in der Ressortlandschaft fort. Obwohl in Deutschland und Österreich derzeit noch mehr

Tab. 4.3 Ressorts der Spezialisten im Ländervergleich

	Deutschland %	Österreich %	Schweiz %
Nachrichten/Aktuelles	4,7	6,7	14,2
Politik	11,2	24,5	18,4
Wirtschaft	8,8	10,3	11,9
Kunst, Kultur und Feuilleton	11,6	18,7	12,3
Lokales und Regionales	16,4	6,7	10,0
Polizei und Kriminalität	0,4	1,9	0,5
Bildung und Wissenschaft	4,3	4,2	4,2
Gesundheit	2,2	1,5	1,4
Kirche und Religion	1,5	0,2	1,6
Sport	17,0	11,5	10,0
Service und Lifestyle	12,5	5,5	10,9
Unterhaltung	3,4	1,0	3,3
Sonstiges	5,8	7,3	1,4
N	463	454	430

Anmerkung: Bei Mehrfachnennungen wurde zumeist das erstgenannte Ressort codiert

themenbezogene Spezialisten arbeiten als Generalisten (vgl. Abb. 4.1), zeichnet sich doch ein gewisser Trend hin zu einem thematischen Allrounder ab (Weischenberg et al. 2006a; Keel 2011). Diese sind attraktiv, weil das Einsatzgebiet flexibler ist. Die Tiefe ihres Fachwissens mag aber hinter derjenigen eines spezialisierten Kollegen herhinken. Denn der „thematisch spezialisierte (Fach-) Journalist unterscheidet sich vom Allround- oder General-Interest-Journalisten idealtypischerweise durch eine höhere Sachkompetenz" (Dernbach 2009, S. 44). Potenziell niedrigere Sachkompetenz könnte mittels geringerer kritisch-kompetenter Auseinandersetzung mit den entsprechenden Themen das aufklärerische Potenzial von Journalismus schmälern und damit möglicherweise eine gewisse Entprofessionalisierung zur Folge haben.

Unter den Spezialisten tun sich die bekannten Kernressorts hervor. Der Ländervergleich weist allerdings durchaus Unterschiede hinsichtlich der Rangfolge auf. In Österreich und der Schweiz widmen sich die Journalisten, die sich einem bestimmten Ressort oder Themenfeld verschrieben haben, am häufigsten der Politik sowie dem Bereich Kunst, Kultur und Feuilleton (vgl. Tab. 4.3). Diese Ressorts sind zwar auch unter den deutschen Spezialisten verbreitet, hier liegen aber insbesondere die Sportberichterstattung und anders als in Österreich die Nachrichten über Lokales und Regionales sowie Service- und Lifestyle-Berichterstattung vorne. Denkbar ist, dass in Deutschland die weitaus größere Zahl der Einwohner, die sich über ein größeres geografisches Gebiet verteilt, und die hohe Zeitschriftendichte zu den höheren Anteilen an Lokal- bzw. Regional-, Sport- und Lifestyle-Journalisten unter den Spezialisten beitragen.

Hinsichtlich flexibler Tätigkeit bleibt abschließend noch zu bemerken, dass zahlreiche Journalisten der drei untersuchten Länder weiteren bezahlten Tätigkeiten außerhalb des Journalismus nachgehen (vgl. Abb. 4.1). In Deutschland verdient sich etwa jeder sechste, in Österreich und der Schweiz jeder fünfte Journalist etwas dazu. Wie sich im Folgenden zeigen wird, variiert die Häufigkeit der Nebentätigkeit allerdings je nach Anstellungsverhältnis und Medientyp deutlich.

Beschäftigungsverhältnisse der Journalisten

Die Annahme, ein hoher Anteil der deutschen, österreichischen und Schweizer Journalisten sei angesichts grundsätzlicher Liberalisierungstendenzen auf europäischen Arbeitsmärkten und krisenhafter Entwicklungen in der Medienbranche atypisch beschäftigt, bestätigen die Befragungsergebnisse zwar nicht. Journalisten aller drei Länder arbeiten vor allem in einem unbefristeten Vollzeit-Anstellungsverhältnis (vgl. Tab. 4.4). Atypische Anstellung ist allerdings unter Journalistinnen und Berufseinsteigern verbreitet. Diese Befunde werden zunächst in Zahlen gegossen und abschließend kontextualisiert. Erst werden die Verbreitung von Teilzeitarbeit und Befristung als atypische Beschäftigungsformen unter den angestellten Journalisten

Tab. 4.4 Beschäftigungsverhältnisse im Ländervergleich

	Deutschland %	Österreich %	Schweiz %
Vollzeit*	74,5	77,0	57,1
Teilzeit*	7,9	14,4	35,2
Freie(r) Journalist(in)	8,0	3,4	6,6
Feste(r) Freie(r)	8,1	3,3	1,1
Pauschalist(in)	1,5	1,6	0
Sonstige	0	0,2	0
* davon befristet	7,3	2,7	5,5
N	775	818	909

beleuchtet. Anschließend wird die per se atypisch beschäftigte Gruppe der Freien umschrieben und schließlich noch die ungleiche Verteilung von Führungspositionen zwischen Journalistinnen und Journalisten umrissen.

In Deutschland sind über 80 % der hauptberuflichen Journalisten fest bei einem Medienunternehmen angestellt und damit fünf Prozent mehr als noch 2005 (Weischenberg et al. 2006a). In Österreich sowie der Schweiz sind es sogar über 90 %, während es noch 2007 in Österreich nur 71 %[2] (Kaltenbrunner et al. 2007) bzw. 2008 in der Schweiz 81 % (Keel 2011) waren. In Deutschland und Österreich arbeiten jeweils etwa drei Viertel der angestellten Journalisten in Vollzeit. Wie schon in früheren Journalisten-Befragungen (Keel 2011) ist Teilzeitbeschäftigung in der Schweiz mit 35 % deutlich verbreiteter. Der Anteil an Teilbeschäftigung liegt nicht nur im Journalismus, sondern auch unter den Erwerbstätigen der Schweiz insgesamt bei etwas weniger als 40 % (BFS Schweiz 2018a, b). Da Teilzeitbeschäftigung für eine verbesserte Vereinbarkeit von beruflichem und privatem Leben sogar gefördert wird, ist diese hier aber nicht als klares Prekarisierungsindiz zu interpretieren.

Teilzeitarbeit ist allerdings unter Journalistinnen deutlich verbreiteter als unter Journalisten (vgl. Tab. A2.9 im Anhang). Selbst in der Schweiz arbeiten nahezu doppelt so viele der Journalistinnen in Teilzeit wie unter den männlichen Kollegen. In Österreich ist dieser Anteil über dreimal so hoch wie der entsprechende Wert unter den Journalisten. In Deutschland, wo Teilzeitarbeit im Journalismus mit insgesamt nur acht Prozent am wenigsten verbreitet ist, arbeiten Frauen fünfmal so häufig in Teilzeit wie Männer. Daten mit umfassenden Kontextinformationen zur Familiensituation für den Arbeitsmarkt im Allgemeinen bieten hier Erklärungsansätze. Laut Gleichstellungsbericht der Bundesrepublik Deutschland (2017) arbeiten Mütter besonders häufig in Teilzeit und unbezahlte Pflegearbeit wird noch immer in weiten Teilen von Frauen verrichtet (vgl. auch BFS Schweiz 2017; Runge 2012). Auch im Journalismus mag es also einen sogenannten „Gender-Care-Gap" geben. Eine Teilzeit-Beschäftigung kann Segen wie Fluch sein. Einerseits schafft etwa eine Führungsposition in Teilzeit

---

[2]Diese Angabe grenzt angestellte Journalisten von Pauschalisten und ständigen Freien auf Basis des ersten Erhebungsschrittes von Kaltenbrunner et al. (2007) ab. Gemäß ihrer folgenden Detailbefragung lag der Anteil angestellter Journalisten 2007 mit 2677 im Vergleich zu 575 ständigen Freien und Pauschalisten bereits höher (ca. 82 %). Beide Angaben verstehen sich allerdings exklusive freier Journalisten. Im Zeitvergleich zu beachten ist außerdem, dass der Fokus des vorliegenden österreichischen Samples im Gegensatz zur inklusiveren Definition der Vorgängerstudie auf klassischen Informationsmedien lag, in denen flexible Beschäftigungsformen weniger verbreitet sein dürften.

die Flexibilität, Kinderbetreuung und Karriere zu koordinieren. Ein Modell, das laut der Daten des Wissenschaftszentrums Berlin für Sozialforschung aber in Deutschland und Österreich noch wenig Schule macht (Hipp und Stuth 2013). Andererseits sind es innerhalb der Teilzeitbeschäftigen vor allem Frauen, die gerne mehr arbeiten würden und dafür sofort zur Verfügung stehen würden, was mit dem Status der „Unterbeschäftigung" beschrieben wird (BFS Schweiz 2017; DESTATIS 2016; Statistik Austria 2018).

Die oben genannten Aspekte der Familienarbeit können allerdings zumindest nicht die alleinigen Gründe für Teilzeit-Arbeit im Journalismus sein. Denn Journalisten, die in Teilzeit beschäftigt sind, leisten häufiger zusätzliche Arbeit in Nebenjobs als Kollegen, die Vollzeit im Journalismus tätig sind. In Österreich sind es immerhin 23 % der Teilzeit- gegenüber 17 % der Vollzeit-Angestellten. In Deutschland und der Schweiz sind es 26 bzw. 28 % der Teilzeit- gegenüber 13 bzw. 12 % der Vollzeit-Journalisten. In künftigen Studien ist daher zu klären, inwiefern Journalisten mit Teilzeit-Verträgen zusätzlich arbeiten müssen, um über die Runden zu kommen (Prekarisierung) oder diese Anstellung dezidiert wählen, um einer weiteren Beschäftigung nachgehen zu können (Flexibilisierung).

Je über 90 % der deutschen, österreichischen sowie Schweizer angestellten Journalisten verfügen über einen unbefristeten Vertrag. Lässt man mit Volontären und Praktikanten auch noch die üblicherweise befristeten Berufseinsteiger außen vor, sinkt der Anteil der befristeten Verträge unter angestellten Journalisten in Deutschland auf sechs und in der Schweiz auf zwei Prozent. Der Anteil in Österreich verbleibt bei unter drei Prozent, weil Volontäre und Praktikanten im Datensatz nicht repräsentiert sind. Unter Journalisten in diesen regulären Anstellungsverhältnissen sind in allen drei Ländern diejenigen am häufigsten befristet, die noch nicht lange im Geschäft sind. Am deutlichsten fällt dieser Unterschied nach Berufserfahrung in Deutschland aus. Dort sind ganze 16 % der Journalisten mit maximal fünf Jahren Berufserfahrung befristet, rechnet man Volontäre und Praktikanten heraus; unter denen mit sechs bis zehn Jahren Berufserfahrung noch elf 11 % und unter den Kollegen mit mehr als zehn Jahren nur noch vier Prozent. Da insbesondere Journalisten mit weniger Arbeitserfahrung befristet angestellt sind, gilt es diese Werte zu beobachten. Denn es ist fraglich, wie viele der derzeit befristeten und freien Journalisten künftig in ein unbefristetes Vertragsverhältnis wechseln können. Der Anteil befristeter Verträge könnte steigen, da die Stellen erfahrenerer unbefristeter Kollegen in Form befristeter Arbeitsverhältnisse nachbesetzt werden dürften. Häufige Jobwechsel in den ersten Berufsjahren und Befristungen von bis zu fünf Jahren unter Berufseinsteigern sind alles andere als Einzelfälle (Hummel et al. 2012). So gab etwa Jörg Sadrozinski, der bis 2017 Leiter der Deutschen Journalistenschule war, an, dass eine Festanstellung früher die Norm war, 2012 aber nur etwa 30 % der Abgänger Festanstellungen ergattern konnten (Löhr, 2013). Ein Berufseinstieg, der nur noch mittels Befristung oder gänzlich freier Tätigkeit möglich ist (vgl. auch Maares und Putz 2016), verlangt dem journalistischen Nachwuchs nicht nur zunehmend individuelle sowie flexible Karriereplanung ab. Abnehmende Integration durch mangelnde redaktionelle Sozialisation kann auch die Identifikation mit dem Beruf und dessen Werten verändern (Standaert 2018).

Im Vergleich der Medientypen tun sich Online-Medien in Deutschland und Agenturen bzw. Mediendienste in der Schweiz hervor, in denen anteilig mit je knapp 19 % vergleichsweise viele der angestellten Journalisten angaben, befristete Verträge zu haben (vgl. Tab. A2.7 im Anhang). Die Daten legen darüber hinaus nahe, dass befristete Arbeitsverträge unabhängig vom Verbreitungsgebiet des Mediums (vgl. Tab. A2.8 im Anhang) eher die Ausnahme als die Norm sind. Dies gilt insgesamt auch für den Geschlechtervergleich. Denn nur in der Schweiz sind minimal mehr der Journalistinnen als der männlichen Kollegen befristet angestellt.

Während unter den angestellten Journalisten also nur weniger Erfahrene in Form von Befristung und Journalistinnen in Form von Teilzeit atypisch beschäftigt sind, ist die Gruppe der freien Journalisten per se als atypisch beschäftigt zu bezeichnen. In Deutschland gaben rund 18 % der Befragten an, als freie bzw. feste freie Journalisten oder Pauschalisten tätig zu sein und in den Nachbarländern nur je acht Prozent. Vergleicht man die Medientypen, weist in Deutschland mit Abstand der öffentlich-rechtliche Rundfunk die meisten Freien auf. Sowohl im öffentlich-rechtlichen Fernsehen als auch Radio machen Freie 36 % der Journalisten aus (vgl. Tab. A2.7 im Anhang). Das heißt, dass der Anteil der Freien im öffentlich-rechtlichen Rundfunk, der zwischen 1993 und 2005 auf über 40 % stieg, nur leicht zurückgegangen ist und auf einem äußerst hohen Niveau verbleibt. Wie Weischenberg et al. (2006) damals erläuterten, werden einerseits oftmals Arbeitsstunden über mehrere Freie verteilt, um Klagen auf Festanstellung vorzubeugen. Andererseits dürften dort auch deshalb im Medientypvergleich mehr hauptberufliche Freie tätig sein, weil höhere Honorare gezahlt werden und Nebentätigkeiten, wie etwa in der Öffentlichkeitsarbeit, nicht gerne gesehen sind.

Ebenso setzt sich der Abwärtstrend bei deutschen Zeitungen, dem einstigen Hauptarbeitgeber für freie Journalisten, fort. Der Anteil der Freien sank von 31 % 1993 auf 18 % 2005 und bricht 2015 auf sechs Prozent ein. Bieten vergleichsweise hohe Honorare eine Erklärung für den hohen Anteil freier Journalisten im öffentlich-rechtlichen Rundfunk, lässt die wesentlich dürftigere Bezahlung bei Zeitungen vermuten, dass noch deutlich mehr Freie für Zeitungen schreiben, damit aber nicht ihr Haupteinkommen bestreiten und daher keinen Eingang in diese Studie gefunden haben. Bei deutschen Zeitschriften deutet sich hingegen höchstens ein minimales Absinken um nur drei Prozentpunkte auf 13 % an. In Österreich und der Schweiz erreichen Zeitschriften sogar die höchsten Anteilswerte freier Journalisten (vgl. Tab. A2.7 im Anhang). Damit bleibt Print in Österreich das journalistische Segment mit dem höchsten Anteil an Freien, wenn auch auf gesunkenem Niveau. Im österreichischen Rundfunk sind außerdem weiterhin nur wenige Journalisten freischaffend (vgl. Kaltenbrunner et al. 2007). In der Schweiz war der Anteil freier Journalisten bereits 1998 und 2008 im Printbereich am höchsten, die Mitte bildete auch damals der private Rundfunk und der öffentliche Rundfunk – ganz im Gegensatz zu Deutschland – das Schlusslicht (Keel 2011). Alle Anteilswerte liegen hier aber 2015 deutlich niedriger als noch 2008, was nicht zuletzt der schwierigen Akquise freier Journalisten für die Befragung geschuldet sein dürfte.

Angesichts andauernder Krisen-, Flexibilisierungs- und Prekarisierungsdebatten mag die Erkenntnis, dass nach wie vor ein Großteil der Journalisten in Normalarbeitsverhältnissen tätig ist, zunächst überraschen. Dass die Anteile atypischer Beschäftigungen den Werten früherer Journalisten-Befragungen ähneln – ja sogar mitunter etwas tiefer liegen – obwohl sich die wirtschaftliche Situation vieler Medienhäuser verschlechtert hat, bedeutet allerdings nicht, dass es keinen Wandel gibt. Wie im Folgenden diskutiert wird, sind ähnliche Anteilswerte nicht mit Kontinuität gleichzusetzen, da gleiche Ergebnisse durchaus das Resultat unterschiedlicher Dynamiken sein können. Die Lage ist aufgrund von mitunter gegenläufigen Entwicklungstendenzen undurchsichtiger als auf den ersten Blick zu vermuten wäre. Denn erstens verblieben nach den Entlassungswellen insbesondere die Journalisten, die aufgrund unbefristeter Verträge schwerer zu kündigen waren und liquidierte Stellen wurden längst nicht immer nachbesetzt. Die dadurch womöglich steigende Zahl an Freien dürfte sich zweitens zunehmend auch lukrativeren Tätigkeiten wie in der PR oder Werbung widmen, womit sie das Definitionskriterium der Hauptberuflichkeit in der vorliegenden Studie nicht mehr erfüllen. Schließlich wird drittens Scheinselbstständigkeit mittlerweile von staatlicher Seite in Deutschland konsequenter verfolgt, was die Attraktivität von atypischer Beschäftigung in Form von Pauschalisten für Arbeitgeber senken dürfte. Diese drei Aspekte werden im Folgenden genauer beleuchtet.

Sicherlich ist es plausibel, aufgrund wirtschaftlicher Herausforderungen zahlreicher Medienunternehmen zunächst davon auszugehen, dass durch atypische Beschäftigung mehr Risiko auf den Markt verlagert und Kosten gespart werden. Doch mit den Ressourcenkürzungen, welche die Krisen nach sich zogen, war zunächst umfassender Personalabbau verbunden. Es liegt nahe, dass Entlassungen als Erstes diejenigen getroffen haben, die problemlos zu kündigen waren, also Pauschalisten, feste Freie und befristet angestellte Journalisten. Damit besteht der Großteil der in den Redaktionen verbleibenden Journalisten aus Angestellten, deren Vertragsabschlüsse länger zurückliegen und höheren Kündigungsschutz bieten. Neu- oder Wiedereinstellungen dürften zwar vermehrt auf Basis befristeter Verträge vollzogen worden sein, doch nicht alle der gestrichenen Stellen wurden ersetzt (Rang et al. 2007). Des Weiteren liegt ein Abbau von Pauschalverträgen in Deutschland durchaus im Bereich des Möglichen, weil staatliche Behörden Scheinselbstständigkeit seit geraumer Zeit wesentlich forcierter verfolgen (Lungmus 2015; Schade 2016; taz 2015). Daher ist es insgesamt durchaus plausibel, dass der Anteil arbeitnehmerähnlicher und befristeter Anstellungsverhältnisse trotz tief greifender Veränderungsprozesse im Resultat ähnlich oder sogar etwas niedriger ausfällt als in früheren Studien.

Auch für ein weiteres Absinken des Anteils der hauptberuflichen freien Journalisten gibt es Anhaltspunkte. Weischenberg et al. (2006a) konstatierten diesen rückläufigen Trend bereits in ihrem Zeitvergleich der repräsentativen Journalisten-Befragungen von 1993 und 2005, also in einem Zeitraum, in den ebenfalls bereits Krisen fielen.[3] Angesichts der zahlreichen Entlassungen stellt die Tätigkeit als freischaffender Journalist zwar eine Alternative zur Arbeitslosigkeit dar (Meyen und Springer 2009), was zunächst für einen rapiden Anstieg der soloselbstständigen Journalisten nach den Krisenjahren spricht. Wenn Entlassungen aber eine Flut potenzieller Freiberufler auf den Markt spülen, auf den zusätzlich trotz wirtschaftlich schwieriger Lage ambitionierte Nachwuchsjournalisten strömen (Hanitzsch et al. 2016), herrscht hohe Konkurrenz um eine infolge von Ressourcenkürzungen geringere Anzahl an Aufträgen. So ist es plausibel, dass sich viele dieser Journalisten zunehmend Tätigkeiten in PR und Werbung zuwenden, die wesentlich lukrativer sind (Buckow 2011; Maares und Putz 2016). Frühere Befragungen (Hirschler 2009, 2014) sowie die vorliegenden Daten zeigen, dass sich etwa ein Drittel der deutschen Freien zusätzlich Geld in Nebentätigkeiten verdient. Ebenso gehen österreichische Experten davon aus, dass für nachfolgende Generationen an Journalisten Mehrfachtätigkeiten und parallele Engagements in der PR zunehmend die Regel darstellen werden (Lachmayr und Dornmayr 2015). Dies spricht in jedem Fall für eine Abnahme der *hauptberuflichen* Journalisten insgesamt, und ggf. der *hauptberuflichen* Freien im Speziellen

---

[3]Aufgrund unterschiedlicher Sampling-Strategien gestaltet sich ein Zeitvergleich der Anzahl freier Journalisten hier für Österreich und die Schweiz schwieriger (vgl. Kap. 2).

sowie für eine Zunahme derjenigen, die journalistische Tätigkeit nur noch *neben-beruflich* ausüben (vgl. Kap. 2). So schätzten Meyen und Springer schon 2009 die Zahl derjenigen, die in ihrer Freizeit oder nebenberuflich im Journalismus in Deutschland tätig sind, auf etwa 100.000, während der DJV (Siegert 2008) von nur 22.500 und Weischenberg et al. (2006a) unter Anwendung des Kriteriums der Hauptberuflichkeit sogar nur von etwa 12.000 freien Journalisten ausgingen. Allerdings ist hier auch auf Einschränkungen der vorliegenden Untersuchung zu verweisen; insbesondere auf das Kriterium der Hauptberuflichkeit gemäß dem mindestens die Hälfte des Einkommens aus journalistischer Tätigkeit zu stammen hat, auf die Rekrutierung von Befragten über Redaktionen sowie auf die Herausforderung, freie Journalisten als Interviewpartner zu gewinnen (vgl. Kap. 2).

Hierarchie

Jenseits der Frage nach fester bzw. freier Tätigkeit, Voll- oder Teilzeitanstellung und (un)befristeter Anstellung gilt es noch den hierarchischen Rang der Journalisten als zentralen Aspekt der Arbeitssituation zu umreißen, der auch im Hinblick auf das Gehalt bedeutsam ist. Es zeigt sich, dass jeder fünfte deutsche Journalist und jeder sechste österreichische bzw. Schweizer Journalist eine Leitungsfunktion erfüllt (vgl. Tab. A2.10 im Anhang). Damit nimmt die Führungsriege in allen drei Ländern einen höheren Anteil der Journalistenschaft ein als in früheren Studien; in der Schweiz ist der Anstieg geringfügig (vgl. Keel 2011), in Deutschland und Österreich deutlich (Kaltenbrunner et al. 2007; Weischenberg et al. 2006a). Dieser Befund deutet darauf hin, dass Entlassungswellen insbesondere die unteren Hierarchieebenen ausgedünnt haben dürften.

Daran, dass in den Chefsesseln überwiegend Männer sitzen, hat sich zwar wenig, doch zumindest etwas geändert. In Deutschland machten Frauen im Jahr 2005 etwa 22 % der Chefetage aus (Weischenberg et al. 2006a), während heute immerhin 30 % der Journalisten mit Leitungsfunktion weiblich sind. In der Schweiz ist ein Viertel der Leitungspositionen weiblich besetzt. In Österreich liegt der Frauenanteil unter den Journalisten mit Leitungsfunktion bei 31 %. Für den Zeitvergleich liegen hier allerdings nur Angaben dazu vor, wie hoch der weibliche Anteil der Journalisten mit Leitungs- oder aber Teilleitungsfunktion ist. Der entsprechende Zeitvergleich deutet nur einen geringfügigen Anstieg von 26 (Kaltenbrunner et al. 2007) auf 30 % an. Am deutlichsten zeigt sich die verbleibende männliche Dominanz in der Führungsriege am obersten Ende der Redaktionshierarchie. Während der Frauenanteil in der Redaktionsleitung noch bei 33 % in Deutschland, 39 % in Österreich und 28 % in der Schweiz liegt, sind in der Kategorie der Chefredakteure, Herausgeber und Programmdirektoren nur 21 % in Deutschland, 17 % in Österreich und 23 % in der Schweiz weiblich. Ändert man die Betrachtungsweise auf den jeweiligen Anteil an Führungspositionen unter weiblichen bzw. männlichen Journalisten, liegt der Anteil von Führungskräften unter deutschen und Schweizer Journalistinnen um je neun, in Österreich um sieben Prozentpunkte niedriger als unter den männlichen Kollegen (vgl. Tab. A2.10 im Anhang). Inwiefern Journalistinnen hier an eine sogenannte „gläserne Decke" stoßen, ist in künftigen Studien zu vertiefen.

Einkommen

Im folgenden Abschnitt werden erst die beiden Euro-Länder verglichen, bevor dann die Schweiz in den Fokus rückt. Durchschnittlich verdient ein deutscher Journalist etwa 2900 EUR netto im Monat; ein österreichischer rund 2700 EUR.[4] Auch wenn sich die Einkommensstrukturen stark ähneln, verdienen Journalisten in Deutschland damit etwas mehr als ihre Kollegen in Österreich. Entsprechend sind sie etwas weniger häufig in den Gehaltsstufen unter 2400 EUR und etwas häufiger in den höher liegenden Einkommensgruppen vertreten. Die Mehrheit der Journalisten verdient sowohl in Deutschland (74 %) als auch in Österreich (78 %) monatlich zwischen 1201 und 3600 EUR nach Abzug aller Steuern und Abgaben (vgl. Tab. 4.5). Mit einem monatlichen Nettoeinkommen von 3601 bis 4800 EUR gehören 14 % der deutschen und elf Prozent der österreichischen Journalisten zu den Besserverdienern der Branche. Journalisten, deren monatliches Nettoeinkommen über 4800 EUR liegt, sind in Deutschland mit acht und in Österreich mit sieben Prozent die Ausnahme.

Das Durchschnittseinkommen deutscher Journalisten stieg zwischen 1993 und 2005 von etwa 2000 EUR (3900 DM) auf 2300 EUR an (vgl. Weischenberg et al. 2006a) und verzeichnete dann bis 2015 einen neuerlichen Zuwachs um 600 EUR.

---

[4]Diese und die im Folgenden angegebenen Durchschnittswerte für das Einkommen sind als Annäherung zu verstehen, die auf der Transformation der kategorial abgefragten in eine metrische Variable basieren. Zu diesem Zweck wurde die Mitte jeder Kategorie als Wert eigesetzt; der Wert für die letzte nach oben offene Einkommensklasse spiegelt die obere Grenze der vorletzten Kategorie (7200 € bzw. 10.000 Fr) wider, zu der die Differenz aus dieser Obergrenze und dem mittleren Wert der vorletzten Kategorie (7200–6600 = 600 € bzw. 10.000–9000 = 1000 Fr) addiert wurde. Die so errechneten Durchschnittswerte sind je auf die nächste Hunderterstelle gerundet angegeben.

Tab. 4.5 Einkommen im Ländervergleich

	Deutschland %	Österreich %	Schweiz %
Bis 600 €/1000 Fr	0,3	0,8	1,3
Von 601 €/1001 Fr bis 1200 €/2000 Fr	3,1	3,6	3,0
Von 1201 €/2001 Fr bis 1800 €/3000 Fr	14,0	18,6	4,7
Von 1801 €/3001 Fr bis 2400 €/4000 Fr	24,5	26,4	7,3
Von 2401 €/4001 Fr bis 3000 €/5000 Fr	19,7	18,3	11,4
Von 3001 €/5001 Fr bis 3600 €/6000 Fr	16,2	14,6	17,6
Von 3601 €/6001 Fr bis 4800 €/8000 Fr	14,2	10,7	32,7
Von 4801 €/8001 Fr bis 6000 €/10.000 Fr	4,8	4,7	16,1
Über 6000 € bzw. 10.000 Fr	3,2	2,3	5,9
N	681	727	859

Anmerkung: Deutschland und Österreich: Einkommen nach Steuern und Sozialabgaben (netto); Schweiz: Einkommen vor Steuern und Abgaben (brutto)

Im Zeitvergleich ist ein Anstieg in den oberen Einkommensklassen zu erkennen. Während 2005 nur 17 % zwischen 3001 und 5000 EUR verdienten, gaben nun über 30 % der Journalisten an, monatlich zwischen 3001 und 4800 EUR zu erhalten. Der bereits dargelegte, relative Anstieg der Führungskräfte dürfte dafür verantwortlich sein. Möglich ist also, dass sich der Anteil der Besserverdiener auch deshalb erhöht hat, weil Entlassungswellen ihre Zahl nicht ähnlich stark dezimiert haben, wie die Zahl ihrer Kollegen auf unteren Gehaltsebenen.

Im Zeitvergleich ist ebenso das Einkommen österreichischer Journalisten etwas angestiegen. Ausgehend von dem durchschnittlichen Netto-Einkommen, das 2008 bei 2216 EUR angesetzt wurde (Kaltenbrunner et al. 2008), ist bis 2015 ein Zuwachs um circa 500 EUR zu verzeichnen. Während damals nur einem Viertel der Journalisten mehr als 2500 EUR netto zur Verfügung standen, gilt das nun für die Hälfte. Wie in Deutschland wird dies allerdings neben der Inflation auch durch den gestiegenen Anteil an Führungskräften relativiert. Der schlechter bezahlte journalistische Nachwuchs in Ausbildung ist außerdem im österreichischen Sample unterrepräsentiert.

Das durchschnittliche Brutto-Einkommen unter Journalisten in der Schweiz ist bei etwa 6300 Franken anzusetzen. Das Einkommen von über drei Viertel (78 %) der Schweizer Journalisten liegt vor Abzug von Steuern und Abgaben zwischen

4.001 und 10.000 Franken im Monat (vgl. Tab. 4.5). Ganze 33 dieser 78 % entfallen auf die Einkommensgruppe von 6001 bis 8000 Franken. Sechs Prozent
der Schweizer Journalisten, deren monatliches Einkommen über 10.000 Franken liegt, können als Top-Verdiener bezeichnet werden. Ein Zeitvergleich zeigt,
dass damals wie heute etwa die Hälfte der Befragten über 6000 Franken verdiente
(Keel 2011). Das Lohnniveau im Schweizer Journalismus hat sich in den Jahren
trotz zunehmender Lebenshaltungskosten somit wenig verändert.

Hinsichtlich der Einkommensstruktur ist die Profession nach wie vor in einen
„Mehr-Klassen-Journalismus" (Weischenberg et al. 2006a, S. 64) zergliedert,
wofür auch heute in erster Linie die stark variierende Bezahlung über verschiedene Medientypen hinweg verantwortlich ist (vgl. Tab. A2.12 im Anhang).
In allen drei Ländern sind Journalisten, die im öffentlichen Rundfunk arbeiten,
die Spitzenverdiener. Besonders Journalisten im öffentlichen Fernsehen sind
deutlich häufiger in den gehobenen Einkommensstufen vertreten als Kollegen
anderer Medien. Während 80 % der Journalisten im deutschen und 71 % im
österreichischen öffentlich-rechtlichen Fernsehen monatlich mehr als 2400 EUR
netto verdienen, sind es im privaten Fernsehen nur 38 bzw. 52 %. Unter den
Schweizer Journalisten im öffentlichen Fernsehen, welche mit durchschnittlich
etwa 7600 Franken brutto die Top-Verdiener sind, gaben 84 % an, mehr als 6000
Franken im Monat zu verdienen; unter den Kollegen im Privat-Fernsehen immerhin 50 %. Im Radio-Journalismus klafft die Lücke noch weiter. Im öffentlichen
Radio der Schweiz liegt das Einkommen von 64 % der Journalisten über 6000
Franken brutto, im privaten Radio hingegen nur von 22 %. Ähnlich hat im deutschen und österreichischen Privat-Radio der Löwenanteil der Journalisten monatlich weniger als 2400 EUR netto zur Verfügung. Der monatliche Verdienst im
Privat-Radio liegt bei durchschnittlich rund 2200 EUR netto in Deutschland, bei
1800 EUR netto in Österreich und bei 4500 Franken brutto in der Schweiz. Damit
belegt das private Radio in allen drei Ländern den letzten Platz im Einkommens-
ranking. Es überrascht daher nicht, dass dort viele Journalisten zusätzlich weiteren bezahlten Tätigkeiten nachgehen (Vgl. Tab. A2.11 im Anhang). Ganze 31 %
der deutschen und 48 % der österreichischen Journalisten, die bei privaten Radio-
stationen tätig sind, verdienen sich etwas dazu. In der Schweiz gaben zwar ebenfalls 25 % der Journalisten im privaten Radio an, einen weiteren Job zu haben.
Mit 32 % gehen Journalisten dort aber trotz guter Bezahlung im öffentlichen
Radio am häufigsten einem Nebenjob nach (vgl. Tab. A2.11 im Anhang). Möglicherweise hängt dies damit zusammen, dass im öffentlichen Schweizer Radio
auch der Anteil Teilzeitbeschäftigter mit über 60 % bei Weitem den höchsten
Wert unter den Medientypen aufweist.

Auch der Online-Journalismus, in dem viele junge Journalisten tätig sind (vgl. Kap. 3), tut sich in Deutschland und Österreich durch ein vergleichsweise niedriges Einkommen hervor. In beiden Länder verdienen lediglich je 26 % der Online-Journalisten mehr als 2400 EUR. Der Anteil an Journalisten mit zusätzlicher bezahlter Tätigkeit ist hier allerdings nicht hoch. Gemessen am Einkommen bilden die Nachrichtenagenturen und Mediendienste sowie Print-Medien in allen drei Ländern das Mittelfeld mit durchschnittlichen Einkommen zwischen 2700 und 3100 EUR netto bzw. zwischen 6200 und 6400 Franken brutto. Sowohl in Schweizer Zeitungen (58 %) als auch Zeitschriften (55 %) verdient mehr als die Hälfte der Journalisten über 6000 Franken. Auch in Österreich ist die Bezahlung in den beiden Print-Segmenten einander ähnlich. Deutsche Zeitungsjournalisten sehen hingegen häufiger Beträge über 3000 EUR auf ihrem Gehaltszettel als ihre Kollegen bei Zeitschriften.

Vergleicht man das Einkommen von Journalisten der drei Länder nach Verbreitungsgebiet, zeigt sich für die Schweiz und Österreich ein klares Bild: Journalisten in lokalen bzw. regionalen Medien verdienen insgesamt weniger als ihre Kollegen bei überregionalen Medien. Eine ähnlich eindeutige Tendenz ist in Deutschland nicht zu erkennen, insbesondere was die mittleren Einkommensstufen betrifft (vgl. Tab. A2.11 im Anhang). Dies dürfte daran liegen, dass innerhalb der Gruppe der national verbreiteten Medien in Österreich und der Schweiz mehr Journalisten für solvente öffentliche Medien tätig sind, als in Deutschland.

Der Verdienst hängt freilich nicht nur davon ab, wo die Journalisten arbeiten. Auch individuelle Faktoren wie Stellung in der redaktionellen Hierarchie, Berufserfahrung, Anstellung und nach wie vor Geschlecht spielen hier eine Rolle. Wie zu erwarten, schwankt die Höhe des Einkommens nach hierarchischer Stellung und dem Senioritätsprinzip. Deutsche Journalisten ohne Leitungsfunktion verdienen mit durchschnittlich etwa 2500 EUR 30 % weniger als Kollegen mit (Teil-)Leitungsfunktion. In Österreich und der Schweiz verdienen Journalisten ohne Führungsverantwortung im Schnitt etwa 2400 EUR netto bzw. 5700 Franken brutto und damit etwa ein Viertel weniger im Monat. Wer weniger als 15 Berufsjahre vorzuweisen hat, nimmt in Deutschland (38 %) sowie in Österreich (41 %) monatlich rund 40 % des Netto-Einkommens weniger ein als die erfahreneren Kollegen. In der Schweiz (24 %) ist es nur knapp ein Viertel des Brutto-Einkommens weniger.

Angestellte Journalisten verdienen, wenig überraschend, in der Regel besser als freischaffende sowie feste freie Journalisten und Pauschalisten. Festangestellte Journalisten in Teil- oder Vollzeit erhalten in Deutschland und Österreich jeden Monat durchschnittlich etwa 500 EUR mehr. Damit ist im Hinblick auf die Höhe des Einkommens zwar nach wie vor das Medium entscheidender als die Anstellung.

Der Unterschied zwischen Festen und Freien hat sich aber seit 2005 um etwa 200 EUR vergrößert (Weischenberg et al. 2006a). In der Schweiz klafft, wie schon 2008 (Keel 2011), eine sehr große Lücke zwischen festangestellten Journalisten und ihren freien Kollegen, die mit 2100 Franken zu beziffern ist. Es gibt sie zwar, die Superstars unter den Freien, die über 4800 EUR netto bzw. über 8.000 Franken brutto verdienen. Ihre Zahl ist mit vier Prozent in Deutschland, acht in Österreich und zehn in der Schweiz aber recht überschaubar. Die Realität der meisten Freien sieht anders aus. In der Schweiz leben über dreimal so viele (feste) Freie (44 %) wie angestellte Journalisten (14 %) von maximal 4000 Franken brutto im Monat. Während nur 15 % der deutschen und 21 % der österreichischen angestellten Journalisten mit maximal 1800 EUR monatlich auskommen müssen, sind es unter den (festen) Freien und Pauschalisten 28 bzw. ganze 46 %. Der Deutsche Journalisten Verband (DJV) setzte das durchschnittliche Honorar Freier sogar nur bei etwa 2180 EUR brutto und damit ungefähr 1600 EUR netto monatlich an (Hirschler 2009, 2014). Vor diesem Hintergrund überrascht es nicht, dass geringe Honorare einen verbreiteten Grund für Unzufriedenheit unter Freien darstellen und nur etwas mehr als ein Drittel der Freien sich gänzlich freiwillig für die freie Tätigkeit entschieden hat (Hirschler 2009, 2014). So gehen auch in der vorliegenden Befragung freie Journalisten deutlich häufiger einem weiteren bezahlten Job nach als angestellte Kollegen. In Deutschland verdient sich ein Drittel dieser atypisch Beschäftigten in anderen Bereichen etwas dazu, während es ihnen nur 14 % der angestellten Kollegen gleichtun. In den Nachbarländern ist der Unterschied noch bezeichnender. 43 % der (festen) Freien und Pauschalisten in Österreich und ganze 57 in der Schweiz haben einen Nebenjob, wohingegen es unter den fest angestellten Journalisten je nur 18 % sind.

Diejenigen unter den festangestellten Journalisten, die Vollzeit tätig sind, verdienen im jeweiligen nationalen Vergleich zwar nicht übermäßig, bedenkt man den hohen Akademisierungsgrad (vgl. Kap. 3), aber auch nicht unbedingt unterdurchschnittlich. Während vollzeitangestellte Journalisten in Deutschland durchschnittlich etwa 3100 EUR beziehen, lag das Netto-Einkommen deutscher vollzeitbeschäftigter Arbeitnehmer 2015 im Durchschnitt bei circa 2400 EUR im Monat.[5] In Österreich liegen Vollzeit-Journalisten mit etwa 2900 EUR netto ebenfalls etwas über dem durchschnittlichen Netto-Einkommen eines Vollzeitbeschäftigten, das 2016 2523 EUR betrug (Statistik Austria 2016). Auch in der Schweiz verdienen Vollzeit-Journalisten mit rund 6900 Franken brutto[6] eher

---

[5]Annäherung auf Basis von Angaben des Statistischen Bundesamts (DESTATIS 2015a, b, c).

[6]Mittelwert: 6900 Franken/Median („Zentralwert"): 7000 Franken.

etwas besser als der durchschnittliche Vollzeitbeschäftigte, dessen Bruttogehalt das Schweizer Bundesamt für Statistik für das Jahr 2016 mit einem Zentralwert von 6.583 Franken bezifferte (BFS Schweiz 2018c). Wie schon in früheren Studien zeigen sich zudem deutliche Einkommensunterschiede im Geschlechtervergleich. In Deutschland und Österreich verdienen Journalistinnen im Durchschnitt circa 800 EUR netto weniger als Journalisten, in der Schweiz liegt die Lücke zwischen den Brutto-Gehältern bei etwa 1.400 Franken. Unsere Annäherung an unbereinigte Gender-Pay-Gaps im Journalismus[7] fällt mit je 25 % in Deutschland und Österreich sowie 21 % in der Schweiz ähnlich aus wie die nationalen Gesamtwerte.[8] Die Lohnlücke hat sich damit in Deutschland kein Stück bewegt. Auch 2006 kamen Weischenberg et al. zu dem Schluss, dass Journalistinnen etwa 75 % des männlichen Verdienstes bezogen. In allen drei Ländern sind unter den Journalistinnen mehr Gering- und unter ihren männlichen Kollegen mehr Besserverdiener (vgl. Tab. A2.13 im Anhang). Journalistinnen arbeiten anteilig etwas häufiger in Online-Medien und im Zeitschriften-Segment, wo mitunter per se ein niedrigeres Gehaltsniveau herrscht. Eingehendere Analysen zeigen außerdem, dass Geschlechterunterschiede mit der unter Journalistinnen verbreiteteren Teilzeitanstellung, der durchschnittlich geringeren Berufserfahrung und geringeren Repräsentation von Journalistinnen in Führungspositionen korrespondieren.

Vergleicht man nur die Journalisten, die in Vollzeit tätig und seit mindestens 15 Jahren im Geschäft sind, verdienen Journalistinnen in Deutschland allerdings dennoch rund 13 % und in Österreich etwa 15 % weniger als ihre männlichen Kollegen. In der Schweiz schrumpft der Einkommensunterschied unter den erfahrenen Vollzeit-Journalisten allerdings auf vier Prozent und ist damit etwa so niedrig wie in einer Analyse von Oesch und Graf (2007), die eine Differenz von drei Prozent errechneten.

Hier kommt vermutlich zum Tragen, dass Journalistinnen in den besser vergüteten Führungspositionen nicht überall gleich stark repräsentiert sind. Denn während in der Schweiz etwa gleich viele bzw. sogar minimal mehr der

---

[7]Es handelt sich um eine *Annäherung,* da das Einkommen in Kategorien abgefragt wurde und in Deutschland und Österreich statt dem üblichen Brutto- das Netto-Gehalt herangezogen wird.

[8]Die nationalen Gesamtwerte lagen 2015 in Deutschland sowie Österreich bei je 22 % (DESTATIS 2015d; Statistik Austria 2015) und knapp 20 % in der Schweizer Privatwirtschaft 2014; den öffentlichen Sektor mit einbezogen, lag der Wert dort allerdings nur bei 12,5 % (BFS Schweiz 2014).

erfahrenen Vollzeit-Journalistinnen (34 %) eine Führungsposition bekleiden als in der männlichen Vergleichsgruppe (32 %), deutet sich in Deutschland mit 29 zu 33 % sowie in Österreich mit sogar 17 zu 24 % selbst in dieser Untergruppe der in Vollzeit angestellten Journalisten mit mindestens 15 Jahren ein Gender-Gap in der Führungsriege an. So bildet sich in Deutschland und Österreich der Gender-Pay-Gap auch erst unter den erfahrenen Journalistinnen und Journalisten zur vollen Größe aus; also dann, wenn es darum geht, besser bezahlte Führungspositionen zu ergattern. Besonders deutlich wird dies in Deutschland, wo sowohl Journalistinnen als auch Journalisten mit weniger als 15 Jahren Berufserfahrung in Vollzeit mit je rund 2100 EUR noch nahezu identisch vergütet sind. Unter Journalisten mit mindestens 15 Jahren Berufserfahrung öffnet sich hier hingegen die oben genannte Einkommensschere um circa 13 %, die mit etwa 500 EUR beziffert werden kann.[9] Hinzu kommt allerdings, dass auch Journalistinnen, die es in die Führungsetagen geschafft haben, weniger verdienen als ihre männlichen Kollegen mit Leitungsfunktion. Während nur 40 % der deutschen und gerade einmal 26 % der österreichischen Journalistinnen in einer Leitungsfunktion monatlich über 3000 EUR netto verdienen, liegen die Gehälter des Gros der männlichen Führungskräfte in Deutschland (69 %) und in Österreich (56 %) darüber. Hier bildet auch die Schweiz keine Ausnahme; nur 32 % der weiblichen Journalisten mit Führungsfunktion beziehen über 8000 Franken brutto, männliche hingegen nahezu doppelt so häufig (60 %).

Eine optimistische Lesart würde aus dem niedrigeren Einkommensunterschied unter den weniger erfahrenen Journalisten in Deutschland und Österreich ableiten, dass mit der jüngeren Journalisten-Generation mehr Geschlechteregalität Einzug hält. Erkenntnisse aus der Gender-Forschung sprechen allerdings weniger für einen derartigen Kohorten-Effekt und eher dafür, dass sich die Gehaltslücke erst im Laufe des Berufslebens voll auftut. Wirtschaftswissenschaftler zeigten in Langzeit- und Zensus-Analysen des US-Arbeitsmarktes, dass sich die Gehaltsschere unter Akademikern insbesondere 15 bis 20 Jahren nach dem Schulabgang öffnet. Dieser Effekt bleibt auch dann bestehen, wenn man das unterschiedliche Arbeitspensum kontrolliert (Goldin et al. 2017). Als mögliche Gründe werden etwa diskutiert, dass Frauen tatsächlich häufiger für die Kinderbetreuung beruflich ausfallen, aber auch die vorweggenommene Annahme seitens

---

[9]Die Unterteilung der Journalisten in weniger als und mindestens 15 Jahre Berufserfahrung bietet sich an, weil sich die durchschnittlich niedrigere Berufserfahrung der Journalistinnen in der Gruppe mit weniger als 15 Jahren manifestiert.

potenzieller Arbeitgeber, Frauen würden ihre Arbeit eher für Familienbelange vernachlässigen, was sie zu vermeintlich unattraktiveren Mitarbeitern macht. Väter werden hingegen mitunter als besonders zuverlässige Mitarbeiter bevorzugt (Correll et al. 2007) und laut den Soziologen Hodges und Budig (2010) mit einem sogenannten „Daddy-Bonus" finanziell entlohnt, der die Einkommensschere weiter spreizt.

Laut Hummel und Kollegen (2012) zeigen sich österreichische Journalistinnen mit ihrem Einkommen zufriedener als ihre männlichen Kollegen, obwohl sie weniger verdienen. Forderndes Auftreten erfahrener männlicher Journalisten in Gehaltsverhandlungen mag daher eine Rolle spielen (vgl. u. a. Barron 2003). Prandner (2013; Prandner und Lettner 2012) kommt insgesamt zu dem Schluss, dass das Normalarbeitsverhältnis nach wie vor der dominante Standard ist, aber junge und weibliche Journalisten trotz besserer Ausbildung benachteiligt seien. Zentrale Gründe sieht er in männlich dominierten Machtstrukturen und Seilschaften, zu denen Journalistinnen schwerer Zugang fänden. Inwiefern etwa das in Deutschland im Juli 2018 in Kraft getretene Entgelttransparenzgesetz hier zu einer Verbesserung der Chancengleichheit führen kann, bleibt abzuwarten. Beschäftigte haben nun den Anspruch zu erfahren, was Kollegen mit ähnlichen Tätigkeiten durchschnittlich verdienen. Allerdings gilt dies nur für Betriebe mit mehr als 200 Beschäftigten und mindestens sechs Kollegen anderen Geschlechts in ähnlichen Positionen. Dies wird gerade auf oberer Führungsebene schwer zu erfüllen sein, wo diese Transparenz aber, wie unsere Daten nahelegen, besonders nötig wäre.

Das Arbeitsumfeld der Journalisten im internationalen Vergleich

Abschließend stellt sich nun die Frage, inwiefern die Journalisten der drei Länder im globalen Kontext als mehr oder weniger flexibel tätig und angestellt gelten können. Zu diesem Zweck werden einerseits die Anstellungsverhältnisse (Voll- und Teilzeit, Befristung und Nebentätigkeiten), andererseits die Tätigkeit (Anzahl der Redaktionen sowie Medienangebote und Themen- bzw. Ressortbindung) deutscher, österreichischer und Schweizer Journalisten mit denen der weiteren 64 Länder verglichen, die in der *Worlds of Journalism Study* untersucht wurden (Josephi et al. 2019).[10]

---

[10]Vgl. auch www.worldsofjournalism.org/research/2012-2016-study/data-and-key-tables/.

Reiht man zunächst alle 67 untersuchten Länder absteigend nach dem Anteil vollbeschäftigter Journalisten, bewegen sich Deutschland und Österreich mit rund 75 bzw. 77 % im Mittelfeld. Die Schweiz hebt sich hingegen auch im internationalen Vergleich durch einen besonders niedrigen Anteil von rund 57 % ab. Zugleich verfügt die Schweiz mit etwa 35 % nicht nur im Vergleich zu Österreich und Deutschland über den höchsten Anteil an Teilzeitbeschäftigten, sondern nimmt im internationalen Ranking sogar den zweiten Platz knapp hinter dem Spitzenreiter Brasilien ein (35 %). Österreich weist international betrachtet ebenfalls einen höheren Anteil an Journalisten in Teilzeitbeschäftigung auf (14 %) als viele andere Länder und rangiert damit noch im oberen Mittelfeld, während sich Deutschland hier mittig einreiht (8 %). Die Schweiz nimmt in der Frage der Anstellungsverhältnisse der Journalisten also nicht nur im Vergleich der drei Länder, sondern auch im globalen Kontext eine Sonderstellung ein.

Der internationale Vergleich bekräftigt zudem, dass der jeweils hohe Anteil an unbefristeten Verträgen als Gemeinsamkeiten der deutschen, österreichischen und Schweizer Journalisten gelten darf. Diese sind einander auch im globalen Kontext auf hohem Niveau sehr ähnlich. Unter den 47 Ländern, die (als optionale Frage) Be- bzw. Entfristung der Arbeitsverträge erhoben haben, liegen Deutschland, Österreich und die Schweiz unter den 15 Ländern mit der höchsten Entfristungsrate. Die Journalisten der drei Ländern ähneln sich mit Werten von knapp 17 bis 21 % außerdem global betrachtet in der relativen Zahl derer, die neben dem Journalismus noch einer weiteren Tätigkeit nachgehen. Im internationalen Vergleich sind die drei Länder alle im unteren Mittelfeld zu verorten.

Hinsichtlich der flexiblen Tätigkeit in Form von Redaktions- und medienangebotsübergreifender Nachrichtenproduktion bestätigt die Verortung der drei Länder im internationalen Raum den Unterschied zwischen Deutschland und den kleineren Nachbarländern. Deutsche Journalisten arbeiten auch global betrachtet relativ häufig für mehrere Redaktionen (32 %) und Medienangebote (71 %), während die österreichischen und Schweizer Kollegen hinsichtlich der Anzahl der von ihnen bedienten Redaktionen im unteren Mittelfeld liegen. Ein etwas anderes Bild ergibt sich für die von ihnen belieferten Medienangebote. Hier reiht sich Österreich mit 33 % ebenfalls deutlich am unteren Rand des Mittelfelds ein; die Schweizer Journalisten liegen jedoch mit 54 % eher im oberen Mittelfeld. Einschränkend anzumerken bleibt, dass Deutschland sich zwar im internationalen wie schon im Drei-Länder-Vergleich durch vergleichsweise häufige Tätigkeit für mehrere Redaktionen und Medienangebote auszeichnet. Im internationalen Vergleich liegen die Spitzenreiter allerdings noch weit über den deutschen Werten. So liegt der Anteil jener, die für mehr als eine Redaktion tätig sind, in Schweden

(87 %) und der Journalisten, die für mehrere Medienangebote tätig sind, in Island (83 %) deutlich höher.

Daneben wurde auch der zunehmende Einsatz von Generalisten als Indiz für eine Flexibilisierung der journalistischen Arbeit gewertet. Auch hier erweisen sich Deutschland und Österreich im internationalen Vergleich als einander sehr ähnlich und treten mit 60 bzw. 61 % durch ihre hohe Themen- oder Ressortbindung hervor. Damit liegen sie unter den zehn Ländern mit dem höchsten Grad an Ressortbindung. Im Gegensatz dazu ist die Ressortbindung der Schweizer Journalisten mit 48 % international eher im oberen Mittelfeld angesiedelt.

Insgesamt bekräftigt die internationale Verortung die Unterschiede und Gemeinsamkeiten, die bereits der Vergleich der drei Länder nahegelegt hat. Insbesondere die Ähnlichkeit der Anstellungsverhältnisse in Österreich und Deutschland sowie die Sonderstellung der Schweiz hinsichtlich der verbreiteten Teilzeitbeschäftigung bestärkt die internationale Perspektive. Von dieser Besonderheit der Schweiz abgesehen, wird im internationalen Kontext außerdem deutlich, dass die Kriterien einer Normalbeschäftigung für Journalisten in Deutschland, Österreich und der Schweiz vergleichsweise häufig gegeben sind. Betrachtet man hingegen die Flexibilität der Tätigkeit, liegen österreichische und Schweizer Journalisten insgesamt durchaus im internationalen Mittelfeld und deutsche Journalisten sogar im oberen Mittelfeld, was die Tätigkeit für mehrere Redaktionen und Medienangebote betrifft.

Fazit

In Folge technologischer und ökonomischer Entwicklungen durchlief das Arbeitsumfeld der Journalisten in den letzten Jahrzehnten einen tief greifenden Wandlungsprozess. Um crossmedial arbeiten und mit dem beschleunigten Tempo der Online-Nachrichtenproduktion Schritt halten zu können, wurden zahlreiche Redaktionen zentralisiert und medienübergreifend integriert. Zu vermuten wäre daher, dass zahlreiche Journalisten flexibel für mehrere Medientypen oder etwa -angebote tätig sind. Aufgrund wirtschaftlicher Herausforderungen lag es außerdem nahe anzunehmen, dass atypische Beschäftigung an Bedeutung gewonnen hat. Die Ergebnisse bestätigen zwar mitunter die angenommenen Tendenzen, insgesamt sind flexible Tätigkeit und Anstellung im Journalismus der drei untersuchten Länder aber hinsichtlich vieler Facetten längst nicht die Norm.

Die Ergebnisse legen nahe, dass die Zahl der Multimedia-Journalisten noch überschaubar ist. Der Großteil der Journalisten in Deutschland, Österreich und der Schweiz ist nach wie vor für nur einen Medientyp tätig. Diejenigen, die crossmedial tätig sind, arbeiten wie zu erwarten am häufigsten zusätzlich im Online-Journalismus. Für den einzelnen Journalisten erhöht dies die Leistungsanforderungen deutlich, schult aber auch Qualifikationen, die für den Online-Journalismus als zunehmend zentrales Tätigkeitsfeld unverzichtbar sind. Hinsichtlich der in der Profession etablierten Arbeitsroutinen könnte die zunehmende Tätigkeit im Online-Segment traditionelle Kernkompetenzen wie umfassende Recherchefertigkeiten zugunsten technischer Qualifikationen, Schnelligkeit und Klickzahlen in den Hintergrund drängen (Hofstetter und Schönhagen 2014). Die Herausforderung für die Ausbildung angehender Journalisten wird also darin liegen, sie bestmöglich für ein digitalisiertes Arbeitsumfeld zu qualifizieren und klassisches journalistisches Handwerkszeug nicht trotz, sondern gerade wegen dieser Verschiebung hin zu neuen Fertigkeiten eingehend zu vermitteln, um die Qualität journalistischer Arbeit zu sichern.

Deutlich stärker als hinsichtlich der Multimedialität zeigt sich flexible Tätigkeit in Form von Mehrfachtätigkeit für mehrere Medienangebote. Inwiefern inhaltliche Diversität verloren zu gehen droht, weil eine dezimierte und zunehmend überlappende Zahl hauptberuflicher Journalisten immer mehr Medienangebote produziert, bleibt abzuwarten. Die Zusammenarbeit mit (nebenberuflich tätigen) Freien mag dem entgegenwirken. Insbesondere in Deutschland bedienen Journalisten häufig mehrere Medienangebote und Redaktionen. Die Schweiz hebt sich im Ländervergleich stärker dadurch ab, dass zahlreiche Journalisten für mehrere Ressorts oder Themengebiete und häufiger als in den Nachbarländern multimedial tätig sind. Österreich tut sich eher durch fehlende Spitzenwerte im Vergleich mit den beiden Nachbarländern hervor, was flexible Tätigkeiten betrifft.

Gemäß den vorliegenden Ergebnissen ist der Löwenanteil der hauptberuflichen Journalisten, welche die Entlassungswellen überstanden haben und nicht in verwandte Branchen abwanderten, in Normalarbeitsverhältnissen tätig. Wie viel Geld Journalisten monatlich zur Verfügung steht, variiert allerdings nach wie vor nicht nur abhängig davon, wie lange sie schon im Geschäft sind und ob sie Führungsverantwortung übernehmen, sondern auch in Abhängigkeit des Geschlechts sowie insbesondere davon, für welches Medium ein Journalist tätig ist. Auch atypische Beschäftigung ist zumindest in bestimmten Teilgruppen durchaus verbreitet. Weibliche, freie und minder erfahrene Journalisten sind häufig schlechter gestellt als ihre männlichen, festangestellten und erfahrenen Kollegen.

Journalistinnen sind wesentlich häufiger in Teilzeit tätig. Da Arbeitsmarktstatistiken nahelegen, dass insbesondere Mütter in Teilzeit tätig sind, deutet dies darauf hin, dass es auch im Journalismus einen Gender-Care-Gap geben dürfte. Außerdem sind selbst Vollzeit-Journalistinnen in den oberen Rängen unterrepräsentiert. Die Frage, inwiefern Journalistinnen hier an eine gläserne Decke stoßen, wird für künftige Forschung bedeutsam sein. Denn eine schwächere Repräsentation von Frauen in der Führungsebene kristallisiert sich neben strukturellen Faktoren auch als zentrale Triebkraft für Gehaltsunterschiede zwischen den Geschlechtern heraus. Am deutlichsten wird das in Deutschland, wo sich die Gehaltschere erst unter den erfahrenen Journalisten auftut. Wenn auch die horizontale Segregation abnimmt, müssen wir dennoch eine fortgesetzte vertikale Segregation feststellen: Frauen drängen zwar in den Journalismus, kommen aber seltener an Spitzenpositionen und noch seltener an Spitzengehälter. Einige Forscher sehen Feminisierung gar als potenzielles Prekarisierungsindiz einer Profession (vgl. u. a. Zimmer et al. 2007; Laufenberg 2018), da männliche Kollegen bereits zu lukrativeren Jobs weiterpilgern.

Wie schon in früheren Befragungen zeigt sich auch in dieser, dass freie Journalisten deutlich weniger verdienen und häufiger zusätzlichen Nebenjobs nachgehen als festangestellte Kollegen. Arbeiten Journalisten verstärkt auch in Bereichen wie der Öffentlichkeitsarbeit, ist von einer wachsenden Anzahl nebenberuflicher Journalisten und ständig wechselnder Grenzgänger auszugehen, die mit deutlich weniger finanzieller sowie sozialer Sicherheit rechnen können. Diese Entwicklung muss auch in fachliche Debatten darüber eingehen, wer als Journalist zu definieren ist. Da sich die vorliegende Studie auf hauptberufliche Journalisten fokussierte, die mindestens die Hälfte ihres Einkommens im Journalismus verdienen, ist die skizzierte Gruppe der Grenzgänger hier nicht repräsentiert. Für künftige Befragungen ist daher in Abhängigkeit von dem jeweiligen Forschungsinteresse abzuwägen, inwiefern mittels einer inklusiveren Definition, auch die wachsende Peripherie der Branche abgebildet werden soll.

Angesichts des beschriebenen Flexibilisierungstrends auf europäischen Arbeitsmärkten insgesamt ist zu vermuten, dass auch künftigen Journalisten-Generationen mehr Flexibilität abverlangt werden wird. Häufige Jobwechsel und Befristungen von bis zu fünf Jahren sind unter Berufseinsteigern schon heute kein Einzelfall (Hummel et al. 2012). Örnebring (2018a, S. 21) spricht sogar davon, dass junge Journalisten Prekarität als eine Art „Initiationsritus" sehen, den sie individuell bestreiten müssen, in der Hoffnung, dann Teil des professionellen Kollektivs zu werden. Auch in der vorliegenden Befragung wird deutlich, dass insbesondere die alten Hasen im Geschäft unbefristet angestellt sind. Doch diese Stellen dürften zu unattraktiveren Konditionen nachbesetzt werden, wenn sich die derzeit unbefristeten Kollegen zur Ruhe setzen. Dringt Befristung stärker in den Kern des Journalismus vor, ist zu hinterfragen, inwiefern weniger Arbeitsplatzsicherheit vorauseilenden Gehorsam fördert. Zu erforschen wäre dann, ob Journalisten, die leichter kündbar sind, eher vor Thematiken zurückschrecken, die für den Arbeitgeber finanzielle Konsequenzen wie Klagen oder den Verlust von Werbekunden nach sich ziehen können.

Schließlich wird die Frage nach wachsender Prekarität trotz der weiten Verbreitung des Normalarbeitsverhältnisses bei solider Vergütung künftig eine wichtige Rolle spielen. Denn angesichts der Entlassungswellen in den letzten zwei Jahrzehnten, den klaffenden Lücken innerhalb des Journalismus sowie hinsichtlich der Indizien für zunehmende Befristung und Nebentätigkeit, sollte auch die Angst derzeit normal beschäftigter Journalisten, in eine prekäre Arbeitssituation zu rutschen, als Vorstufe zur Prekarität verstanden werden (Castel 2008; Castel und Dörre 2009). Der bei Kollegen beobachtete Jobverlust sowie potenziell drohender sozialer Abstieg können eine ernste psychische Belastung darstellen und zu wachsendem Konkurrenzdruck führen (Bourdieu 2004; O'Donnell et al. 2016). Künftige Forschung wird damit nicht nur die Frage umtreiben, inwiefern zunehmende Nebenberuflichkeit die Profession verändert (Örnebring und Möller 2018) und inwiefern Freie sowie diejenigen, die beharrlich zwischen Journalismus und anderen Tätigkeiten wechseln, dies als Belastung empfinden; sondern auch, inwiefern sich Journalisten in Normalarbeitsverhältnissen subjektiv von finanziellem oder sozialem Abstieg gefährdet sehen. Damit rückt die Frage in den Fokus, inwiefern flexible Tätigkeit auf Freiwilligkeit beruht (Beck 2007; Dütschke und Börner 2012; Platman 2004). Denn Flexibilität kann einerseits auf gewünschter Individualität basieren und als Privileg empfunden werden. Resultiert flexible Beschäftigung aber aus Zwang und Alternativlosigkeit, stellt der damit verbundene Mangel an Planungssicherheit eine Bürde dar (Standing 2011).

Corinna Lauerer ist seit 2013 wissenschaftliche Mitarbeiterin am Institut für Kommunikationswissenschaft und Medienforschung der LMU München. Sie studierte Kommunikations- und Staatswissenschaft an der Universität Erfurt sowie LMU München und sammelte praktische Erfahrung in den Bereichen Marktforschung, Kampagnen- sowie Mediaplanung. Ihr Forschungsschwerpunkt liegt an der Schnittstelle zwischen Medienökonomie und Journalismusforschung. Ihr Dissertationsprojekt widmet sich der Beziehung von Redaktion und Werbevermarktung in deutschen Medienorganisationen.

Filip Dingerkus ist wissenschaftlicher Mitarbeiter am Institut für Medienwissenschaft der Zürcher Hochschule für Angewandte Wissenschaften in Winterthur (ZHAW). Sein Studium hat er 2014 in Publizistik und Kommunikationswissenschaft, sowie Filmwissenschaft und Populäre Kulturen an der Universität Zürich absolviert. Er beschäftigt sich mit Journalismus- und International vergleichender Medienforschung.

Nina Steindl ist seit 2014 wissenschaftliche Mitarbeiterin am Institut für Kommunikationswissenschaft und Medienforschung der LMU München. Ihr Studium der Publizistik- und Kommunikationswissenschaft sowie der Kultur- und Sozialanthropologie absolvierte sie 2011 an der Universität Wien. Derzeit promoviert sie zum Thema des politischen Vertrauens von Journalisten.

Journalismus zwischen Unabhängigkeit und Einfluss

Corinna Lauerer und Guido Keel

Einleitung

Ist Journalismus unabhängig? Welche Faktoren beeinflussen die Arbeit von Journalisten? Diese Fragen beschäftigen die Journalismusforschung in westlichen Demokratien seit Jahrzehnten (Sjøvaag 2013). Denn journalistische Unabhängigkeit wird als Voraussetzung dafür angesehen, dass Journalisten ihr Publikum kritisch über das Zeitgeschehen informieren und ihrer gesellschaftlichen Kontrollfunktion im Sinne einer „Vierten Gewalt" nachkommen können.

Doch Journalisten arbeiten nicht im luftleeren Raum, sondern im Austausch mit vielfältigen Akteuren, eingebettet in ihr privates Umfeld sowie in die Strukturen von Medienunternehmen, Mediensystemen und politischen Systemen. So wie ihre individuellen Prägungen können daher auch diverse Kontextfaktoren Einfluss auf die journalistische Arbeit und damit auf die Berichterstattung nehmen. Das Spektrum potenzieller Einflüsse ist dabei vielschichtig. Im Rahmen ihrer Tätigkeit für Medienunternehmen sehen sich Journalisten beispielsweise der Herausforderung gegenüber, den publizistischen Ansprüchen der Redaktionsleitung sowie den Erwartungen der Leser zu genügen und dabei die finanziellen Interessen des Medienunternehmens nicht zu verletzen.

C. Lauerer (✉)
Ludwig-Maximilians Universität München, München, Deutschland
E-Mail: corinna.lauerer@ifkw.lmu.de

G. Keel
ZHAW Zürcher Hochschule für Angewandte Wissenschaften, Winterthur, Schweiz
E-Mail: guido.keel@zhaw.ch

© Springer Fachmedien Wiesbaden GmbH, ein Teil von Springer Nature 2019
T. Hanitzsch et al. (Hrsg.), *Journalismus in Deutschland, Österreich und der Schweiz*, Studies in International, Transnational and Global Communications,
https://doi.org/10.1007/978-3-658-27910-3_5

Da die meisten Journalisten für profitorientierte Medienunternehmen arbeiten, deren Geschäftsmodelle ins Wanken geraten sind, wird seitens der Wissenschaft seit nunmehr Jahrzehnten kritisch reflektiert, inwiefern Journalismus zunehmend ökonomischen Imperativen unterworfen wird. Etwa die wachsende Ausrichtung an den Interessen der Werbekunden wird als Gefahr für die journalistische Unabhängigkeit gesehen. So vermutet *Der Spiegel* beispielsweise, dass der frühere *Handelsblatt*-Herausgeber Gabor Steingart auch wegen seiner Nähe zur werbetreibenden Wirtschaft für Verleger Dieter von Holtzbrinck nicht mehr tragbar war (Brauck et al. 2018). Aber auch wachsende Ausrichtung an Publikumspräferenzen kann die journalistische Berichterstattung verändern. So kritisiert Harald Staun (2014), Feuilleton Redakteur der *Frankfurter Allgemeinen Zeitung (FAZ)*, „Clickbaiting" als Taktik moderner Nachrichtenangebote wie *Buzzfeed* mit „kompromisslos optimierten Klickködern zum durchschlagenden Erfolg im Social-Media-Ranking" zu gelangen. Eine andere Richtung schlagen Anhänger von „Constructive News" ein. Sie erhoffen sich von einer stärkeren Orientierung an lösungsorientierter Berichterstattung mehr Zuspruch seitens des Publikums (Haagerup 2015). Etwa das Online-Medium *Perspective Daily* verschreibt sich ganz der sogenannten „konstruktiven" Berichterstattung, aber auch traditionellere Medienhäuser wie die *Zeit* experimentieren mit diesem Ansatz (Niggemeier 2015).

Neben dem Vorwurf, der Journalismus werde von ökonomischen Interessen unterjocht, ist auch die Unterstellung politischer Beeinflussung immer wieder Gegenstand öffentlicher Kritik. Denn Abhängigkeitsverhältnisse können die journalistische Unabhängigkeit herausfordern. Führende Politiker und Wirtschaftsvertreter stellen eine zentrale Informationsquelle dar. Gleichzeitig sind sie aber selbst Gegenstand der Berichterstattung und verfolgen daher eigene Interessen im Umgang mit Journalisten. Ein prominentes Beispiel für versuchte – und gründlich gescheiterte – politische Einflussnahme stammt aus dem Dezember 2011. Damals hatte der wenig später zurückgetretene deutsche Bundespräsident Christian Wulff auf die Mailbox des damaligen *BILD*-Chefredakteurs Kai Diekmann gesprochen, um kritische Berichterstattung in eigener Sache zu vereiteln (*BILD* 2014). Rechtsnationale Parteien in Österreich und der Schweiz warfen öffentlichen Medien jüngst gar bewusste Falschberichterstattung vor. In Bezug auf die Abstimmung zu einer geplanten Energiewende in der Schweiz warf die rechtskonservative Schweizer Volkspartei (SVP) dem öffentlichen Sender SRF (Schweizer Radio und Fernsehen) vor, er habe versucht, „die Stimmbürger vor einer Volksabstimmung mit teilweise falschen Aussagen einseitig zu beeinflussen" (SVP 2017). FPÖ-Chef Strache beschuldigte in einem Facebook-Post 2018 den Österreichischen Rundfunk (ORF) im Allgemeinen und den

ZIB 2-Moderator Armin Wolf im Speziellen, „Fake News" und „Propaganda" zu verbreiten (Der Standard 2018). Diese Beispiele sowie der 2014 zum Unwort des Jahres gekürte Begriff „Lügenpresse" illustrieren den wiederkehrenden Vorwurf, Journalisten agierten als verlängerter Arm der politischen Führungsriege, der von (rechts-)populistischen Gruppierungen strategisch befeuert wird.

Um sich der vielschichtigen Frage nach dem Stand der journalistischen Unabhängigkeit zu nähern, wird im Folgenden die Perspektive der Journalisten selbst ergründet. Wir fragten Journalisten in Deutschland, Österreich und der Schweiz, wie hoch sie ihre Freiheit einschätzen, die Berichterstattung im Sinne von Themenselektion und Darstellung zu gestalten, und welchen Einflüssen sie sich bei ihrer Arbeit gegenübersehen. Der Fokus wandert im Folgenden von potenziellen Einflussquellen seitens des Journalisten *(individuelle Einflüsse)* über Kontextfaktoren seiner professionellen Tätigkeit in Medienunternehmen *(prozessbezogene und professionelle Einflüsse; organisationsbezogene Einflüsse)* hin zu Einflussquellen, die in der Auseinandersetzung mit Aspekten außerhalb des Medienunternehmens im professionellen und privaten Umfeld von Journalisten wirksam werden *(ökonomische Einflüsse; politische Einflüsse; persönliches Netzwerk).*

Forschungsstand und Konzepte

Unabhängigkeit gilt als legitimierendes Element von Journalismus und als Voraussetzungen dafür, dass Journalisten die Informations-, Kontroll-, Kritik- und Forumsfunktion ihrer Profession verantwortungsvoll erfüllen können (Deuze 2005; McQuail 1992; Plaisance und Deppa 2009; Sjøvaag 2013). Das Konzept der Autonomie kann verschiedene Bezugsebenen adressieren. Unter Autonomie kann sowohl die Unabhängigkeit des Journalismus im Allgemeinen verstanden werden als auch die Freiheit der einzelnen Journalisten im Arbeitsalltag. In dieser Studie konzentrieren wir uns auf letztere Bezugsebene. Wir hinterfragen, über wie viel Freiheit ein Journalist bei der Ausübung seiner beruflichen Tätigkeit verfügt (Weaver et al. 2007, S. 70) und welche der vielfältigen potenziellen Einflussquellen (Shoemaker und Reese 2014) seine journalistische Arbeit am stärksten prägen.

Während die Mediensysteme der drei untersuchten Länder im internationalen Vergleich nämlich als frei gelten dürfen (Abramowitz 2017; Reporter ohne Grenzen 2017), kann die Freiheit von einzelnen Journalisten im redaktionellen Alltag doch vielfach herausgefordert werden (Czepek et al. 2009). Wie in der Einleitung bereits formuliert, operieren Journalisten nicht im luftleeren Raum, sondern eingebunden in zahlreiche Strukturen und im Austausch mit vielfältigen Akteuren. Völlige Unabhängigkeit muss damit eine utopische Vorstellung bleiben. Ein umfassender Korpus an Studien setzt sich mit den unterschiedlichsten journalismusimmanenten und journalismusfremden Aspekten auseinander, welche die journalistische Arbeit und damit letztlich die Berichterstattung prägen. Diese Fülle kann hier kaum angemessen gewürdigt werden (vgl. u. a. Blumler und Gurevitch 1995; Engelmann 2012; Lauerer 2018; Lavie und Lehman-Wilzig 2003; Patterson und Donsbach 1996; Koch et al. 2017; Preston und Metykova 2009; Tuchman 1978). Doch in zahlreichen theoretischen Modellierungen wird der Versuch unternommen, die Vielfalt an potenziellen Einflüssen zu systematisieren (u. a. Esser 1998; Preston 2009; Voakes 1997; Weischenberg 2004). Allen Modellen gemein ist die Annahme, dass verschiedene Einflüsse differenzierte Dimensionen bilden und so unterschiedlichen Ebenen zugeordnet werden können (Hanitzsch 2009). Die Einflussebenen rangieren in den meisten Modellen von individuellen bis hin zu gesellschaftlichen oder kulturellen und ideologischen Einflüssen. Die genaue Anzahl der Ebenen sowie die distinkte Verortung einzelner Einflussquellen auf selbigen variieren allerdings.

Im internationalen Raum hat sich das „hierarchy of influences"-Modell von Shoemaker und Reese durchgesetzt, das seit 2014 in einer aktualisierten Fassung vorliegt. Das potenziell beeinflusste Objekt ist, wie der Titel der Publikation „mediating the message" bereits klarstellt, stets die Berichterstattung. Die vielfältigen Faktoren, die selbige beeinflussen können, rühren gemäß der Modelllogik von fünf in sich verschachtelten Ebenen her: individuelle Faktoren, journalistische Routinen, die Organisation, gesellschaftliche Institutionen sowie das alles umgebende soziale System. Diese Ebenen sind nicht losgelöst voneinander zu betrachten, wie die Autoren unter Berufung auf Giddens' Strukturationstheorie ausführen (2014, S. 10 f.). Sie sind durch die handelnden Individuen miteinander verbunden, weil deren Handlungsmuster zu Strukturen wie professionellen Routinen oder Institutionen gerinnen, die wiederum ihrerseits den Handlungsspielraum von Individuen ermöglichen und beschränken. Entsprechend ist auch Autonomie kein statisches Konzept. Journalisten verhandeln ihre Unabhängigkeit vielmehr fortwährend innerhalb der politischen, wirtschaftlichen und organisatorischen Strukturen, in deren Rahmen sie handeln (Sjøvaag 2013).

In der aktualisierten Version verfeinern Shoemaker und Reese ihr Modell, indem sie die Organisation als zentrales Strukturierungselement der Ebenen betonen. Eine dickere Linie separiert nun organisationsinterne Einflüsse von solchen, die außerhalb der Organisationsgrenzen liegen. Diese grobe Kategorisierung beruhe laut der Autoren auf mediensoziologischer Intuition (2014, S. 8). Eine universelle Klassifizierung der Einflüsse nach ihrer Stärke ist hingegen weder möglich noch sinnvoll. Zum einen ist die journalistische Autonomie wie ausgeführt nicht statisch, sondern Gegenstand fortwährender Aushandlung (Sjøvaag 2013). Zum anderen können Einflüsse auf jeder Ebene beachtlich variieren, beispielsweise je nach Medientyp, Besitzform oder Typ des Mediensystems (Skovsgaard und van Dalen 2013; Picard und van Weezel 2008; Hanitzsch und Mellado 2011).

In Deutschland, Österreich und der Schweiz rückten in den letzten Jahrzehnten wohl insbesondere ökonomische Aspekte im Sinne Autonomie-beschränkender Einflüsse in den Fokus. Die Nachwehen der Digitalisierung und Finanzierungskrisen befeuerten die Jahrzehnte alte Debatte über eine Ökonomisierung des Journalismus erneut. Medienunternehmen sehen sich der Herausforderung gegenüber, sinkende Einnahmen im traditionellen Markt durch neue Geschäftsmodelle im Internet zu kompensieren (Brandstetter und Schmalhofer 2014; Hölig und Hasebrink 2016; Nielsen 2016). Im Zentrum der Diskussion steht dabei die Frage, inwiefern publizistische Ziele den wirtschaftlichen Interessen des Unternehmens untergeordnet werden (Meier und Jarren 2001). Forscher diskutieren, inwiefern eine „Diktatur des Publikums" (Meyen und Riesmeyer 2009), die Unterwerfung unter die Bedürfnisse der Werbewirtschaft (Baker 1994; McManus 1995) sowie auszehrendes Kostenmanagement (Beck et al. 2010) und in Folge verschlechterte Arbeitsbedingungen (Fürst et al. 2017) die journalistische Arbeit beeinflussen.

Für die empirische Annäherung an journalistische Autonomie und Einflüsse auf die Berichterstattung lassen sich prinzipiell zwei Wege beschreiten (Hanitzsch 2011; Reich und Hanitzsch 2013). Erstens können diese Aspekte in ihrer realen, manifesten Gestalt untersucht werden, was etwa durch teilnehmende Beobachtung geschieht. Zweitens lassen sich über die subjektive Wahrnehmung der Journalisten – erhoben über Interviews – Rückschlüsse auf Autonomie und Einflüsse ziehen. Die Unterscheidung ist zentral. Die Wahrnehmung der Journalisten muss weder die reale noch die theoretisch modellierte Einflussstruktur zwingend widerspiegeln. Denn externe Einflüsse, wie etwa ökonomische Imperative, werden durch die Redaktionsleitung verhandelt, gefiltert und dann gegebenenfalls als organisationale Einflüsse weitergeleitet (vgl. Hanitzsch et al. 2010).

Die vorliegende Untersuchung verfolgte die zweitgenannte Strategie. Im Zentrum des Interesses steht also die journalistische Wahrnehmung von Autonomie am Arbeitsplatz und von Einflüssen auf ihre eigene Arbeit. Etwa Örnebring et al. (2016, S. 208) bezeichnen den Arbeitsplatz als Meso-Ebene, die „als Vermittler zwischen Einflüssen auf der institutionellen und individuellen Ebene" fungiert. In der Befragung wurden die Journalisten gebeten anzugeben,

über wie viel Entscheidungsfreiheit sie verfügen: überhaupt keine Autonomie
(1), wenig (2), etwas (3), große (4) oder volle Autonomie (5). Konkret haben wir
uns für zwei Punkte interessiert: die Entscheidungsfreiheit hinsichtlich der Auswahl von Geschichten (Themenselektion)[1] und die Betonung von Aspekten einer
Geschichte (Darstellung).[2] Um auch die für autonomes Handeln zentrale Einbindung in redaktionelle Entscheidungen zu bestimmen, haben wir zusätzlich
nachgefragt, wie oft die Journalisten in leitender Funktion agieren.[3] Auch hier
standen den Journalisten fünf Antwortmöglichkeiten zur Verfügung: fast nie (1),
selten (2), manchmal (3), sehr häufig (4), oder immer (5).

Um die subjektive Bedeutung von Einflüssen auf die journalistische Arbeit
zu erheben, wurden den Befragten zwei Listen mit insgesamt 27 potenziellen Einflussquellen präsentiert.[4] Die Teilnehmer der Befragung antworteten auf
einer fünffach abgestuften Skala: kein Einfluss (1), Einfluss relativ gering (2),
Einfluss relativ stark (3), Einfluss sehr stark (4) oder Einfluss extrem stark (5).
Die 27 möglichen Einflussquellen werden im Folgenden gruppiert besprochen.
Der Fokus wandert vom Journalisten *(individuelle Einflüsse)* über seine professionelle Tätigkeit in Organisationen *(prozessbezogene und professionelle
Einflüsse; organisationsbezogene Einflüsse)* hin zu Einflussquellen, die in
der Organisationsumwelt bzw. am Übergang zu dieser verortet werden können *(ökonomische Einflüsse; politische Einflüsse; persönliches Netzwerk)*. Mit
dieser Gruppierung der Einflussquellen folgen wir der grundlegenden Mehr-
ebenenlogik, die allen oben genannten Ansätzen zur Modellierung von Einflüssen auf Journalismus gemein ist. Zudem nutzen wir – wie von Shoemaker
und Reese (2014) vorgeschlagen – die Organisationsgrenze als eine zentrale
Strukturierungseinheit im Spektrum der Einflussquellen. Da aber die Wahrnehmung von Einflüssen seitens der Journalisten theoretischen Modellierungen
nicht notwendigerweise vollumfänglich entspricht, wichen wir im Detail von
existierenden Theoriemodellen ab. Die Gruppierung der Einflüsse ist vielmehr
an früheren empirischen Erkenntnissen zur journalistischen Wahrnehmung von

---

[1]Wortlaut der Frage: „Wie viel Entscheidungsfreiheit haben Sie bei der Auswahl der
Geschichten und Themen, über die Sie berichten?"

[2]„Wie viel Entscheidungsfreiheit haben Sie hinsichtlich der Aspekte einer Geschichte, die
betont werden?"

[3]„Wie häufig sind Sie mit leitenden Aufgaben innerhalb der Redaktion betraut, z. B. in
Redaktionssitzungen oder bei der Themenzuteilung?"

[4]„Hier ist eine Liste mit potenziellen Einflüssen. Bitte sagen Sie mir, wie stark die folgenden Aspekte und Personengruppen Einfluss auf Ihre Arbeit nehmen."

Einflussquellen orientiert, die im Rahmen der ersten Welle der *Worlds of Journalism Study* faktorenanalytisch ermittelt wurden (Hanitzsch et al. 2010). Einzelne Einflussquellen, die in früheren Analysen keine Beachtung fanden, wurden hier bestmöglich nach thematischer Passung zugeordnet.

In früheren repräsentativen Studien wurden Einflüsse nur vereinzelt und mitunter in von unserer Operationalisierung abweichender Form abgefragt. Um uns der Frage nach Kontinuität oder Wandel dennoch annähern zu können, ziehen wir in diesem Kapitel stellenweise die Pilotstudie der *Worlds of Journalism Study* für Zeitvergleiche heran. Zu beachten sind hier allerdings Unterschiede in der Sampling-Strategie. Das Sample der ersten Befragungswelle bestand aus deutlich weniger Journalisten, die gemäss eines Quotenplans ausgewählt wurden. Das Ziel war damals nicht Repräsentativität; man strebte vielmehr nach einem überzeugenden Mix an Organisationen und Journalisten, der sich für den damaligen Ländervergleich eignete (vgl. u. a. Hanitzsch und Mellado 2011).

Journalistische Autonomie

Insgesamt zeigt die Analyse, dass Journalisten in Deutschland, Österreich und der Schweiz ein hohes Maß an Entscheidungsfreiheit wahrnehmen (vgl. Tab. 5.1). Auch die Einbindung in redaktionelle Entscheidungsstrukturen ist relativ hoch. Etwa die Hälfte der Journalisten in den drei Ländern ist sehr häufig oder gar immer mit leitenden Aufgaben, beispielsweise in Redaktionssitzungen oder bei der Themenzuteilung, betraut (vgl. Abb. 5.1).

Ein Abgleich der vorliegenden Werte mit jenen aus der ersten Welle der *Worlds of Journalism Study* (Hanitzsch et al. 2012) spricht eher für Kontinuität. Denn auch damals stimmten je mindestens drei Viertel der befragten Journalisten in Deutschland, Österreich und der Schweiz zu, starke Kontrolle über die eigene Arbeit zu haben (75 bis 79 %) und an Entscheidungen teilzuhaben (85 bis 91 %), welche die eigene Arbeit betreffen. Im aktuellen Ländervergleich schätzen deutsche, österreichische und Schweizer Journalisten ihre Autonomie ähnlich ein. Dass die Einbindung in leitende Aufgaben bei den Schweizer Kollegen geringfügig unter denen der beiden Nachbarländer ausfällt (vgl. Tab. 5.1), dürfte auch damit zusammenhängen, dass der Anteil der befragten Journalisten mit Leitungsfunktion in der Schweiz etwas niedriger liegt (vgl. Kap. 4).

Insbesondere die Freiheit zu entscheiden, welche Aspekte einer Geschichte betont werden *(Darstellung)*, empfinden die befragten Journalisten als groß. Die meisten wählten die Antwortmöglichkeit „große" oder „volle Autonomie" (vgl. Abb. 5.1). Auch im vorgelagerten Schritt der *Themenauswahl* wird die

Tab. 5.1 Journalistische Autonomie im Ländervergleich

	Journalistische Autonomie			
	N	%	MW	s
Deutschland				
Autonomie Darstellung	758	81,9	4,20[a]	0,86
Autonomie Themenselektion	761	74,0	3,93	0,88
Leitende Aufgaben	767	53,7	3,39	1,28
Österreich				
Autonomie Darstellung	809	90,1	4,20[a]	0,65
Autonomie Themenselektion	811	78,7	3,91	0,66
Leitende Aufgaben	804	51,0	3,43[a]	1,13
Schweiz				
Autonomie Darstellung	909	85,5	4,06[b]	0,67
Autonomie Themenselektion	909	77,9	3,88	0,67
Leitende Aufgaben	904	48,0	3,26[b]	1,30

Anmerkung: % = Prozent der Befragten, die „volle" oder „große" Autonomie bzw. „sehr häufig" und „immer" angegeben haben. Mittelwert auf einer Skala von 1 („keine Autonomie" bzw. „fast nie") bis 5 („volle Autonomie" bzw. „immer"). Mittelwertdifferenzen: Autonomie Darstellung – F = 10,27 (p < 0,001); Autonomie Themenselektion – F = 1,04 (n. s.); Leitende Aufgaben – F = 4,04 (p < 0,01); Gruppen mit unterschiedlichem Index (a, b) unterscheiden sich signifikant

Entscheidungsfreiheit zwar von sehr vielen als groß oder gar vollends vorhanden eingestuft, dennoch geben in allen drei Ländern weniger Journalisten an, viel oder gar volle Freiheit bei der Themenselektion zu besitzen als bei der Darstellung der Themen. Dass Journalisten ihre Handlungsfreiheit eher im grundlegenden Schritt der Themenauswahl eingeschränkt sehen, leuchtet mit Blick auf redaktionelle Strukturen unmittelbar ein. Sowohl die inhaltliche Ausrichtung eines Mediums als auch die Hoheit der Themensetzung auf Ebene der Redaktionsleitung kommen hier wohl zum Tragen. Selbst unter Journalisten ohne Leitungsfunktion berichtet zwar die Mehrheit von hoher Autonomie bei der eigenen Arbeit, doch wie zu erwarten war, schätzen Journalisten, die in der redaktionellen Hierarchie weiter oben stehen, ihre Autonomie höher ein (vgl. Tab. A2.16 im Anhang). Dabei sinkt die durchschnittliche Autonomie der Themenauswahl mit abnehmender Hierarchiestufe stärker ab als die Autonomie der Darstellung. Die Themensetzung, so kann man folgern, liegt noch stärker im Hoheitsgebiet der

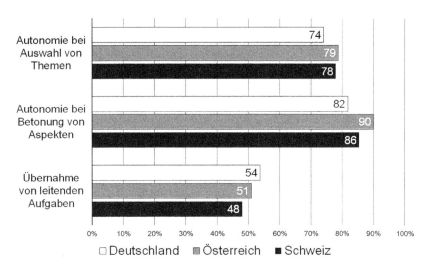

Abb. 5.1 Journalistische Autonomie. (Anmerkung: Anteile der Befragten, die auf die Frage nach ihrer Entscheidungsfreiheit mit „große Autonomie" und „volle Autonomie" bzw. auf die Frage nach der Häufigkeit der Übernahme leitender Tätigkeiten mit „sehr häufig" und „immer" geantwortet haben. N = 758–767 (Deutschland); N = 804–811 (Österreich); N = 904–909 (Schweiz))

Redaktionsleitung als die Darstellung. Damit prägen die leitenden Journalisten stark, *worüber* berichtet wird. *Wie* über diese Themen berichtet wird, kann wohl umfassender vom hierarchischen Mittelfeld der Redaktionen mitbestimmt werden; beispielsweise, wenn ihre Berichte nicht zwangsläufig oder umfassend von der Chefredaktion redigiert werden.

Die unterschiedliche Verteilung der Geschlechter innerhalb der Hierarchiestufen (vgl. Kap. 3) spiegelt sich entsprechend auch auf der Ebene der Autonomie wider. Insgesamt berichten weniger Journalistinnen von hoher bis voller Autonomie bei der Darstellung und Themensetzung als ihre männlichen Kollegen. Da Journalistinnen seltener in leitenden Positionen tätig sind, überrascht es ebenso wenig, dass sie seltener mit leitenden Aufgaben betraut sind (vgl. auch Tab. A2.17 im Anhang).

Vergleicht man die Journalisten in den drei Ländern hinsichtlich der Medientypen, bei denen sie tätig sind, so zeigen sich sowohl generelle Muster als auch Länderspezifika (vgl. Tab. A2.15 im Anhang). Gemein ist ihnen, dass Journalisten, die für Zeitungen arbeiten, ihre Autonomie vergleichsweise hoch einstufen. In Deutschland und Österreich sehen sich sogar über 92 % der

Zeitungsjournalisten als mit großer oder voller Autonomie bei der Darstellung ausgestattet. Das Printsegment stellt in der deutschen Medienlandschaft aber nicht nur den Spitzenreiter, sondern auch das Schlusslicht. Für Zeitschriften tätige Journalisten erzielen hier sowohl bei der Themenselektion als auch Darstellung mit 56 bzw. 71 % den je geringsten Wert. In Österreich trifft dies nur für die Freiheit der Darstellung zu. Was die Themenselektion angeht, tun sich in Österreich und der Schweiz vor allem Agenturen und Mediendienste durch im Vergleich der Medientypen etwas geringere Autonomie hervor. Dieser letzte Platz dürfte dem Umstand geschuldet sein, dass die Themenselektion insbesondere in Agenturen nach strikten Relevanzkriterien zur Beurteilung aktueller Ereignisse gesteuert ist. Tendenziell bilden Rundfunkjournalisten in allen drei Ländern eher das Mittelfeld; ein einheitliches Bild ergibt sich aber nicht. Während in Deutschland und der Schweiz mehr Journalisten im privaten als im öffentlichen Rundfunk hohe Autonomie wahrnehmen, ist in Österreich eher eine entgegen gerichtete – wenn auch keine klare – Tendenz erkennbar. Auch Online-Journalisten lassen sich im Medientypvergleich im Mittelfeld verorten, da sie weder durch Höchst- noch Tiefstwerte auffallen.

Individuelle Einflüsse

Individuelle Faktoren, welche die journalistische Tätigkeit und Berichterstattung potenziell beeinflussen, reichen vom Geschlecht, über Alter und Herkunft bis hin zu persönlichen Werten. In der vorliegenden Studie wurden nur wenige Einflüsse auf individueller Ebene abgefragt. Es erschien methodisch stringenter, verstärkt die individuelle Wahrnehmung der Journalisten zu „externalen" Einflüsse im Organisations- und Systemkontext abzufragen, die von den Akteuren selbst eher als solche reflektiert werden dürften (Hanitzsch 2009). Da sich die individuelle Ebene durch alle theoretischen Modellierungen zieht, bleibt sie aber auch hier nicht gänzlich unerwähnt. Zum einen wird potenziellen individuellen Unterschieden im Verlaufe dieses Buches Rechnung getragen, indem etwa Geschlecht, Arbeitserfahrung oder Alter als Vergleichsebene herangezogen werden. Zum anderen baten wir die Journalisten einzuschätzen, wie viel Einfluss persönliche Werte und religiöse Überzeugungen auf ihre eigene Arbeit nehmen.

Persönliche Werte und Überzeugungen beeinflussen die journalistische Arbeit laut über der Hälfte der Befragten in Deutschland, Österreich und der Schweiz sehr stark bzw. extrem. In Deutschland liegt der Wert sogar bei 60 % (vgl. Tab. 5.2). Dies ist ein relevanter Befund, weil Journalisten in ihrem Arbeitsalltag stets wahrnehmungsbasierte Entscheidungen darüber fällen, worüber und in welcher Form

Tab. 5.2 Einflüsse auf die eigene Arbeit (in Prozent und Mittelwerten)

	Deutschland				Österreich				Schweiz				MW-Differenz
	N	%	MW	s	N	%	MW	s	N	%	MW	s	F
Persönliche Werte/Überzeugungen	752	60,4	3,72a	0,97	790	55,8	3,61	1,01	897	50,2	3,51b	0,96	10,07***
Religiöse Überzeugungen	709	4,4	1,52a	0,88	750	3,2	1,47	0,77	711	1,8	1,39b	0,68	4,84**
Journalistische Ethik	750	77,2	4,05a	0,91	785	68,7	3,87b	0,93	895	61,0	3,68c	0,92	33,67***
Zeitlicher Druck	759	61,0	3,68	0,99	793	61,5	3,70a	0,99	896	54,0	3,55b	0,99	5,55**
Verfügbare Ressourcen	746	56,2	3,55	0,97	777	52,8	3,53	1,00	889	49,9	3,47	0,96	1,57
Redaktionelle Leitlinie	724	47,2	3,34a	1,13	776	34,1	3,09b	1,02	866	30,9	3,02b	0,99	20,38***
Vorgesetzte/leitende Redakteure	736	40,8	3,27a	0,97	791	26,4	2,92b	0,94	874	26,5	2,93b	0,90	37,74***
*Kollegen im Betrieb	747	29,7	3,03a	0,03	787	15,4	2,64b	0,03	883	19,8	2,82c	0,03	38,07***
Publikumsforschung/Marktdaten	738	29,0	2,89a	1,09	775	19,4	2,58b	1,06	837	12,9	2,45b	0,97	36,00***
*Geschäftsführung	733	20,6	2,49a	1,17	775	11,7	2,18b	0,97	827	11,4	2,22b	0,97	20,03***
*Profiterwartungen	709	21,4	2,43a	1,27	760	10,4	2,10b	1,07	767	8,9	2,12b	0,99	20,10***
Überlegungen bzgl. Werbung	707	20,1	2,35a	1,26	765	9,3	1,97b	1,02	736	7,2	1,97b	0,96	29,24***
*Eigentümer	663	15,2	2,14a	1,21	748	9,8	2,04a	0,97	749	6,8	1,86b	0,93	13,33***
Zugang zu Information	745	63,0	3,75a	0,98	772	50,6	3,42b	1,09	897	50,9	3,49b	0,97	22,80***
*Beziehung zu Quellen und Informanten	744	38,2	3,06a	1,11	769	28,0	2,78b	1,14	898	27,3	2,87b	1,03	13,58***
Rückmeldungen vom Publikum	755	29,9	3,04a	0,92	784	19,4	2,74a	0,92	904	12,5	2,54b	0,86	64,55***
Konkurrierende Medien	756	19,2	2,69a	0,98	783	12,8	2,46b	0,93	903	11,8	2,50b	0,87	13,38***
Kollegen in anderen Medien	756	7,8	2,20a	0,94	783	5,0	2,06a	0,79	904	3,9	2,17a	0,74	6,87***

(Fortsetzung)

Tab. 5.2 (Fortsetzung)

	Deutschland				Österreich				Schweiz				MW-Differenz
	N	%	MW	s	N	%	MW	s	N	%	MW	s	F
Freunde, Bekannte, Verwandte	756	5,2	2,01ª	0,92	781	6,7	2,09ª	0,86	904	9,8	2,30ᵇ	0,87	25,64***
Medienrecht und -regulierung	730	34,1	2,96ª	1,20	756	26,5	2,77ᵇ	1,12	900	22,3	2,73ᵇ	1,01	9,52***
Öffentlichkeitsarbeit bzw. PR	755	12,6	2,29ª	1,04	773	4,9	2,05ᵇ	0,85	899	8,9	2,24ª	0,89	14,45***
Geschäftsleute, Wirtschaftsvertreter	752	6,0	1,78ª	0,94	770	3,0	1,65ᵇ	0,79	899	3,8	1,89ª	0,78	16,49***
Interessensgruppen	751	5,7	1,86ª	0,93	770	2,2	1,76ᵇ	0,76	896	4,5	2,00ᶜ	0,81	17,25***
Sicherheitsorgane, Militär	743	4,7	1,58ª	0,90	765	4,7	1,53ª	0,89	896	3,0	1,69ᵇ	0,78	7,64***
Zensur	744	2,8	1,38ª	0,76	753	1,5	1,27ᵇ	0,61	890	2,0	1,50ᶜ	0,73	21,33***
Politiker	745	1,5	1,41ª	0,70	768	2,0	1,55ᵇ	0,75	900	4,0	1,87ᶜ	0,82	83,00***
Regierungsmitarbeiter	744	1,1	1,24ª	0,58	762	1,2*	1,37ᵇ	0,65	901	3,0	1,75ᶜ	0,76	131,28***

Anmerkung: % = Prozent der Befragten, die „extrem" und „sehr stark" angegeben haben. Mittelwert auf einer Skala von 1 („kein Einfluss") bis 5 („extrem starker Einfluss"). **p<0,01 ***p<0,001. Gruppen mit unterschiedlichem Index (a, b, c) unterscheiden sich signifikant berichtet wird (Engelmann 2012; Patterson und Donsbach 1996). Inwiefern dies bedeutet, dass sich etwa die tendenziell leicht linksorientierte politische Über-zeugung (vgl. Kap. 3) tatsächlich in der Berichterstattung niederschlägt, ist damit aber noch nicht beantwortet. Erstens könnte diese Einschätzung der Journalisten eher im Sinne eines grundlegenden Wertekompasses und weniger im Sinne einer wertegeleiteten Mission interpretiert werden. Denn ihre Rolle verstehen die meisten Journalisten der drei Länder nicht als interventionistisch. Sie sehen sich vielmehr als neutrale, unparteiische Vermittler von Information und sachlichen Analysen (vgl. Kap. 6). Es wäre sogar denkbar, dass sich ein Journalist, der sich seiner aus-geprägten Überzeugung hinsichtlich bestimmter Thematiken bewusst ist, angesichts des verbreiteten professionellen Objektivitätsanspruchs dazu angespornt fühlt, in diesen Fällen besonders auf Ausgewogenheit zu achten. Zweitens könnte soziale Erwünschtheit zu einer Überschätzung der Relevanz eigener Überzeugungen füh-ren. Ein Journalist wird nicht stets gemäß individuellen Überzeugungen handeln können. Der individuelle Journalist stellt zwar das Kernelement des hierarchischen Mehrebenenmodells von Shoemaker und Reese dar, ist aber gleichzeitig umgeben von vielerlei weiteren Ebenen, die seinen Handlungsspielraum begrenzen. Über die Interaktion der individuellen Ebene mit den äußeren Faktoren liegt wenig gesichertes Wissen vor (Shoemaker und Reese 2014, S. 238 f.). Klar ist aber, dass gemäß individuellen Werten gestaltete Texte oder Beiträge dem kritischen Urteil der Chefredaktion standhalten müssen. Anzunehmen ist in diesem Sinne, dass sich eher die persönlichen Überzeugungen weniger Journalisten in der Berichterstattung niedergeschlagen. Damit sind Journalisten angesprochen, die in führenden nationa-len Medien leitende Positionen bekleiden, oder die als „Alphatiere" des Journalis-mus selbst Prominentenstatus genießen (Weischenberg et al. 2006a, S. 52 ff.). Diese stellen durchaus elitäre Schleusenwächter und mächtige Meinungsführer, aber ebenso eine überschaubare Gruppe dar. So resümieren auch Reinemann und Baugut (2014) auf Basis einer umfassenden Aufarbeitung des theoretischen und empirischen Kenntnisstandes, dass die politische Einstellung von Journalisten nicht unmittelbar und eher mäßig Einfluss auf deren Berichterstattung nimmt. Auch sie verweisen auf die Einbettung der Journalisten in redaktionelle und organisationale Kontexte, die das Handeln der Journalisten etwa unter Anbetracht zunehmender Ökonomisierung und Publikumsorientierung stärker prägen dürfte.

Wie in der letzten Befragungswelle der *Worlds of Journalism Study* (Hanitzsch et al. 2012) sprechen Journalisten religiösen Überzeugungen[5] hingegen nahezu

---

[5]In der letzten Befragungswelle wurden Journalisten nach dem Einfluss von „Religiösen Führern" gefragt.

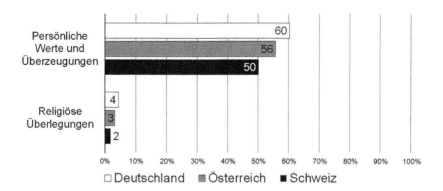

Abb. 5.2 Einfluss individueller Überzeugungen und Werte. (Anmerkung: Anteile der Befragten, die Einflüsse mit „extrem" und „sehr stark" bewertet haben. N = 752/709 (Deutschland); N = 790/750 (Österreich); N = 897/711 (Schweiz))

jeglichen Einfluss ab (vgl. Abb. 5.2 und Tab. 5.2). Da nur zwei bis vier Prozent der Befragten angaben, dass die eigenen religiösen Überzeugungen einen äußerst starken Einfluss auf ihre Arbeit haben, kann diese Einflussquelle in den drei Ländern als irrelevant gelten.

Prozessbezogene und professionelle Einflüsse

Im Folgenden liegt der Fokus auf Einflussquellen, die auf der Ebene des professionellen journalistischen Arbeitsprozesses selbst zu verorten, oder zumindest eng damit verknüpft sind. Diese werden allesamt als mindestens mäßig oder gar stark empfunden (vgl. Abb. 5.3 und Tab. 5.2). Das leuchtet ein, da sie so eng wie keine andere Einflussdimension mit der alltäglichen journalistischen Praxis selbst verwoben sind. Der Zugang zu Information kann etwa darüber entscheiden, ob nur eine oberflächliche Kurzmeldung zu einem Thema veröffentlicht wird, oder ein Journalist durch einen Informanten umfassendes Hintergrundwissen für einen tiefschürfenden Artikel sammeln kann. Weniger unmittelbar aber ähnlich prägend kann beispielsweise auch die journalistische Ethik im Sinne einer grundlegenden Orientierungshilfe die alltägliche journalistische Praxis anleiten. Tatsächlich stufen die befragten Journalisten sie in der vorliegenden Befragung sogar als zentrale Einflussquelle ein (vgl. Kap. 8). In allen drei Ländern ist die journalistische Ethik die Einflussquelle, der die meisten Journalisten sehr starken bis

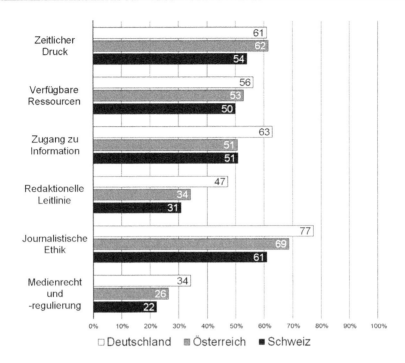

Abb. 5.3 Prozessbezogene und professionelle Einflüsse. (Anmerkung: Anteile der Befragten, die Einflüsse mit „extrem" und „sehr stark" bewertet haben. N = 724–759 (Deutschland); N = 756–793 (Österreich); N = 866–900 (Schweiz))

extremen Einfluss zuschreiben. Vor allem in Deutschland herrscht große Einigkeit diesbezüglich; über zwei Drittel der Befragten attestieren der journalistischen Ethik dort große Bedeutung. Noch stärker als von individuellen Überzeugungen sehen deutsche, österreichische und Schweizer Journalisten ihr Tun also von journalistischen Normen beeinflusst.

Normen der Profession werden damit auch als wesentlich bedeutsamer eingestuft als die Leitlinie der eigenen Redaktion. Sie wird zwar dennoch von vielen Befragten als äußerst starker Einfluss empfunden, dies gilt aber insbesondere für deutsche Journalisten. Innerhalb der deutschen Medienlandschaft sehen sich vor allem Zeitschriften-Journalisten (68 %) von der redaktionellen Leitlinie sehr stark oder extrem beeinflusst. Dem gegenüber stehen etwa vergleichsweise nur knapp 30 % der Journalisten im privaten deutschen Fernsehen.

Noch etwas weniger und damit als Einflussquelle mäßig relevant schätzen die Befragten den medienrechtlichen und -regulatorischen Rahmen ein, in dem sie sich bewegen. Auch hinsichtlich dieser außerorganisationalen Regelungen liegt der Wert in Deutschland höher als in Österreich und der Schweiz. Obwohl für öffentliche Sender strengere Konzessionsauflagen gelten, empfinden deutsche und Schweizer Rundfunk-Journalisten in privaten Medienunternehmen den regulatorischen Einfluss als stärker. In der Schweiz mag dies eine Folge der seit 2007 geänderten Radio- und TV-Gesetze (nRTVG) sein. Private Rundfunkveranstalter profitieren seitdem von einem Ausbau der gebührenfinanzierten Splittingbeiträge, mit denen jedoch auch die Verpflichtung verbunden ist, den Leistungsauftrag zu erfüllen. Das kann die redaktionelle Organisation verändern, da ein Leistungsziel formuliert und ein Qualitätsmanagementsystem eingeführt werden muss (Wyss 2008).

Zugang zu Information, die Verfügbarkeit von Ressourcen und zeitlicher Druck wirken sich unmittelbar auf den Arbeitsalltag von Journalisten aus. Entsprechend schätzt auch je mindestens die Hälfte der deutschen, österreichischen und Schweizer Journalisten diese prozessbezogenen Einflussquellen als sehr bzw. extrem einflussreich ein. Dem Zugang zu Information wird zwar in allen drei Ländern sehr starker Einfluss beigemessen, die Befragten sind sich in diesem Punkt allerdings nicht völlig einig. In Österreich und der Schweiz denken nur knapp mehr als die Hälfte der Befragten, dass der Informationszugang ihre Arbeit mindestens sehr stark beeinflusst. In Deutschland sind es hingegen mit 63 % fast zwei Drittel und signifikant mehr als unter den Kollegen in den beiden anderen Ländern (vgl. Tab. 5.2). Zunächst bietet sich die Erklärung an, dass deutsche Journalisten in einem größeren Kommunikationsraum tätig sind, in dem sich direkte Kontakte mit Quellen vielfältiger und damit schwieriger darstellen könnten als in den kleineren Nachbarländern. Ein Medienvergleich nach Verbreitungsgebiet zeigt allerdings, dass sich in Deutschland Lokal- und Regionaljournalisten noch etwas stärker vom Informationszugang beeinflusst sehen (MW = 3,81; s = 0,97) als ihre Kollegen bei überregionalen Medien (MW = 3,63; s = 1,04; F = 5,26; p < 0,01), während dieser Unterschied in Österreich und der Schweiz nicht besteht. Im räumlich stark begrenzten Lokal- und Regional-Journalismus mag zwar die Kontaktaufnahme leichter fallen, die überschaubare Anzahl an Informanten – wie etwa lokalpolitische Akteure – könnte aber ebenso zu einer stärkeren Abhängigkeit von deren Gunst führen (Baugut et al. 2015).

Hinsichtlich der prozessbezogenen Einflüsse zeigt sich außerdem, dass die Ressourcen, die für die Berichterstattung zur Verfügung stehen, sowie der allgegenwärtige Zeitdruck als zentrale Einflussquellen wahrgenommen werden (vgl. Abb. 5.3). Dies leuchtet ein, da sich zeitlicher Druck sowie ein Mangel an technischen und ökonomischen Ressourcen unmittelbar auf den Alltag der Journalisten auswirken. Ein gewisser Zeitdruck ist der Profession dabei inhärent; zumindest im Bereich der tagesaktuellen Nachrichtenproduktion. Die Beschleunigung journalistischer Arbeit ist aber zu großen Teilen technischen Entwicklungen geschuldet (Örnebring 2010). Zudem haben Entlassungen in Krisenjahren die Arbeitsbelastung des Einzelnen erhöht und Ressourcen verknappt. Denn Medienhäuser reagierten sowohl auf die Medienkrise Anfang der 2000er Jahre sowie auf die späteren Wirtschaftskrisen mit gewohnten Krisen-Mechanismen der Kosteneinsparung (Beck et al. 2010). Ein Zeitvergleich bestätigt diese Lesart zumindest für Deutschland. Von der ersten Befragungswelle 2007/2008 (Hanitzsch et al. 2012) steigt die Zahl der Journalisten, die von sehr starkem bzw. extremen Einfluss durch verfügbare Ressourcen[6] und Zeitdruck berichten von damals 38 auf 56 % deutlich bzw. von 58 auf heute 61 % geringfügig.

Im Vergleich nach Medientyp tun sich interessanterweise zunächst nicht die krisengebeutelten Tageszeitungen hervor. Die Verfügbarkeit von Ressourcen nehmen in der insgesamten Tendenz vor allem jene Journalisten als Problem wahr, die im privaten Fernsehen und im Online-Segment tätig sind (vgl. Tab. A2.18, A2.19 und A2.20 im Anhang). In allen drei Ländern sehen zwischen 60 und knapp 70 % der Online-Journalisten ihre Arbeit sehr bzw. extrem stark von den verfügbaren Ressourcen beeinflusst. Denkbare Gründe sind einerseits die ressourcenintensive Produktion von Fernsehbeiträgen sowie andererseits die bisweilen schwierige Finanzierung von Online-Journalismus. Hinsichtlich des Zeitdrucks heben sich vor allem Zeitschriften durch einen vergleichsweise niedrigen Anteilswert in allen drei Ländern hervor. Das lässt sich dadurch erklären, dass Zeitschriften in aller Regel nicht tagesaktuell berichten. Höchstwerte erreichen hingegen in Deutschland und Österreich mit Journalisten bei Nachrichtenagenturen und Online-Journalisten solche Medien, die von Unmittelbarkeit und Aktualität geprägt sind. Allerdings bekommen durchaus auch Rundfunk-Journalisten Zeitdruck zu spüren. Davon berichten insbesondere für den privaten Rundfunk tätige Journalisten; in der Schweiz aber auch Kollegen im öffentlichen Radio.

---

[6]In der letzten Welle wurde nach dem Einfluss von „Mangel an Ressourcen für die Berichterstattung, einschließlich Personal" gefragt.

Organisationsbezogene Einflüsse

Journalisten können nicht nur von eigenen sowie professionellen Wertvorstellungen, redaktionellen und medienrechtlichen Regularien oder Herausforderungen im journalistischen Arbeitsprozess beeinflusst werden. Innerhalb des Medienunternehmens müssen sie sich ebenso mit Akteuren auseinandersetzen, die in der Hierarchie mitunter über ihnen stehen und Arbeitsziele oder -abläufe definieren. Den Kollegen im Betrieb ganz allgemein messen weniger Befragte sehr starken bzw. extremen Einfluss bei als den vorgesetzten und leitenden Redakteuren im Speziellen (vgl. Abb. 5.4). Auch in der Gesamtschau aller Faktoren sind die journalistischen Führungskräfte als beachtliche Einflussquellen einzustufen (vgl. Tab. 5.2). Wie bereits hinsichtlich der redaktionellen

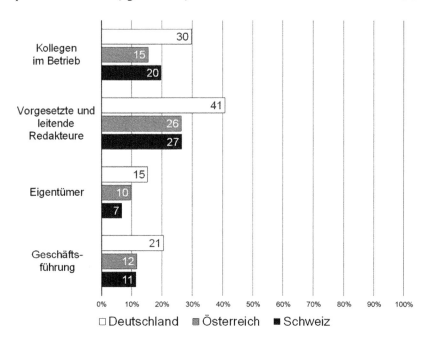

Abb. 5.4 Organisationsbezogene Einflüsse. (Anmerkung: Anteile der Befragten, die Einflüsse mit „extrem" und „sehr stark" bewertet haben. N = 663–747 (Deutschland); N = 748–791 (Österreich); N = 749–883 (Schweiz))

Leitlinie schätzen auch die Redaktionsleitung deutlich mehr deutsche als öster-reichische und Schweizer Journalisten als äußerst einflussreich ein. Dies könnte auf eine straffere Führungskultur in deutschen Redaktionen hindeuten. Der Ein-fluss der Vorgesetzten scheint unter deutschen Journalisten diejenigen am wenigs-ten zu betreffen, die bei Zeitungen oder im öffentlich-rechtlichen Radio arbeiten. Bei Online-Medien und Zeitschriften ist der Einfluss hingegen am stärksten (vgl. Tab. A2.18 im Anhang).

Den Einfluss der organisationsinternen Akteure auf Unternehmensseite emp-finden Journalisten aller drei Länder im Durchschnitt hingegen als schwach bis mäßig, wobei der Geschäftsführung tendenziell mehr Einfluss beigemessen wird als den Eigentümern des Medienunternehmens. In Deutschland empfinden etwas über 20 % der Journalisten die Geschäftsführung als sehr oder extrem einfluss-reich, während es in Österreich und der Schweiz fast nur halb so viele sind. Auch hinsichtlich des Einflusses der Eigentümer liegt Deutschland immerhin fünf Pro-zentpunkte über dem Wert von Österreich und acht über dem der Schweiz. Dies mag als weiteres Indiz für eine straffere Führungskultur in der deutschen Medien-landschaft gewertet werden; diesmal allerdings nicht innerhalb der Redaktion, sondern im Hinblick auf die wirtschaftliche Unternehmensspitze.

Vergleicht man, wie Journalisten in unterschiedlichen Hierarchiestufen den Einfluss der Geschäftsseite im Medienunternehmen erfahren, wird deut-lich, dass der wahrgenommene Einfluss mit ansteigendem Rang wächst. So schätzen Journalisten mit Leitungsfunktion den Einfluss von Geschäftsführung ($MW = 2,47$; $s = 1,03$; $F = 8,84$; $p < 0,001$) und Eigentümer ($MW = 2,19$, $s = 1,08$; $F = 8,90$; $p < 0,001$) signifikant höher ein als ihre Kollegen ohne Leitungs-funktion ($MW = 2,23$; $s = 1,05$ bzw. $MW = 1,94$; $s = 1,03$). Leitende Journalisten haben in der Regel mehr Berührungspunkte mit der Geschäftsführung und unter Umständen auch mit den Eigentümern, wie etwa in Meetings der Führungs-ebene. Als Bindeglied zwischen journalistischer und unternehmerischer Seite im Medienunternehmen (Altmeppen 2006, 2012) tragen Chefredakteure öko-nomische Einflüsse, die sie selbst unmittelbar erfahren, womöglich nur gefiltert oder übersetzt in Handlungsanweisungen in die Redaktion hinein.

Ein Zeitvergleich (Hanitzsch et al. 2012) legt nahe, dass in Deutschland eher mehr, in Österreich und der Schweiz eher weniger Journalisten als früher den

Kollegen im Betrieb, Geschäftsführern, Eigentümern und vorgesetzten Redeakteuren sowie auch der zuvor besprochenen redaktionellen Leitlinie[7] starken Einfluss zusprechen.

Ökonomische Einflüsse

Nachdem der Einfluss der Akteure auf Unternehmensseite in der Organisation dargestellt wurde, wenden wir uns dem damit eng verbundenen ökonomischen Interesse der Medienorganisation zu, über den Publikums- und den Werbemarkt Profit zu genieren.

Hier fällt zunächst auf, dass der Einfluss von Profiterwartung, Werbung und Publikumsforschung durchschnittlich als eher mäßig wahrgenommen wird (vgl. Abb. 5.5). In allen drei Ländern stufen Journalisten den Einfluss von Publikumsforschung und Marktdaten höher ein als den Einfluss von Profiterwartungen und

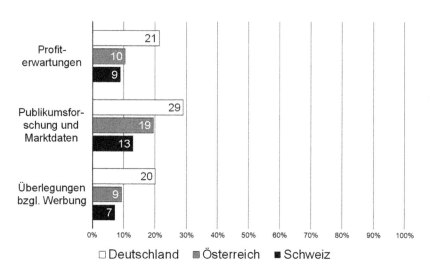

Abb. 5.5 Ökonomische Einflüsse. (Anmerkung: Anteile der Befragten, die Einflüsse mit „extrem" und „sehr stark" bewertet haben. N = 707–738 (Deutschland); N = 760–775 (Österreich); N = 736–837 (Schweiz))

---

[7]In der ersten Welle der *Worlds of Journalism Study* wurden Journalisten nach „Prinzipien und ethische Konventionen Ihrer Redaktion" gefragt.

werberelevanten Überlegungen (Tab. 5.2). Im Ländervergleich sehen deutsche Journalisten ihre Arbeit wie bereits hinsichtlich der Akteure auf Unternehmensseite am stärksten beeinträchtigt. Der Schluss könnte lauten, dass sich der Wettbewerbsdruck in dem Land mit dem größten Markt am stärksten in Form von ökonomischem Druck zur Umsatzgenerierung bemerkbar macht. Der Anteil der Journalisten, die sich sehr bzw. extrem stark von Werbung beeinflusst sehen, ist in Deutschland mehr als doppelt so hoch wie in den beiden Nachbarländern. Auch Hagen und Kolleginnen (2014) kommen anhand einer Inhaltsanalyse von *Der Spiegel* und *Fokus* zu dem Schluss, dass Anzeigenkunden häufiger und positivere Erwähnung finden als Unternehmen, die keine Werbung in entsprechenden Medien schalten. In ihrem Vergleich von Österreich und Deutschland resümieren Reimann und Schopf (2012, S. 211) auf Basis qualitativer Interviews, „dass in Deutschland die Journalistinnen und Journalisten angegeben haben, viel öfter ihre moralischen und qualitativen Werte verletzen zu müssen". Porlezza (2014) sieht allerdings auch in der Deutschschweiz auf Basis einer Inhaltsanalyse des *Tages-Anzeigers* sowie von Gratiszeitungen durchaus die Gefahr, dass die Brandschutzmauer zwischen Redaktion und Medienunternehmen bröckelt.

Interessant ist außerdem erneut ein Vergleich nach Besitzform und Medientyp, da die verschiedenen Geschäftsmodelle mit unterschiedlich starker Orientierung am Publikums- bzw. Werbemarkt einhergehen.[8] Nach den Profiterwartungen des Medienunternehmens gefragt, geben vor allem Journalisten bei Zeitschriften und beim privaten Fernsehen in Deutschland und der Schweiz an, hiervon stark beeinflusst zu sein; in Deutschland aber auf deutlich höherem Niveau (vgl. Tab. A2.18 im Anhang). Mit über 27 % in Deutschland und etwas weniger als 20 % in Österreich und in der Schweiz wird der Profiterwartung zudem von vergleichsweise vielen Online-Journalisten ein hoher Einfluss zugesprochen. In Österreich berichten nur Privatradio-Journalisten von noch mehr Einfluss durch Profiterwartungen. Wie zu erwarten war, fühlen sich in allen drei Ländern nur wenige Journalisten im öffentlichen Rundfunk dem Einfluss von Profitstreben ausgesetzt. Hier dürfte die komfortablere finanzielle Lage der öffentlich finanzierten Medien und der damit weniger dominante Wettbewerbsdruck zu geringerer Beeinflussung führen. Im deutschen öffentlich-rechtlichen Radio sehen sich aber immerhin über neun Prozent einem sehr hohen Einfluss ausgesetzt.

---

[8]Zusätzlich bieten Lauerer et al. (2017, S. 213) eine nach Besitzform gefilterte Analyse ökonomischer Einflüsse an: Tab. 4 dort stellt die Mittelwerte für unterschiedliche Medientypen in *Privatbesitz* dar.

Ein ähnliches Bild zeigt sich mit Blick auf den Einfluss von werberelevanten Überlegungen. Es leuchtet ein, dass sich hier zunächst wenig und stark werbefinanzierte Medien unterscheiden (vgl. Tab. A2.18, A2.19 und A2.20 im Anhang). Allen voran stufen für Nachrichtenagenturen und den öffentlichen Rundfunk tätige Journalisten den Einfluss von Werbung als verschwindend gering ein. Über 32 % der deutschen und immerhin über 16 % der Schweizer Journalisten in Zeitschriften sehen ihre Arbeit hingegen sehr bzw. extrem stark von Werbung beeinflusst. Dies dürfte nicht zuletzt den Antworten der Zeitschriften-Journalisten bei Lifestyle-Titeln geschuldet sein, die sich mitunter starken Werbeeinflüssen gegenübersehen (Hanusch et al. 2017). Doch auch der private Rundfunk sticht heraus; in Deutschland scheint Werbeeinfluss insbesondere die Arbeit im privaten Fernsehen zu beeinträchtigen, in Österreich betrifft dies vor allem den Hörfunk.

Durchaus anders fällt der Medientypvergleich für den Einfluss von Publikumsforschung und Marktdaten aus. Zum einen wird dieser Einfluss mit Ausnahme von Zeitschriften sowie deutschen Nachrichtenagenturen in allen Medientypen stärker wahrgenommen als der von Profiterwartungen und Werbeüberlegungen. Zum anderen fällt eine absteigende Reihung der Medientypen anhand der Einflussstärke anders aus als zuvor. Denn den Einfluss von Publikumsforschung stufen vor allem sehr viele Journalisten im privaten Rundfunk als hoch ein. In Deutschland und Österreich sehen sich sogar mehr Rundfunk- als Online-Journalisten stark beeinflusst, obwohl Publikumsdaten im Arbeitsalltag letzterer durch die zunehmende Verbreitung von Echtzeit-Tracking-Programmen äußerst präsent sein dürften (Haim 2019). Außerdem fällt auf, dass bezüglich der Publikumsorientierung keine ähnlich große Lücke zwischen öffentlichem und privatem Rundfunk klafft wie bei Profiterwartung und Werbeeinfluss. In Deutschland fühlt sich fast die Hälfte der Journalisten im öffentlich-rechtlichen Fernsehen – und damit sogar etwas mehr als ihre Kollegen im privaten Fernsehen – sehr bis extrem stark von Publikumsforschung und Marktdaten beeinflusst. Möglicherweise liegt dies an der Marktstellung der öffentlich-rechtlichen Medien in Deutschland, die nicht so dominant ist wie etwa die des ORF in Österreich (Newman et al. 2018). In Deutschland stellen die reichweitenstarken Privatsender eine enorme Konkurrenz dar. Denkbar wäre, dass die Arbeitsgemeinschaft der öffentlich-rechtlichen Rundfunkanstalten der Bundesrepublik Deutschland (ARD) und das ZDF stärker um die Gunst des (jungen) Publikums buhlen und sich zu diesem Zweck verstärkt an Ergebnissen der Publikumsforschung orientieren müssen. Des Weiteren ist Marktforschung auch mit Kosten verbunden, die öffentliche Sender womöglich eher stemmen können.

Die Orientierung an den Wünschen des Publikums kann zwar – verglichen mit allgemeinen Profiterwartungen und Werbeüberlegungen – noch eher als mit journalistischer Arbeit vereinbar gelten. Denn Anstrengungen zu einer angemessenen und inklusiven Publikumsansprache sind im Sinne eines hohen Sendebewusstseins durchaus sinnvoll. Dennoch kann starke Publikumsorientierung eine ernstzunehmende Einflussquelle darstellen, die den Journalisten Selektions- und Darstellungsweisen diktiert (Meyen und Riesmeyer 2009). Insbesondere dem stetig wachsenden Online-Journalismus sollte hier Beachtung geschenkt werden, da dort Informationen über die Vorlieben der Nutzer unmittelbarer und umfassender ermittelt werden können. Petre (2015) kommt zu dem Schluss, dass Analyse-Tools wie *Chartbeat* je nach Einbindung in den redaktionellen Ablauf höchst einflussreich sein und Absicherung einerseits aber auch Stress andererseits erzeugen können.

Erneut ergibt sich aus dem Zeitvergleich zumindest für Deutschland ein klares Bild. Der Abgleich mit der ersten Welle der *Worlds of Journalism Study* 2007/2008 (Hanitzsch et al. 2012) weist wie schon bei den organisationsbezogenen Einflussquellen nun auch bei ökonomischen Einflüssen auf einen klaren Anstieg hin. Dass sich für die beiden Nachbarländer keine ähnlich klaren Entwicklungstendenzen herauskristallisieren, mag auch an den unterschiedlichen Sampling-Strategien der Befragungswellen liegen und soll an dieser Stelle deshalb nicht überbewertet werden. In Deutschland lag der Einfluss von Publikumsforschung und Marktdaten mit 26 % bereits in der letzten Befragungswelle relativ hoch und steigt in der Tendenz leicht weiter auf 29 % (vgl. Tab. 5.2). Auch der Abgleich mit früheren repräsentativen Befragungsdaten bestätigt einen leichten Anstieg der Relevanz des Publikums (Weischenberg et al. 2006a).[9] Der Anteil deutscher Journalisten, die den Einfluss von Profiterwartung auf ihre Arbeit als sehr stark oder gar extrem einstufen, wuchs von 13 auf 21 % (Hanitzsch et al. 2012). Der entsprechende Wert für den Einfluss von Überlegungen bezüglich Werbung stieg von sechs auf 20 % und hat sich damit mehr als verdreifacht. In Deutschland berichten damit insgesamt nicht nur mehr Journalisten als früher, dass sie sich bei ihrer Arbeit von Eigentümern sowie Geschäftsführern des Medienunternehmens, sondern auch deren wirtschaftlichen Interessen beeinflusst fühlen.

---

[9]Weischenberg et al. (2006a) fragten Journalisten nach dem Einfluss des Publikums im Allgemeinen.

Politische Einflüsse

Nun soll noch auf die Wahrnehmung von Einflüssen aus dem politisch-regulatorischen Umfeld eingegangen werden. Hierunter verstehen wir neben Regierungsmitarbeitern, Politikern, Zensur und Sicherheitsorganen auch weitere strategische gesellschaftspolitische Akteure wie Interessengruppen, Wirtschaftsvertreter oder PR-Manager. Die Entscheidung orientiert sich an Erkenntnissen früherer analytischer Auseinandersetzungen (Hanitzsch et al. 2010), die nahelegen, dass sich diese Akteure aus journalistischer Perspektive zusammen gruppieren. Etwa Lobbyisten, Unternehmer und Handelsorganisationen verfolgen zwar in erster Linie ökonomische Ziele, artikulieren und verhandeln diese aber in hohem Maße auch in der politischen Arena.

Diese politischen Faktoren, die in etwas größerer Distanz zu den journalistischen Akteuren selbst und auch zum Medienunternehmen stehen, werden von den Befragten insgesamt als wenig einflussreich eingestuft (vgl. Abb. 5.6 und Tab. 5.2). Die Journalisten nehmen weder Politiker im Allgemeinen noch Regierungsmitarbeiter im Speziellen als starken Einfluss auf ihre Arbeit wahr. Ebenso wenig stellen Zensur und Sicherheitsorgane zentrale Einflussquellen dar. Dies gilt gemäß einer aktuellen Befragung selbst für Politikjournalisten, die innerhalb der Profession die größte Nähe zur Politik aufweisen (Maurer 2017). Laut jener Befragten spielten deutsche Politiker Informationen zwar eher den Journalisten zu, deren politische Gesinnung der eigenen ähnelt, der politische Druck auf die Berichterstattung sei aber gering. Auch in der Schweiz maßen Journalisten in vergangenen Befragungen den Einflüssen der Politik eine eher geringe Bedeutung zu (Keel 2011). Die vorliegenden Daten bestätigen dieses Bild.

Auch der Einfluss von Geschäftsleuten und Wirtschaftsvertretern wird als äußerst gering empfunden. Unter deutsche Journalisten beträgt der Anteil derjenigen, die den Einfluss als sehr oder sogar extrem stark einschätzen, immerhin sechs Prozent und damit fünf Prozentpunkte mehr als 2007/2008, während die Werte für Österreich und die Schweiz stabil bleiben (Hanitzsch et al. 2012). Ein ähnliches Bild zeigt sich bei Betrachtung des Einflusses von Interessengruppen, denen ebenso wenig Einfluss beigemessen wird. Die Bedeutung von Öffentlichkeitsarbeit bzw. PR für die eigene Arbeit wird von einer überschaubaren Anzahl an Journalisten als sehr oder extrem stark wahrgenommen. In Österreich sind es nur fünf Prozent der Journalisten und damit ähnlich wenige wie bei der letzten Welle der *Worlds of Journalism Study* (vgl. Hanitzsch et al. 2012). In Deutschland und der Schweiz stieg der Anteil hingegen um je neun Prozentpunkte auf 13 bzw. neun Prozent an. Außerdem lassen sich deutliche Unterschiede zwischen

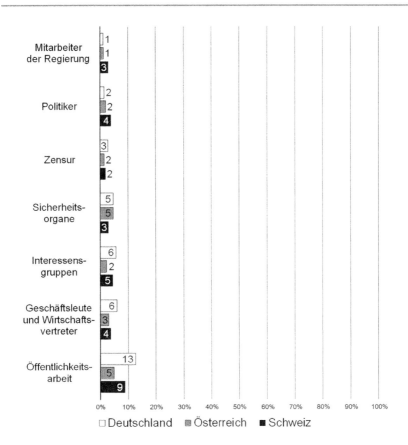

Abb. 5.6 Einfluss des wirtschaftlichen und politisch-regulatorischen Umfeldes. (Anmerkung: Anteile der Befragten, die Einflüsse mit „extrem" und „sehr stark" bewertet haben. N = 743–755 (Deutschland); N = 753–773 (Österreich); N = 890–901 (Schweiz))

verschiedenen Medientypen ausmachen. Zunächst gilt für alle drei Ländern, dass sich Medienschaffende bei privaten Medien stärker unter dem Einfluss von PR und Öffentlichkeitsarbeit sehen. Während in der Schweiz und in Deutschland mit knapp 20 bis 30 % vor allem Journalisten bei Zeitschriften und im privaten Fernsehen angeben, von PR beeinflusst zu sein, erreichen in Österreich Journalisten im privaten Hörfunk den Höchstwert. Dieser liegt allerdings bei gerade einmal 13 %. Dazu sei abschließend angemerkt, dass der Einfluss von PR sicherlich nicht nur mit politischen Interessen verwoben ist, etwa in dem Sinne, dass

Politiker oder Wirtschaftsvertreter versuchen, die Medienberichterstattung gemäß ihren Zielen zu formen. Ihr Einfluss kann ebenso mit ökonomischen Einflüssen interagieren; etwa, wenn Werbekunden eines Mediums ihre finanzielle Macht nutzen, um wohlwollende redaktionelle Nennungen zu erzielen (Koch et al. 2017).

Private und professionelle Referenzgruppen

Betrachtet man Einflüsse seitens des nahen privaten und professionellen Umfelds außerhalb der Medienorganisation, so zeigt sich, dass die Journalisten die hier zusammengefassten Einflussfaktoren in unterschiedlichem Maße erleben. Die Wahrnehmung der Einflüsse variiert zudem über die verschiedenen Medientypen hinweg. Länder-Unterschiede zeigen sich eher im Detail.

Innerhalb der Referenzgruppen messen die befragten Journalisten den Rückmeldungen des Publikums den größten Einfluss bei. Dieser Befund bestätigt frühere Studien, in denen das Publikum als zentrale redaktionsexterne Einflussgröße beschrieben wurde (Weischenberg et al. 2006a; Keel 2011). In Deutschland gibt knapp ein Drittel der Befragten an, dass das Publikumsfeedback einen starken Einfluss auf die eigene Arbeit habe. In Österreich und besonders in der Schweiz liegen diese Werte niedriger (vgl. Tab. 5.2). Im Medientypvergleich zeigen sich die Tendenzen, die zu erwarten waren. Agenturjournalisten, die naturgemäß kaum direkten Kontakt mit dem Publikum haben, berichten in allen drei Ländern entsprechend von niedrigem Einfluss. Unter den Online-Journalisten ist dieser Einfluss hingegen deutlich verbreiteter. Allerdings bleibt festzuhalten, dass der Großteil der Online-Journalisten die Rückmeldungen des Publikums zumindest nicht als sehr oder extrem einflussreich bezeichnet und andere profitorientierte Medien wie das private Radio oder Zeitschriften vergleichbare bzw. höhere Werte erreichen. Dies überrascht angesichts der zunehmend vielfältigen Feedbackmöglichkeiten online.

Als moderate Einflussfaktoren aus dem nahen professionellen Umfeld werden die konkurrierenden Medien eingeschätzt. Immerhin knapp ein Fünftel der deutschen Journalisten sieht die Konkurrenten als sehr starken bzw. extremen Einfluss auf die eigene Arbeit an. Verglichen mit der ersten Befragungswelle 2007/2008 sehen heute in allen drei Länder weniger Journalisten äußerst starken Einfluss seitens konkurrierender Medien (Hanitzsch et al. 2012). Dies ist insofern verwunderlich, als dass die Intensität des Wettbewerbs eher wächst als fällt (Nielsen 2016). Im Online-Segment wetteifern Nachrichtenmedien nicht nur untereinander um die Gunst der Werbekunden, sondern konkurrieren mit dominanten Marktteilnehmern wie *Facebook* oder *Google*. Wie an anderer Stelle bemerkt, könnten hier Sampleunterschiede zwischen den Befragungswellen zum Tragen kommen.

Durchaus denkbar ist allerdings ebenso, dass sich zwar die Wettbewerbssituation im Allgemeinen verschärft, nicht aber die individuelle Orientierung an direkten Mitbewerbern, da die Konkurrenz zunehmend jenseits des eigenen Marktsegments erwächst.

Noch weniger als konkurrierende Medien werden in allen drei Ländern die dort tätigen Kollegen als starker Einfluss auf die eigene Arbeit angesehen. Auch das mag insofern überraschen, als dass sowohl das eigene Renommee eines Journalisten innerhalb der Branche als auch das grundlegende Wertesystem der Profession innerhalb der journalistischen Gemeinschaft – also auch im Austausch mit Kollegen anderer Medien – verhandelt werden. Womöglich reflektieren die Antworten der Journalisten hier eher geringen Einfluss individueller Kollegen als Einfluss seitens der Gemeinschaft per se. Wie in früheren Befragungen (Hanitzsch et al. 2012; Keel 2011; Weischenberg et al. 2006a) sprechen Journalisten dem privaten Umfeld – also Freunden, Bekannten und Verwandten – noch weniger Einfluss zu als dem organisationsexternen professionellen Umfeld (vgl. Abb. 5.7).

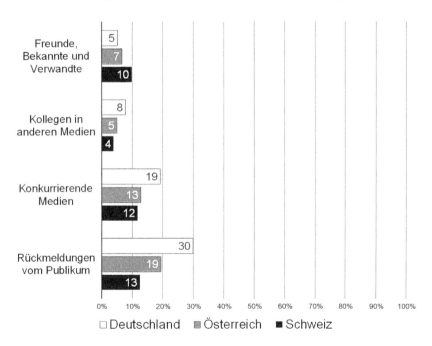

Abb. 5.7 Einfluss privater und professionaler Referenzgruppen. (Anmerkung: Angaben in Prozent. Anteile der Befragten, die Einflüsse mit „extrem" und „sehr stark" bewertet haben. N = 755–756 (Deutschland); N = 781–784 (Österreich); N = 903–904 (Schweiz))

Autonomie und Einflüsse im internationalen Vergleich

Um die Ähnlichkeiten und Unterschiede der deutschen, österreichischen und Schweizer Journalisten hinsichtlich ihrer Autonomie am Arbeitsplatz und wahrgenommenen Einflüssen im globalen Kontext zu betrachten, verorten wir die drei Länder im internationalen Datenraum der *Worlds of Journalism Study* (Hamada et al. 2019; Hanitzsch, Ramaprasad et al. 2019). Für den interessierten Leser bieten Tabellen auf der Projekt-Website einen umfassenden Überblick über die einzelnen länderspezifischen Kennwerte.[10]

Betrachtet man Deutschland, Österreich und die Schweiz in Relation zu den übrigen 64 Ländern, in denen die Studie durchgeführt wurde, fällt zunächst auf, wie sehr sich die drei Ländern hinsichtlich der Autonomie ähneln. Deutsche, österreichische und Schweizer Journalisten rangieren im oberen Drittel der Rangliste sortiert nach absteigender Autonomie; letztere freilich nur knapp. Die drei Länder liegen hier also auch im internationalen Vergleich nah beieinander und mit über 70 bis 80 % der Journalisten, die von mindestens großer Autonomie bei der Themenauswahl berichten, im gleichen Werteumfeld wie Australien (75 %) und Neuseeland (79 %), Spanien (75 %), Moldawien (77 %) sowie Rumänien (79 %), aber auch Mexiko (76 %) und den Philippinen (77 %). Die Freiheit der Themenselektion ist in den Niederlanden am größten, hier stimmen sogar über 90 % der Journalisten zu, große bzw. volle Autonomie zu besitzen. Der 90-Prozent-Marke nähern sich ansonsten nur noch die USA mit 89 % an.

Hinsichtlich der Freiheit der Darstellung erzielen hingegen neben Österreich auch Zypern (91 %), die USA (91 %), die Niederlande (92 %), Estland (93 %) und Lettland (94 %) über 90 % Zustimmung. Im internationalen Vergleich liegen hier also nur Deutschland und die Schweiz mit je über 80 % auf Nachbarplätzen. Mit Blick auf die Einbindung in Entscheidungsstrukturen liegen die drei Länder im internationalen Vergleich eher im hinteren Mittelfeld, da in vielen Ländern deutlich mehr Journalisten mit leitenden Aufgaben betraut zu sein scheinen. Den Spitzenwert erreicht der Kosovo mit 81 %, dicht gefolgt von weiteren osteuropäischen aber auch afrikanischen Ländern wie Botswana (80 %) und Sierra Leone (77 %). Das Hierarchiegefälle dürfte hier also wesentlich flacher sein als in Deutschland, Österreich und der Schweiz und die Autonomie in der Redaktion damit womöglich noch egalitärer verteilt.

---

[10]http://www.worldsofjournalism.org/data/data-and-key-tables-2012-2016/

Insgesamt unterstreicht auch der internationale Vergleich der Einflusswerte die Ähnlichkeit der drei Länder, da sie meist im unteren Drittel der Rangliste – absteigend nach sehr starkem bzw. extremen Einfluss sortiert – rangieren. Die Einordnung von Deutschland, Österreich und der Schweiz in den internationalen Kontext anhand der Einflussformen erfolgt angesichts der Vielfältigkeit der Einzelaspekte an dieser Stelle nur für die Dimensionen Politik und Ökonomie. Diesen kommt im internationalen Vergleich ein zentraler Stellenwert zu (Hanitzsch et al. 2010). Während der internationale Vergleich für Deutschland, Österreich und die Schweiz im politischen Kontext eher Ähnlichkeiten hervorhebt, stellt er im Hinblick auf ökonomische Faktoren eher Unterschiede heraus. Dass sich die drei Länder im Hinblick auf politische Aspekte als kaum beeinflusst hervortun, überrascht durch den ihnen gemeinsamen demokratischen Hintergrund nicht. Die Schweiz, deren politisches System stark von Konkordanz und Interessensausgleich geprägt ist, liegt im internationalen Vergleich zwar etwas abgeschlagen von Österreich und Deutschland. Die Ähnlichkeit der journalistischen Kulturen wird jedoch greifbar, wenn man sich vor Augen führt, wie weit die Unterschiede international auseinanderklaffen. Vergleicht man die ein bis drei Prozent der Journalisten in Deutschland, Österreich und der Schweiz, die ihre Arbeit von Regierungsvertretern beeinflusst sehen, mit Ländern wie Thailand (64 %), den Vereinigten Arabischen Emiraten (62 %), China (42 %) oder auch den USA (12 %), dann wird umso deutlicher, wie gering die Journalisten in den drei hier untersuchten Ländern den Einfluss der Regierung einschätzen.

Hinsichtlich des Einflusses von Profiterwartungen, werberelevanten Überlegungen sowie Publikums- und Marktforschungsdaten zeigte sich bereits, dass sich Deutschland durch höhere Werte von den kleineren Nachbarländern abhebt. Der internationale Vergleich unterstreicht diesen Unterschied. Reiht man die Länder absteigend nach der relativen Häufigkeit der Journalisten, die den Einfluss von Profiterwartungen seitens des Unternehmens als sehr oder extrem stark empfinden, so liegen Österreich und die Schweiz im hinteren Drittel der Rangfolge. Sie erzielen mit Anteilswerten von nur zehn beziehungsweise neun Prozent ähnliche Werte wie Norwegen (9 %), Finnland (10 %) und Belgien (10 %). In Deutschland waren es hingegen über 21 % der Journalisten, die von einem starken Einfluss durch Profiterwartungen berichten. Hier stellt sich das Ausmaß an Einfluss eher wie in Dänemark (18 %) oder Schweden (21 %) dar. In Kanada fühlen sich die wenigsten Journalisten stark von Profiterwartungen beeinflusst (4 %); die höchsten Werte weisen der Sudan (52 %), Kenia (54 %) und Thailand (64 %) auf. Damit liegen Österreich und die Schweiz deutlich näher am niedrigsten Wert, während Deutschland im internationalen Vergleich eher im Mittelfeld zu verorten ist.

Zusammenfassung und Fazit

Die Unabhängigkeit journalistischer Arbeit wird als Voraussetzung dafür angesehen, dass Journalisten die Gesellschaft umfassend über das Zeitgeschehen informieren und der Kontrollfunktion gegenüber Wirtschaft und Politik im Sinne einer „Vierten Gewalt" nachkommen können. Gleichwohl bringen Journalisten ihre individuellen Überzeugungen in die Berichterstattung mit ein, sind eingebettet in ein privates und professionelles Umfeld und müssen mit den Interessen zahlreicher Akteure jonglieren, die mit der Berichterstattung verknüpft sind. Für die Forschung gilt es daher im Blick zu behalten, wie viel Entscheidungsfreiheit Journalisten bei ihrer Arbeit besitzen und welche Faktoren sie als Einfluss auf ihre Arbeit wahrnehmen.

Die in diesem Kapitel präsentierten Ergebnisse zeigen, dass die Journalisten in Deutschland, Österreich und der Schweiz gemäß ihrer Wahrnehmung ein hohes Maß an Autonomie genießen. Die Freiheit zu entscheiden, welche Aspekte in der Berichterstattung betont werden, wird noch höher empfunden, als die vorgelagerte Entscheidungsfreiheit, Themen und Geschichten auszuwählen. Journalisten, die in der Hierarchie weiter oben anzusiedeln sind, berichten dabei naturgemäß deutlich häufiger von großer Entscheidungsfreiheit, und zwar vor allem was die Themenwahl angeht. Leitende Journalisten dürften stärker prägen, *worüber* berichtet wird. *Wie* über diese Themen berichtet wird, kann wohl umfassender vom hierarchischen Mittelfeld der Redaktionen mitbestimmt werden. Festzuhalten ist aber, dass selbst unter den Journalisten ohne Leitungsfunktion die deutliche Mehrheit ein hohes Maß an Autonomie bei der eigenen Arbeit wahrnimmt.

Ordnet man die vielfältigen Faktoren anhand der vorliegenden Befragungsdaten nach der Stärke des Einflusses, die Journalisten ihnen beimessen, lässt sich Folgendes festhalten: Journalisten in Deutschland, Österreich und der Schweiz sehen sich vor allem von professionellen und persönlichen Überzeugungen geleitet, fühlen sich insbesondere von redaktionellen Strukturen, zeitlichen wie finanziellen Ressourcen sowie von Herausforderungen im Informationszugang beeinflusst und stufen organisationsinternes Profitstreben und das Publikum als mittelmäßig starken Einfluss ein. Dem privaten Umfeld sowie den organisationsexternen politischen oder wirtschaftlichen Einflussquellen messen Journalisten hingegen eine geringe Rolle bei. Die subjektive Sicht der Journalisten steht damit im Kontrast zu kritischen Stimmen im öffentlichen Diskurs (Krüger 2013), die Medien unter den Generalverdacht ökonomischer und vor allem politischer Hörigkeit stellen.

Deutschland, Österreich und die Schweiz weisen hohe Übereinstimmung hinsichtlich der Rangfolge der Einflussquellen auf. Diese Reihenfolge spiegelt auch grundlegende Erkenntnisse früherer Journalisten-Befragungen wider, in denen organisationsinterne Bezugsgruppen einflussreicher eingestuft werden als externe (Weischenberg et al. 2006a; Keel 2011) und wonach Journalisten anmerken, dass die Berichterstattung häufiger von wirtschaftlichen als von politischen Erwägungen beeinflusst wird (Kepplinger et al. 2004; IfD Allensbach 2014).

Im Ländervergleich macht sich die finanziell angespannte Situation vieler Medienunternehmen insbesondere im Alltag deutscher Journalisten bemerkbar. Sie geben häufiger an, von ökonomischen und organisatorischen Aspekten beeinflusst zu sein. Ebenso wird der redaktionsinterne Einfluss seitens der Vorgesetzten und leitenden Redakteure in Deutschland deutlich höher eingestuft. Nicht nur der Einfluss von verfügbaren Ressourcen und zeitlichem Druck scheint hier zugenommen zu haben, sondern auch der von Profiterwartungen, Werbeüberlegungen sowie Publikumsforschung bzw. Marktdaten und von Eigentümern sowie Geschäftsführern. Dies spricht insgesamt für zunehmend höheren Wettbewerb und eine straffere Führungskultur in der deutschen Medienlandschaft.

Der Medientypvergleich zeigt, dass Journalisten bei Zeitschriften oftmals stärker um ihre Autonomie ringen als Kollegen bei Zeitungen. Privatmedien stehen zwar, wie zu erwarten, unter stärkerem ökonomischem Einfluss, Publikums- und Markdaten nehmen allerdings auch beachtlichen Einfluss in öffentlichen Medien. Journalisten auf den oberen Hierarchiestufen nehmen ökonomischen Einfluss dabei stärker wahr als Kollegen ohne Leitungsrolle, was ihre Funktion als Bindeglied zwischen Redaktion und Geschäftsseite im Medienunternehmen unterstreicht.

Es bleibt damit abschließend festzuhalten, dass es ähnlich wie in der ersten Welle der *Worlds of Journalism Study* eher organisationale, professionelle und prozessbezogene Einflüsse sind, die von den Journalisten als bedeutend empfunden werden (Hanitzsch et al. 2010). Besonders einflussreich sind laut der Journalisten damit Aspekte, die unmittelbar erfahrbar und eng mit journalistischen Normen und Arbeitsweisen verknüpft sind. An dieser Stelle müssen die eingangs diskutierten Spezifika *wahrgenommener* Einflüsse in die Betrachtung einbezogen werden. Da vor allem solche Einflüsse als stark empfunden werden, die direkt im Arbeitsalltag erfahrbar sind, könnten weniger greifbare Einflussformen unterschätzt werden. Politische und ökonomische Einflüsse dürften die meisten Journalisten eher in Form von Beziehungsarbeit mit ihren Informationsquellen oder durch den Filter des Redaktionsmanagements erreichen. So werden womöglich auch diese Einflüsse eher als den professionellen und organisationalen Abläufen geschuldet wahrgenommen (vgl. auch Hanitzsch et al. 2010 und Örnebring et al. 2016).

Da ökonomische Herausforderungen und technische Entwicklungen die aktuell bedeutendsten Triebkräfte für Wandel der Medienbranche sind (vgl. Kap. 9), sehen wir hier zentrale Schwerpunkte für künftige Forschung zu der Unabhängigkeit journalistischer Arbeit, beziehungsweise zu Einflüssen, die selbige beschränken. Es dürften weitere Experimente zur Finanzierung von (Online-)Journalismus folgen, deren ökonomischer Einfluss auf die journalistische Arbeit schwer abzusehen ist. Zum jetzigen Zeitpunkt scheint es zwar höchst unwahrscheinlich zu sein, dass ein Siegeszug von „Computational Journalism" Journalisten durch Algorithmen ersetzt. Allerdings steht in den Sternen, inwiefern die kontinuierlich voranschreitenden technischen Möglichkeiten, Nutzerdaten zu gewinnen und maßgeschneiderte Inhalte zu distribuieren, künftig Einfluss auf journalistische Arbeitsroutinen nehmen werden.

Corinna Lauerer ist seit 2013 wissenschaftliche Mitarbeiterin am Institut für Kommunikationswissenschaft und Medienforschung der LMU München. Sie studierte Kommunikations- und Staatswissenschaft an der Universität Erfurt sowie LMU München und sammelte praktische Erfahrung in den Bereichen Marktforschung, Kampagnen- sowie Mediaplanung. Ihr Forschungsschwerpunkt liegt an der Schnittstelle zwischen Medienökonomie und Journalismusforschung. Ihr Dissertationsprojekt widmet sich der Beziehung von Redaktion und Werbevermarktung in deutschen Medienorganisationen.

Guido Keel ist Professor für Kommunikationswissenschaft mit Schwerpunkt Journalismusforschung am Institut für Angewandte Medienwissenschaft der ZHAW in Winterthur/ Schweiz. Nach einem Studium der Ethnologie und Publizistikwissenschaft an der Universität Zürich und beruflichen Engagements im Journalismus und in der Kommunikationsberatung hat er 2011 an der Universität Zürich promoviert. In seiner Forschung beschäftigt er sich mit dem Wandel und den Leistungen des Journalismus in unterschiedlichen Kontexten sowie mit Media Literacy.

Berufliches Rollenverständnis

6

Thomas Hanitzsch und Corinna Lauerer

Einleitung

Untersuchungen zum beruflichen Rollenverständnis von Journalisten leisten einen zentralen Beitrag zum Verständnis der gesellschaftlichen Identität und Legitimation von Journalismus. Im Kern geht es um die Vorstellungen und Ideale, die Journalisten mit ihrer Tätigkeit verbinden. Diese Ideale speisen sich aus gesellschaftlichen Erwartungen an die Leistung von Journalisten und verfestigen sich zu beruflichen Zielen, die das journalistische Handeln anleiten können. Im Zentrum dieses Kapitels steht daher die Frage, was Journalisten mit ihrer Arbeit erreichen wollen. Wollen sie in erster Linie informieren und das Weltgeschehen dokumentieren? Oder wollen sie aktiv werden, um aufzuklären, Missstände aufzudecken oder unterprivilegierten Bevölkerungsteilen eine Stimme zu verleihen? Sehen sie sich als Kontrollinstanz gegenüber politischen und wirtschaftlichen Mächten? Aus den Antworten auf diese Fragen ergeben sich wichtige Hinweise darauf, wo Journalismus im Zusammenspiel der gesellschaftlichen Institutionen verortet werden kann.

Der öffentliche Diskurs begegnet Journalisten hier mit einer gewissen Ambivalenz. Das Ideal des objektiven, unabhängigen und überparteilichen Beobachters ist immer noch das stilbildende Element der öffentlichen Erwartung an „guten

T. Hanitzsch (✉) · C. Lauerer
Ludwig-Maximilians Universität München, München, Deutschland
E-Mail: thomas.hanitzsch@ifkw.lmu.de

C. Lauerer
E-Mail: corinna.lauerer@ifkw.lmu.de

© Springer Fachmedien Wiesbaden GmbH, ein Teil von Springer Nature 2019
T. Hanitzsch et al. (Hrsg.), *Journalismus in Deutschland, Österreich und der Schweiz*, Studies in International, Transnational and Global Communications,
https://doi.org/10.1007/978-3-658-27910-3_6

Journalismus". Verantwortungsbewusst sollten Journalisten sein, sowohl gegenüber der Wahrheit als auch gegenüber der Gesellschaft, ohne dabei ihr Publikum moralisch zu bevormunden. Freilich gibt es hier durchaus unterschiedliche Meinungen. So sollen Journalisten – ganz im Sinne der „Vierten Gewalt" – den Regierenden auf die Finger schauen und dabei, falls nötig, durchaus auch meinungsstark auftreten. Ein Teil des Publikums sieht hier allerdings die Gefahr von Manipulation und Machtmissbrauch (Donsbach 2009). Nirgendwo sonst ist den vergangenen Jahren dieser Konflikt offener zutage getreten als in der Berichterstattung über Flüchtlinge.

Wenn deutsche Journalisten nach ihrem Rollenverständnis gefragt werden, dann erinnern nicht wenige an einen Satz, den der frühere *Tagesthemen*-Moderator Hanns Joachim Friedrichs (1995, S. 113) kurz vor seinem Tod dem *Spiegel* anvertraut hatte. Journalisten sollten demnach „Distanz halten, sich nicht gemein machen mit einer Sache, auch nicht mit einer guten, nicht in öffentliche Betroffenheit versinken, im Umgang mit Katastrophen cool bleiben, ohne kalt zu sein." Friedrichs berufliches Credo stößt auf breite Zustimmung in deutschen, österreichischen und Schweizer Redaktionen. Für Matthias Sander (2015), Nachrichtenredakteur bei der *Neuen Zürcher Zeitung,* sind Journalisten in erster Linie Beobachter, nicht Teilnehmer; sie sollten Realität abbilden, nicht fabrizieren. Neutralität habe jedoch seine Grenzen dort, wo sie auf Kosten von Freiheit und Menschenrechten geht, schränkt Matthias Zehnder (2015) von der *Basellandschaftlichen Zeitung* ein: „Wer unter Neutralität eine untätige Unparteilichkeit versteht, entzieht dem Neutralen die Freiheit." Denn: Freiheit existiere nicht ohne Verantwortung.

Doch journalistische Verantwortung ist eine komplizierte Sache. Zur Rolle von Journalismus in einer demokratischen Gesellschaft gehört es, politische Entscheidungen kritisch zu hinterfragen. Für Sonia Seymour Mikich, Chefredakteurin beim *Westdeutschen Rundfunk,* geht diese Verantwortung über die klassische Kontrollfunktion hinaus. In einem Beitrag für die *Süddeutsche Zeitung* wirbt Mikich (2010) für einen Journalismus, der das Falsche und das Unrechte korrigieren möchte. Journalisten sollten Haltung zeigen und mehr Ehrgeiz haben als eine Suchmaschine. In diesem Sinne seien Journalisten „Handwerker der Verbesserung". Ein Journalist ohne Credo bleibe, so Mikich, nur Baustein einer industriellen Fertigungsstraße.

Dem mag sich Christian Rainer, Herausgeber des österreichischen Nachrichtenmagazins *profil,* im Kern anschließen. Rainer (2016) kommentiert mit Blick auf die öffentliche Kritik an der Flüchtlingsberichterstattung: „Dass wir Wahrheit von Unsinn, Sinnvolles von Sinnentleertem, Van der Bellen von Hofer, Gut von Böse zu trennen versuchen, bleibt unsere Aufgabe." Das journalistische

Interesse für die Einstellungen und Sorgen der Bürger bedeute nicht, dass Journalisten diese Gefühle teilen oder gar gutheißen müssten. Dies gelte auch und gerade „in Zeiten von Irrationalität und dumpfen Gefühlen".

Für Kurt Reumann, der von 1970 bis 2000 für die *Frankfurter Allgemeine Zeitung* tätig war, wird dabei allerdings zu oft die Grenze zur „moralischen Gängelei" überschritten. Ein verbreitetes Sendungsbewusstsein und Weltverbesserungspathos der Journalisten habe auf dem Höhepunkt der Flüchtlingskrise im Jahr 2015 dazu geführt, dass „die Medien wochenlang wie in einem Geleitzug ohne nennenswerten Gegenverkehr fuhren" (Reumann 2016, S. 22). Die Berufsgruppe der deutschen Journalisten sei dominiert von „Missionaren" und „linken Gesinnungsethikern", denen die Folgen ihrer Sozialromantik allenfalls zweitrangig seien. Ähnlich pointiert äußert sich Roger Köppel, Herausgeber der Schweizer *Weltwoche*. Köppel, der für die Schweizerische Volkspartei seit 2015 im Nationalrat sitzt, hält das journalistische „Gutmenschentum" durchaus für gefährlich. Denn es trage dazu bei, dass „sich niemand mehr traut, die eigene Meinung zu sagen" (Köppel 2015).

Wie diese Ausführungen zeigen, wird die Debatte über den Platz und die Legitimität von Journalismus in der Gesellschaft vor allem über das berufliche Rollenverständnis geführt. Nach einer begrifflichen Klärung wird sich dieses Kapitel daher mit dem Bild beschäftigen, das Journalisten in Deutschland, Österreich und der Schweiz von ihrer Rolle in der Gesellschaft haben. Wir werden – sofern möglich – versuchen, aktuelle Befunde mit früheren Studien abzugleichen, um zeitliche Trends herauszuarbeiten. Darüber hinaus werden wir untersuchen, ob und inwiefern das berufliche Selbstverständnis der Journalisten vom Medientyp, Geschlecht und anderen Faktoren abhängt. Zum Schluss dieses Kapitels werden wir das journalistische Rollenselbstverständnis in den drei Ländern im internationalen Kontext verorten.

Berufliches Rollenverständnis: Begriffliche Bestimmung

Im Rollenverständnis spiegelt sich, wie in der Einleitung angemerkt, die soziale Identität und Legitimation von Journalismus in der Gesellschaft. Die Selbstwahrnehmung der eigenen beruflichen Rolle bringt dabei auch indirekt zum Ausdruck, welche Erwartungen Journalisten seitens der Gesellschaft wahrnehmen. Die normativen Ansprüche an die Funktionen von Medien in demokratischen Gesellschaften liegen etwa darin, zu informieren, zu kritisieren, Bezüge zu schaffen, zu mobilisieren und zu integrieren, aber auch zu unterhalten (McQuail 2000). Im Laufe ihrer beruflichen Sozialisation internalisieren Journalisten diese Normen selektiv und verdichten sie zu beruflichen Idealen. Diese Ideale finden Ausdruck in den selbstgesteckten Zielen, die Journalisten konkret mit ihrer Tätigkeit verbinden. Diese Ziele sind von zentraler Bedeutung, weil sie über das journalistische Handeln letztlich die Berichterstattung prägen können.

Das berufliche Rollenverständnis der Journalisten ist dabei nicht zuletzt ein fortwährender gesellschaftlicher Diskurs, in dem es im Kern um die Verortung von Journalismus im Zusammenspiel der gesellschaftlichen Institutionen geht (Hanitzsch und Vos 2016). Dieser Diskurs ist der Ort, an dem die Beziehung von Journalismus und Gesellschaft fortlaufend verhandelt, reinterpretiert und gegebenenfalls angepasst wird, wenn sich soziale Realitäten verändern. Konzeptionell verweist das berufliche Rollenselbstverständnis auf „den selbstgesteckten Rahmen des Handelns, also die Beobachtung der sich selbst zugeschriebenen Rolle, die jedoch nicht identisch mit der tatsächlich ausgefüllten oder sogar mit dem konkreten Handeln innerhalb dieser Rolle sein muß" (Weischenberg et al. 1994, S. 160). Es handelt sich dabei also um eine journalistische Selbstbeschreibung, die üblicherweise in Interviews mit Journalisten empirisch erhoben wird.

Die Anfänge einer differenzierten Analyse des journalistischen Rollenverständnisses werden mit der Arbeit des US-amerikanischen Kommunikationsforschers Bernhard C. Cohen (1963) verbunden, auf den die klassische Unterscheidung in eine „neutrale" sowie eine „Teilnehmer-Rolle" zurückgeht. Janowitz (1975, S. 618 f.) präzisierte diese Klassifikation einige Jahre später, wobei er die Differenz von zwei journalistischen Archetypen herausstellte: dem objektiven, distanzierten und neutralen „Gatekeeper" auf der einen Seite und dem aktiv-anwaltschaftlichen „Advocate" auf der anderen. Durchgesetzt hat sich in der US-amerikanischen Literatur die Unterscheidung in zunächst drei Rollenbilder – dem „interpreter", „disseminator" und „adversary" –, die später um den „populist mobilizer" erweitert wurde (Weaver und Wilhoit 1986, 1996). In jüngerer Zeit ist darüber hinaus zu beobachten, dass sich die Forschung dem journalistischen Rollenverständnis vermehrt aus einer komparativen Perspektive nähert. So konnte das Pilotprojekt zur *Worlds of Journalism Study* anhand von Interviews mit Journalisten in 18 Ländern insgesamt vier globale journalistische Rollenmilieus identifizieren: den „populist disseminator", „detached watchdog", „critical change agent" und den „opportunist facilitator" (Hanitzsch 2011).

In Deutschland haben sich vor allem Armin Scholl und Siegfried Weischenberg (1998) um eine differenzierte Analyse des beruflichen Rollenverständnisses verdient gemacht. Mittels einer Faktorenanalyse haben sie aus den Daten der ersten „Journalismus in Deutschland"-Studie insgesamt fünf Dimensionen des Rollenverständnisses extrahiert. Diese Dimensionen verbinden mehrere zusammenhängende Einzelrollen in kohärente Rollenbündel: dem politischen Journalismus, idealistischen Journalismus, neutralen Informationsjournalismus, unterhaltenden Service-Journalismus sowie dem aktuellen Informationsjournalismus. Eine ähnliche analytische Strategie zur empirischen Identifikation von beruflichen Rollenverständnissen haben Marr et al. (2001) in einer Untersuchung von Schweizer Journalisten zur Anwendung gebracht. Die Autoren extrahierten drei Dimensionen des journalistischen Selbstverständnisses: „Marktorientierung", „Gemeinwohlorientierung" und „Tatsachenorientierung".

Selbstverständlich lässt sich trefflich darüber streiten, ob und inwiefern das berufliche Rollenverständnis tatsächlich mit der gelebten Praxis korrespondiert. Weischenberg (1995) vermutet, dass die journalistischen Kommunikationsabsichten auf permanenter Selbst- und Folgenbeobachtung beruhen und sich nur unter bestimmten Bedingungen in Handlungen umsetzen lassen. Journalistisches Handeln entspringt dabei keineswegs immer bewusster Planung, merkt auch Altmeppen (2000a) zutreffend an. Im beruflichen Alltag handeln Journalisten zwar gewohnheitsmäßig und routiniert, dennoch ist ihr Handeln häufig der Situation angemessen sowie den damit verknüpften Erwartungen entsprechend.

Für die Verbindung zwischen Rollenselbstverständnis und tatsächlichem journalistischen Handeln haben Weischenberg, Löffelholz und Scholl (1994, S. 160) daher den Begriff der „Handlungsrelevanz" eingeführt. Es ist anzunehmen, dass berufliche Orientierungen – das legen die Ergebnisse der beiden „Journalismus in Deutschland"-Studien nahe – in die journalistische Praxis Eingang finden (vgl. Scholl und Weischenberg 1998; Weischenberg et al. 2006a). Internationale Studien erhärten diese These. Weaver et al. (2007) fanden einen veritablen Zusammenhang zwischen dem beruflichen Rollenverständnis der befragten Journalisten und ihrer tatsächlichen Berichterstattung. Van Dalen, de Vreese und Albæk (2012) konnten für britische, deutsche, dänische und spanische Journalisten zeigen, dass Rollenverständnisse mit bestimmten Berichterstattungsstilen korrespondieren. Gleichzeitig aber verweisen andere Studien auf eine erkennbare „Lücke", die zwischen den professionellen Ambitionen der Journalisten und ihrer gelebten Praxis klafft (Mellado und Van Dalen 2014; Tandoc et al. 2013).

Die Beweislage hinsichtlich der Handlungsrelevanz des beruflichen Rollenverständnisses von Journalisten ist daher noch immer recht unklar. Die widersprüchlichen Befunde erklären sich vermutlich aus den unterschiedlichen methodischen Zugängen. Die Autoren der beiden „Journalismus in Deutschland"-Studien haben dem Rollenverständnis eine Selbsteinschätzung der Umsetzung gegenübergestellt. Diese – im eigentlichen Sinne – *wahrgenommene* Handlungsrelevanz könnte freilich ebenso wie die Angabe zum Rollenverständnis durch soziale Erwünschtheit oder idealisierte Vorstellungen der eigenen Praxis verzerrt sein. Alternativ

dazu haben mehrere Studien versucht, das berufliche Selbstverständnis mit ausgewählten Beiträgen der befragten Journalisten abzugleichen (z. B. Scholl und
Weischenberg 1998; Weaver et al. 2007; Tandoc et al. 2013). Oft stellt sich hierbei das Problem, dass journalistische Beiträge in vielen Kontexten nur selten eine
individuelle Einzelleistung sind. Manuskripte gehen oft durch mehrere Hände,
bevor sie publiziert werden. Alles in allem kann ein definitiver Beleg für Handlungsrelevanz letztlich nur durch eine begleitende teilnehmende Beobachtung
erbracht werden (Blöbaum 1999).

Im Unterschied zu den „Journalismus in Deutschland"-Studien hat sich die vorliegende Befragung auf das Rollenselbstverständnis der Journalisten fokussiert
und auf deren Einschätzung zu der tatsächlichen Umsetzung der Rolle verzichtet.
Da die Befragung von Journalisten in Deutschland, Österreich und der Schweiz in
die internationale *Worlds of Journalism Study* eingebettet war, wurden alle Daten
über einen gemeinsamen Fragebogen erhoben. Stellenweise waren Adaptionen an
nationale und sprachliche Eigenheiten in Operationalisierung und im Fragewort-
laut nötig (vgl. Kap. 2). Im Interview wurde die Abfrage zum beruflichen Rollenverständnis mit folgender Frage eingeführt: „Bitte sagen Sie mir, wie wichtig die
folgenden Dinge in Ihrer Arbeit sind." Die Journalisten wurden daraufhin gebeten,
insgesamt 21 Rollenaspekte auf ihre Wichtigkeit zu bewerten. Dabei standen
den Journalisten fünf Antwortmöglichkeiten zur Verfügung: 5 = extrem wichtig;
4 = sehr wichtig; 3 = teilweise wichtig; 2 = weniger wichtig und 1 = unwichtig.

Information, Vermittlung und Analyse dominieren

Wie Journalisten die Wichtigkeit einzelner Aspekte des Rollenverständnisses für
ihre Arbeit einschätzen, fasst Tab. 6.1 zusammen. Die aktuellen Befragungsergebnisse zeigen bereits auf den ersten Blick, dass in allen drei Ländern ein Rollenverständnis dominiert, das auf neutrale Information, unparteiische Vermittlung und
sachliche Analyse abstellt. Demnach ist es mindestens vier von fünf befragten
Journalisten „extrem" oder „sehr wichtig", ein „unparteiischer Beobachter zu sein"
und „aktuelles Geschehen einzuordnen und zu analysieren" (vgl. Abb. 6.1). Den
Aspekt, „Die Dinge so berichten, wie sie sind", halten sogar über 90 % der Journalisten für bedeutsam. Die Länderunterschiede sind hierbei marginal; sie liegen bei
maximal sechs Prozentpunkten. Für alle drei Länder lässt sich somit sagen, dass die
professionelle Ideologie des Journalismus sehr stark von der erkenntnistheoretisch
durchaus etwas naiven Idee geprägt ist, die Realität so abzubilden, wie sie tatsächlich „ist". Die damit verbundene Semantik hat vor allem in der deutschen Medienlandschaft Tradition. So prägt etwa die Metapher des Spiegels die öffentliche

Tab. 6.1 Berufliches Rollenverständnis im Ländervergleich

	Deutschland				Österreich				Schweiz				MW-Differenz
	N	%	MW	s	N	%	MW	s	N	%	MW	s	F
Ein unparteiischer Beobachter sein	771	82,5	4,27	0,95	812	88,3	4,41	0,81	908	82,8	4,26	0,84	7,41***
Die Dinge so berichten, wie sie sind	765	90,7	4,59	0,73	807	95,5	4,63	0,61	907	94,4	4,53	0,64	5,90**
Aktuelles Geschehen einordnen und analysieren	768	83,5	4,31	0,96	814	89,6	4,44	0,79	906	84,0	4,21	0,81	15,47***
Die Regierung kontrollieren	746	36,3	2,79	1,46	769	45,4	3,18	1,38	907	46,6	3,25	1,20	26,73***
Die Wirtschaft kontrollieren	748	34,2	2,80	1,39	773	39,8	3,03	1,36	907	38,1	3,07	1,17	9,51***
Ein Gegengewicht zur Regierung bilden	739	19,9	2,27	1,30	752	20,3	2,46	1,24	895	22,2	2,56	1,21	10,78***
Regierungspolitik unterstützen	741	0,4	1,27	0,58	753	0,9	1,34	0,65	898	0,9	1,50	0,71	27,00***
Ein positives Bild der Regierung vermitteln	741	0,7	1,25	0,57	751	0,7	1,27	0,58	898	0,4	1,29	0,54	1,17
Politische Informationen vermitteln	760	56,2	3,36	1,45	792	63,1	3,67	1,26	907	68,9	3,79	1,16	24,48***
Menschen die Möglichkeit geben, ihre Ansichten zu artikulieren	764	46,9	3,27	1,24	799	51,1	3,42	1,11	906	56,1	3,54	1,06	12,13***
Menschen zur Teilhabe am politischen Geschehen motivieren	761	44,9	3,10	1,42	789	49,3	3,32	1,26	904	45,2	3,24	1,15	5,88**
Die politische Tagesordnung bestimmen	744	9,8	2,10	1,06	766	9,8	2,22	1,01	903	19,9	2,59	1,07	50,82***

(Fortsetzung)

Tab. 6.1 (Fortsetzung)

	Deutschland				Österreich				Schweiz				MW-Differenz
	N	%	MW	s	N	%	MW	s	N	%	MW	s	F
Die öffentliche Meinung beeinflussen	752	22,6	2,68	1,12	781	17,4	2,59	1,06	894	17,3	2,52	1,06	4,83**
Für sozialen Wandel eintreten	745	29,5	2,77	1,21	786	32,4	2,96	1,17	894	21,5	2,60	1,16	19,58***
Nationale Entwicklung unterstützen	738	13,3	2,14	1,14	747	13,4	2,33	1,08	893	11,9	2,26	1,05	5,69**
Rat, Orientierung und Hilfestellung für den Alltag anbieten	767	66,1	3,82	1,06	813	63,3	3,70	1,06	906	39,2	3,20	1,03	85,11***
Unterhaltung und Entspannung bieten	768	51,4	3,51	1,09	812	46,7	3,37	1,11	909	33,7	3,13	1,04	27,01***
Inhalte anbieten, die ein möglichst großes Publikum anziehen	766	73,5	4,00	0,95	815	60,7	3,73	1,03	909	46,5	3,34	1,04	91,32***
Toleranz und kulturelle Vielfalt fördern	765	66,7	3,80	1,21	806	65,0	3,80	1,08	904	50,4	3,45	1,09	27,12***
Das Publikum bilden	762	57,3	3,60	1,10	798	53,6	3,55	1,04	899	36,7	3,11	1,05	53,46***
Als Erzähler die Welt in Geschichten vermitteln	759	57,3	3,56	1,18	806	65,4	3,78	1,06	907	55,2	3,48	1,14	15,91***

Anmerkung: %=Anteil der Befragten, die „extrem" und „sehr wichtig" angegeben haben; Mittelwert auf einer Skala von 1 („unwichtig") bis 5 („extrem wichtig"). ** $p < 0.01$; *** $p < 0.001$

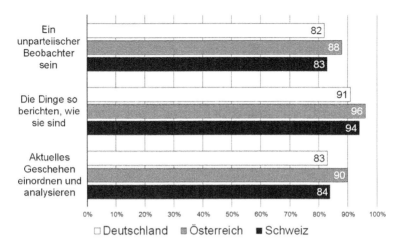

Abb. 6.1 Information, Vermittlung und Analyse im Rollenverständnis. (Anmerkung: Anteile der Befragten, die mit „extrem" und „sehr wichtig" geantwortet haben. N = 765–771 (Deutschland); N = 807–814 (Österreich); N = 906–908 (Schweiz))

Wahrnehmung von Journalismus über die Benennung von Medienformaten – vom Nachrichtenmagazin *Der Spiegel* über die Berliner Tageszeitung *Der Tagespiegel* bis hin zur ARD-Auslandsreportagesendung *Weltspiegel*.

Im Zeitverlauf zeigen sich kaum dramatische Verschiebungen mit Blick auf dieses journalistische Rollenverständnis. Vergleichbare Zahlen liegen für Deutschland aus den Jahren 1993 und 2005 vor, für Österreich aus 2007 sowie für die Schweiz aus den Jahren 1998 und 2008 (Bonfadelli et al. 2011; Kaltenbrunner et al. 2008; Weischenberg et al. 2006a, b). Auf diese Studien wird im weiteren Verlauf zurückgegriffen, um die Veränderungen über die Zeit hinweg abzubilden. Vorsicht ist freilich geboten hinsichtlich der Vergleichbarkeit, da in den Fragebögen der Vergleichsstudien ein abweichender Wortlaut verwendet wurde und es zudem keine einheitliche Strategie zur Stichprobenziehung gab.[1]

---

[1]Deutschland: „Das Publikum möglichst neutral und präzise informieren"; „Die Realität genauso abbilden, wie sie ist"; „Komplexe Sachverhalte erklären und vermitteln". Österreich: „Das Publikum möglichst neutral und präzise informieren"; „Die Realität abbilden, wie sie ist"; „Komplexe Sachverhalte vermitteln und erklären". Schweiz: „Als neutrale/r Berichterstatter/in die Realität möglichst so abzubilden wie sie ist"; „Als Analytiker komplexe Sachverhalte sorgfältig nachzuprüfen und präzise zu analysieren".

Für Deutschland deuten die Ergebnisse auf einen Bedeutungszuwachs des informierend-vermittelnd-analytischen Rollenverständnisses hin. Die Relevanz der spiegelbildlichen Realitätsvermittlung hat seit der ersten „Journalismus in Deutschland"-Studie kontinuierlich zugenommen. Während im Jahr 1993 etwa 66 % der deutschen Journalisten diesen Aspekt für mindestens sehr wichtig erachteten, waren es im Jahr 2005 bereits 74 %. Dieser Anteil ist weiter gestiegen und liegt aktuell bei 91 %. Einen Zuwachs lässt sich in Deutschland auch für den Rollenaspekt der Einordnung und Analyse von aktuellem Geschehen feststellen. Während im Jahr 1993 insgesamt 74 % der deutschen Journalisten es für wichtig erachteten, komplexe Sachverhalte zu erklären und zu vermitteln, lag dieser Anteil zwölf Jahre später bei 79 %. Die aktuellen Daten zeigen einen weiteren Zuwachs auf 83 %. Die Bedeutung des unparteiischen Beobachters ist hingegen in diesem Zeitraum zunächst von 74 % (1993) auf 89 % angestiegen, hat sich aber, den aktuellen Daten nach zu urteilen, bei knapp 82 % stabilisiert.

Für die befragten österreichischen Journalisten lässt sich mit Blick auf die zeitliche Entwicklung sagen, dass der Anspruch, „die Dinge so zu berichten, wie sie sind", ähnlich wie in Deutschland bedeutsamer geworden ist. Der Anstieg von 79 % (2007) auf nunmehr 96 % ist durchaus beachtlich. Gleichzeitig hat die Relevanz des unparteiischen Beobachters für österreichische Journalisten leicht abgenommen, wenn auch nur geringfügig von 92 auf 88 %. Stabil geblieben ist hingegen die Bewertung des Rollenverständnisses der Einordnung und Analyse von Geschehen; die Zustimmung der Journalisten hierzu liegt bei 89 (2007) bzw. 90 %.

Für die Journalisten in der Schweiz lassen die Daten nur bedingt einen zeitlichen Vergleich zu. Die Rollenverständnisse des unparteiischen Beobachters und der spiegelbildlichen Realitätsvermittlung wurden in den Schweizer Referenzstudien zusammengeführt und mittels einer komplexeren Aussage erhoben, die beide Aspekte enthält.[2] Zudem wurde eine Skala mit sechs Antwortabstufungen verwendet, während die anderen Studien fast durchweg auf fünfstufige Skalen gesetzt haben. Nach Lage der Daten fanden im Jahr 1998 insgesamt 92 % der Schweizer Journalisten das Beobachter-Rollenverständnis mindestens „wichtig"; zehn Jahre später war dieser Anteil auf 96 % angestiegen. Die aktuellen Daten sind nicht weit davon entfernt, wie Abb. 6.1 zeigt. Insgesamt 94 % der Journalisten in der Schweiz fanden es mindestens „sehr wichtig", die Dinge so zu berichten, wie sie sind; für die Aussage „ein unparteiischer Beobachter sein" lag dieser Anteil bei 83 % – vergleichbar mit den Ergebnissen der deutschen und

---

[2]„Als neutrale/r Berichterstatter/in die Realität möglichst so abzubilden wie sie ist".

österreichischen Studie. Die Bedeutung der Einordnung und Analyse von aktuellem Geschehen ist relativ konstant geblieben. Die Zustimmung lag unter Schweizer Journalisten in den Jahren 1998 und 2008 konstant bei 85 %. Mit 84 % weicht der aktuelle Anteil nur minimal davon ab.

Kritik und Kontrolle

Im professionellen Diskurs und in der öffentlichen Debatte wird die gesellschaftliche Rolle von Journalismus gerne über dessen Funktion als demokratische Kontrollinstanz legitimiert. Journalisten fungieren demnach als „Wächter" der Demokratie, als „Vierte Gewalt", die mittels kritischer Berichterstattung den Mächtigen auf die Finger schaut. Auch im kollektiven Gedächtnis der Journalisten sind entsprechende legitimierende Metaphern fest verankert. *Spiegel*-Gründer Rudolf Augstein, der 1962 mehr als einhundert Tage wegen des Verdachts des Landesverrats im Gefängnis verbracht hatte, bezeichnete das Magazin beispielsweise als „Sturmgeschütz der Demokratie".

Die Befragungsergebnisse zeichnen hier ein ambivalentes Bild. Das Rollenverständnis von Kritik und Kontrolle wird von den befragten Journalisten längst nicht so wichtig genommen wie die Aspekte Information, Vermittlung und Analyse. Dies gilt insbesondere für die deutschen Journalisten. Nur reichlich ein Drittel von ihnen befand es „extrem" oder „sehr wichtig", die Regierung und die Wirtschaft zu kontrollieren (vgl. Abb. 6.2). Unter Journalisten in Österreich und der Schweiz lag dieser Anteil etwa zehn Prozentpunkte höher. Dieser Befund könnte der in Deutschland breit geführten Debatte um eine vermeintlich gleichgeschaltete „Lügen-" bzw. „Systempresse" (Ulfkotte 2010) neue Nahrung geben. Gleichwohl erscheint eine Interpretation dieses Befundes im Sinne einer journalistischen „Systemnähe" aus unserer Sicht wenig zutreffend. Denn obwohl deutsche Journalisten auch im internationalen Vergleich (siehe unten) eine relativ geringe Neigung zu einem Selbstverständnis von Kritik und Kontrolle zeigen, so bedeutet dies nicht, wie wir weiter unten zeigen werden, dass sie sich eher als Unterstützer der Regierung wahrnehmen. Überdies steht das journalistische Rollenverständnis in Deutschland – wie in anderen demokratisch-korporatistischen Mediensystemen – auch im Zusammenhang mit der historisch parallelen Entwicklung von Massenpresse und modernen politischen Parteien im letzten Drittel des 19. Jahrhunderts (die zu einer starken Parteibindung der Presse geführt hat) sowie mit der Anerkennung einer aktiven Rolle des Staates im Medienbereich als Folge des Primats des bis heute in der Rechtsprechung vertretenen öffentlichen Auftrags der Medien. Beide Aspekte

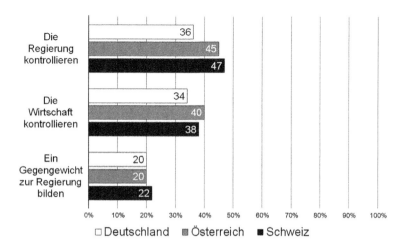

Abb. 6.2 Kritik und Kontrolle im Rollenverständnis. (Anmerkung: Anteile der Befragten, die mit „extrem" und „sehr wichtig" geantwortet haben. N = 739–748 (Deutschland); N = 752–773 (Österreich); N = 895–907 (Schweiz))

erschwerten die Ausbildung der Kritik- und Kontrollfunktion (Hallin und Mancini 2004; Seethaler und Melischek 2015).

Gleichwohl deutet der Vergleich mit früheren Studien für deutsche Journalisten durchaus auf eine Wiederbelebung dieses Rollenverständnisses hin. Der Abgleich mit den Ergebnissen der „Journalismus in Deutschland"-Studien lässt zumindest diesen Schluss zu. Darin wurden Journalisten gefragt, ob sie sich als jemand verstünden, dem es wichtig sei, „die Bereiche Politik, Wirtschaft und Gesellschaft zu kontrollieren". Im Jahr 1993 hatten 37 % der befragten Journalisten geantwortet, dass dies „überwiegend" und „voll und ganz" auf sie zutreffe. Zwölf Jahre später war dieser Anteil auf 24 % gesunken. Mit dem aktuellen Prozentwert, der bei 36 und 34 % liegt (für Kontrolle der Regierung resp. Kontrolle der Wirtschaft), scheint sich eine Erholung bzw. Wiederbelebung dieses Rollenbildes abzuzeichnen. Dies gilt auch für Österreich, wo der Anteil an Journalisten, denen ein regierungskritisches Selbstverständnis wichtig ist, von 33 % im Jahr 2007 auf nunmehr 45 % angewachsen ist. Unter den Schweizer Journalisten ist die Neigung zu Kritik und Kontrolle ähnlich stark ausgeprägt wie unter ihren Kollegen in Österreich.

Ein berufliches Selbstverständnis, wonach sich Journalisten als „Gegengewicht" zur Regierung verstehen, ist insgesamt wenig charakteristisch für den

Journalismus in allen drei Ländern. Dieses journalistische Rollenverständnis, das Weaver und Wilhoit (1986) mit Blick den US-amerikanischen Journalismus erstmalig identifiziert hatten, bildet die Idee von Journalismus als „vierte Gewalt" in demokratischen Gesellschaften ab. Als Gegenpol zur Regierung zu agieren, fand allerdings nur einer von fünf befragten Journalisten in Deutschland, Österreich und der Schweiz „extrem" oder „sehr wichtig".

Gleichwohl bedeutet die im internationalen Vergleich recht geringe Bedeutung von Kritik und Kontrolle im deutschen, österreichischen und Schweizer Journalismus keinesfalls, dass Journalisten ein partnerschaftliches oder gar opportunistisches Verhältnis zur Regierung pflegen, wie es in einigen anderen Ländern (z. B. in Äthiopien, China, Thailand oder den Golfstaaten) nicht unüblich ist. Die „Regierungspolitik zu unterstützen" und „ein positives Bild der Regierung zu vermitteln" wird von den Journalisten in allen drei Ländern einhellig abgelehnt. Die Zustimmungsraten liegen überall unter einem Prozent (vgl. Tab. 6.1). Dies ist allerdings auch nicht sehr überraschend, wenn man bedenkt, dass die Idee der Regierungsunterstützung einen krassen Widerspruch zur vorherrschenden professionellen Ideologie bildet, in der die journalistische Unabhängigkeit und kritische Distanz zu gesellschaftlich-politischen Institutionen als sakrosankt gelten.

Politische Artikulation und Partizipation

Normative Ansätze gehen davon aus, dass Journalismus vor allem in demokratischen Gesellschaften eine wichtige Rolle mit Blick auf politische Artikulations- und Partizipationsmöglichkeiten spielt (Christians et al. 2009; Hanitzsch und Vos 2016). Demnach fällt den Journalisten die Funktion zu, den verschiedenen gesellschaftlichen Gruppen die Möglichkeit zur Artikulation ihrer Weltsichten zu geben und die Menschen durch Vermittlung von relevanten Informationen zur Teilhabe am politischen Geschehen zu befähigen. Unsere Daten zeigen, dass sich ein großer Teil der befragten Journalisten in Deutschland, Österreich und der Schweiz diese Rollenerwartung zu eigen gemacht hat.

Am stärksten ausgeprägt ist die Motivation, „Informationen zu vermitteln, die Menschen zu politischen Entscheidungen befähigen". Über zwei Drittel der Schweizer Journalisten fanden dieses Ziel „extrem" oder „sehr wichtig"; unter ihren deutschen Kollegen liegt die Zustimmung bei 56 % (vgl. Abb. 6.3). Für die Journalisten in Österreich befindet sich dieser Anteil mit 63 % ungefähr zwischen diesen Werten. Wir schließen daraus nicht notwendigerweise, dass den österreichischen und Schweizer Journalisten die Vermittlung relevanter politischer Information wichtiger ist als ihren deutschen Kollegen. Erklärbar wird diese Differenz vor allem durch

Unterschiede in der Beschaffenheit der Mediensysteme und politischen Strukturen sowie durch die jeweilige Zusammensetzung des Berufsstandes. Der hohe Anteil der Schweizer Journalisten, denen die politische Mobilisierungsrolle von Journalismus wichtig ist, lässt sich über die gelebte direkte Demokratie erklären, bei der das Elektorat auch regelmäßig per Volksentscheid über konkrete Sachthemen abstimmt. Darüber hinaus ist das Mediensystem in Deutschland aufgrund der Größe des Marktes breiter aufgefächert und stärker in Bereiche des Journalismus expandiert, die nicht notwendigerweise einen unmittelbaren Bezug zum politischen Tagesgeschehen aufweisen. Dies gilt vor allem für Medienangebote im Lifestyle-Segment, im Bereich Service, Nutzwert und alltägliche Lebensführung sowie im Sport und anderen Bereichen des Unterhaltungsjournalismus. Diese in Deutschland produzierten Angebote werden häufig auch in Österreich und der Schweiz vertrieben und erschweren mithin die Markteinführung indigener Produkte.

In der Tendenz etwas weniger wichtig war den befragten Journalisten die Rolle, „den Menschen die Möglichkeit geben, ihre Ansichten zu artikulieren". Der Anteil der Journalisten, die diese Rolle für „extrem" oder „sehr wichtig" erachteten, lag in allen drei Ländern zwischen neun und 13 Prozentpunkten unter der Zustimmung zur politischen Informationsvermittlung. Im Ländervergleich zeigt sich auch hier, dass deutsche Journalisten dieses Selbstverständnis insgesamt für weniger wichtig hielten, als ihre Kollegen in Österreich und der Schweiz (vgl. Abb. 6.3). Allerdings ist die Zustimmung zur Artikulationsfunktion

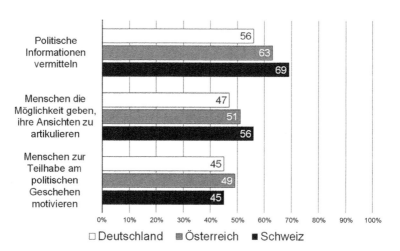

Abb. 6.3 Politische Artikulation und Partizipation im Rollenverständnis (Anmerkung: Anteile der Befragten, die mit „extrem" und „sehr wichtig" geantwortet haben. N = 760–764 (Deutschland); N = 789–792 (Österreich); N = 904–907 (Schweiz))

in Deutschland mit aktuell 47 % relativ zu früheren Befragungen angestiegen (1993: 41 %, 2005: 34 %), wohingegen sie in Österreich, verglichen mit der Erhebung aus 2007, stabil bei 51 % liegt.

Obwohl auch das berufliche Ziel, die „Menschen zur Teilhabe am politischen Geschehen zu motivieren", fest in der journalistischen Kultur verankert ist, fand es im Vergleich zu den beiden anderen in diesem Abschnitt diskutierten Rollen ein etwas geringeres Echo unter Journalisten in Deutschland, Österreich und der Schweiz. In allen drei Ländern befand knapp die Hälfte der befragten Journalisten diese Rolle für „extrem" oder „sehr wichtig".

Gesellschaftliches Engagement

Das Publikum zur Teilhabe am politischen Geschehen zu befähigen und zu motivieren sind Möglichkeiten, indirekt Einfluss auf den öffentlichen Diskurs zu nehmen. Eine andere Möglichkeit besteht in der direkten Einflussnahme – über die Inhalte der Berichterstattung. Diese Tendenz im Rollenverständnis hatten wir in unserer Pilotstudie als Interventionismus bezeichnet (Hanitzsch 2007; Hanitzsch und Seethaler 2009). Interventionismus beschreibt hier das Maß, in dem Journalisten offensiv für bestimmte gesellschaftliche Werte eintreten, gesellschaftspolitische Ziele verfolgen bzw. sich in den Dienst einer „Mission" stellen. Hinter diesem Verständnis steht die Absicht, sich offensiv in das Geschehen einzumischen, gesellschaftliche Prozesse aktiv mitzugestalten, zu intervenieren und für eine Veränderung der aktuellen Zustände zu sorgen bzw. einem unerwünschten Veränderungsprozess entgegenzutreten.

Während frühere Studien vor allem deutschen Journalisten ein starkes politisches Sendungsbewusstsein unterstellt hatten (Donsbach 1982; Kepplinger 1979; Köcher 1986), zeigen die aktuellen Daten, dass ein interventionistisches Rollenverständnis in keinem der drei Länder besonders ausgeprägt ist (vgl. Abb. 6.4). „Die politische Tagesordnung zu bestimmen" befand in Deutschland und Österreich jeweils nur einer von zehn befragten Journalisten für „extrem" oder „sehr wichtig". In der Schweiz war dieser Anteil doppelt so hoch. Dieser Befund lässt sich ebenfalls vor dem Hintergrund der Besonderheiten von direkter Demokratie interpretieren. So ist es vor kantonalen Abstimmungen üblich, dass Redaktionen Diskussionsforen organisieren, mit denen sie bestimmen, welche Aspekte im Gespräch hervorgehoben werden sollten.

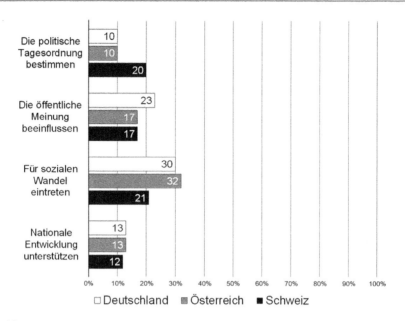

Abb. 6.4 Gesellschaftliches Engagement im Rollenverständnis. (Anmerkung: Anteile der Befragten, die mit „extrem" und „sehr wichtig" geantwortet haben. N = 738–752 (Deutschland); N = 747–786 (Österreich); N = 893–903 (Schweiz))

   Der Vergleich mit früheren repräsentativen Journalistenbefragungen lässt dabei zwei Schlüsse zu. So ist denkbar, dass die Ergebnisse der oben genannten Studien vor dem Hintergrund der zugrunde gelegten Vorannahmen überinterpretiert wurden. Gleichzeitig lässt der Zeitvergleich aber auch die Vermutung zu, dass sich das Bedürfnis der Journalisten, die politische Agenda zu beeinflussen, zumindest in Deutschland und Österreich deutlich zurückentwickelt hat. Befanden im Jahr 1993 noch 19 % der deutschen Journalisten die Bestimmung der politischen Tagesordnung für wichtig, so waren es 2005 nur noch 14 %. Für Österreich lässt sich sogar ein deutlicher Einbruch beobachten, und zwar von 31 % Zustimmung im Jahr 2007 auf zehn Prozent in der aktuellen Studie. Seethaler und Melischek (2019) können in einer aktuellen Studie zeigen, dass die Medien durch die zunehmende journalistische Orientierung an den Twitter-Kampagnen der Parteien die Kontrolle der aktuellen Themensetzung zumindest zum Teil wieder an die Politik zurückgegeben haben. „Die öffentliche Meinung zu beeinflussen" fand etwas stärkere Zustimmung unter Journalisten in Deutschland, während Schweizer Journalisten diesen Aspekt ähnlich wichtig einschätzten wie die Beeinflussung der politischen Tagesordnung.

Die beiden Merkmale eines interventionistischen Rollenbildes – Beeinflussung von Themenagenda und öffentlicher Meinung – zielen auf eine Veränderung des politischen Diskurses durch ein aktives Eingreifen seitens der Journalisten. Ein noch stärker anwaltschaftlich geprägtes berufliches Selbstverständnis setzt zwar publizistisches Engagement voraus, bezweckt aber eine Veränderung der gesellschaftlichen Zustände. In dieser Hinsicht kann auch die aktuelle Studie unter Journalisten in allen drei Ländern durchaus eine nennenswerte Bereitschaft feststellen, „für sozialen Wandel einzutreten", d. h. sich mittels der journalistischen Tätigkeit aktiv für eine Umgestaltung gesellschaftlicher Realitäten einzusetzen (vgl. Abb. 6.4).

Ein Vergleich mit früheren Studien ist hier aufgrund der unterschiedlichen Fragebogen-Formulierungen nur bedingt möglich. In den deutschen und österreichischen Referenzstudien wurde dieses Rollenverständnis über die Zustimmung zu zwei Aspekten abgefragt: „für die Benachteiligten in der Bevölkerung einsetzen" bzw. „für Benachteiligte einsetzen". Die entsprechende Schweizer Formulierung lautete „als Anwalt/Anwältin mich für die gesellschaftlich Schwachen einzusetzen". Mit der gebotenen Vorsicht lässt sich dennoch sagen, dass ein anwaltschaftliches bzw. ein auf soziale Veränderung abzielendes Rollenverständnis in allen drei Ländern über die Zeit an Bedeutung verloren hat. Unter deutschen Journalisten ist die Zustimmung von 43 % im Jahr 1993 auf 29 (2005) bzw. aktuell 30 % zurückgegangen. In Österreich hat sich der Anteil von 60 % (2007) der Journalisten, denen dieses Rollenverständnis wichtig ist, nahezu halbiert. Und in der Schweiz ist ein kontinuierlicher Rückgang von 65 % (1998) auf zunächst 56 % (2008) und nunmehr – vorbehaltlich der abweichenden Formulierung – auf 21 % zu beobachten. Die konsistente Abnahme in den Zustimmungsraten zu Aspekten der Beeinflussung der politischen Tagesordnung und des Eintretens für sozialen Wandel lässt insgesamt auf einen Bedeutungsverlust des interventionistischen Rollenverständnisses im deutschen, österreichischen und Schweizer Journalismus schließen.

Das Ziel, die „nationale Entwicklung zu unterstützen", verfolgt nur ein sehr geringer Teil der befragten Journalisten in den drei Ländern. Dies ist wahrlich kein überraschender Befund. Internationale Studien zeigen übereinstimmend, dass Formen des *„development journalism"* vorwiegend eine Domäne von Journalisten in Entwicklungsländern sind (Hanitzsch, Ramaprasad et al. 2019). Dabei verstehen sich Journalisten als konstruktive Helfer bei der Bewältigung ökonomischer und sozialer Entwicklungsprobleme. Dieses Selbstverständnis ist im

Kontext von entwickelten Industrienationen wie Deutschland, Österreich und die Schweiz freilich wenig relevant.

Bildung und Kultur

Ohne Zweifel fällt dem Journalismus im politischen Diskurs und demokratischen Prozess eine entscheidende Verantwortung zu. Gleichwohl verfolgen Journalisten mit ihrer Arbeit durchaus auch Ziele jenseits gesellschaftspolitischer Erwägungen (Hanitzsch und Vos 2016). Als soziale Intermediäre agieren Journalisten u. a. auch als Kulturvermittler, Pädagogen und Erzähler. Gerade in Zeiten, in denen eine Verrohung des öffentlichen Diskurses, eine Rückbesinnung auf nationale Identitäten und ein Bedeutungsverlust des Faktischen zu beobachten sind, könnte man meinen, dass Journalismus hier mäßigend eingreifen sollte. Die Bedeutung eines beruflichen Selbstverständnisses, das darauf gerichtet ist, „Toleranz und kulturelle Vielfalt zu fördern", wird von Journalisten in Deutschland, Österreich und die Schweiz als dementsprechend hoch eingeschätzt. Etwa zwei Drittel der deutschen und österreichischen Journalisten halten dieses Ziel für „extrem" oder „sehr wichtig", unter ihren Schweizer Kollegen sind es immer noch reichlich die Hälfte (vgl. Abb. 6.5). Hinter diesem Rollenverständnis steht ein aufgeklärtes

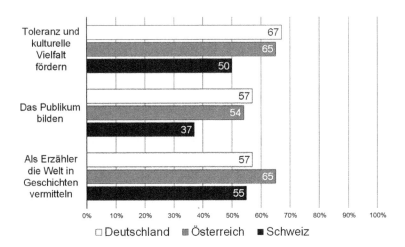

Abb. 6.5 Bildung und Kultur im Rollenverständnis. (Anmerkung: Anteile der Befragten, die mit „extrem" und „sehr wichtig" geantwortet haben. N = 759–765 (Deutschland); N = 789–806 (Österreich); N = 899–907 (Schweiz))

Weltbild und eine stärkere Betonung emanzipativer Werte, wie sie für Personengruppen mit hohem Bildungsstand, zu denen Journalisten unzweifelhaft gehören, typisch sind (Welzel 2013).

Der Anspruch, „das Publikum zu bilden", ist im Vergleich dazu zwar nicht ganz so populär, gleichwohl findet immer noch eine Mehrheit der Journalisten in Deutschland und Österreich dieses Ziel „extrem" oder „sehr wichtig". In der Schweiz liegt die Zustimmung zu einem pädagogischen Rollenverständnis hingegen nur bei reichlich einem Drittel der befragten Journalisten. Der kulturvermittelnd-erzieherische Impuls ist unter deutschen und österreichischen Journalisten mithin um einiges stärker ausgeprägt als unter Journalisten in der Schweiz. Eine plausible Erklärung für diesen Länderunterschied bietet sich aus unserer Sicht nicht unmittelbar an. Es zeigt sich jedoch, dass das Motiv der „Aufklärung" in der Rollenselbstbeschreibung von Journalisten in Deutschland und Österreich einen sehr hohen Stellenwert hat. Das lässt sich aus den offenen Antworten schließen, die Journalisten auf eine separate, qualitative Frage im Fragebogen gegeben hatten.[3] Schweizer Journalisten hatten – bei der Nennung der drei wichtigsten gesellschaftlichen Rollen von Journalismus – das Motiv der Aufklärung deutlich seltener genannt.

Darüber hinaus haben wir danach gefragt, inwiefern sich Journalisten auch in der Rolle des Erzählers sehen. Erzählerische Elemente haben eine lange Tradition im Journalismus. Zum einen hat sich der Journalismus in vielen Kulturen aus dem literarischen Feld heraus entwickelt (Bourdieu 1999), zum anderen hat der erzählerische Journalismus im Gewand des „new journalism" eine Renaissance erlebt bzw. mit der literarischen Reportage nie wirklich an Attraktivität verloren (Kostenzer 2009; Wolfe 1973). Etwa *Zeit Online* bietet mit ihren multimedial aufgearbeiteten „Longforms" ausführliche Geschichten, die der Kategorie „Scrollytelling" – als digitale Abwandlung des klassischen „Storytelling" – zugeordnet werden können. Eine Mehrheit der Journalisten in Deutschland, Österreich und der Schweiz bewertet diese Facette des beruflichen Rollenverständnisses daher als mindestens „sehr wichtig". Fast zwei Drittel der österreichischen Journalisten haben angegeben, sie möchten „als Erzähler die Welt in Geschichten vermitteln". In Deutschland und der Schweiz war dieser Anteil etwas niedriger, bei 57 bzw. bei 55 % der befragten Journalisten (vgl. Abb. 6.5).

---

[3]Im Interview wurde hierzu folgende Frage gestellt: „Bitte sagen Sie mir, in Ihren eigenen Worten: Was sollten Ihrer Meinung nach die drei wichtigsten Rollen von Journalismus in [Land] sein?".

Alltagsbewältigung, Unterhaltung und Publikumsorientierung

In der jüngeren Vergangenheit hat eine bemerkenswerte Verschiebung im journalistischen Themenmix stattgefunden. Neben dem Fokus auf gesellschaftspolitische Aspekte stellen die Medien zunehmend auch Fragen der persönlichen Alltagsbewältigung in den Vordergrund (Eide und Knight 1999). Der fortschreitende Individualisierungsprozess in modernen Industriegesellschaften führt mit dem Bedeutungsverlust von identitätsstiftenden Institutionen (z. B. Nationalstaaten und Religion) zu einem erhöhten Orientierungsbedürfnis (Hanusch und Hanitzsch 2013). Journalismus reagiert darauf, indem er vermehrt eine Navigationsfunktion übernimmt und den Menschen bei der alltäglichen Lebensführung unter die Arme greift. Darüber hinaus spielt Journalismus traditionell auch im Bereich der Affektregulierung eine wichtige Rolle – etwa durch unterhaltsame Nachrichtenformate und durch Angebote, die ein Gefühl der sozialen Eingebundenheit und Zugehörigkeit befördern (Bartsch und Schneider 2014).

Dem Publikum „Rat, Orientierung und Hilfestellung für den Alltag anzubieten" ist daher ein Aspekt des beruflichen Rollenverständnisses, den etwa zwei Drittel der befragten Journalisten in Deutschland und Österreich für mindestens „sehr wichtig" erachten (vgl. Abb. 6.6). Unter Schweizer Journalisten fällt dieser Anteil mit reichlich 39 % deutlich geringer aus. In den Referenzstudien, die wir in allen drei Ländern als Vergleichsmaßstab anlegten, wurde dieses Rollenverständnis mittels eines ähnlichen Wortlauts abgefragt.[4] Für Deutschland und Österreich lässt der Zeitvergleich einen kontinuierlichen Bedeutungszuwachs des Ratgeberjournalismus erkennen. Der Anteil der deutschen Journalisten, die diesen Aspekt des Rollenverständnisses für wichtig halten, ist von 36 % im Jahr 1993 auf zunächst 44 % im Jahr 2005 gestiegen. Die aktuellen Daten lassen nunmehr einen weiteren Zuwachs erkennen. In Österreich hat die Bedeutung des Ratgeberjournalismus von 54 % (2007) auf jetzt 63 % zugenommen. In der Schweiz lässt sich eine gegenläufige Tendenz feststellen. Hier war der Anteil der Journalisten, die Orientierung und Hilfestellung im Alltag für einen wichtigen Aspekt ihrer Arbeit halten, zunächst auf hohem Niveau leicht angewachsen (von 78 % im Jahr 1998 auf 81 % in 2008), um in der aktuellen Studie auf nur 39 % zu fallen.

---

[4]Deutschland: „Lebenshilfe für das Publikum bieten". Österreich: „Lebenshilfe für das Publikum bieten/als Ratgeber dienen". Schweiz: „als Ratgeber/in dem Publikum zu helfen, sich in seiner komplexen Lebenswelt zurechtzufinden".

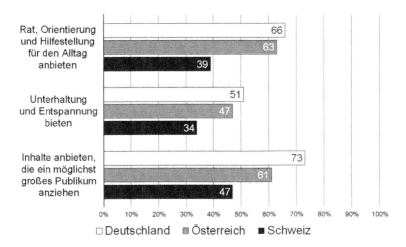

Abb. 6.6 Alltagsbewältigung, Unterhaltung und Publikumsorientierung im Rollenverständnis. (Anmerkung: Anteile der Befragten, die mit „extrem" und „sehr wichtig" geantwortet haben. N = 766–768 (Deutschland); N = 812–815 (Österreich); N = 906–909 (Schweiz))

Gleichzeitig hat „Unterhaltung und Entspannung bieten" als Kommunikationsziel im beruflichen Selbstverständnis der Journalisten in allen drei Ländern einen festen Platz gefunden. Etwa die Hälfte der deutschen und österreichischen Journalisten befand diesen Rollenaspekt für „extrem" oder „sehr wichtig". Auch hier war die Zustimmung unter Schweizer Journalisten geringer; Unterhaltung und Entspannung anzubieten befand nur etwa ein Drittel der Journalisten für wichtig. Im Vergleich zu den Jahren 1998 (46 %) und 2008 (48 %) ist die Bedeutung dieser Facette des Rollenverständnisses in der Schweiz etwas zurückgegangen.[5] In Österreich ist der Anteil der Journalisten mit Präferenz für diese Rolle relativ stabil geblieben; unter deutschen Journalisten ist im Vergleich zu 1993 (47 %) nach einem zwischenzeitlichen Einbruch auf 37 % (2005) ebenfalls eine Stabilisierung zu beobachten (51 %).

Die Publikumsorientierung ist unter deutschen und österreichischen Journalisten ebenfalls stärker ausgeprägt als unter Journalisten in der Schweiz (vgl. Abb. 6.6). Der Rollenaspekt „Inhalte anbieten, die ein möglichst großes Publikum

---

[5]Frageformulierung in den Schweizer Referenzstudien: „als Animator/in dem Publikum möglichst viel Entspannung und Spaß zu bieten".

anziehen" hat im deutschen Journalismus in den vergangenen Jahren durchaus an Bedeutung gewonnen. Während die Befragung von 1993 einen Anteil von 54 % Zustimmung gemessen hat, war dieser Anteil in der Folgestudie im Jahr 2005 auf 60 % angewachsen. Die aktuellen Daten deuten auf eine Fortschreibung dieser Tendenz zu einer stärkeren Publikumsorientierung unter Journalisten in Deutschland hin. Für Österreich hat sich der Anteil der Befragten, die diesen Rollenaspekt für wichtig halten, von 59 % im Jahr 2007 kaum verändert. Für die Schweiz liegen keine Daten vor, die einen entsprechenden Zeitvergleich für die Publikumsorientierung zulassen würden.

Unsere Studienergebnisse deuten insgesamt klar darauf hin, dass Aspekte der Alltagsbewältigung und Unterhaltung im beruflichen Rollenverständnis der Schweizer Journalisten insgesamt eine geringere Rolle spielen. Es liegt nahe zu vermuten, dass auch hier der Hauptgrund in der Beschaffenheit des Schweizer Mediensystems liegt. Zum einen wird die Medienlandschaft im Rundfunkbereich durch die im öffentlichen Auftrag operierende Rundfunkanstalt SRG/SSR dominiert. Zum anderen lässt die überschaubare Größe des Marktes sowie die grenzüberschreitende Übermacht der deutschen, französischen und italienischen Medienhäuser nur bedingt Spielraum für nationale Angebote im Bereich von Unterhaltungs-, Lifestyle- und Service-Journalismus, wo diese Rollenverständnisse ausgeprägter sein dürften. Dies gilt im Prinzip auch für Österreich. Allerdings ist die Rezeption von ausländischen Titeln dort weniger ausgeprägt als in der Schweiz, so z. B. im Zeitschriftensegment (Meier 2011).

Medientyp, Verbreitungsgebiet und Geschlecht

Nach Lage der Daten unterscheidet sich das Rollenverständnis von Journalisten, die für verschiedene Medientypen tätig sind, durchaus erkennbar (vgl. Tab. A2.23, A2.24 und A2.25 im Anhang). Ein Selbstverständnis als unparteiischer Beobachter ist am stärksten ausgeprägt unter Journalisten, die für Nachrichtenagenturen und Mediendienste tätig sind. Die journalistische Kritik- und Kontrollfunktion wird vor allem in Zeitungsredaktionen und im öffentlichen Fernsehen als wichtig empfunden, während sich ein gesellschaftliches Engagement in der Tendenz am stärksten in privat-kommerziellen Fernsehredaktionen findet. Die Vermittlung von Informationen, die das Publikum zur politischen Teilhabe befähigt, wird insbesondere von Journalisten hervorgehoben, die bei Zeitungen und im öffentlichen Rundfunk beschäftigt sind. Ein Rollenverständnis, dass die Bedeutung von Alltagsbewältigung, Unterhaltung und Publikumsorientierung hervorhebt, ist schließlich eine Domäne von Journalisten bei Publikumszeitschriften und in privaten Radioredaktionen. Im Hinblick auf

das Verbreitungsgebiet der verschiedenen Medienangebote – differenziert in überregionale vs. lokale und regionale Medien – konnten wir hingegen kaum systematische Unterschiede feststellen (vgl. Tab. A2.26 im Anhang).

Mit Blick auf Geschlechterunterschiede im Rollenverständnis der befragten
Journalisten zeichnen die aktuellen Daten nicht immer ein konsistentes Bild für
alle drei Länder (vgl. Tab. A2.27 im Anhang). In der Tendenz befinden es männliche Journalisten für wichtiger, unparteiische Beobachter zu sein sowie die
Regierung und die Wirtschaft zu kontrollieren. Journalistinnen hingegen betonen
stärker interventionistische Motive (für sozialen Wandel eintreten und nationale
Entwicklung unterstützen), Aspekte von Unterhaltung und Entspannung sowie
von Toleranz und kultureller Vielfalt. Darüber hinaus möchten Journalistinnen
stärker als ihre männlichen Kollegen das Publikum bilden und „als Erzähler die
Welt in Geschichten vermitteln".

Dabei ist selbstverständlich fraglich, inwiefern diese Unterschiede tatsächlich auf das Geschlecht zurückzuführen sind. Die etwas geringere Neigung zur
Kontrollfunktion sowie die stärkere Hinwendung zu Unterhaltung und Entspannung unter Journalistinnen dürfte etwa auch mit der Geschlechterverteilung
über verschiedenen Medientypen und Ressorts hinweg zusammenhängen. Denn
der Anteil an Zeitschriften-Journalisten ist unter Frauen (14 %) höher als unter
den männlichen Kollegen (10 %), wohingegen der Anteil an Zeitungsjournalisten
unter Männern (46 %) höher ist als unter Journalistinnen (37 %). Außerdem
finden sich Journalistinnen in allen drei Ländern überproportional häufig in
Ressorts, in denen es in erster Linie um „weiche" Themen geht (Unterhaltung,
Kultur, Lifestyle, Soziales etc.), während ihre männlichen Kollegen politiknahe
Ressorts dominieren. Und hier zeigen sich durchaus gravierende Unterschiede.
Der Anteil der Politikjournalisten, die Regierungskontrolle im Rahmen ihrer
Arbeit für „extrem" oder „sehr wichtig" halten, ist mit 71 % überdurchschnittlich
groß. Ähnliches gilt für Journalisten, die in Unterhaltungs- und Lifestyle-affinen
Ressorts tätig sind. Unter ihnen ist mit 70 % der Anteil derer am größten, die es
für wichtig befinden, den Menschen „Rat, Orientierung und Hilfestellung für den
Alltag anzubieten". Ebenfalls 70 % der befragten Sportjournalisten erachteten die
Rolle von Unterhaltung und Entspannung als mindestens „sehr wichtig" – womit
sie weit über dem Gesamtdurchschnitt liegen. Da das journalistische Rollenverständnis stark ressortabhängig ist, bilden die vermeintlichen Geschlechterunterschiede daher vermutlich eher die genderbedingte Ressortverteilung im
Journalismus als geschlechterspezifische Rollenverständnisse ab.

Die politische Einstellung der Journalisten wirkt sich nur bedingt auf das
berufliche Selbstverständnis aus. Die entsprechenden Zusammenhänge sind sehr

schwach ausgeprägt. Nennenswert ist einzig die Nähe einer linken bzw. links-liberalen politischen Einstellung zu einer Berufsauffassung, die darauf abzielt, für sozialen Wandel einzutreten ($r_s = -,19$; $p < ,001$) sowie Toleranz und kulturelle Vielfalt zu fördern ($r_s = -,17$; $p < ,001$).

Rollenverständnis im internationalen Vergleich

Die Besonderheiten von nationalen Journalismuskulturen treten oft erst durch den Vergleich mit anderen Ländern hervor. Die internationale *Worlds of Journalism Study* bietet eine solche Vergleichsmöglichkeit anhand umfassender Überblicks-daten, die u. a. auf ihrer Webseite für insgesamt 67 Länder zur Verfügung stehen (vgl. auch Hanitzsch, Vos et al. 2019).[6] Mit Blick auf das berufliche Selbstver-ständnis zeigt sich dabei, dass die Gemeinsamkeiten zwischen deutschen, öster-reichischen und Schweizer Journalisten die Unterschiede durchaus überwiegen. Selbst innerhalb der Gruppe der westlichen Industrienationen zeichnen sich die Journalismuskulturen in den drei Ländern durch bemerkenswerte Ähnlichkeiten aus. Dies konnten bereits frühere Studien feststellen (Hanitzsch und Seethaler 2009).

Im internationalen Vergleich stechen Journalisten in Deutschland, Öster-reich und der Schweiz durch den ausgeprägten Anspruch heraus, unparteiische Beobachter des Geschehens zu sein sowie aktuelles Geschehen einzuordnen und zu analysieren. Die gesellschaftspolitische Kritik- und Kontrollfunktion des Journalismus steht hingegen weniger im Vordergrund als in den meisten ande-ren westlichen Ländern, die im Rahmen der Vergleichsstudie untersucht wurden. Die Regierung zu kontrollieren wird nur von 36 % der deutschen Journalisten als mindestens „sehr wichtig" eingestuft; in dieser Hinsicht werden sie nur von ihren niederländischen Kollegen unterboten (28 %). In den USA ist dieser Anteil mit über 86 % mehr als doppelt so hoch. Gleichwohl zeigen deutsche, österreichische und Schweizer Journalisten – in Übereinstimmung mit ihren Kollegen in allen entwickelten Demokratien – wenig Neigung, durch ihre Arbeit die Regierungs-politik zu unterstützen und ein positives Bild der Regierung zu vermitteln.

Im Vergleich mit anderen westlichen Ländern legen Journalisten in Deutsch-land, Österreich und der Schweiz zwar großen Wert darauf, das Publikum zur Teilhabe am politischen Geschehen zu motivieren. Wenn es aber darum geht, den

---

[6]http://www.worldsofjournalism.org/data/data-and-key-tables-2012-2016/

Menschen die Möglichkeit zur Artikulation ihrer Ansichten zu geben, rangieren deutsche (47 %) und österreichische Journalisten (51 %) am unteren Ende der Länderrangfolge; niedrigere Werte als Deutschland weisen lediglich Katar (36 %) und Japan (24 %) auf. Die journalistische Artikulationsfunktion ist in den meisten Vergleichsländern stärker in der journalistischen Kultur verankert als in Deutschland und Österreich.

Das gesellschaftliche Engagement unter Journalisten ist in allen drei Ländern sehr gering ausgeprägt. Die politische Tagesordnung zu bestimmen, die öffentliche Meinung zu beeinflussen, für sozialen Wandel einzutreten sowie die nationale Entwicklung zu unterstützen stehen eindeutig nicht an erster Stelle für deutsche, österreichische und Schweizer Journalisten – was im Übrigen für alle westlichen Journalismuskulturen gilt. Damit unterscheiden sich die von uns befragten Journalisten deutlich von ihren Kollegen in autoritären Regimes, Transformationsgesellschaften und Entwicklungsländern. Dies mag zunächst überraschen, da Journalisten in Deutschland, Österreich und der Schweiz über die nötigen politische Freiheiten verfügen, um für Veränderungen in der Gesellschaft eintreten zu können. Vermutlich aber hindert die Maxime der professionellen Distanz Journalisten daran, sich als Werkzeug gesellschaftlicher Veränderungen selbst zu stark in den Vordergrund zu rücken.

Ein weiterer interessanter Befund des Ländervergleiches ist schließlich die relative große Bedeutung der Unterhaltungs- und Publikumsorientierung unter Journalisten in Deutschland und in Österreich sowie der Ambition, Hilfestellung zur Alltagsbewältigung zu leisten. Für diese beiden Länder zeigen unsere aktuellen Befunde eine überaus hohe Wertschätzung eines Rollenverständnisses, bei dem es Journalisten um Unterhaltung und Entspannung, hohe Publikumsreichweiten sowie die Vermittlung von Rat, Orientierung und Hilfestellung im Alltag geht. Hier stechen deutsche und österreichische Journalisten auch im Vergleich mit ihren Kollegen in anderen westlichen Ländern hervor.

Fazit

Der Platz, den Journalismus in einer Gesellschaft einnimmt, sowie die Legitimationsgrundlage, auf der er fußt, wird im Zusammenspiel mit anderen gesellschaftlichen Institutionen verhandelt. Aus diesem öffentlichen und professionellen Diskurs speist sich das berufliche Rollenverständnis von Journalisten, das die Vorstellungen, Ziele und Ideale spiegelt, die Journalisten mit ihrer Tätigkeit verbinden. Diese Zusammenhänge und Idealvorstellungen werden nicht selten kontrovers diskutiert – zuletzt etwa im Kontext von Lügenpresse-Vorwürfen

und der Berichterstattung über Flüchtlinge, bei der Journalisten mitunter eine fehlende Distanz zu politischen Institutionen und mangelnde Nähe zur bürgerlichen
Basis unterstellt wird.

Die Ergebnisse der aktuellen Studie zeigen dabei eindrucksvoll, dass die
Gemeinsamkeiten zwischen deutschen, österreichischen und Schweizer Journalisten die Unterschiede zwischen diesen drei Ländern im internationalen Vergleich klar überwiegen. Vor dem Hintergrund einer beachtlichen Bandbreite von
Journalismuskulturen im globalen Maßstab zeichnen sich Journalisten in den
drei Ländern durch bemerkenswerte Ähnlichkeiten aus. Unsere Daten lassen hier
deutlich erkennen, dass unter deutschen, österreichischen und Schweizer Journalisten weiterhin ein Rollenverständnis dominiert, das auf neutrale Information,
unparteiische Vermittlung und sachliche Analyse abzielt. Für Deutschland lässt
sich im Zeitverlauf hier ein weiterer spürbarer Bedeutungszuwachs erkennen. Ein
berufliches Selbstverständnis, das auf Kritik und Kontrolle setzt, ist im Vergleich
zu anderen Berufszielen – aber auch im Vergleich zu anderen Ländern – allgemein etwas schwächer ausgeprägt, was insbesondere für deutsche Journalisten
gilt. Gleichwohl lassen die Daten für Österreich und Deutschland durchaus auf
eine Wiederbelebung dieses Selbstverständnisses schließen.

Im Gegensatz zu eingangs zitierten Auffassungen, die vor allem deutschen
Journalisten ein starkes politisches Sendungsbewusstsein unterstellen, zeigen die
aktuellen Daten, dass ein gesellschaftliches Engagement in der professionellen
Selbstwahrnehmung der Journalisten nicht besonders stark ausgeprägt ist. Die
geringe Bedeutung interventionistischer Aspekte im beruflichen Rollenverständnis ist in allen drei Ländern auch im internationalen Vergleich auffallend gering.
Allenfalls das Eintreten für „sozialen Wandel" wird von deutschen und österreichischen Journalisten als wichtig erachtet, wobei der Anteil der Journalisten,
die dies so sehen, immer noch unter einem Drittel liegt. Vor dem Hintergrund kritischer Debatten rund um die Berichterstattung über Migranten und Flüchtlinge
ist zudem bemerkenswert, dass die Förderung von Toleranz und kultureller Vielfalt im beruflichen Rollenverständnis der Journalisten in Deutschland, Österreich
und der Schweiz eine durchaus bedeutende Rolle spielt. Dabei ist der kulturvermittelnd-erzieherische Impuls deutscher und österreichischer Journalisten etwas
stärker ausgeprägt als unter ihren Schweizer Kollegen.

Ein weiterer interessanter Befund ist die – auch im Ländervergleich – relative
große Bedeutung einer Alltags-, Unterhaltungs- und Publikumsorientierung unter
Journalisten in Deutschland und in Österreich. Auch hier lassen unsere Daten
einen kontinuierlichen Bedeutungszuwachs im Rollenverständnis der Journalisten
in den beiden Ländern erkennen. Eine Publikums- und Unterhaltungsorientierung
sowie der Anspruch, den Menschen bei der Bewältigung des Alltags zu helfen,

scheint den Journalisten in der Schweiz hingegen weniger wichtig zu sein, womit sie sich klar von ihren deutschen und österreichischen Kollegen unterscheiden.

Unterschiede zeigen sich schließlich auch auf Ebene der Medienkanäle und Ressorts. Unsere Ergebnisse unterstreichen einmal mehr die Notwendigkeit differenzierter Analysen in der Frage nach dem Rollenverständnis von Journalisten. Da das professionelle Umfeld prägend ist, liegt es nahe, dass etwa für Lifestylezeitschriften tätige Journalisten ihre Rolle anders wahrnehmen als Kollegen, die im Politikressort einer Zeitung tätig sind.

Bei der Interpretation der Ergebnisse zum beruflichen Rollenverständnis muss freilich immer bedacht werden, dass es sich um Selbstauskünfte der Journalisten handelt und nicht notwendigerweise um die von ihnen gelebte Praxis. Einige Studien weisen zurecht darauf hin, dass zwischen den im Interview geäußerten beruflichen Ambitionen der Journalisten und dem tatsächlichen redaktionellen Handeln eine mehr oder weniger breite „Lücke" klafft (Tandoc et al. 2013; Weischenberg et al. 2006a). Gleichzeitig legen die Ergebnisse verschiedener Studien nahe, dass professionelle Einstellungen durchaus in die journalistische Praxis einfließen (Van Dalen et al. 2012; Weaver et al. 2007). Aufgrund der unklaren Beweislage kann hier also nicht abschließend geklärt werden, inwiefern die Betonung von neutraler Information, unparteiischer Vermittlung und sachlicher Analyse im Rollenverständnis die tatsächlichen Realitäten der journalistischen Praxis widerspiegelt. Denn wir können nicht ausschließen, dass es sich hierbei um eine diskursive Strategie der rhetorischen Abwehr handelt, die Journalisten verfolgen, um sich gegen öffentliche Kritik an einer vermeintlich verzerrten und manipulativen Berichterstattung zu immunisieren.

Thomas Hanitzsch ist Professor für Kommunikationswissenschaft mit Schwerpunkt Journalismusforschung am Institut für Kommunikationswissenschaft und Medienforschung der LMU München. Nach einem Studium der Journalistik und Arabistik/Orientalischen Philologie an der Universität Leipzig hat er 2004 an der TU Ilmenau promoviert und sich 2010 an der Universität Zürich habilitiert. In seiner Forschung beschäftigt er sich mit dem Vergleich von Journalismuskulturen sowie mit Medienvertrauen und Kriegsberichterstattung.

Corinna Lauerer ist seit 2013 wissenschaftliche Mitarbeiterin am Institut für Kommunikationswissenschaft und Medienforschung der LMU München. Sie studierte Kommunikations- und Staatswissenschaft an der Universität Erfurt sowie LMU München und sammelte praktische Erfahrung in den Bereichen Marktforschung, Kampagnen- sowie Mediaplanung. Ihr Forschungsschwerpunkt liegt an der Schnittstelle zwischen Medienökonomie und Journalismusforschung. Ihr Dissertationsprojekt widmet sich der Beziehung von Redaktion und Werbevermarktung in deutschen Medienorganisationen.

Vertrauen in gesellschaftliche Institutionen

7

Nina Steindl

Einleitung

Vertrauen ist ein Grundpfeiler und essenzieller Bestandteil demokratischer Gesellschaften. Es ist elementar für die menschliche Interaktion und das soziale Miteinander. Zugleich sorgt es in der komplexen Sphäre moderner Gesellschaften für die Aufrechterhaltung demokratischer Strukturen (Easton 1965; Mishler und Rose 2001; Moy und Scheufele 2000). Denn es ist das Vertrauen, das Menschen zur Einhaltung von Recht, Normen und Werten bewegt (Luhmann 2014; Putnam 1995; Seligman 2000; Tsfati und Cappella 2003).

Wenig überraschend ist daher, dass die Erosion von Vertrauen als Warnzeichen und Gefahr für den Fortbestand der Demokratie gesehen wird. Doch eben dieser Vertrauensverlust ist es, der seit einigen Jahren wieder verstärkt medial, politisch und gesellschaftlich diskutiert wird. Dabei ist das häufig verwendete Vokabular rund um „Lügenpresse" und „Staatsmedien" keineswegs ausschließlich Ausdruck eines neuen Medienskeptizismus. Es bildet vor allem die derzeitige gesellschaftliche Stimmung ab. So geht es in der aktuellen Debatte nicht nur um einen Bedeutungs- und Vertrauensverlust der Medien, sondern zugleich um das Erstarken populistischer Strömungen, schreibt Philipp Loser (2016), Leiter der Seite Drei beim Schweizer *Tages-Anzeiger*. Populisten würden aus der aktuellen Debatte Profit schlagen und Medien diskreditieren, um sich ihre eigene Welt zu konstruieren, wie Ingrid Brodnig (2015), Kolumnistin beim österreichischen *Profil*, feststellt. Die Rede vom „postfaktischen Zeitalter" und von „Fake News"

N. Steindl (✉)
Ludwig-Maximilians Universität München, München, Deutschland
E-Mail: nina.steindl@ifkw.lmu.de

© Springer Fachmedien Wiesbaden GmbH, ein Teil von Springer Nature 2019   163
T. Hanitzsch et al. (Hrsg.), *Journalismus in Deutschland, Österreich und der Schweiz,* Studies in International, Transnational and Global Communications,
https://doi.org/10.1007/978-3-658-27910-3_7

referiert damit allen voran auf veränderte politische Verhältnisse – und auf eine Öffentlichkeit, die demokratische Institutionen zunehmend kritisch hinterfragt. „Die Eliten führen nicht mehr", hält Carsten Knop (2016), Chefredakteur digitale Produkte der *Frankfurter Allgemeinen,* in diesem Zusammenhang fest.

Allerdings lässt sich ein derart dramatischer Vertrauensverlust durch aktuelle Forschungen nicht überall bestätigen. So zeigen die Daten des *Global Trust Reports* von 2017, dass sich das Regierungsvertrauen in Österreich und Deutschland seit 2013 lediglich marginal verändert hat, von 37 bzw. 34 % auf 36 bzw. 38 % in 2017. In der Schweiz hat das Vertrauen in die Regierung sogar um 16 Prozentpunkte deutlich zugelegt, auf aktuell 77 %. Auch das Vertrauen in die Medien ist in Deutschland (2013: 43 %; 2017: 45 %) und Österreich (2013: 47 %; 2017: 49 %) über die Jahre relativ stabil geblieben; lediglich in der Schweiz zeigt sich ein Rückgang (2013: 60 %; 2017: 43 %). Nichtsdestotrotz wird den Medien in der Diskussion um einen schleichenden Vertrauensverlust in gesellschaftliche Institutionen oftmals eine entscheidende Rolle zugesprochen: als Produzenten einer oft negativen, zynischen und sensationalistischen Berichterstattung. Der journalistischen Perspektive wird gleichwohl erst seit wenigen Jahren die notwendige Aufmerksamkeit zuteil (vgl. Hanitzsch und Berganza 2012, 2014; Tsfati 2004).

Unbestritten ist, dass Journalisten und ihrer Berichterstattung eine zentrale Rolle bei der Wahrnehmung gesellschaftlicher Institutionen zukommt. Dieses Kapitel beschäftigt sich daher mit der Frage, wie viel Vertrauen Journalisten in Deutschland, Österreich und der Schweiz den Institutionen in ihren Ländern entgegenbringen. Die folgenden Abschnitte gehen zunächst auf grundlegende begriffliche Differenzierungen und auf das Vertrauen im Kontext gesellschaftlicher Institutionen ein. Im Anschluss werden die Ergebnisse unserer Journalistenbefragung berichtet und in die relevanten Zusammenhänge eingeordnet. Dabei wird in politisch repräsentative Institutionen, regulative Institutionen sowie die Medien selbst unterschieden.

Alltagssprachliche Differenzierung und die Entstehung von Vertrauen

Im Alltag sprechen wir oft von „Vertrauen", wobei wir den Begriff eher selten reflektieren. Dabei meinen wir oft das Vertrauen – bzw. Misstrauen – in konkrete Personen in unserem Umfeld (z. B. Familienmitglieder), in Gruppen von Personen, in Organisationen und Institutionen sowie Vertrauen in abstrakte Systeme

(z. B. in den Journalismus oder die Politik). Allgemein gesprochen setzt Vertrauen das Vorhandensein eines bewussten Risikos voraus, beinhaltet eine motivationale Komponente und ist auf zukünftiges Geschehen gerichtet. Vertrauen ist damit ein zentrales Element für soziale Beziehungen, Einstellungen und soziale Kooperationsbereitschaft. Denn es reduziert Komplexität, verdrängt Unsicherheiten und beeinflusst unser Verhalten (Deutsch 1958; Luhmann 2014; Mishler und Rose 2001; Petermann 2013; Rotter 1967; Schlenker et al. 1973).

Für die folgende Diskussion sollen zunächst zwei Formen des Vertrauens unterschieden werden: interpersonales und institutionelles Vertrauen. *Interpersonales* Vertrauen richtet sich spezifisch auf Mitmenschen, Individuen und Gruppen von Menschen. Nach Rotter (1967, S. 651) kann dieses allgemein als die Erwartung definiert werden, dass wir uns als Individuen auf Aussagen und Versprechen Anderer verlassen können. Eingehaltene Versprechen – selbst, wenn es sich dabei z. B. um Drohungen handelt – stärken also die Glaubwürdigkeit des Gegenübers und führen auf Basis der so gezeigten Zuverlässigkeit zu Vertrauen (vgl. Petermann 2013). Damit hängt Vertrauen von gemachten (Lern-) Erfahrungen des Individuums ab. Diese führen zur Ausbildung spezifischer Erwartungs- und Einstellungsstrukturen und beeinflussen das Lernen in neuen Situationen, wodurch Vertrauen zu einem stabilen und generalisierten Merkmal wird (vgl. Rotter 1967). Abhängig von der Situation und dem konkreten Gegenüber kann Vertrauen zudem als beobachtbares Verhalten betrachtet werden. Darunter fällt nach Deutsch (1958) jenes Verhalten, das die Verwundbarkeit gegenüber einem anderen Individuum steigert (da dessen Verhalten nicht der eigenen Kontrolle unterliegt). Damit ist Vertrauen stets auch von der Unbestimmtheit sozialer Interaktionen geprägt.

Im Rahmen kulturalistischer Erklärungsansätze wird davon ausgegangen, dass das auf diese Weise generalisierte Vertrauen tief in kulturellen Normen und Werten verwurzelt und bereits über frühkindliche Sozialisationsprozesse an folgende Generationen weitergegeben wird. Das generalisierte Vertrauen legt damit den Grundstein für das *institutionelle Vertrauen,* auf das das interpersonale Vertrauen projiziert wird (vgl. Gross et al. 2004; Mishler und Rose 2001). Das institutionelle Vertrauen bezieht sich dabei auf abstrakte Entitäten, wie z. B. die Politik oder die Medien. Diese Art des Vertrauens ist nicht nur für den Fortbestand einer demokratischen Ordnung essenziell, in der kulturelle und rechtliche Normen die gesellschaftliche Toleranz, Kooperation und Verantwortung befördern (vgl. Misztal 2001), sondern bindet auch das Individuum an die Institutionen. Denn institutionelles Vertrauen verkörpert den Glauben daran, dass für gesellschaftliche Entwicklungen, Herausforderungen oder Probleme angemessene Lösungen gefunden werden, durch die der Fortbestand der Gesellschaft und ihrer Funktionen künftig gewährleistet werden kann (vgl. Misztal 2001; Müller 2013).

Als Institutionen werden dabei jegliche gesellschaftliche Strukturen begriffen, die als „patterned, internalized, normative role expectations" (Seligman 2000, S. 19) auch dann weiter bestehen, wenn ihre Repräsentanten wechseln. Gesellschaftliche Institutionen können jeweils nach ihren konkreten Funktionen und Leistungen unterschieden werden. In Anlehnung an institutionelle Ansätze der Politikwissenschaft nährt sich institutionelles Vertrauen aus der (tatsächlichen oder wahrgenommenen) Leistung der konkreten Institution; Institutionenvertrauen ist mithin die Konsequenz institutioneller Performanz: Institutionen genießen Vertrauen, wenn sie ihre Funktionen und Tätigkeiten gut erfüllen; schlechte Leistungen führen dagegen zu Misstrauen und Skepsis (vgl. Mishler und Rose 2001). Das politische Vertrauen verkörpert in diesem Kontext eine Unterform des institutionellen Vertrauens und verweist auf Institutionen des politischen Systems (z. B. auf die Regierung oder das Parlament). Auch das Medienvertrauen ist in diesem Sinne als Unterform institutionellen Vertrauens zu verstehen.

Resümierend lässt sich für das vorliegende Kapitel also festhalten: Institutionenvertrauen meint die mehr oder weniger große Erwartung der Journalisten, dass die gesellschaftlichen Institutionen hinsichtlich ihrer zukünftigen Leistungen den subjektiv an sie gerichteten Ansprüchen gerecht werden (vgl. Hanitzsch et al. 2018). Ein hohes Vertrauen bringt dabei eine größere Fallhöhe mit sich – nämlich dann, wenn Erwartungen enttäuscht werden.

Journalisten und ihr Vertrauen in gesellschaftliche Institutionen

In breiten Teilen der westlichen Welt wird eine schleichende Erosion des Vertrauens in gesellschaftliche Institutionen beobachtet. Dies kann eine ganze Reihe von Gründen haben. Neben sozialen, politischen, kulturellen und wirtschaftlichen Ursachen werden oftmals auch die Medien als potenzielle Einflussfaktoren identifiziert. Verschiedene Forscher haben den Verdacht geäußert, dass eine von Sensation, Skandalen und Negativität geprägte Berichterstattung – vor allem des politischen Geschehens – eine Spirale des Zynismus bewirkt (Cappella und Jamieson 1997; Gross et al. 2004; Moy und Scheufele 2000). Journalisten stellen als Produzenten dieser Berichterstattung eine zentrale Vermittlungsinstanz zwischen Bevölkerung und Institutionen dar. Während die Beziehung zwischen Journalisten und Politikern oftmals von Zynismus und Misstrauen geprägt ist (Brants et al. 2010; van Dalen et al. 2011), sehen sich Journalisten aktuell unter anderem auch mit dem Vorwurf konfrontiert, in einem zu engen Verhältnis zur Politik zu stehen (vgl. Brodnig 2015; Dick 2015; Fiedler 2015; Zöchling 2016). Doch inwiefern schenken Journalisten den Politikern und den gesellschaftlichen Institutionen tatsächlich Vertrauen – und wovon wird dieses Vertrauen beeinflusst?

Hanitzsch und Berganza (2012, 2014) haben mit den Daten der ersten Welle der *Worlds of Journalism Study* international vergleichend das Vertrauen von Journalisten in gesellschaftliche Institutionen untersucht. Dabei zeigte sich u. a., dass Journalisten in Deutschland und der Schweiz deutlich mehr Vertrauen in ihre Regierungen haben als ihre Kollegen in Österreich (Hanitzsch und Berganza 2014). In ihrer Analyse stellen sie zudem fest, dass es Unterschiede im Vertrauen auf gesellschaftlicher, organisationaler und individueller Ebene gibt. Journalisten haben demnach mehr Vertrauen in die Politik, wenn sie in Ländern tätig sind, die durch Pressefreiheit, geringe Korruption und ein robustes soziales Vertrauen gekennzeichnet sind (vgl. Hanitzsch und Berganza 2012). Daneben zeigte sich, dass Journalisten im Hinblick auf das politische Vertrauen in vielen Ländern durchaus eine spezifische Gruppe darstellen und sich vom Bevölkerungsdurchschnitt systematisch unterscheiden: Journalisten interagieren mit gesellschaftlichen Institutionen in einer anderen Form als dies dem Durchschnittsbürger zumeist möglich ist. Aufgrund ihrer Tätigkeiten sind sie anderen Bedingungen ausgesetzt, sie machen andersartige Erfahrungen mit Institutionen und erhalten z. B. durch persönliche Beziehung mit offiziellen Stellen einen spezifischen Einblick in die Bedingungen, Entscheidungen und Funktionen von Institutionen. So zeigte sich die Tendenz, wonach es eher Journalisten in westlichen Ländern sind, wie z. B. in Deutschland oder der Schweiz, die ein höheres Vertrauen in die Politik zu Protokoll geben als der jeweilige Bevölkerungsdurchschnitt (vgl. Hanitzsch und Berganza 2014).

Journalisten sind in ihrem täglichen Arbeitsumfeld zudem in Organisationsstrukturen eingebunden. Daraus ergibt sich, dass auch ein Blick auf das Vertrauen der Journalisten nach Verbreitungsgebiet der Medien sowie deren Eigentümerschaft von Relevanz ist. Dahin gehend fanden Berganza, Herrero und Carratalá (2015) – jedenfalls für den spanischen Kontext – heraus, dass Journalisten bei überregionalen Medien etwas mehr Vertrauen in gesellschaftliche Institutionen haben als jene, die für lokale bzw. regionale Medien tätig sind. Zugleich stellten Berganza, Herrero und Arcila (2016) fest, dass spanische Journalisten bei kommerziellen TV-Kanälen stärker in die Regierung vertrauen, als ihre Kollegen in öffentlich-rechtlichen Medien. Im internationalen Vergleich konnten Hanitzsch und Berganza (2012) jedoch zeigen, dass Journalisten, die bei Medien im Staatsbesitz arbeiten, gesellschaftlichen Institutionen eher vertrauen als jene bei privaten und öffentlichen bzw. öffentlich-rechtlichen Medien.

Auch Rezeptionsstudien lassen darauf schließen, dass die Nutzung eines bestimmten Medientyps für das Vertrauen von Bedeutung ist. Putnam (2000) argumentiert, dass für die Erosion des öffentlichen Vertrauens in der US-amerikanischen Bevölkerung u. a. der zunehmende Fernsehkonsum verantwortlich ist. Becker und Whitney haben bereits 1980 festgestellt, dass Zeitungsleser politischen Institutionen mehr vertrauen als Fernseh-Zuschauer. Avery (2009) zeigt zudem, dass Rezipienten nach dem Zeitungslesen ein höheres politisches Vertrauen aufweisen. Diese Ergebnisse legen die Notwendigkeit nahe, bei der Analyse des Institutionenvertrauens der Journalisten (als Produzenten eben dieser Medieninhalte) die unterschiedlichen Medientypen im Blick zu behalten, da Studien entsprechende Unterschiede im journalistischen Vertrauen vermuten lassen.

Um diesen Fragen nachzugehen, wurden den Journalisten in Deutschland, Österreich und der Schweiz folgende Frage gestellt, um das journalistische Vertrauen in gesellschaftliche Institutionen zu erfassen: „Bitte sagen Sie mir auf einer Skala von 1 bis 5, wie groß Ihr Vertrauen in die folgenden Institutionen ist". Als Institutionen wurden das jeweilige nationale „Parlament", die „Regierung", die „politischen Parteien", „Politiker im Allgemeinen", das „Justizwesen", die „Polizei", das „Militär", „Gewerkschaften" sowie „Nachrichtenmedien" präsentiert. Jede Institution konnte auf einer fünfstufigen Skala von 1 („kein Vertrauen") bis 5 („vollstes Vertrauen") bewertet werden.

Tab. 7.1 zeigt die Ergebnisse des Ländervergleichs im Überblick. Diese offenbaren Unterschiede im Vertrauen in die einzelnen Institutionen sowie signifikante Unterschiede zwischen den Ländern. Insgesamt ist das Vertrauen in die gesellschaftlichen Institutionen unter deutschen, österreichischen und Schweizer Journalisten moderat. Im Dreiländervergleich wird jedoch deutlich, dass sich Österreich im Durchschnitt durch die niedrigsten und Deutschland durch die höchsten Vertrauenswerte auszeichnen (wenngleich immer noch auf nur moderatem Niveau).

Tab. 7.1 Journalistisches Vertrauen nach Land

	Journalistisches Vertrauen			
	N	%	MW	s
Deutschland				
Parlament	727	38,7	3,26	0,84
Regierung	730	29,0	3,06	0,84
Politische Parteien	730	9,3	2,56	0,78
Politiker im Allgemeinen	730	7,4	2,63	0,73

(Fortsetzung)

Tab. 7.1 (Fortsetzung)

	Journalistisches Vertrauen			
	N	%	MW	s
Justizwesen	733	62,1	3,60	0,81
Polizei	735	56,9	3,54	0,77
Militär	698	22,9	2,84	0,93
Gewerkschaften	735	31,0	3,06	0,87
Nachrichtenmedien	742	58,8	3,57	0,70
Österreich				
Parlament	708	26,6	2,97	0,84
Regierung	715	12,9	2,63	0,81
Politische Parteien	712	3,1	2,27	0,74
Politiker im Allgemeinen	713	3,2	2,41	0,71
Justizwesen	724	40,5	3,24	0,85
Polizei	723	31,5	3,04	0,88
Militär	696	17,8	2,63	0,93
Gewerkschaften	723	24,3	2,87	0,91
Nachrichtenmedien	724	44,5	3,35	0,74
Schweiz				
Parlament	895	37,1	3,22	0,73
Regierung	895	47,2	3,38	0,73
Politische Parteien	899	5,7	2,55	0,68
Politiker im Allgemeinen	899	6,5	2,64	0,66
Justizwesen	898	60,2	3,57	0,75
Polizei	899	48,1	3,39	0,78
Militär	894	20,4	2,72	0,95
Gewerkschaften	899	22,2	2,94	0,81
Nachrichtenmedien	899	45,6	3,38	0,67

Anmerkung: %=Anteil der Befragten, die „vollstes Vertrauen" und „viel Vertrauen" angegeben haben; Mittelwert auf einer Skala von 1 („kein Vertrauen") bis 5 („vollstes Vertrauen"). Mittelwert-Differenzen: Parlament – F=27,52 (p<0,001); Regierung – F=178,45 (p<0,001); Politische Parteien – F=38,61 (p<0,001); Politiker im Allgemeinen – F=25,26 (p<0,001); Justizwesen – F=47,10 (p<0,001); Polizei – F=73,39 (p<0,001); Militär – F=8,61 (p<0,001); Gewerkschaften – F=9,50 (p<0,001); Nachrichtenmedien – F=21,13 (p<0,001)

Vertrauen in politisch repräsentative Institutionen

Im vorliegenden Abschnitt wird nun das Vertrauen der Journalisten in politisch repräsentative Institutionen genauer betrachtet. Unter dieser Klasse von Institutionen sind jene zu verstehen, die spezifische politische Interessen vertreten. Dabei wird zunächst auf Regierung und Parlament als parteienstaatliche Institutionen, die im politischen Entscheidungsfindungsprozess eine zentrale Rolle spielen (Braun 2010), Bezug genommen. Anschließend wird auf das Vertrauen der Journalisten in politische Parteien und Politiker sowie in Gewerkschaften eingegangen.

Moderates Vertrauen in Regierung und Parlament

Beim Vertrauen in das Parlament und in die Regierung ergibt sich für die drei untersuchten Länder ein differenziertes Bild (vgl. Abb. 7.1). Deutsche und Schweizer Journalisten haben das meiste Vertrauen in das Parlament. Nur beim Regierungsvertrauen werden die Deutschen von den Schweizer Kollegen deutlich übertroffen (um immerhin 18 Prozentpunkte), die damit Spitzenreiter im Drei-Länder-Vergleich sind: So hat in der Schweiz annähernd jeder zweite Journalist „viel" bzw. „vollstes" Vertrauen in die Regierung (Bundesrat). In Deutschland tun dies nur knapp unter 30 %, während österreichische Journalisten im

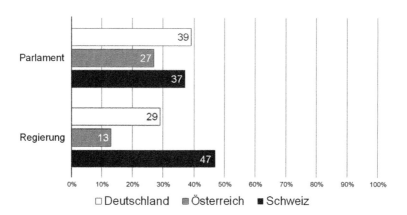

Abb. 7.1 Vertrauen in Regierung und Parlament. (Anmerkung: Anteile der Befragten, die mit „vollstes" und „viel Vertrauen" geantwortet haben. N = 727/730 (Deutschland); N = 708/715 (Österreich); N = 895 (Schweiz))

Ländervergleich der eigenen Bundesregierung mit knapp 13 % am skeptischsten gegenüberstehen (vgl. Abb. 7.1).

Berganza et al. (2015) konstatieren für den spanischen Kontext, dass das Vertrauen unter Journalisten, die bei überregionalen Medien arbeiten, höher ist. Die vorliegenden Daten legen nahe, dass sich dieses Bild auch für die von uns befragten Journalisten bestätigt. In allen drei Ländern sind es Journalisten, die bei nationalen bzw. überregionalen Medien tätig sind, die im Mittel zumeist ein höheres Vertrauen in die einzelnen repräsentativen Institutionen ausweisen als deren Kollegen bei lokalen bzw. regionalen Medien (vgl. Tab. A2.29 im Anhang). Diese Unterschiede sind freilich nur gering. Nur in Österreich ist diese Differenz in Bezug auf das Parlament signifikant.

Daneben zeigten bisherige Untersuchungen, dass Journalisten in Privatmedien mehr Vertrauen in die Regierung und das Parlament haben als ihre Kollegen in öffentlich-rechtlichen Medien (Berganza et al. 2016). Obgleich die Unterschiede in den vorliegenden Daten kaum signifikant ausfallen, zeigt sich die Tendenz, dass es in Österreich eher Journalisten des öffentlich-rechtlichen Radios sind, die den beiden Institutionen vertrauen (vgl. Tab. A2.28 im Anhang). In der Schweiz sind es hingegen jene des privaten Sektors. Obwohl die Unterschiede nur gering sind, vertrauen deutsche Journalisten beim öffentlich-rechtlichen Rundfunk eher dem Bundestag, während ihre Kollegen bei privaten Medien eher der Regierung vertrauen.

Mit Blick auf Unterschiede zwischen den Medientypen zeigt sich für unsere Befragten darüber hinaus, dass jene Journalisten, die bei Nachrichtenagenturen und Mediendiensten arbeiten, die höchsten Vertrauenswerte für das Parlament melden. Hier sticht Österreich mit für das Land vergleichsweise hohem Vertrauen hervor. So haben rund 44 % der österreichischen Journalisten aus Nachrichtenagenturen und Mediendiensten angegeben, „viel" bzw. „vollstes" Vertrauen in das österreichische Parlament zu besitzen. Neben Journalisten bei Nachrichtenagenturen und Mediendiensten haben auch deutsche Onlinejournalisten zu über 46 % „viel" bzw. „vollstes" Vertrauen in den Bundestag sowie mit rund 64 % der Schweizer Privatradio-Journalisten Vertrauen in die Regierung (vgl. Tab. A2.28 im Anhang).

Nach Putnam (1995) stehen Vertrauen und Kooperation in einem reziproken Prozess. Das Ausmaß des Vertrauens hängt demnach mit dem Grad der Kooperation zusammen. Daraus wurde die Vermutung abgeleitet, dass Politikjournalisten aufgrund der Nähe zur politischen Sphäre ein höheres Vertrauen in politische Institutionen haben als ihre Kollegen, die sich in der täglichen Arbeit anderen Themen widmen (z. B. Sport, Wirtschaft oder Lifestyle). Die Daten deuten, jedenfalls für das Parlamentsvertrauen, in diese Richtung: So schenken in Österreich Politikjournalisten dem Parlament mit 36 % (Andere: 28 %) und der Bundesregierung mit 15 % (Andere: 14 %) „viel" bzw. „vollstes" Vertrauen. Eine Tendenz, die sich auch in Deutschland finden lässt: „viel" bzw. „vollstes" Vertrauen in das Parlament haben dort 47 % (Andere: 39 %) sowie 31 % in die Regierung (Andere: 30 %). Während sich die Vermutung also für Österreich und Deutschland bestätigen lässt, weisen die Schweizer Journalisten ein anderes Muster auf. In der Schweiz geben Politikjournalisten an, weniger Vertrauen in das Parlament (30 %) zu hegen als jene, die in anderen Ressorts tätig sind (37 %). Selbiges trifft auch auf die Zustimmung zum Regierungsvertrauen zu (Politik: 39 %, Andere: 45 %). Dahin gehende Unterschiede können beispielsweise mit den verschiedenartigen Demokratisierungserfahrungen und demokratischen Strukturen in Zusammenhang stehen (Braun, 2010). Denn im Gegensatz zu Österreich und Deutschland folgt die Schweiz dem Konkordanzmodell, das auf Konsens und Interessenausgleich setzt. Ein Unterschied, der sich auch in der Ausgestaltung der Berichterstattung finden lässt (Engesser et al. 2014; Esser und Umbricht 2013).

Im Abgleich mit früheren Erhebungen aus den Jahren 2007/2008, bei denen allerdings nur 100 Journalisten pro Land befragt wurden, zeigt sich eine klare Tendenz zum Rückgang des Vertrauens in die Regierung und das Parlament unter Journalisten in den drei Ländern.[1] Der Rückgang ist am deutlichsten für das Vertrauen in das Parlament: in Deutschland von 52 auf 39 %, in Österreich von 48 auf 27 % sowie in der Schweiz von 48 auf 37 %. Ähnlich gestaltet sich die Situation für das Vertrauen in die Regierung. Die Anteile der Journalisten, die der Bundesregierung bzw. dem Bundesrat vertrauen, sind in Deutschland von 40 auf nunmehr 29 % und in der Schweiz von 64 auf 47 % geschrumpft. Österreich bildet dabei eine Ausnahme: Hier haben sich die Vertrauenswerte von acht Prozent im Jahr 2008 auf niedrigem Niveau in der Tendenz eher leicht erholt (auf 13 %) als einen deutlichen Rückgang zu verzeichnen (vgl. Tab. 7.1).

Anhand von Daten, die im Jahr 2016 durch das *European Social Survey* erhoben wurden, ist es möglich, einen direkten Vergleich zwischen Journalisten und Bevölkerung herzustellen.[2] Dabei zeigt sich, dass die Bevölkerung aller drei Länder ein eher moderates Vertrauen in das Parlament besitzt. Allerdings haben

---

[1]Die Daten wurden im Rahmen des Pilotprojekts zur späteren *Worlds of Journalism Study* erhoben. Es wurde auf eine ähnliche Skala zurückgegriffen. Aufgrund der geringen Stichprobe erhebt die Studie keinen Anspruch auf Repräsentativität.

[2]Im *European Social Survey* wurde das Vertrauen auf einer 11-Punkte-Skala von 0 („überhaupt kein Vertrauen") bis 10 („volles Vertrauen") erfasst. In der *Worlds of Journalism Study* wurde hingegen eine fünffach abgestufte Skala benutzt. Daher wurden beide Datensätze für einen Vergleich in einen Wertebereich von 0 („kein Vertrauen") bis 1 („vollstes Vertrauen") überführt.

Journalisten in Deutschland signifikant mehr Vertrauen in den Bundestag als die Bevölkerung (vgl. Tab. 7.2). In Österreich unterscheiden sich Journalisten diesbezüglich nicht systematisch von der Allgemeinheit. In der Schweiz begegnen Journalisten der Bundesversammlung mit signifikant mehr Misstrauen als der Durchschnitt der Bevölkerung.

Für das Vertrauen in die Regierung lässt das *European Social Survey* keinen Vergleich zu. Daher soll hier der *Global Trust Report* aus dem Jahr 2015 herangezogen werden. Demnach liegt das Regierungsvertrauen in der deutschen Bevölkerung mit 40 % elf Prozentpunkte über dem Anteil unter Journalisten. Ähnlich verhält es sich in Österreich, wo 36 % der Bevölkerung angegeben haben, der Regierung „voll und

Tab. 7.2 Institutionen-Vertrauen – Journalisten und Bevölkerung im Vergleich

	Journalisten			Bevölkerung			Mittelwert-Differenz		
	N	MW	s	N	MW	s	Wert	t	d
Deutschland									
Parlament	727	0,57	0,21	2804	0,52	0,24	0,05	5,13***	0,21
Politische Parteien	730	0,39	0,20	2810	0,41	0,22	−0,02	2,23*	0,09
Politiker im Allgemeinen	730	0,41	0,18	2835	0,41	0,23	0	0	0
Justizwesen	733	0,65	0,20	2827	0,61	0,25	0,04	4,01***	0,17
Polizei	735	0,64	0,19	2842	0,71	0,22	−0,07	7,90***	0,33
Österreich									
Parlament	708	0,49	0,21	1978	0,51	0,24	−0,02	1,96*	0,09
Politische Parteien	712	0,32	0,19	1983	0,39	0,24	−0,07	7,03***	0,31
Politiker im Allgemeinen	713	0,35	0,18	1990	0,39	0,24	−0,04	4,06***	0,18
Justizwesen	724	0,56	0,21	1993	0,64	0,23	−0,08	8,20***	0,36
Polizei	723	0,51	0,22	2003	0,71	0,22	−0,20	20,95***	0,91
Schweiz									
Parlament	895	0,56	0,18	1469	0,63	0,19	−0,07	8,86***	0,38
Politische Parteien	899	0,39	0,17	1460	0,52	0,19	−0,13	16,79***	0,71
Politiker im Allgemeinen	899	0,41	0,17	1479	0,54	0,19	−0,13	16,83***	0,71
Justizwesen	898	0,64	0,19	1492	0,67	0,21	−0,03	3,50***	0,15
Polizei	899	0,60	0,20	1519	0,72	0,19	−0,12	14,72***	0,62

Anmerkung: Variablen wurden in 0 = „kein Vertrauen" bis 1 = „vollstes Vertrauen" umcodiert. Bevölkerungsdaten beruhen auf den Daten des *European Social Survey* für 2016; die Fälle wurden mittels Post-stratification gewichtet. *p < 0.05; **p < 0.01; ***p < 0.001

ganz" bzw. „überwiegend" zu vertrauen. Dieser Anteil liegt deutlich über dem entsprechenden Prozentsatz unter österreichischen Journalisten. Die größte Differenz zwischen Journalisten und Bevölkerung ist für die Schweiz auszumachen, in der 71 % der Menschen ihr Vertrauen schenken, während dies nur für 47 % der Journalisten der Fall ist. Allerdings sind die Daten nur begrenzt vergleichbar, da im *Global Trust Report* nur eine vierfach abgestufte Skala verwendet wurde.

Skepsis gegenüber politischen Parteien und Politikern

Ein überaus geringes Vertrauen bringen die befragten Journalisten den politischen Parteien und Politikern entgegen (vgl. Abb. 7.2). Dies gilt vor allem für die österreichischen Journalisten: Jeweils nur drei Prozent haben angegeben, „viel" bzw. „vollstes" Vertrauen in Politiker und politische Parteien zu haben. Diese Skepsis ist in ähnlicher Weise auch in der Schweiz und in Deutschland gegeben. Interessant sind hierbei allen voran die erkennbaren Geschlechterunterschiede: Gleichwohl diese gering ausfallen, sind es in allen drei Ländern tendenziell eher die männlichen Journalisten, die Politikern ein etwas höheres Vertrauen aussprechen (vgl. Tab. A2.30 im Anhang).

Mit Blick auf die Eigentümerschaft wird deutlich, dass die deutschen Journalisten beim privaten Fernsehen ein höheres Vertrauen in politische Parteien und Politiker haben als deren Kollegen beim öffentlich-rechtlichen Fernsehen und privaten Radio. Sie stechen mit einem Wert von 16 % auch zwischen den Ländern durch

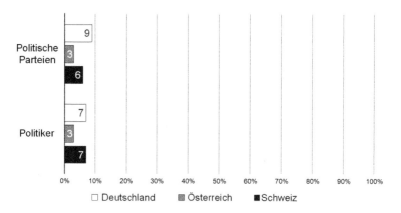

Abb. 7.2 Vertrauen in politische Parteien und Politiker. (Anmerkung: Anteile der Befragten, die mit „vollstes" und „viel Vertrauen" geantwortet haben. N = 730 (Deutschland); N = 712/713 (Österreich); N = 899 (Schweiz))

verhältnismäßig hohes Vertrauen hervor. Im direkten Vergleich ist besonders auffallend, dass in der Schweiz kein einziger Fernsehjournalist sowie keiner der österreichischen Journalisten des öffentlich-rechtlichen Radios angegeben hat, Politikern
„viel" bzw. „vollstes" Vertrauen zu entgegnen (vgl. Tab. A2.28 im Anhang).

Hinsichtlich des Politikervertrauens lohnt sich ebenfalls ein differenzierter Blick auf das Ressort. Denn hier sind es wiederum die Politikjournalisten in
Deutschland (14 %) und Österreich (7 %), die jeweils ein signifikant höheres Vertrauen in Politiker haben als deren Kollegen in anderen Ressorts (Deutschland:
6 %; Österreich: 3 %). Selbiger Trend zeigt sich auch für das Vertrauen in politische Parteien: In Deutschland (18 %; Andere: 8 %) sowie in der Tendenz leicht
auch in Österreich (7 %; Andere 3 %) stimmen Politikjournalisten eher zu, den
politischen Parteien zu vertrauen, als ihre Kollegen in anderen Ressorts. Anders
ist die Situation unter Schweizer Journalisten, wo sich keine deutlichen Unterschiede im Politikervertrauen (5 %; Andere: 8 %) bzw. Vertrauen in politische
Parteien (5 %; Andere: 7 %) finden lassen.

Im Abgleich mit Daten aus der früheren Erhebung zeigen sich kaum bedeut-
same Veränderungen im Zeitverlauf. Das bereits in den Jahren 2007 bzw. 2008
von den damals befragten Journalisten berichtete Vertrauen in Politiker und politische Parteien hat sich auf sehr niedrigem Niveau konsolidiert. Während das
Vertrauen in Politiker unter österreichischen Journalisten unverändert geblieben
ist, hat es bei deren deutschen Kollegen mit drei Prozentpunkten eine leichte Tendenz nach oben (von 4 auf 7 %) bzw. unter Schweizer Journalisten nach unten
gegeben (von 10 auf 7 %). Ähnliche Tendenzen sind für das Vertrauen in politische Parteien zu erkennen (in Deutschland von 3 auf 9 %, Österreich von 1 auf
3 % und in der Schweiz von 7 auf 6 %) (vgl. Tab. 7.1). Ein solch geringes Vertrauen ist dabei keineswegs ungewöhnlich. Auch international zeigt sich, dass
das journalistische Vertrauen in Politiker wie auch in politische Parteien im Vergleich zu anderen Institutionen am geringsten ausfällt (siehe weiter unten; vgl.
van Dalen et al. 2019). Zudem bestätigt dieses Ergebnis frühere Studien, wonach
die wechselseitige Wahrnehmung von Journalisten und Politikern eher von
Misstrauen und Skepsis geprägt ist (Brants et al. 2010; van Dalen et al. 2011).
Dieses Verhältnis kann u. a. auf wiederholtes Fehlverhalten und gegenseitige
Angriffe zurückgeführt werden. So hält *Reporter ohne Grenzen* für Österreich
fest, dass zunehmend verbale Attacken auf Journalisten seitens der Politiker
verzeichnet werden.[3] Es mag daher wenig überraschen, dass sich das angespannte
Verhältnis auch im Vertrauen der Journalisten niederschlägt.

---

[3]https://rsf.org/en/austria

Im Vergleich mit den Bevölkerungsdaten zeigt sich, dass Schweizer und österreichische Journalisten Politikern und politischen Parteien signifikant weniger Vertrauen entgegenbringen als die allgemeine Bevölkerung (vgl. Tab. 7.2). Hier sind es die Schweizer, die das höchste – wenngleich immer noch nur moderates – Vertrauen berichten. Die Österreicher sind am skeptischsten eingestellt, was auch auf die Journalisten zutrifft. In Deutschland liegen die Mittelwerte für Medienschaffende und die Bevölkerung nahe beieinander. Journalisten und die Allgemeinheit haben hier gleichermaßen geringes Vertrauen in Politiker und politische Parteien.

Insgesamt sind die hier berichteten Ergebnisse zum Vertrauen von Journalisten in Parteien und Politiker wenig überraschend. Diskussionen um politische Einflussnahmen im öffentlichen bzw. öffentlich-rechtlichen Rundfunk stehen regelmäßig auf der Tagesordnung. In Österreich ist die Situation besonders prekär. Hier hat die enge Bindung des Österreichischen Rundfunks (ORF) an Politiker und politische Parteien eine lange Tradition (Seethaler et al. 2017). Einflussnahmen wurden von Journalisten immer wieder zur Sprache gebracht und führen wiederholt zur Forderung nach mehr journalistischer Unabhängigkeit, insbesondere von parteipolitisch motivierten Entscheidungen. Ausdruck dessen war u. a. das von namhaften Journalisten der österreichischen *Zeit im Bild*-Redaktion im Jahr 2012 veröffentlichte Protestvideo.[4] Mit der „Lügenpresse"-Debatte kommt hinzu, dass sich Politiker verstärkt kritisch gegenüber Medien und Journalisten äußern, allen voran gegenüber dem öffentlich-rechtlichen Rundfunk. So hatte im Februar 2018 der damalige rechtskonservative Vize-Kanzler Österreichs, Heinz-Christian Strache (FPÖ), den ORF bezichtigt, Lügen und „Fake News" zu verbreiten (siehe z. B. Kazim 2018). Ein Vorfall, der auch in den Nachbarländern für Aufsehen sorgte und Befürchtungen um die Pressefreiheit schürt (siehe z. B. Padtberg 2018; Kellenberger 2018).

Rund ein Viertel der Journalisten vertraut den Gewerkschaften

Das Vertrauen in Gewerkschaften liegt in den drei Ländern zwischen 22 und 31 %. Der größte Unterschied, mit neun Prozentpunkten, besteht zwischen deutschen und Schweizer Journalisten. Österreichische und Schweizer Journalisten sind sich in dieser Hinsicht recht einig (vgl. Abb. 7.3).

---

[4]https://www.youtube.com/watch?v=o6SzZmMNfNg

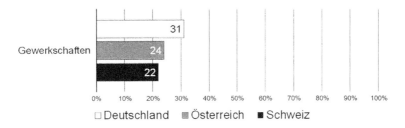

Abb. 7.3 Vertrauen in Gewerkschaften. (Anmerkung: Anteile der Befragten, die mit „vollstes" und „viel Vertrauen" geantwortet haben. N = 735 (Deutschland); N = 723 (Österreich); N = 899 (Schweiz))

Bezüglich des Verbreitungsgebiets zeigen sich nur in der Schweiz signifikante Unterschiede im Vertrauen: Hier haben Journalisten, die für nationale bzw. überregionale Medien arbeiten, öfter angegeben, den Gewerkschaften „viel" bzw. „vollstes" Vertrauen zu schenken; für Deutschland und Österreich ergeben sich hier kaum Unterschiede (vgl. Tab. A2.29 im Anhang). Im Hinblick auf die Eigentümerschaft der Medien zeigt sich allerdings, dass Journalisten bei Privatmedien weniger Vertrauen in Gewerkschaften hegen als deren Kollegen in öffentlich-rechtlichen Anstalten. So ergibt sich beispielsweise für Deutschland die Tendenz, dass Journalisten des öffentlich-rechtlichen Rundfunks jeweils rund zehn Prozentpunkte mehr Vertrauen in Gewerkschaften haben als jene bei den entsprechenden privaten Pendants (vgl. Tab. A2.28 im Anhang). In der Schweiz und in Österreich haben Onlinejournalisten jeweils um die 30 % das größte Vertrauen, wobei dieses auch unter österreichischen Radiojournalisten in einem ähnlichen Bereich rangiert.

Im Zeitverlauf lässt sich feststellen, dass das Vertrauen in Gewerkschaften unter Journalisten in Österreich relativ stabil geblieben ist (2008: 25 %). In Deutschland und der Schweiz hat sich die Situation gegenläufig entwickelt. Während unter deutschen Journalisten das Vertrauen in Gewerkschaften seit 2007 sprunghaft angestiegen ist (von 9 auf 31 %), ist es in der Schweiz tendenziell eher zurückgegangen (von 28 auf 22 %).

Vertrauen in regulative Institutionen

Das Vertrauen in gesellschaftliche Institutionen erstreckt sich nicht nur auf politisch repräsentative Institutionen, sondern auch auf jene, die implementierend bzw. regulierend agieren. Als regulative Institutionen werden u. a. das Gerichtswesen bzw. die Justiz, die Polizei sowie das Militär verstanden. Dabei handelt es

sich um rechtsstaatliche Institutionen, die für die Implementierung von Gesetzen
und Richtlinien sorgen (Braun 2010; Walter-Rogg 2005). Politikwissenschaftliche
Studien haben gezeigt, dass die Bevölkerung in demokratischen Gesellschaften
diesen regulativen Institutionen insgesamt ein höheres Vertrauen entgegenbringt,
während das Vertrauen in repräsentative Institutionen verhältnismäßig niedrig
ist (Fuchs et al. 2002; Klingemann 1999; Walter-Rogg 2005). Ein Grund für das
stärkere Vertrauen in regulative Institutionen ist mithin in der weniger abstrakten
– und damit vor allem bürgernahen – Form des staatlichen Handelns zu sehen,
das sich in rechtsstaatlichen Institutionen widerspiegelt (Braun 2010). Zudem
geraten Individuen mit diesen Institutionen eher in Kontakt und können demgemäß persönliche Erfahrungen mit ihnen machen.

Die vorliegenden Daten bestätigen diesen Zusammenhang auch für den journalistischen Kontext. Dass vor allem das Vertrauen in die Polizei und in die
Gerichte bzw. das Justizsystem in den drei Ländern verhältnismäßig hoch ist,
scheint daher naheliegend. Im Ländervergleich ist das Vertrauen in regulative Institutionen unter den deutschen Journalisten am höchsten, in Österreich dagegen
erneut am geringsten (vgl. Abb. 7.4).

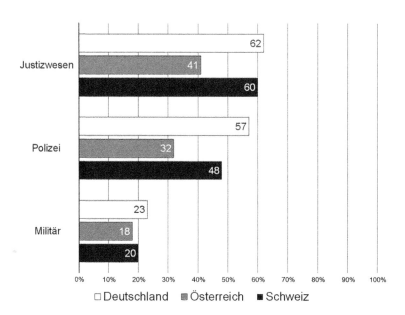

Abb. 7.4 Vertrauen in regulative Institutionen. (Anmerkung: Anteile der Befragten,
die mit „vollstes" und „viel Vertrauen" geantwortet haben. N = 698–735 (Deutschland);
N = 696–724 (Österreich); N = 894–899 (Schweiz))

Verstärkt Vertrauen in Justiz und Polizei

Betrachtet man die regulativen Institutionen einzeln, so zeigt sich, dass in allen drei Ländern das Vertrauen in das Justizwesen besonders hoch ausfällt. So geben in Deutschland und in der Schweiz jeweils rund 60 % der befragten Journalisten an, über „viel" bzw. „vollstes" Vertrauen zu verfügen; in Österreich ist dieses mit über 40 % für österreichische Verhältnisse ebenfalls verhältnismäßig hoch (vgl. Abb. 7.4). Ein beachtenswerter Unterschied zeigt sich im Vergleich des Vertrauens in die Justiz nach privatem und öffentlich-rechtlichem Rundfunk. Deutsche Journalisten, die für den öffentlich-rechtlichen Rundfunk arbeiten, tendieren eher dazu, dem Justiz- und Gerichtswesen zu vertrauen als ihre Kollegen bei privaten Rundfunk-Anbietern; die Differenz liegt bei rund neun Prozentpunkten. Ähnlich verhält es sich unter den Journalisten des Hörfunks in Österreich und in der Schweiz (vgl. Tab. A2.28 im Anhang). Ein Grund für das höhere Vertrauen in das Justiz- und Gerichtswesen unter Journalisten im öffentlich-rechtlichen Rundfunk könnte in den juristischen Bestrebungen liegen, diesen Sektor zu schützen. So hat das deutsche Bundesverfassungsgericht in einer Entscheidung von 2014 striktere Regelungen für die Politikferne in den Aufsichtsgremien der öffentlich-rechtlichen Anstalten beschlossen und gesetzlich im Rundfunkänderungsstaatsvertrag festgeschrieben.[5] Auch wenn derartige Entscheidungen in der Praxis nicht immer einwandfrei umgesetzt werden, setzt die Justiz damit ein Zeichen für die journalistische Unabhängigkeit und gegen politischen Einfluss.

Auch im Hinblick auf die Polizei ist Österreich um 25 bzw. 16 Prozentpunkte von Deutschland und der Schweiz abgeschlagen, wo jeweils rund die Hälfte der Befragten angegeben hat über „viel" bzw. „vollstes" Vertrauen in die Polizei zu verfügen (vgl. Abb. 7.4). Interessant ist dabei, dass in Österreich und Deutschland jene Journalisten, die für lokale bzw. regionale Medien arbeiten, signifikant mehr Vertrauen in die Polizei haben als ihre Kollegen in überregionalen Medien. Dagegen lässt sich für die Schweizer Journalisten kaum ein Unterschied im Vertrauen nach dem Verbreitungsgebiet des Mediums erkennen (vgl. Tab. A2.29 im Anhang).

Vergleicht man die Vertrauenswerte für die Justiz und Polizei mit älteren Befragungen, so zeigt sich, dass diese Institutionen unter Journalisten in allen drei Ländern an Vertrauen eingebüßt haben. Das Justizwesen hat in Deutschland (2007: 74 %) und der Schweiz (2008: 77 %) um zwölf bzw. 17 Prozentpunkten an Vertrauen

---

[5]Vgl. Gesetz über die Zustimmung zum Siebzehnten Staatsvertrag zur Änderung rundfunkrechtlicher Staatsverträge vom 11. November 2015 (Amtsbl. I S. 903).

verloren; in Österreich hat es sich sogar halbiert (2008: 82 %). Trotz dieser Verluste ist das Rechtswesen aktuell dennoch jene Institution, der das höchste Vertrauen entgegengebracht wird. Nicht ganz so dramatisch fallen hingegen die Vertrauensverluste für die Polizei aus. Der schwächste Rückgang zeigt sich für Deutschland: hier gaben 2007 rund 62 % der befragten Journalisten an, dem Polizeiwesen zu vertrauen, was in der Tendenz eher einem leichten Verlust von fünf Prozentpunkten entspricht. In der Schweiz haben Journalisten 14 und in Österreich neun Prozentpunkte eingebüßt (von ursprünglich 62 bzw. 41 % in 2008).

Das vergleichsweise robuste Vertrauen von Journalisten in die Polizei und das Justizwesen steht im Einklang mit Publikumsbefragungen. Der *European Social Survey* von 2016 weist für die Bevölkerung in Deutschland, Österreich und der Schweiz ein recht hohes Vertrauen in die Justiz aus. Im Abgleich unserer Ergebnisse mit Publikumsumfragen deuten sich für die drei Länder zum Teil jedoch gegenläufige Entwicklungen an (vgl. Tab. 7.2). Während Journalisten in Österreich und der Schweiz signifikant weniger Vertrauen in das Justizwesen haben als die Bevölkerung, ist der Saldo unter deutschen Journalisten positiv. Gemeinsamkeiten zeigen sich hingegen für das Vertrauen in die Polizeiorgane. Hier sind es in allen drei Ländern die Bürger, die mehr Vertrauen haben. In dieser Hinsicht unterscheidet sich die Bevölkerung erheblich von den Journalisten.

Wenig Vertrauen in das Militär

Im Vergleich zum Vertrauen in Justiz und Polizei ist das Vertrauen in das Militär in allen drei Ländern deutlich abgeschlagen. Hier unterscheiden sich die Schweiz und Österreich allerdings kaum vom großen Nachbarn Deutschland, wo immerhin 23 % der Journalisten Vertrauen in die Bundeswehr haben (vgl. Tab. 7.1). Bei genauerer Betrachtung ist erkennbar, dass Journalisten in lokalen bzw. regionalen Medien ein zum Teil signifikant höheres Vertrauen in das Militär haben als ihre Kollegen bei überregionalen Medien. Interessant ist zudem, dass Schweizer Journalisten beim privaten Rundfunk und bei Online-Medien der Armee verhältnismäßig viel Vertrauen entgegenbringen (vgl. Tab. A2.28 im Anhang). Auch hier wird im Geschlechtervergleich deutlich, dass es wiederum die Männer sind, die sich gegenüber den regulativen Institutionen in der Tendenz insgesamt leicht als vertrauensvoller erweisen. Denn im Gegensatz zu den Journalistinnen geben diese besonders in Österreich häufiger an, über „viel" bzw. „vollstes" Vertrauen zu verfügen. Einzige Ausnahme ist die Schweiz: Hier sind Männer und Frauen in etwa gleichauf (vgl. Tab. 2.30 im Anhang).

Ähnlich zu den beiden anderen regulativen Institutionen muss auch das Militär einen Vertrauensverlust hinnehmen. Seit 2007 ist das Vertrauen in die Bundeswehr unter den deutschen Journalisten um elf Prozentpunkte gesunken (2007: 34 %). Der größte Vertrauensverlust zeigt sich erneut in Österreich. Hier ist das Vertrauen in das Bundesheer unter Journalisten um rund 25 Prozentpunkte gefallen (2008: 43 %). Im Zeitvergleich erweist sich nur in der Schweiz das Vertrauen in das Militär als stabil (2008: 20 %).

Interessant ist, dass Journalisten in allen drei Ländern deutlich weniger Vertrauen in den Militärapparat haben als die allgemeine Bevölkerung. Trotz der geringen gesellschaftlichen Wertschätzung der Bundeswehr sowie anhaltend negativer Berichterstattung über ihre Einsatzfähigkeit haben immerhin 55 % der Deutschen angegeben, der Bundeswehr „voll und ganz" bzw. „überwiegend" zu vertrauen (Fogarty 2015; Global Trust Report 2015). Zugleich zeigt der *Global Trust Report,* dass auch in Österreich (51 %) und der Schweiz (66 %) im Jahr 2015 mehr als jeder Zweite Vertrauen in das Militär bzw. die Armee hat.

Vertrauen in Nachrichtenmedien

Wie zuvor bereits festgehalten wurde, kann das Vertrauen in Medien als Unterform des Institutionenvertrauens betrachtet werden. Hanitzsch et al. (2018) definieren dieses als die Bereitschaft des Publikums, sich auf Nachrichteninhalte zu verlassen, in der Erwartung an eine zufriedenstellende Leistung der Medien. Interessant ist in diesem Kontext die Frage, ob und inwiefern die Journalisten selbst den Medien vertrauen und inwieweit sich diese Binnenperspektive von der Wahrnehmung durch das Publikum unterscheidet. Abb. 7.5 verdeutlicht, dass

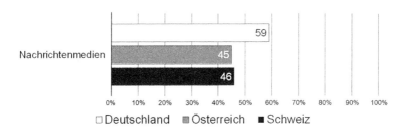

Abb. 7.5 Vertrauen in Medien. (Anmerkung: Anteile der Befragten, die mit „vollstes" und „viel Vertrauen" geantwortet haben. N = 742 (Deutschland); N = 724 (Österreich); N = 899 (Schweiz))

Journalisten in den drei Ländern dem eigenen Berufszweig durchaus Vertrauen entgegenbringen. Deutsche Journalisten haben mit 59 % ein signifikant höheres Vertrauen in Nachrichtenmedien als ihre österreichischen und Schweizer Kollegen (vgl. auch Tab. 7.1).

Im Zeitvergleich ist das Medienvertrauen der Journalisten in Österreich (2008: 42 %), Deutschland (2007: 56 %) und der Schweiz (2008: 48 %) recht stabil geblieben. Damit weisen die Daten der Journalistenbefragung durchaus Parallelen zu den jeweiligen Bevölkerungen auf. Der *Digital News Report* von 2016 zeigt, dass rund jeder zweite Deutsche (52 %) und Schweizer (50 %) angibt, den Nachrichten meistens zu vertrauen (Hasebrink und Hölig 2016; Schranz et al. 2016);[6] in Österreich berichten rund 43 % der Befragten, den Nachrichten zu vertrauen (Sparviero und Trappel 2016). Ähnliche Daten weist auch der *Global Trust Report* aus dem Jahr 2015 aus: In Deutschland (47 %), Österreich (44 %) und der Schweiz (58 %) hat die Bevölkerung „überwiegend" bzw. „voll und ganz" Vertrauen in die „Medien (TV, Radio, Zeitung)". Damit spiegeln die Bevölkerungsdaten ein ähnliches Vertrauensmuster wie unter Journalisten wieder.

Eine differenzierte Betrachtung der einzelnen Medientypen liefern dabei Schultz et al. (2017) für den deutschen Kontext. Basierend auf einer repräsentativen Publikumsumfrage aus dem Jahr 2016 zeigen die Autoren, dass die Deutschen relativ viel Vertrauen in Tageszeitungen und das öffentlich-rechtliche Fernsehen haben: Insgesamt 66 bzw. 69 % der Befragten haben angegeben, diese beiden Medientypen für „eher" oder „sehr glaubwürdig" zu halten. Private Fernsehkanäle sind mit 21 % hingegen recht weit abgeschlagen. Diese Ergebnisse spiegeln sich zum Teil auch in der Selbstbewertung der von uns befragten Journalisten. So haben deutsche Journalisten bei Zeitungen und beim öffentlich-rechtlichen Fernsehen mit 72 bzw. 58 % recht großes Vertrauen in die Berichterstattung, während dieser Anteil unter den Fernsehjournalisten nur bei 42 % liegt.

Vertrauen im internationalen Vergleich

Für eine Einordnung der hier referierten Ergebnisse bietet sich ein Vergleich mit den internationalen Befunden der *Worlds of Journalism Study* an. Hierfür liegen Daten für insgesamt 52 Länder vor (van Dalen et al. 2019).[7] Auch international zeigt sich der Trend, der bereits für Deutschland, Österreich und

---

[6]Formulierung des Frage-Statements: „Most of the time I trust… the news".

[7]Vgl. auch http://www.worldsofjournalism.org/data/data-and-key-tables-2012-2016/.

die Schweiz identifiziert wurde: Regulative Institutionen genießen weltweit ein höheres Vertrauen als repräsentative Institutionen. Insgesamt ist das Vertrauen allerdings eher moderat bis skeptisch. Deutschland, Österreich und die Schweiz zählen jedoch zu jenen Ländern, in denen Journalisten eher mehr Vertrauen in gesellschaftliche Institutionen hegen. Dies trifft im Übrigen auch auf die restlichen Länder innerhalb des demokratisch-korporatistischen Modelltyps zu (Hallin und Mancini 2004). Innerhalb dieser Ländergruppe ist es jedoch erneut Österreich, das sich am unteren Rand des Spektrums bewegt. Dieses wird hingegen häufig von der Schweiz angeführt (gemeinsam mit Belgien und Schweden). Hinsichtlich des Regierungsvertrauens nimmt die Schweiz im internationalen Ranking den fünften Platz ein. Das Vertrauen in die jeweiligen nationalen Parlamente sowie in Gewerkschaften bewegt sich im internationalen Vergleich in allen drei Ländern eher im Mittelfeld, während es im Hinblick auf das Vertrauen in politische Parteien und Politiker im unteren Bereich liegt. Dennoch zeigt sich insgesamt, dass die entsprechenden Kennwerte in den Ländern des mediterranen Systemtyps (z. B. Portugal und Spanien) sowie des liberalen Modells (z. B. Großbritannien und die USA) jeweils darunter rangieren. Lediglich in jungen Demokratien und Transformationsgesellschaften (z. B. Bulgarien und Kosovo) ist das Vertrauen in politisch repräsentative Institutionen noch niedriger.

Das Vertrauen in regulative Institutionen erweist sich dagegen nicht nur zwischen den drei Ländern, sondern auch international als überaus differenziert. Dennoch zeigt sich, dass Journalisten in demokratischen Gesellschaften hier ein tendenziell positiveres Bild pflegen, besonders hinsichtlich des Vertrauens in die Polizei. Hier steht das Vertrauen der deutschen Journalisten an vierter Stelle in der Weltrangliste. Die Schweiz und Österreich bewegen sich dagegen eher im Mittelfeld. Selbiges trifft auch für das Vertrauen in das Gerichtswesen und in das Militär zu. Hinsichtlich des Vertrauens in die Justiz befinden sich Deutschland und Schweiz allerdings mit den Plätzen sieben und acht im weltweiten Vergleich am oberen Rand des Vertrauensspektrums.

Unter allen Institutionen sind es international betrachtet die Nachrichtenmedien, denen von den untersuchten Journalisten das meiste Vertrauen entgegnet wird. Hierbei stechen Griechenland (6 %) und Südkorea (7 %) weit abgeschlagen mit dem niedrigsten Vertrauen hervor. Deutschland befindet sich dagegen unter den Spitzenreitern, während Österreich und die Schweiz im Mittelfeld rangieren. Erklärungen für diese Unterschiede und Gemeinsamkeiten finden sich beispielsweise in der Ausgestaltung des politischen Systems oder auch in dem herrschenden Grad an Pressefreiheit und dem Ausmaß an Korruption (vgl. Hanitzsch und Berganza 2012).

Fazit

Insgesamt zeigen die Ergebnisse, dass Journalisten in Deutschland, Österreich und der Schweiz den Institutionen in ihren Gesellschaften eher mit Skepsis als mit blindem Vertrauen begegnen. Die Daten legen einerseits Unterschiede zwischen Journalisten in den einzelnen Ländern offen: Deutsche Journalisten haben das meiste, wenngleich auch nur ein moderates Vertrauen in gesellschaftliche Institutionen, während österreichische Journalisten am skeptischsten sind. Die Schweiz bewegt sich zumeist im Mittelfeld, auch wenn sie hier und da zwischen Deutschland und Österreich hervorsticht (wie u. a. der internationale Vergleich zeigt). Gründe für diese Länderunterschiede können durch verschiedene Kontextfaktoren bedingt sein, wie die jeweils unterschiedlichen Demokratisierungserfahrungen (vgl. Braun 2010) und die konkrete Ausgestaltung demokratischer Prozesse und Institutionen. So dominieren in der Schweiz die Prinzipien von Konkordanz und Interessenausgleich; Österreich ist dagegen eher mehrheitsdemokratisch ausgerichtet, und Deutschland vereint beide, oft widersprüchliche Merkmale. Diese Unterschiede zwischen den politischen Systemen schlagen sich – das zeigt die inhaltsanalytische Forschung – auch in der Berichterstattung der jeweiligen Länder nieder (Engesser et al. 2014; Esser und Umbricht 2013).

Gleichzeitig verdeutlichen die Ergebnisse die Notwendigkeit einer differenzierten Betrachtung der einzelnen Vertrauensobjekte bzw. Institutionen. Denn während Journalisten in Deutschland, Österreich und der Schweiz manchen Institutionen ein besonders niedriges Vertrauen entgegenbringen (z. B. Politikern und politischen Parteien), genießen andere Strukturen, allen voran die Justiz, ein verhältnismäßig hohes Maß an Vertrauen. Im Hinblick auf die politischen Institutionen konnte gezeigt werden, dass der grundlegende Trend, repräsentativen Institutionen weniger zu vertrauen als regulativen (Walter-Rogg 2005), auch unter Journalisten verbreitet ist. Daraus kann geschlussfolgert werden, dass Journalisten die institutionellen Tätigkeiten und Leistungen zwar kritisch betrachten, zugleich aber die grundlegenden Prinzipien, also die Leitidee des demokratischen Systems, nicht infrage stellen. Dies bezeugt vor allem das Vertrauen in das Parlament und in die Regierung, das in allen drei Ländern und über alle untersuchten Gruppen hinweg vergleichsweise hoch ausfällt. Anders ist dies bei den Repräsentanten dieser Institutionen bzw. spezifischer politischer Interessen. Die Antworten der Journalisten machen auf dramatische Weise deutlich, dass Politiker und politische Parteien auch unter Journalisten in allen drei Ländern recht wenig Vertrauen genießen. Von allen Institutionen und Personengruppen stehen die Journalisten insbesondere den Politikern am misstrauischsten gegenüber. Dieses Ergebnis entspricht Studien, die ein eher skeptisches und zynisches Verhältnis zwischen Journalisten und Politikern festmachen konnten (Brants et al. 2010). Dies muss nicht unbedingt eine schlechte Nachricht sein. Denn auch wenn ein hinreichendes Vertrauen in gesellschaftliche Institutionen essenziell für das Funktionieren demokratischer Systeme ist (Mishler und Rose 2001), so wäre blindes Vertrauen ebenso dysfunktional (Braun 2010). Gerade für Qualitätsjournalismus ist eine gesunde Skepsis konstitutiv und hilft Journalisten, ihre Aufgabe als kritische Kontrollinstanz zuverlässig zu erfüllen (Brants et al. 2010; Schudson 1999; van Dalen 2012).

Nina Steindl ist seit 2014 wissenschaftliche Mitarbeiterin am Institut für Kommunikationswissenschaft und Medienforschung der LMU München. Ihr Studium der Publizistik- und Kommunikationswissenschaft sowie der Kultur- und Sozialanthropologie absolvierte sie 2011 an der Universität Wien. Derzeit promoviert sie zum Thema des politischen Vertrauens von Journalisten.

Professionelle Ethik

Vinzenz Wyss und Filip Dingerkus

Einleitung

Wie selten zuvor haben im letzten Jahrzehnt sich häufende Medienskandale so manche medienethische Debatte ausgelöst. Erinnert sei etwa an die fiktiven Interviews des Schweizer Journalisten Tom Kummer oder an die *Spiegel*-Affäre rund um den Fall Claas Relotius, Bilder aus Österreich von dem Lastwagen am Autobahnrand, der zur Todesfalle für 71 Flüchtlinge wurde, oder an die *Bild*-Zeitung, die im November 2000 irrtümlicherweise über die vermeintliche Ermordung eines kleinen Jungen durch Neonazis im ostdeutschen Sebnitz berichtete. Medienkritische Debatten werden geführt, seit es Journalismus gibt. Neu ist allerdings, dass das öffentliche Glaubwürdigkeitsrisiko des Journalismus vor dem Hintergrund des Bedeutungs- und Vertrauensverlusts der Medien problematisiert wird.

Dem zunehmenden Medienskeptizismus soll unter anderem mit Transparenz hinsichtlich der journalistischen Entscheidungsprozesse begegnet werden. Dies schließt auch das aktive Kommunizieren berufsethischer Normen ein. So wurde das Transparenzgebot vor wenigen Jahren in die überarbeitete Version des Ethikkodex der Society of Professional Journalists aufgenommen. Dort heißt es unter dem Titel „Be accountable and transparent": „Explain ethical choices and processes to audiences" (SPJ 2014). Trotz des gegenwärtigen Wandels im Journalismus dürften die grundlegenden Normen und Werte der Journalismusethik

V. Wyss (✉) · F. Dingerkus
ZHAW Zürcher Hochschule für Angewandte Wissenschaften, Winterthur, Schweiz
E-Mail: vinzenz.wyss@zhaw.ch

F. Dingerkus
E-Mail: filip.dingerkus@zhaw.ch

© Springer Fachmedien Wiesbaden GmbH, ein Teil von Springer Nature 2019   187
T. Hanitzsch et al. (Hrsg.), *Journalismus in Deutschland, Österreich und der Schweiz*, Studies in International, Transnational and Global Communications,
https://doi.org/10.1007/978-3-658-27910-3_8

bestehen bleiben. Es kommen aber neue Anforderungen hinzu. Für den Medienethiker Bernhard Debatin (2017) betrifft dies neben der Verpflichtung auf Transparenz auch eine Stärkung der Individualethik sowie eine Erhöhung der Medienkompetenz auf Publikumsseite.

Im vorliegenden Kapitel wird der Frage nachgegangen, ob und inwiefern sich die in der *Worlds of Journalism Study* befragten Journalisten in den drei deutschsprachigen Ländern eher an einer berufskulturellen Pflichtethik oder eher an einer Situations- oder Individualethik orientieren. Halten sie sich also an bestimmte professionelle Regeln, wie sie beispielsweise in nationalen oder internationalen Journalistenkodizes festgeschrieben sind? Oder sind sie der Ansicht, dass es jeweils von der konkreten Situation oder gar vom eigenen Ermessen abhänge, was im Journalismus ethisch vertretbar ist? Bei der Beantwortung dieser Fragen soll auch geklärt werden, ob sich die Journalisten der deutschsprachigen Länder im internationalen Vergleich unterscheiden, ob es medientypspezifische Unterschiede gibt oder ob die Ausprägungen eines Idealismus (Berufs- und Pflichtethik) oder eines Relativismus (Situations- und Individualethik) von persönlichen Merkmalen wie Geschlecht oder Bildung abhängen.

Ethik im Journalismus bezeichnet die systematische Reflexion über das moralische Handeln von Journalisten; sie fragt nach den Prinzipien guten Handelns und wie diese zu begründen sind (Thomaß 2016). Die Verantwortung für journalistische Entscheidungen setzt jedoch nicht nur auf der individuellen Ebene der Journalisten an; vielmehr ist von einer „gestuften Verantwortung" (Funiok 2002, S. 48 ff.) auszugehen und als weitere Verantwortungsbereiche mindestens die Organisations- und Professionsethik zu berücksichtigen (Wyss et al. 2012). Insbesondere letztere ist hier relevant, weil sie sich an ethischen Standards der Profession orientiert, welche von Berufsverbänden kodifiziert werden und den Journalisten Orientierungsmöglichkeiten „für ethisch möglichst nicht konfligierendes journalistisches Handeln" liefern sollen (Pürer 2015, S. 92).

Es soll des Weiteren deutlich gemacht werden, dass es in der journalistischen Praxis auch Situationen gibt, in denen sich Werte widersprechen können. Der nach Universalität strebenden Pflichtethik wird deshalb eine utilitaristische Ethik entgegengesetzt, welche auch die erwartbar möglichen Folgen des journalistischen Handelns berücksichtigt und die sogenannte Güterabwägung zum Prinzip medienethischen Handelns macht. Das Ziel des vorliegenden Kapitels besteht darin, in Erfahrung zu bringen, ob Journalisten in Deutschland, Österreich und der Schweiz eine an sich idealistische Pflichtethik (Idealismus) und eine relativistische Situationsethik (Relativismus) als einander ausschließende Alternativen auffassen oder ob für sie ein Festhalten an berufsethischen Prinzipien wie auch zugleich ein Abrücken davon zugunsten erwünschter Wirkungen einen Widerspruch darstellt.

Ethische Ideologien zwischen Relativismus und Idealismus

Untersuchungen zum Stellenwert ethischer Normen in der journalistischen Praxis genießen in der Journalismusforschung seit Ende der 1980er Jahren zunehmende Aufmerksamkeit. Dies mag damit zusammenhängen, dass immer häufiger auftretende Medienaffären Anlass zu Diskussionen über die Gültigkeit berufskultureller ethischer Maßstäbe und Standards gaben. Von einem „Ethikbedarf" sprachen schon Haller und Holzhey (1992), als etwa in Deutschland spektakuläre journalistische Fehlleistungen wie das Geiseldrama Gladbeck, die Barschel-Affäre oder die Fälschungen von Tom Kummer über die Journalistenszene hinaus Kopfschütteln auslösten und „die Methoden von Journalisten und Medien […] zum öffentlichen Glaubwürdigkeitsrisiko" werden ließen (Weischenberg et al. 2006, S. 167). Bis heute lassen Verletzungen des Persönlichkeitsschutzes und der Unschuldsvermutung insbesondere in der Kriminalberichterstattung Fragen zur journalistischen Verantwortung in solchen Fällen aufkommen: Wie steht es um die Moral von Journalisten und inwiefern sind diese persönlich verantwortlich für ihr Handeln?

Ein jüngstes Beispiel ist die Berichterstattung rund um den Vierfachmord im Schweizerischen Rupperswil, die auch im angrenzenden Ausland mediale Aufmerksamkeit auf sich zog. Eine Journalistin der *NZZ am Sonntag* reflektierte wenige Stunden vor dem Gerichtsprozess über die Art und Weise, wie weit Journalisten in der Berichterstattung über das grauenvolle Verbrechen gehen sollen: „Es ist ein Balanceakt zwischen der Pflicht zur Information und dem Stillen von Sensationsgier" (Brand 2018). Die Journalistin fragt danach, wie groß der Anspruch der Öffentlichkeit auf Information sei und wie detailliert das Grauen wiedergegeben werden müsse. Aber auch, inwieweit es ihre Aufgabe sei, „die Öffentlichkeit gleichzeitig vor den schrecklichen Details zu bewahren – weil sie kaum zu ertragen" seien und wie viel Wahrheit für die Angehörigen der Opfer zumutbar sei, „deren privatestes Leid erneut an die Öffentlichkeit gezerrt wird" (Brand 2018).

Genau dieser Akt der Reflexion, dieses „Nachdenken über unsere (moralisch bedingten und moralisch zu bewertenden) Handlungen" (Pürer 2015, S. 89), meint das, was mit dem Begriff Ethik bezeichnet wird; also die systematische Reflexion über das moralische Handeln von Menschen in ihrem Zusammenleben, die „Lehre von den sittlichen Werten und Forderungen, eine Morallehre, die einer ‚praktischen Philosophie' vergleichbar ist" (Pürer 2015, S. 89). Ethik im Journalismus meint also die systematische Reflexion über das moralische Handeln von Journalisten bzw. journalistischer Organisationen. Sie fragt nach den

Prinzipien guten Handelns und wie diese zu begründen sind (Thomaß 2016). Sie fragt aber auch nach konkreten Zwängen, die einer moralisch bewerteten Entscheidung zugrunde liegen (Pörksen 2005). Außerdem zielt sie auf die konkrete Umsetzung, indem sie Hilfestellungen zum verantwortungsvollen Handeln in der journalistischen Praxis liefert, dort professionelle Regeln, Normen und Standards präzisiert und so als Steuerungsressource auch der Orientierung der journalistischen Akteure dient (Debatin 1997). Neben dem Recht und dem Markt wirkt die Steuerungsressource Ethik gleichsam von innen: „Sie ist eine Frage individueller Bereitschaft, eigener Einsicht und reflektierter Entscheidungen bei faktisch gegebenen Wahlmöglichkeiten" (Pörksen 2005, S. 211).

Ethik als Instrument der Selbstbindung und damit die – systemtheoretisch inspirierte – Betonung der Innensteuerung gegenüber einer Außensteuerung durch marktliche Nutzenerwägungen oder rechtliche Vorgaben impliziert jedoch nicht, dass die Verantwortung für journalistische Entscheidungen bloß auf der individuellen Ebene der Journalisten anzusetzen hat. Vielmehr hat es sich in der Journalistik weitgehend durchgesetzt, von einer „gestuften Verantwortung" (Teichert 1996, S. 763) zu sprechen und mindestens drei Verantwortungsbereiche zu unterscheiden (vgl. auch Pörksen 2005; Stapf 2006; Wyss et al. 2012; Pürer 2015), wobei die Entscheidungs- und Gestaltungsmacht ungleich verteilt sind:

Das Konzept der *Individualethik* weist die Verantwortung für das journalistische Handeln und die absehbaren Folgen dem einzelnen Journalisten persönlich zu. Es ignoriert jedoch weitgehend die vielfältigen Zwänge, denen der Journalist im beruflichen Abhängigkeitsverhältnis – gerade im Kontext der Organisationsrationalität – unterliegen kann. Schon Saxer (1992, S. 108) diagnostizierte einen „fortdauernden Mangel des journalismusethischen Diskurses", wenn „nach wie vor Journalismusethik überwiegend als Frage der persönlichen Moral erörtert" werde.

Dem individualistischen Konzept steht dasjenige der *Professionsethik* gegenüber. Hier stehen die ethischen Standards und Richtlinien der Profession im Vordergrund. Diese werden von Berufsverbänden kodifiziert, wobei Presseräte über deren Einhaltung wachen und Verstöße gegen die – nationalen oder internationalen – Journalistenkodices öffentlich rügen. „Solche Kodizes sollen dem Berufsstand der Journalisten Orientierungsmöglichkeiten für ethisch möglichst nicht konfligierendes journalistisches Handeln liefern" (Pürer 2015, S. 92). Die Richtlinien sollen darüber hinaus auch Berechenbarkeit stiften sowie Standards und Regeln für medienethisch heikle Entscheidungen in der redaktionellen Arbeit vermitteln (Pörksen 2005). Sie haben schließlich auch den Zweck, einer staatlichen Fremdkontrolle durch Selbstkontrolle zuvorzukommen (Stapf 2006). In der Journalismusforschung gilt die konsequente Orientierung an berufsethischen

Standards und damit die Verpflichtung auf die Standesethik als ein Indikator für journalistische Professionalisierung (Beam et al. 2009; Kepplinger 2011).

Während rein individualethischen Ansätzen vorgeworfen wird, nur das Individuum und sein Handlungspotenzial im Blick zu haben, wird die Wirkung der Professionsethik ebenfalls angezweifelt, weil die Sanktionsmöglichkeit von Presseräten in aller Regel gering ist. So kritisiert Saxer (1992, S. 115), dass „die Verbandsloyalität der Journalisten im Allgemeinen geringer [ist] als diejenige gegenüber ihrem jeweiligen Unternehmen". Deshalb seien interverbandliche Selbstkontrollinstanzen und -instrumente wie Presseräte oder Ethikcodizes viel weniger sanktionsfähig als die Strukturen ethischer Selbstverpflichtung der Organisationen.

Als drittes Regelungssystem werden darum mit dem Konzept der *Organisationsethik* (auch Institutionsethik genannt) die Möglichkeiten der moralischen Selbstverpflichtung von Organisationen im Rahmen von redaktionellen Strukturen der Qualitätssicherung diskutiert (vgl. Wyss et al. 2012). Dabei geht es auch um die Frage, wie die kommerzielle Ausrichtung von Medienunternehmen mit dem Ideal der Sozialverantwortung verknüpft werden kann (Karmasin und Winter 2002; Wyss 2008); wie also „im Konfliktfall zwischen Gewinnorientierung und moralisch korrektem Verhalten entschieden werden soll" (Pörksen 2005, S. 217). Trotz dieser „gespaltenen Organisationsethik" ist für Saxer (1992, S. 124) eine „wirksame Medienethik […] in erster Linie Organisationsethik, ethische Selbstverpflichtung qua Organisation".

So unscharf die Trennlinie zwischen diesen drei Konzepten ist (Krainer 2001), so klar wird, dass „weder eine Individualethik für Journalisten noch eine Professionsethik noch eine Institutionsethik allein […] zu befriedigenden Antworten führen" (Weischenberg 1992, S. 214). Nachdem sich im wissenschaftlichen Ethikdiskurs lange ausschließlich eine individualethische Perspektive entfaltet hat und sich erst nach der systemtheoretischen Wende eine sozialethische, die korporative Verantwortung betonende Perspektive durchzusetzen schien (Rühl 1996; Funiok 2002), sollte klar geworden sein, dass es die „Zehn Gebote" als Maßstab für journalistisches Handeln nicht geben kann. Zu groß sind die Zielkonflikte und die Überlagerung von widersprüchlichen Anforderungen und Zwängen, „die dem Journalismus sein ethisches Dilemma zwischen Funktionsnorm und Funktionswirklichkeit bescheren" (Weischenberg 1992, S. 214).

Ethische Orientierungen von Journalisten als Individuen sind in systemische Kontexte eingebunden und der Geltungsanspruch ethischer Normen hängt jeweils von den das journalistische Handeln beeinflussenden Faktoren ab (Loretan 1994). Trotzdem wird in der Journalismusforschung immer wieder danach gefragt, ob es so etwas wie universell gültige Standards gibt, wie sie etwa im Kategorischen Imperativ der Pflichtethik von Immanuel Kant zum Ausdruck kommen. Diese Pflichtethik muss sich den Vorwurf gefallen lassen, dass es in der Praxis eben doch Situationen gibt, in denen sich Werte widersprechen. Dies ist etwa dann der Fall, wenn es einem Journalisten nur gelingen kann, im öffentlichen Interesse einen Missstand aufzudecken, indem er beispielsweise lügt, verdeckt recherchiert oder sich als jemand anderen ausgibt, also unlautere Recherchemethoden einsetzt. Der nach Universalität strebenden deontologischen Pflichtethik wird im wissenschaftlichen Ethikdiskurs deshalb eine utilitaristische Ethik entgegengesetzt, welche auch die erwartbar möglichen Folgen des journalistischen Handelns berücksichtigt.

Die *Worlds of Journalism Study* setzt im Hinblick auf die Operationalisierung ethischer Orientierungen bei der Unterscheidung von Pflichtethik und utilitaristischer Ethik an. Die Studie geht der Frage nach, inwiefern sich die Journalisten in den untersuchten Ländern in einem zweidimensionalen Feld positionieren, wobei die erste Dimension *Relativismus* für die Anerkennung bzw. Nichtanerkennung der Geltung von universellen ethischen Regeln steht und die zweite Dimension *Idealismus* sich auf die Konsequenzen des Umgangs mit ethischen Dilemmas bezieht. Diese Unterscheidung geht auf den – in theoretischer Hinsicht ambitionierten – Versuch zur Klassifizierung ethischer Orientierungen im Journalismus zurück, wie sie Plaisance (2006) unternommen hat, der sich wiederum von den Arbeiten des Psychologen Donelson R. Forsyth (1980) inspirieren ließ.

In der kontinuierlichen Relativismus-Dimension können Journalisten die Gültigkeit universeller Normen prinzipiell zurückweisen (starke Ausprägung) oder sie können ihre individuellen Moralvorstellungen von universellen ethischen Regeln anleiten lassen (schwache Ausprägung). Das Konzept des Relativismus weist also den absoluten Geltungsanspruch universeller Normen und Kodices zurück und betont die Relevanz der Situationsethik, wobei es letztlich der Individualethik huldigt (vgl. Plaisance et al. 2012; Hänska-Ahy 2011 in Anlehnung an Forsyth und Pope 1984).

In der kontinuierlichen Idealismus-Dimension kann ebenfalls zwischen zwei Extrempositionen unterschieden werden: eine starke Ausprägung deutet darauf hin, dass wünschenswerte Handlungsresultate immer nur mit der moralisch „richtigen" Handlung erreicht werden sollten (deontologische Ethik). In diesem Fall würden Journalisten mit Rekurs auf berufsethische Standards kaum von unlauteren Recherchemethoden Gebrauch machen. Bei einer schwachen Ausprägung steht hingegen der Handlungszweck im Vordergrund und eine „unmoralische" Handlung kann durchaus Mittel zum Zweck sein (teleologische Ethik). In diesem Fall würden Journalisten unlautere Recherchemethoden unter gewissen Umständen einsetzen; etwa dann, wenn die unvermeidbare Verletzung entsprechender Normen dem höher zu gewichtenden öffentlichen Interessen dient.

Eine Kreuzung der beiden kontinuierlichen Dimensionen führt zu einer Typologie von vier unterschiedlichen „ethischen Ideologien" (vgl. Hanitzsch 2007, S. 384), wobei diese wie folgt operationalisiert wurden: *Absolutisten* sind davon überzeugt, dass sich „Journalisten immer an die Berufsethik halten sollten – unabhängig von Situation und Kontext" (von 1 = „stimme überhaupt nicht zu" bis 5 = „stimme stark zu"). Gemäß einer früheren Referenzstudie von Plaisance et al. (2012) ist bei dieser Frage eine hohe Zustimmung zu erwarten. *Situationisten* sind zwar ebenfalls idealistisch, sie neigen jedoch zu der Auffassung, dass universelle Moral nur eine begrenzte Geltungskraft besitzt, da jede spezifische Situation jeweils ihre individuelle Lösung erfordert. Sie sind überzeugt, dass „was im Journalismus ethisch vertretbar ist, von der konkreten Situation abhängt". *Subjektivisten* stimmen der Aussage zu, dass „was im Journalismus ethisch vertretbar ist, im eigenen Ermessen liegt", was auf ein stark individualethisches Verständnis bzw. auf einen schwach ausgeprägten Idealismus hindeutet. *Exzeptionisten* sind offen für ein Abweichen von berufsethischen Regeln, sofern sich damit gewünschte Handlungsresultate erzielen bzw. negative Folgen abwenden lassen. Dazu wurden die Journalisten gefragt, ob es für sie akzeptabel sei, „unter außergewöhnlichen Umständen moralische Standards beiseite zu schieben". So findet in der Referenzstudie von Plaisance et al. (2012) eine Mehrheit der Journalisten, dass es Situationen gebe, welche die Verletzung ethischer Normen rechtfertige, sofern damit eine höhere gemeinwohldienliche Wirkung erzielt werden könne.

Eine idealistische Ausprägung zeigt sich außerdem in der konsequenten Ablehnung von so genannten „unlauteren Recherchemethoden". Dies entspricht einer Regel, die bereits 1954 in der internationalen Deklaration von Bordeaux über die Pflichten von Journalisten formuliert wurde und beispielsweise im Schweizer Journalistenkodex unter Ziffer 4 wie folgt festgehalten wird: „Journalistinnen und Journalisten bedienen sich bei der Beschaffung von Informationen, Tönen, Bildern und Dokumenten keiner unlauteren Methoden" (Schweizer Presserat 2018). Auch laut Ziffer 7 im Ehrenkodex der österreichischen Presse dürfen „bei der Beschaffung mündlicher und schriftlicher Unterlagen sowie von Bildmaterial keine unlauteren Methoden angewendet werden" (Österreichischer Presserat 1999). Für Ulrich Saxer (1992, S. 120) stand noch in den 1990er Jahren fest, dass „berufsethische Norm und berufskulturelle Realität im internationalen Maßstab auseinanderklaffen". Studien von Weischenberg et al. (2006) haben dann aber gezeigt, dass die Journalisten in den deutschsprachigen Ländern im internationalen Vergleich diesbezüglich eher zurückhaltend sind – vor allem im Vergleich zu Journalisten aus angelsächsischen Kulturen, in denen der investigative Journalismus besonders ausgeprägt ist. Die Autoren der Studie unterscheiden dabei in theoretischer Hinsicht zwischen „harten" und „skrupellosen" Recherchemethoden. Erstere umfassen ein Bündel von Verfahren, die situativ nach einer entsprechenden Güterabwägung durchaus auch im Sinne der Presseräte noch als legitim aufzufassen sind und eben trotz Täuschung dazu dienen, im öffentlichen Interesse an Informationen zu gelangen, die ohne den Einsatz nicht erschlossen werden können. Als „skrupellos" bezeichnen Weischenberg et al. (2006, S. 176) Methoden, „bei denen die Informanten nicht ‚auf die sanfte Tour' zur Herausgabe von Informationen bewegt werden oder bei denen die Privatsphäre verletzt wird". Die Autoren konnten zeigen, dass sich diese Zweiteilung durchaus auch in der Zustimmung durch die von ihnen befragten Journalisten widerspiegelt.

In der vorliegenden Untersuchung wurden die Journalisten wie folgt dazu befragt: „Nehmen wir an, Sie arbeiten an einer wichtigen Geschichte. Welche der folgenden Praktiken würden Sie als gerechtfertigt erachten und welche würden Sie unter gar keinen Umständen billigen?". Die Befragten hatten dann die Möglichkeit, in einer Liste mit zehn aufgeführten umstrittenen Recherchemethoden anzugeben, ob sie diese immer (1) oder gelegentlich (2) als gerechtfertigt erachten oder ob sie diese „unter keinen Umständen billigen" (3) würden. In der Referenzstudie von Plaisance et al. (2012) waren die Journalisten in den deutschsprachigen Ländern mehrheitlich der Ansicht, dass der Einsatz unlauterer Recherchemethoden vermieden werden sollte. Dies deutet eher auf eine idealistische Ausprägung hin: Absolutistische Journalisten würden diese Methoden ablehnen, falls sie im Widerspruch zu professionellen Kodizes stehen. Situationisten würden ihr Urteil von der konkreten Situation abhängig machen. Subjektivisten würden davon Gebrauch machen, wenn der Zweck die Mittel heiligt und Exzeptionisten könnten sich den Einsatz im Ausnahmefall vorstellen.

Ethische Orientierungen: Absolutisten mit Sinn für Situationsethik

Im Folgenden geht es zunächst um die Frage, wie stark die befragten Journalisten einen Relativismus vertreten; sich also als Situationisten oder gar als Subjektivisten sehen (vgl. Tab. 8.1 und Abb. 8.1). Auf eine eher zaghafte relativistische Orientierung deutet bei den Journalisten in den drei Ländern die Beantwortung der Frage hin, ob das „was im Journalismus ethisch vertretbar" sei, „von der konkreten Situation" abhänge. Dieses Plädoyer für eine Situationsethik ist in Österreich mit 41 % zustimmenden Journalisten am wenigsten mehrheitsfähig;

Tab. 8.1 Ethische Orientierungen nach Ländern

	Ethische Orientierungen			
	N	%	MW	s
Deutschland				
Journalisten sollten sich immer an die Berufsethik halten – unabhängig von Situation und Kontext	767	93,9	4,60	0,64
Was im Journalismus ethisch vertretbar ist, hängt von der konkreten Situation ab	759	46,4	3,15	1,32
Was im Journalismus ethisch vertretbar ist, liegt im eigenen Ermessen	759	10,8	2,08	1,05
Unter außergewöhnlichen Umständen ist es akzeptabel, moralische Standards beiseite zu schieben	757	10,4	2,03	1,04
Österreich				
Journalisten sollten sich immer an die Berufsethik halten – unabhängig von Situation und Kontext	812	94,3	4,64	0,61
Was im Journalismus ethisch vertretbar ist, hängt von der konkreten Situation ab	798	40,7	3,03	1,23
Was im Journalismus ethisch vertretbar ist, liegt im eigenen Ermessen	802	14,5	2,31	1,07
Unter außergewöhnlichen Umständen ist es akzeptabel, moralische Standards beiseite zu schieben	792	9,3	1,95	1,02
Schweiz				
Journalisten sollten sich immer an die Berufsethik halten – unabhängig von Situation und Kontext	908	91,3	4,50	0,73
Was im Journalismus ethisch vertretbar ist, hängt von der konkreten Situation ab	902	51,4	3,24	1,24
Was im Journalismus ethisch vertretbar ist, liegt im eigenen Ermessen	903	12,8	2,17	1,05
Unter außergewöhnlichen Umständen ist es akzeptabel, moralische Standards beiseite zu schieben	902	17,7	2,36	1,12

Anmerkung: % Anteil der Befragten, die „stimme eher zu" und „stimme stark zu" angegeben haben; Mittelwert auf einer Skala von 1 („stimme überhaupt nicht zu") bis 5 („stimme stark zu")

in Deutschland stimmen der Aussage 46 % zu und in der Schweiz 51 %. Aber auch die Schweizer Journalisten distanzieren sich klar von der Aussage, dass das, „was im Journalismus ethisch vertretbar ist, im eigenen Ermessen liegt" (13 % Zustimmung). Genauso wenige Berufskollegen stimmten der auf eine

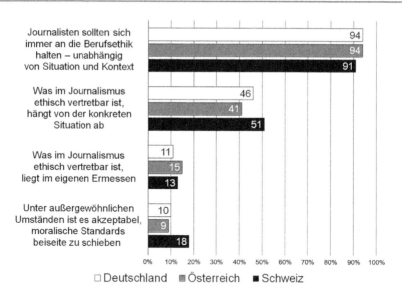

Abb. 8.1 Ethische Orientierungen von Journalisten. (Anmerkung: Anteile der Befragten, die mit „stimme eher zu" und „stimme stark zu" geantwortet haben. N = 757–767 (Deutschland); N = 792–812 (Österreich); N = 902–908 (Schweiz))

Individualethik bzw. auf Subjektivisten hindeutenden Aussage in Deutschland (11 %) und in Österreich (15 %) zu. Insgesamt kann also festgehalten werden, dass die Journalisten – in Übereinstimmung mit ihren Berufskollegen in den USA (Plaisance et al. 2012) – keine klaren Anhänger des Relativismus sind. Darauf deuten die doch eher vorsichtige Zustimmung zu einer situations- und kontextunabhängigen Berufsethik sowie eine deutliche Ablehnung einer individualethischen Orientierung hin.

Die Absolutisten sind in den drei Ländern am stärksten vertreten. Mehr als neun von zehn Journalisten stimmen der Aussage „eher" oder „stark" zu, dass sich „Journalisten immer an die Berufsethik halten sollten – unabhängig von Situation und Kontext". Wie auch aufgrund der früheren Referenzstudien von Plaisance et al. (2012) zu erwarten war, ist der Idealismus in den drei untersuchten Ländern weit stärker ausgeprägt als der Relativismus. Dem steht der auf den ersten Blick widersprüchliche Befund gegenüber, dass nur knapp etwas weniger als die Hälfte aller befragten Journalisten zugleich der Auffassung ist, es hänge eben doch von der konkreten Situation ab, „was im Journalismus ethisch vertretbar" sei. Dabei kommt die durchaus professionelle Auffassung zum Ausdruck, dass journalistische Standards grundsätzlich Gültigkeit haben, aber in einem Entscheidungsprozess jeweils eine Güterabwägung vorzunehmen ist, wenn Werte miteinander in Konflikt stehen (Pörksen 2005).

In allen drei Ländern gibt es schließlich nur eine kleine Minderheit von Journalisten, welche die Auffassung vertritt, dass es „unter außergewöhnlichen Umständen akzeptabel ist, moralische Standards beiseite zu schieben". Damit wird deutlich, dass die Auffassung der Exzeptionisten kaum verbreitet ist. Die deutliche Ablehnung weist stark auf eine idealistische Pflichtethik hin. Die Unterscheide zwischen den Ländern sind gering. Am meisten salonfähig scheint das bewusste Ignorieren moralischer Standards in der Schweiz zu sein, wo dies 18 % der Journalisten für vertretbar halten, während sich ihre Kollegen im Österreich am meisten zurückhaltend geben (9 %).

Im weltweiten Vergleich, der durch das komparative Vorgehen der *Worlds of Journalism Study* möglich ist, treten die Ähnlichkeiten zwischen Journalisten in Deutschland, Österreich und der Schweiz noch stärker hervor (Ramaprasad et al. 2019). Ähnlich wie ihre Kollegen im angelsächsischen Raum setzen sie am ehesten auf eine idealistische Pflichtethik. Damit unterscheiden sich Journalisten in diesen Ländern stark von Medienschaffenden in journalistischen Kulturen, die stärker auf eine subjektive Einschätzung hinsichtlich der als angemessen erachteten journalistischen Praxis setzen. Letzteres ist für Gesellschaften typisch, in denen die journalistische Tätigkeit stark von Unsicherheiten hinsichtlich medienpolitischer und medienrechtlicher Aspekte geprägt ist.

Im Vergleich mit der früheren Untersuchung von Plaisance et al. (2012) kann also insgesamt festgestellt werden, dass die Journalisten in den drei Ländern klare Verfechter einer Pflichtethik sind und zunächst also deutlich den Absolutisten zugeordnet werden können. Gleichzeitig ist jedoch fast die Hälfte der Befragten als Situationisten auch der Auffassung, dass jede spezifische Situation jeweils ihre individuelle Lösung erfordert. Auch diese Auffassung ist im Vergleich zur früheren Untersuchung noch deutlicher geworden. Hingegen spielen die Orientierungen der Exzeptionisten oder der Subjektivisten kaum eine Rolle.

Ethische Praxis: „Harte" Recherchemethoden

Wie stehen nun die befragten Journalisten in den drei Ländern zur Anwendung so genannter „unlauterer Recherchemethoden"? Die konsequente Ablehnung dieser Praktiken wäre ebenfalls ein Hinweis auf einen stark ausgeprägten Absolutismus. In der Befragung wurde den Journalisten eine Liste mit zehn umstrittenen Recherchemethoden vorgelegt und sie wurden danach gefragt, ob sie diese immer

(1) oder gelegentlich (2) als gerechtfertigt erachten oder ob sie diese „unter keinen Umständen billigen" (3) würden. Die Recherche ist eine zentrale journalistische Tätigkeit, bei der ein ethisches Problembewusstsein in besonderem Maße zum Ausdruck kommen kann. Die befragten Journalisten wurden mit der Frage nach den umstrittenen Recherchemethoden dazu gebracht, über einen Grundkonflikt nachzudenken; nämlich zwischen normengerechtem Verhalten gemäß den Richtlinien der Presseräte auf der einen Seite und andererseits der Realisierung der Informationspflicht, entweder im Interesse der Öffentlichkeit oder im ökonomischen Interesse des Medienunternehmens (vgl. Weischenberg et al. 2006). Tab. 8.2 sowie die Abb. 8.2 und 8.3 zeigen zu jeder angefragten Methode die Prozentwerte derjenigen Journalistengruppen, welche diese unter keinen Umständen billigen, also immer ablehnen würden.

Insgesamt wird deutlich, dass die Journalisten die Legitimität unlauterer Recherchemethoden als eher gering einschätzen. Keine der aufgeführten Praktiken ist nach Auffassung der Befragten „immer" gerechtfertigt; vielmehr wird rund die Hälfte dieser Methoden als „gelegentlich gerechtfertigt" bezeichnet und die andere Hälfte als klar ungerechtfertigt. Dennoch wird sich bei den folgenden Ausführungen zu den einzelnen Methoden zeigen, dass die Journalisten nicht einfach als naive Idealisten urteilen, sondern gut zwischen „harten" und „skrupellosen" Praktiken (Weischenberg et al. 2006, S. 176) zu unterscheiden wissen und einen Entscheid von einer Güterabwägung abhängig machen.

Zur Gruppe derjenigen Recherchemethoden, welche in allen drei Ländern mehrheitlich als „gelegentlich gerechtfertigt" eingestuft werden, gehört die Verwendung vertraulicher Regierungsunterlagen ohne Erlaubnis. In der Schweiz halten lediglich 17 % der Journalisten diese Praxis für illegitim. Die deutliche Zustimmung, solches Material zu verwenden, mag damit zu erklären sein, dass in der Schweiz seit 2006 das Bundesgesetz über das Öffentlichkeitsprinzip der Verwaltung in Kraft ist und einen Paradigmenwechsel eingeleitet hat. Heute gilt in der Bundesverwaltung nur noch in klar definierten Fällen ein Recht auf Geheimhaltung. Das Öffentlichkeitsgesetz macht es möglich, dass Bürger und mit ihnen auch Journalisten grundsätzlich auf alle Dokumente zugreifen können. Das Gesetz unterstützt also die typische Watchdog-Funktion, dass Journalisten Regierung und Verwaltung kontrollieren, Missstände aufdecken und Fehlleistungen anprangern können, indem es ihnen ermöglicht, ungefilterte und authentische Information aus der Verwaltung zu beschaffen (Öffentlichkeitsgesetz 2018). In Deutschland zeigen Beispiele gemäß einer Recherche vom „*Netzwerk Recherche*" (2007), dass das sogenannte Informationsfreiheitsgesetz (IFG) für die Behörden eine Fülle von Möglichkeiten bietet, unliebsame Anträge abzulehnen". In Österreich fordern mehrere Journalistenverbände ein Recht der Medien

Tab. 8.2 Ablehnung umstrittener Recherchemethoden

	Deutschland				Österreich				Schweiz			
	N	Immer gerechtfertigt %	Gelegentl. gerechtfertigt %	Nie gerechtfertigt %	N	Immer gerechtfertigt %	Gelegentl. gerechtfertigt %	Nie gerechtfertigt %	N	Immer gerechtfertigt %	Gelegentl. gerechtfertigt %	Nie gerechtfertigt %
Vertrauliche Regierungsdokumente ohne Erlaubnis verwenden	732	22,1	55,5	22,4	750	18,1	61,9	20,0	905	12,8	70,1	17,1
Sich in einer Firma oder Organisation anstellen lassen, um an Insider-Informationen zu gelangen	747	13,4	60,4	26,2	764	8,0	62,4	29,6	900	3,8	59,4	36,8
Ereignisse mittels Schauspieler nachstellen	701	18,5	47,5	34,0	708	7,9	44,6	47,5	896	9,9	54,1	35,9
Versteckte Mikrofone und Kameras benutzen	747	6,2	48,7	45,1	770	4,5	61,8	33,6	904	2,8	63,8	33,4
Sich als jemand anderer ausgeben	753	6,2	43,7	50,1	772	1,6	47,0	51,4	900	1,4	48,3	50,2

(Fortsetzung)

Tab. 8.2 (Fortsetzung)

	Deutschland				Österreich				Schweiz			
	N	Immer gerecht-fertigt %	Gelegentl. gerecht-fertigt %	Nie gerecht-fertigt %	N	Immer gerecht-fertigt %	Gelegentl. gerecht-fertigt %	Nie gerecht-fertigt %	N	Immer gerecht-fertigt %	Gelegentl. gerecht-fertigt %	Nie gerecht-fertigt %
Menschen für geheime Informationen bezahlen	740	6,1	50,0	43,9	761	2,4	42,2	55,5	903	0,7	27,8	71,5
Nachrichten ohne Bestätigung veröffentlichen	752	3,7	33,8	62,5	776	0,9	43,2	55,9	904	1,0	31,9	67,1
Persönliche Dokumente wie Bilder oder Briefe ohne Erlaubnis benutzen	753	0,5	16,2	83,3	785	0,3	21,4	78,3	903	0,2	28,7	71,1
Druck auf Informanten ausüben, um an eine Geschichte zu kommen	749	0,7	18,3	81,0	773	0,3	16,9	82,8	898	0,6	25,1	74,4
Im Zusammenhang mit Berichterstattung Geld von Außenstehenden annehmen	759	0,3	3,8	95,9	797	0,1	1,4	98,5	904	0	1,1	98,9

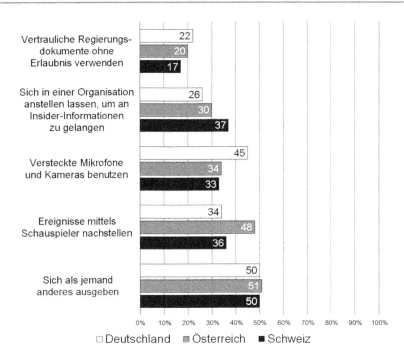

Abb. 8.2 Ablehnung „harter" Recherchemethoden. (Anmerkung: Anteile der Befragten, die angegeben haben, die Praxis „unter keinen Umständen" zu „billigen". N = 701–753 (Deutschland); N = 708–772 (Österreich); N = 896–905 (Schweiz))

auf Zugang zu amtlichen Unterlagen und damit ein entsprechend verankertes Informationsfreiheitsgesetz (Forum Informationsfreiheit 2018).

Auch die Methode, „sich in einer Firma oder Organisation anstellen lassen, um an Insider-Informationen zu gelangen", wird von einer Mehrheit der Journalisten als „gelegentlich gerechtfertigt" angesehen. Am größten ist hier die Ablehnung bei den Schweizer Journalisten (37 %), was damit zusammenhängen kann, dass in der Schweiz der investigative Journalismus kaum der üblichen Praxis entspricht. Aber auch der Schweizer Presserat hält fest, dass „eine verdeckte Recherche – vertieftes Nachforschen in kontroversem Bereich unter täuschenden Angaben – ausnahmsweise zulässig" sei (Schweizer Presserat 2017a, S. 39). Nötig sei aber, dass das öffentliche Interesse an den so erreichbaren Informationen überwiege. Sie müssen sich überdies nicht anders beschaffen lassen. Weil eine verdeckte Recherche stets das Vertrauen missbrauche, sei ihr Einsatz

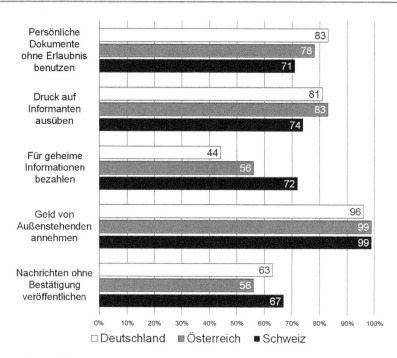

Abb. 8.3 Ablehnung „skrupelloser" Recherchemethoden. (Anmerkung: Anteile der Befragten, die angegeben haben, die Praxis „unter keinen Umständen" zu „billigen". N = 740–759 (Deutschland); N = 761–797 (Österreich); N = 898–904 (Schweiz))

gut abzuwägen. Auch der Deutsche Presserat hält mit Hinweis auf das Prinzip der Güterabwägung in der Richtlinie 4.1 des Journalistenkodex fest, dass eine „verdeckte Recherche im Einzelfall gerechtfertigt" sei, wenn damit „Informationen von besonderem öffentlichen Interesse beschafft" würden, die „auf eine andere Weise nicht zugänglich" wären (Institut zur Förderung publizistischen Nachwuchses 2005, S. 68). In diesem Zusammenhang ist beispielsweise an Günter Wallraff zu denken, der sich 1977 bei der *Bild*-Zeitung als Mitarbeiter Hans Esser ausgab. Dieser Fall wird oft zur Rechtfertigung herangezogen, wenn es darum geht, zu begründen, warum sich Journalisten eine andere Identität zulegen oder in andere Berufsrollen schlüpfen. Das Bundesverfassungsgericht hielt damals in einem Beschluss dazu fest, dass die

„Veröffentlichung rechtswidrig beschaffter oder erlangter Informationen (…) dann vom Schutz der Meinungsfreiheit (GG Art 5 Abs 1) umfasst ist (…) wenn die

Bedeutung der Information für die Unterrichtung der Öffentlichkeit und für die öffentliche Meinungsbildung einseitig die Nachteile überwiegt, welche der Rechtsbruch für den Betroffenen und für die Rechtsordnung nach sich ziehen" (Az: 1 BvR 272/81).

In dieser Frage schützt also das Recht als Steuerungsressource die medienethische Entscheidung, welche das öffentliche Interesse höher gewichtet. Von den Deutschen Journalisten billigen dennoch 26 % diese Methode „unter keinen Umständen"; bei den Journalisten in Österreich sind es 30 %.

Ebenfalls noch wenig Zurückhaltung ist erkennbar, wenn danach gefragt wird, ob es gerechtfertigt sei, „Ereignisse mittels Schauspieler nachzustellen". Am stärksten lehnen die Journalisten in Österreich diese Praxis ab (48 %), während bei den Journalisten in Deutschland und in der Schweiz 34 bzw. 36 % immer davon absehen würden.

In die Kategorie „verdeckte Recherche" gehören noch zwei weitere Recherchemethoden, deren Einsatz allerdings etwas weniger gebilligt, aber dennoch von einer Mehrheit klar als „gelegentlich gerechtfertigt" erachtet wird: Die Praktiken „versteckte Mikrophone und Kameras benutzen" und „sich als jemand anderer ausgeben" gelten auch in den Lehrbüchern noch als „harte" und nicht als „skrupellose" Praktiken (vgl. Weischenberg et al. 2006, S. 176). Sie zielen zwar auf eine Täuschung hin, die in einer Güterabwägung durchaus mit einem übergeordneten Informationsbedürfnis legitimiert werden kann. Umso mehr erstaunt es, dass bei den in Deutschland befragten Journalisten 45 % es für nicht gerechtfertigt halten, versteckte Mikrofone oder Kameras einzusetzen. Bei den Kollegen in der Schweiz und in Österreich teilen nur 33 bzw. 34 % diese Auffassung.

Hinsichtlich der Praxis „sich als jemand anderer auszugeben" scheiden sich die Geister. In allen drei Ländern vertritt jeweils die Hälfte der Befragten die Meinung, dass diese Methode „unter keinen Umständen" zu billigen sei. Weischenberg et al. (2006, S. 175) glaubten schon vor mehr als zehn Jahren, dass sich Journalisten gerade in Bezug auf diese „harten" Recherchemethoden immer weniger erlauben würden, als noch in früheren Jahren. Ein Vorfall rund um Michael Schumachers folgenreichen Skiunfall im französischen Méribel zeigt wiederum, dass Journalisten von dieser Praxis offenbar eher dann Gebrauch machen, wenn es um spekulativen Voyeurismus als um das öffentliche Interesse geht: So soll ein als Priester verkleideter Journalist im Krankenhaus in Grenoble versucht haben, zu Schumacher vorzudringen (Spiegel Online 2013). Dabei hält auch der deutsche Pressekodex fest, dass Journalisten sich grundsätzlich zu erkennen geben müssen. „Unwahre Angaben des recherchierenden Journalisten über seine Identität und darüber, welches Organ er vertritt, sind grundsätzlich mit dem Ansehen und der Funktion der Presse nicht vereinbar" (Deutscher Presserat 2017).

„Skrupellose" Recherchemethoden

Als skrupellos gelten Recherchemethoden, bei denen Journalisten so weit gehen, dass sie beispielsweise die Privatsphäre anderer Menschen verletzen, indem sie „persönliche Dokumente wie Bilder oder Briefe ohne Erlaubnis benutzen" oder „Druck auf Informanten ausüben, um an eine Geschichte zu kommen". Bei der Beurteilung beider Praktiken sind die Schweizer Journalisten weniger zurückhaltend als ihre Kollegen in Deutschland oder in Österreich (vgl. Abb. 8.3). In der Schweiz halten es 71 % der Journalisten „unter keinen Umständen für gerechtfertigt", privates Material ohne Erlaubnis zu verwenden; obwohl der Schweizer Presserat in seiner Richtlinie 7,1 zum Schutz der Privatsphäre festhält, dass jede Person – auch die prominente – Anspruch auf Schutz ihres Privatlebens habe: „Journalisten dürfen im Privatbereich keine Ton-, Bild- oder Videoaufnahmen ohne Einwilligung des Betroffenen machen". Bei den Kollegen in Österreich sind es 78 % und bei den Journalisten in Deutschland 83 %. Als Beispiel aus der Schweiz kann hier die vom Presserat 2016 gerügte Veröffentlichung der *Schweiz am Sonntag* eines privaten „Sex-Chats" des Parlamentariers und Stadtpräsidenten Geri Müller angeführt werden. Der Schweizer Presserat hat eine Beschwerde von 18 Parlamentariern gutgeheißen, weil mit der Veröffentlichung die Privats- und Intimsphäre in schwerer Weise verletzt worden sei (Persönlich 2016). Die *Schweiz am Sonntag* argumentierte in ihrer Stellungnahme an den Presserat, der grüne Politiker sei als Mitglied des nationalen Parlamentes eine „absolute Person der Zeitgeschichte"; außerdem seien die „Sex-Chats" am Arbeitsort und teilweise während der Arbeitszeit in der Tätigkeit als Stadtoberhaupt geführt worden (Persönlich 2016). Der Presserat ließ dies nicht gelten: Zwar entspreche es der Natur des Menschen, sich für den Intimbereich anderer zu interessieren, das „Interesse einer großen Öffentlichkeit sei aber nicht zu verwechseln mit einem öffentlichen Interesse" (Persönlich 2016). Tatsächlich haben auch weitere zahlreiche Medien das „Märchen für Erwachsene" aufgegriffen und ihrem Publikum die Inhalte der „Sex-Chats" nicht vorenthalten wollen (Bühler 2014). Die Affäre kostete den Politiker Amt und Würde und ging als typischer Medienskandal in die Lehrbücher der Journalistik ein.

Bei den Schweizer Journalisten wollen 74 % davon absehen, unter Umständen „Druck auf Informanten auszuüben, um an eine Geschichte zu kommen". Davon distanzieren sich in Deutschland mit 81 % und in Österreich mit 83 % mehr Journalisten. Die klare Ablehnung solcher skrupellosen Recherchemethoden war bei den deutschen Journalisten bereits in früheren Befragungen ein deutlicher Befund (Weischenberg et al. 2006).

Inwiefern gelten für die befragten Journalisten ethische Regeln, wenn Geld ins Spiel kommt? Dieser Frage wurde in der vorliegenden Studie in zweierlei

Hinsicht nachgegangen. Zum einen wurde danach gefragt, ob es Journalisten für gerechtfertigt halten, „Menschen für geheime Informationen zu bezahlen" und zum anderen, ob es legitim sei, „im Zusammenhang mit Berichterstattung Geld von Außenstehenden anzunehmen" (vgl. Abb. 8.3). Beide Praktiken werden klar abgelehnt. Allerdings scheint die Ablehnung eines so genannten „Scheckbuchjournalismus" – also die Bezahlung für geheime Information – weniger deutlich ausgeprägt zu sein, während die Annahme von Geld von fast allen Journalisten klar als illegitim aufgefasst wird. Bereits Weischenberg et al. (2006, S. 177) haben darauf hingewiesen, dass der Scheckbuchjournalismus früher bei einigen Journalisten „mit der Akzeptanz von ‚skrupellosen' Methoden verknüpft war", während er in jüngerer Zeit „eindeutig mit der Akzeptanz anderer ‚harter' Rechercheweisen parallel läuft". Der Schweizer Presserat (2017, S. 42) hält dazu fest: „Als grundsätzlich unlauter gilt der Kauf von Informationen, die nicht im Schaltkreis der organisierten journalistischen Informationsvermittlung anfallen (Nachrichtenagenturen, Artikeldienste, Angebote freier Journalisten)". Hier sind es die Schweizer Journalisten, welche mit 72 % diese Praxis am stärksten ablehnen. Bei den Österreichern ist es knapp mehr als die Hälfte (56 %) und bei den deutschen Journalisten ist es sogar eine knappe Minderheit (44 %), welche diese Praxis der Bezahlung unter keinen Umständen billigt. Kaltenbrunner et al. (2008, S. 69 f.) stellen im österreichischen Journalistenreport II jedoch 2008 fest, dass die Ablehnung des Scheckbuchjournalismus seit 1994 deutlich angestiegen ist. Dass diese Vorgangsweise der Praxis entspreche, zeige das Beispiel, dass für Informationen und Fotos über einen vermeintlichen Wienaufenthalt des als Kriegsverbrecher gesuchten Radovan Karadžić eine Bezahlung von 15.000 EUR kolportiert wurde (Der Standard 2008).

Die Praxis, „im Zusammenhang mit Berichterstattung Geld von Außenstehenden anzunehmen", ist wie bereits erwähnt eine Methode, welche von den Befragten am stärksten abgelehnt wird. Der Deutsche Presserat hält dazu klar fest: „Die Verantwortung der Presse gegenüber der Öffentlichkeit gebietet, dass redaktionelle Veröffentlichungen nicht durch private geschäftliche Interessen Dritter oder durch persönliche wirtschaftliche Interessen der Journalistinnen und Journalisten beeinflusst werden" (Institut zur Förderung publizistischen Nachwuchses 2005, S. 117). Bei den Schweizern und den Österreichern wird diese Vorgehensweise von nahezu 99 % und bei den Deutschen von 96 % abgelehnt (vgl. Abb. 8.3).

Der differenzierte Blick auf die Billigung problematischer Recherchemethoden lässt erkennen, dass die Journalisten in den drei Ländern sehr wohl zwischen „harten" und „skrupellosen" Vorgehensweisen unterscheiden. Keine der vorgelegten zweifelhaften Recherchemethoden wurde von einer Mehrheit der Journalisten unhinterfragt gebilligt. Dies verweist zunächst auf eine hohe

Ausprägung des Idealismus bzw. Absolutismus und damit auf die Orientierung an einer deontologischen Pflichtethik, weil all diese Methoden in den Journalistenkodizes als grundsätzlich problematisch diskutiert werden, sofern sie nicht mit einem stärker wiegenden öffentlichen Interesse zu rechtfertigen sind.

Genau an diesem Punkt kommt aber auch der Relativismus zum Ausdruck, weil nicht davon ausgegangen werden kann, dass moralisch akzeptable Handlungen situationsunabhängig verallgemeinerbar sind. Vielmehr gibt es in der journalistischen Praxis Situationen, in denen sich Werte widersprechen, was eine Güterabwägung notwendig macht. Journalistische Professionalität kommt eben dann zum Ausdruck, wenn Journalisten zwar von der deontologischen Pflichtethik ausgehen, dann aber auf der Grundlage einer teleologischen Güterabwägung relativieren. Dies zeigt sich exemplarisch an der Billigung der ebenfalls abgefragten Methode „Nachrichten ohne Bestätigung zu veröffentlichen" (vgl. Abb. 8.3). In allen Journalistenkodizes wird die Pflicht eingefordert, dass zur Veröffentlichung bestimmte Nachrichten und Informationen auf ihren Wahrheitsgehalt zu prüfen sind und dass unbestätigte Meldungen, Gerüchte und Vermutungen als solche erkennbar zu machen sind (z. B. Ziffer 2 des Deutschen Presserates). Außerdem halten alle Presseräte fest, dass Betroffene vor der Publikation schwerer Vorwürfe anzuhören seien.

Trotzdem gibt es auch hier wieder Ausnahmen von der Regel, welche in den Richtlinien zu den Kodizes durchaus auch legitimiert werden. Ein bekanntes Beispiel dafür war die Berichterstattung einer deutschen Boulevardzeitung zum Missbrauch von dienstlich erflogenen Bonusmeilen durch Politiker. Der deutsche Presserat legitimierte diese, weil die Zeitung den betreffenden Abgeordneten genügend Zeit für eine Stellungnahme eingeräumt hatte (Institut zur Förderung publizistischen Nachwuchses 2005). Insofern überrascht der Befund nicht, dass nur eine knappe Mehrheit der Journalisten aller drei Länder die Auffassung vertritt, das Ignorieren der Bestätigungsregel sei unter keinen Umständen zu billigen. In der Schweiz sind es 67 %, welche nicht von der Absolutheit dieser Regel absehen wollen. In Deutschland sind es 63 %, während die Praxis nur noch von 56 % der Journalisten in Österreich abgelehnt wird.

Differenzierungen nach Medientyp und Verbreitungsgebiet

Im folgenden Abschnitt werden medientypspezifische Differenzen bezüglich der ethischen Orientierungen und der Akzeptanz unlauterer Recherchemethoden beschrieben und zu erklären versucht. Signifikante geschlechtsspezifische

Unterschiede lassen sich mit Bezug auf diese Fragestellung nicht feststellen, weshalb hier auf eine solche Differenzierung verzichtet bzw. nur dann darauf eingegangen wird, falls sie auffällig ist.

Bei der Frage, inwiefern die Journalisten eher einen relativistischen Standpunkt vertreten und inwiefern sie sich dem Idealismus verpflichtet fühlen, lassen sich in einzelnen Ländern medientypbezogene Unterschiede feststellen. Diese sind jedoch nicht in allen drei Ländern gleich stark ausgeprägt. Dennoch lässt sich die Tendenz erkennen, dass die Journalisten beim öffentlichen Rundfunk einer relativistischen Sicht auf Ethik noch zurückhaltender begegnen als ihre Kollegen beim privaten Rundfunk. Am stärksten zeigt sich dieser Unterschied bei der Frage nach der Orientierung an einer Situationsethik; also ob das, „was im Journalismus ethisch vertretbar" sei, „von der konkreten Situation" abhänge. Diese Frage wird von Journalisten des privaten Fernsehens überdurchschnittlich stark bejaht; in Deutschland von 56 %, in Österreich von 53 % und in der Schweiz von 68 %. Rund 22 % der Schweizer Journalisten, die bei privaten TV-Sendern arbeiten, finden sogar, die Entscheidung über ethisch vertretbare Berufspraxis liege „im eigenen Ermessen". Am auffälligsten ist in der Schweiz der Unterschied zwischen dem privaten Fernsehen mit stärkerem Hang zum Relativismus und dem öffentlichen Hörfunk mit deutlich schwach ausgeprägtem Relativismus (vgl. Tabelle A2.31 im Anhang). Des Weiteren kann festgehalten werden, dass Journalisten, die für lokale oder regionale Medien arbeiten, etwas stärker zum Relativismus neigen als ihre Kollegen, die für überregionale Medien tätig sind.

Ansonsten lassen sich bezüglich der relativistischen Ausrichtung kaum signifikante Unterschiede in Abhängigkeit vom Medientyp erkennen. Es wird aber deutlich, dass diese Unterschiede stärker ausgeprägt sind als länder- oder genderspezifische, was wohl als Relevanz einer Organisationsethik gedeutet werden kann.

Signifikante geschlechtsspezifische Unterschiede sind bei allen, den Relativismus betonenden Fragen nicht festzustellen (vgl. Tabelle A2.32 im Anhang). Interessant scheint hingegen der Einfluss einer Hochschulbildung zu sein. Es kann nämlich festgestellt werden, dass sich in allen drei Ländern Journalisten mit Universitätsabschluss noch zurückhaltender für Relativismus aussprechen als Kollegen, welche keine Hochschule besucht haben. Mit Bezug auf die Frage, inwiefern sich Journalisten an einer idealistischen Pflichtethik orientieren, können nur geringe Unterschiede festgestellt werden, die mit Eigentümerschaft zusammenhängen. Während im öffentlichen Rundfunk der Relativismus weniger stark ausgeprägt ist, wird der Idealismus überdurchschnittlich hoch gewichtet.

Beim Vergleich der Medientypen fällt auf, dass insbesondere in der Schweiz (aber auch in Deutschland) Journalisten, die beim privaten Fernsehen arbeiten, eher als ihre Kollegen beim öffentlichen Fernsehen die Auffassung vertreten, es sei akzeptabel, „unter außergewöhnlichen Umständen, moralische Standards beiseite zu schieben". In Österreich ist der Unterschied kaum vorhanden. Interessant ist schließlich auch der Befund, dass das Ignorieren von ethischen Standards eher für Journalisten akzeptabel ist, die für regionale oder lokale Medien arbeiten. Dieser Unterschied ist in der Schweiz am stärksten ausgeprägt (21 % Zustimmung). Möglicherweise ist dieser Befund auf eine tiefere idealistische Orientierung mit der Nähe zum Berichterstattungsgegenstand zu erklären. Vielleicht spielt auch die Nähe zu den Finanzierungsquellen dabei eine Rolle, ob Lauterkeitsregeln mehr oder weniger streng interpretiert werden. In Übereinstimmung zu Plaisance et al. (2012) kann schließlich gesagt werden, dass Idealismus weniger stark ausgeprägt ist, je höher die Bedeutung der Profiterwartung innerhalb des Mediums eingeschätzt wird.

Es wird hier nicht ausführlich darauf eingegangen, inwiefern sich Journalisten bestimmter Medientypen bei der Frage unterscheiden, wie konsequent sie bestimmte, problematische Recherchemethoden ablehnen. Tab. A2.31 im Anhang dokumentiert diesbezügliche Unterschiede ausführlich. Bei diesem Vergleich wird jedoch insgesamt der Befund deutlich, dass der länderspezifische Einfluss weniger stark ausgeprägt ist als der medientyp- bzw. organisationsspezifische. Es muss hier genügen, auf den signifikanten Befund zu verweisen, dass Journalisten, welche für den öffentlichen Rundfunk oder für Agenturen arbeiten, noch konsequenter als ihre Kollegen (etwa beim privaten Rundfunk oder bei reinen Online-Redaktionen) davon absehen wollen, „unter außergewöhnlichen Umständen, moralische Standards beiseite zu schieben". Die Antwort auf diese Frage bezieht sich zwar nicht direkt auf einzelne vorgelegte Recherchemethoden; sie drückt aber aus, inwiefern die Journalisten generell bereit wären, durch der Einsatz entsprechender Methoden entsprechende Standards zu ignorieren. Der gleiche Befund zeigt sich in Bezug auf das Verbreitungsgebiet: Je reichweitenstärker das Publikationsorgan ist, desto eher können sich die dafür arbeitenden Journalisten vorstellen, auch mal von umstrittenen Recherchemethoden Gebrauch zu machen.

Abschließend soll hier noch auf genrespezifische Differenzen hingewiesen werden: So dürfte es naheliegend sein, dass es gerade die Journalisten beim privaten und öffentlichen Rundfunk als legitimer erachten, „Ereignisse mit Schauspielern nachzustellen", als ihre Kollegen bei Zeitungen, Agenturen und Online-Medien, weil letztere Gruppe kaum dieses Mittel einsetzt. Medientyp-spezifische Unterschiede werden auch bei der Beantwortung der Frage sichtbar, ob es gerechtfertigt ist, versteckte Mikrofone oder Kameras einzusetzen. Dies erachten ebenfalls Journalisten beim privaten wie auch beim öffentlichen Fernsehen für legitimer als ihre Kollegen bei anderen Medien.

Fazit

In diesem letzten Abschnitt werden die Hauptergebnisse mit Bezug auf die theoretischen Ausführungen noch einmal knapp zusammengefasst. Die Ergebnisse der aktuellen Studie zeigen eindrucksvoll, dass die Gemeinsamkeiten zwischen deutschen, österreichischen und Schweizer Journalisten die Unterschiede zwischen diesen drei Ländern im internationalen Vergleich klar überwiegen. Als entscheidende Einflussgröße konnten jeweils mehr oder weniger deutlich die Organisationskultur bzw. der Medientyp identifiziert werden. Diese Unterschiede werden viel stärker deutlich als kaum signifikante Differenzen zwischen den Geschlechtern oder der Bildungsniveaus.

Im Zentrum dieses Kapitels stand die Frage, von welchen ethischen Prinzipien sich Journalisten leiten lassen. Hierzu kann der überaus deutliche Befund festgehalten werden, dass ein ethischer Relativismus in allen drei Ländern gering ausgeprägt ist. Die überwältigende Mehrheit der befragten Journalisten hat angegeben, sich in ihrer Arbeit unabhängig von Situation und Kontext immer von etablierten beruflichen Standards leiten zu lassen. Eine durchaus beachtliche Minderheit der Journalisten teilt jedoch auch ein situations- und kontextabhängiges Ethikverständnis, welches für Situationisten typisch ist. Dass diese beiden ethischen Orientierungen durchaus auch miteinander vereinbar sind, haben Plaisance et al. (2012) bereits in einer früheren Studie festgestellt. In der journalistischen Praxis bilden die idealistische Pflichtethik und die relativistische Situationsethik demnach keine einander ausschließenden Alternativen. Vielmehr stellen bei einem Zielkonflikt ein grundsätzliches Festhalten an berufsethischen Prinzipien und ein situationsbedingtes Abrücken zugunsten erwünschter Wirkungen, wie beispielsweise die Befriedigung des öffentlichen Interesses, keinen Widerspruch dar. Überaus deutlich fällt jedoch der Befund aus, dass die befragten Journalisten sich klar von einer Individualethik und damit von der Auffassung der Subjektivisten distanzieren.

Der ethische Idealismus scheint also aufgrund der Daten die dominante Orientierungsgröße zu sein. Überaus groß ist mit durchschnittlich 94 % die Zustimmung der Journalisten zu einer absolutistischen Perspektive, wonach sich Journalisten immer an die Berufsethik halten sollen – unabhängig von der jeweiligen Situation und vom Kontext. Dieser – doch eher naiven – Vorstellung steht allerding der Befund gegenüber, dass knapp weniger als die Hälfte aller befragten Journalisten (46 %) zugleich der Auffassung sind, es hänge eben doch von der konkreten Situation ab, „was im Journalismus ethisch vertretbar" sei. Ein Abweichen von der idealistischen Pflichtethik nimmt jedoch nur eine Minderheit der Journalisten für sich in Anspruch. Nur von einem geringen Anteil der befragten Journalisten wird die Auffassung der Exzeptionisten vertreten, wonach es „unter außergewöhnlichen Umständen akzeptabel ist, moralische Standards beiseite zu schieben". Mit Blick auf medientypspezifische Unterschiede lässt sich die Tendenz erkennen, dass die Journalisten beim privaten Rundfunk sowie bei den lokalen und regionalen Medien eine relativistische Sicht auf Berufsethik stärker vertreten als ihre Kollegen, die für den öffentlichen Rundfunk und für überregionale Medien tätig sind.

Schließlich wurden die Journalisten dazu befragt, wie sie zur Anwendung so genannter „unlauterer Recherchemethoden" stehen. Eine konsequente Ablehnung solcher Praktiken wäre auch ein Hinweis auf einen stark ausgeprägten ethischen Idealismus bzw. Absolutismus. Insgesamt zeigt sich der Befund, dass die Journalisten die Legitimität unlauterer Recherchemethoden als eher gering einschätzen. In Übereinstimmung zu früheren Befragungen (Kaltenbrunner et al. 2008; Marr und Wyss 1999; Weischenberg et al. 2006) kann festgehalten werden, dass die Journalisten mit deutlicher Mehrheit zurückhaltend auf problematische Recherchemethoden reagieren. Eine differenzierte Analyse der Daten verdeutlicht jedoch, dass die befragten Journalisten trotz mehrheitlicher Ablehnung nicht einfach als naive Idealisten urteilen, sondern zwischen „harten" und „skrupellosen" Praktiken zu unterscheiden wissen und ihren Entscheid von einer Güterabwägung abhängig machen.

Keine der im Fragebogen angesprochenen zweifelhaften Recherchemethoden wurde von einer Mehrheit der Journalisten unhinterfragt gebilligt, was wiederum auf eine hohe Ausprägung des Idealismus und damit auf die Orientierung an einer deontologischen Pflichtethik hinweist. Diese Methoden werden auch in den Journalistenkodizes als grundsätzlich problematisch eingestuft, sofern sie nicht mit einem stärker wiegenden öffentlichen Interesse zu rechtfertigen sind. Der länderspezifische Einfluss ist bei der Beurteilung der umstrittenen Recherchemethoden weniger stark ausgeprägt als der organisationsspezifische. So lehnen etwa Journalisten beim öffentlichen Rundfunk oder bei Medien mit kleinerem Verbreitungsgebiet die Praktiken insgesamt noch konsequenter ab als ihre Kollegen beim privaten Rundfunk oder bei Medien mit großem Verbreitungsgebiet.

Nicht zuletzt die Ergebnisse zur Billigung umstrittener Recherchemethoden machen deutlich, dass sich die Journalisten in den drei Ländern mehrheitlich stark an einer deontologischen Pflichtethik und nur unter bestimmten Umständen an einer relativistischen Situationsethik orientieren. Die Befunde zur Frage nach der Bedeutung einer idealistischen und einer relativistischen ethischen Orientierung unter Journalisten in Deutschland, Österreich und der Schweiz lassen den Schluss zu, dass die in den professionellen Regelwerken gepredigte Pflichtethik als Steuerungsressource einen hohen Stellenwert hat. Gleichzeitig hinterlässt dieser Befund jedoch auch einen leichten Beigeschmack: Denn darin könnte sich ein Trend hin zu einem sanftmütigeren Journalismus aufgrund kommerzieller Interessen abzeichnen, wie dies bereits Willnat und Weaver (2014) festgestellt haben. Unsere Ergebnisse unterstreichen zudem einmal mehr auch die Notwendigkeit von differenzierten organisationsspezifischen Analysen. Die vorliegenden Daten legen nämlich auch den bereits von Saxer (1992, S. 108) geäußerten Schluss nahe, dass eine „wirksame Medienethik […] in erster Linie Organisationsethik, ethische Selbstverpflichtung qua Organisation" ist.

Vinzenz Wyss ist Professor für Journalistik an der Zürcher Hochschule für angewandte Wissenschaften in Winterthur (ZHAW). Nach dem Studium der Germanistik, Publizistik und Soziologie war er journalistisch tätig, promovierte 2002 an der Universität Zürich und gründete die Beratungsfirma Media Quality Assessment. In Forschung und Lehre beschäftigt er sich mit journalistischer Qualität und Qualitätssicherung, Medienethik und Medienkritik.

Filip Dingerkus ist wissenschaftlicher Mitarbeiter am Institut für Medienwissenschaft der Zürcher Hochschule für Angewandte Wissenschaften in Winterthur (ZHAW). Sein Studium hat er 2014 in Publizistik und Kommunikationswissenschaft, sowie Filmwissenschaft und Populäre Kulturen an der Universität Zürich absolviert. Er beschäftigt sich mit Journalismus- und International vergleichender Medienforschung.

Journalismus im Wandel 9

Josef Seethaler

Einleitung

Die 942.000 Links zu Webseiten, auf denen die Begriffe „Journalismus" und „Wandel" gemeinsam vorkommen, können nicht irren: hier muss ein Zusammenhang bestehen. Für die deutsche Wochenzeitung *Die Zeit* – einer der ersten Treffer der Google-Suche – stand es 2016 außer Zweifel: „Auch der Journalismus unterliegt dem digitalen Wandel" (Al-Ani 2016). Man sollte meinen, dass dies nicht besonders überraschend gewesen wäre – immerhin waren bereits 2007 geschätzte 94 % der weltweiten technologischen Informationskapazität digital (Hilbert und López 2011) –, doch der *Zeit*-Beitrag geht weit über einen kurzschlüssigen Kausalzusammenhang zwischen Digitalisierung und journalistischem Wandel hinaus. Er vermeidet Schwarzmalerei – das Wort „Krise" kommt kein einziges Mal vor – und er verfällt auch nicht in Schönfärberei: Es gibt nicht die geringste, der Beschwichtigung verlegerischen oder journalistischen Fehlverhaltens dienende Anspielung auf das angebliche „Gesetz" des Altphilologen Wolfgang Riepl, wonach kein neues Medium ein altes verdrängen würde; Riepl (2013, S. 5) sprach übrigens nicht von „Medien", sondern viel abstrakter von „Mittel[n], Formen und Methoden" der Übermittlung von Informationen. Vielmehr sieht der *Zeit*-Autor komplexe Verflechtungen zwischen Digitalisierung, Politik und Gesellschaft, in die auch der Journalismus eingebunden ist. Im permanenten Wandel, dem Journalismus unterliegt, sind informations- und

J. Seethaler (✉)
Institut für vergleichende Medien- und Kommunikationsforschung,
Österreichische Akademie der Wissenschaften, Wien, Österreich
E-Mail: josef.seethaler@oeaw.ac.at

© Springer Fachmedien Wiesbaden GmbH, ein Teil von Springer Nature 2019   213
T. Hanitzsch et al. (Hrsg.), *Journalismus in Deutschland, Österreich und der Schweiz,* Studies in International, Transnational and Global Communications,
https://doi.org/10.1007/978-3-658-27910-3_9

kommunikationstechnologische Innovationen nicht so sehr als Triebkräfte denn als eine Art „Marker" zu sehen, die Phasen einer Entwicklung beschreiben lassen, aber im Kontext wirtschaftlicher, politischer und gesellschaftlicher Veränderungen zu begreifen sind. So markieren beispielsweise in Neveus (2002) Modell der vier „Generationen" des Journalismus die Zeitung, das Fernsehen und das Internet die Umbrüche zwischen den Generationen, die durch unterschiedliche, dem Kampf um Autonomie geschuldete gesellschaftliche Funktionen des Journalismus und diesen Funktionen gemäße Möglichkeiten, sie in die Praxis umzusetzen, geprägt sind.

Diese komplexe Sicht des Wandels findet sich eher selten in der öffentlichen Debatte über mögliche Zukunftsszenarien des Journalismus: Demnach lassen technische und in weiterer Folge redaktionelle Konvergenz einen multimedialen Journalismus entstehen, in dem radikal veränderte Gestaltungsoptionen und Formate gelten. Die durch die Konvergenz ebenfalls fortschreitende cross-mediale Konzentration und Vernetzung der Medienindustrie führen einerseits zu einem gesteigerten Druck auf die redaktionelle Arbeit und damit zu einem Verlust an journalistischem Entscheidungsspielraum sowie andererseits zu einer sozialen Umstrukturierung des Berufsfeldes, in dem kleiner werdenden Redaktionen einer wachsenden Zahl von Journalisten in temporären und prekären Arbeitsverhältnissen gegenüberstehen. Der durch niedrigere technische Zugangsschwellen unterstützte Laien- und Bürgerjournalismus lässt aus Publikumssicht ehemals scharf gezogene Trennlinien zum professionellen Journalismus verschwimmen, der damit vor bislang in dieser Form nicht gekannten Legitimationsproblemen steht. Und schließlich stellt die technologiebasierte Transformation zumindest von Teilen der öffentlichen Kommunikation von einem „Two-Step-" zu einem „One-Step-Flow" (Bennett und Manheim 2006) die Funktion des Journalismus überhaupt in Frage, was durch die Automatisierung journalistischer Tätigkeiten in Gestalt algorithmenbasierter Roboter noch verschärft wird.

Schon diese in ihrer tatsächlichen Tragweite noch nicht abschätzbaren Zukunftsszenarien sind Grund genug, die Journalisten selbst zu fragen, wie sie die Art und das Ausmaß der Veränderungen in ihrem Beruf wahrnehmen und reflektieren. Im Kontext der zweiten Runde der *Worlds of Journalism Study* geschah dies auf eine Weise, die den eingangs erwähnten gesellschaftlichen Implikationen Rechnung zu tragen versuchte. So wurden zwei Fragenkomplexe formuliert, die konzeptionell zwischen *Veränderungen im Journalismus* einerseits und *Veränderungen in den Einflüssen auf die journalistische Tätigkeit* andererseits unterscheiden. Quer dazu lassen sich Prozesse des Wandels entlang von fünf Dimensionen ausmachen: in *technologischer, ökonomischer, organisationaler, inhaltlicher* und *gesellschaftlicher* Hinsicht. Durch die Kombination beider Raster soll ein möglichst facettenreiches Bild des Wandels im Journalismus entstehen, wie er sich den handelnden Akteuren selbst darbietet und daher von unmittelbarer Prägekraft für deren Wirken sein kann.

Konzeptionelle Überlegungen zum Wandel des Journalismus

Die wissenschaftliche Einschätzung zum gegenwärtigen Status des professionellen Journalismus kann mit einigem Recht als sehr differenziert bezeichnet werden. Sie reicht von einer durchaus tief greifenden, aber dennoch chancenreichen Übergangsphase (Kuhn und Nielsen 2014) bis hin zur Auflösung des Journalismus als „fest umrissener, identifizierbarer Sinn- und Handlungszusammenhang" (Weischenberg 2001, S. 77). Einigkeit besteht lediglich darüber, in der Digitalisierung einen der primären Motoren der beobachtbaren Veränderungen zu sehen (Örnebring 2018), die – zumindest *mittelbar* – in alle Dimensionen des Wandels bis hin zum Abwandern der Werbewirtschaft zu journalismusfremden Anbietern im Internet hineinspielt. In der *technologischen* Dimension sollen zunächst die *unmittelbaren* Auswirkungen sowohl auf das journalistische Handeln als auch das Kommunikationsverhalten des Publikums und der gesellschaftlichen Akteure zusammengefasst werden (Kuhn und Nielsen 2014). Beide handlungsrelevanten Subdimensionen werden durch Indikatoren in den genannten Befragungsmodulen erfasst. So verändern die neuen – und sich ebenso permanent verändernden – Kommunikationstechnologien zweifellos die journalistischen Recherchemethoden, die ohne den Einsatz von Internet-Suchmaschinen nicht mehr denkbar sind, und damit letztlich die gesamte Produktions- und Arbeitsweise, da die durch Digitalisierung und Vernetzung geschaffenen Möglichkeiten des Vertriebs journalistischer Produkte über verschiedene Plattformen sowohl ihren „Content" als auch die Art seiner Herstellung bestimmen. Die bis zur Konvergenz hinreichenden Veränderungen sprechen jedenfalls für eine bislang ungekannte Bedeutung technischer Fertigkeiten (Kramp und Weichert 2012), die als Teil eines umfassenderen Umbruchs in den organisationalen Rahmenbedingungen (auf den weiter unten noch eingegangen wird) gelten können. Beide Aspekte – der Stellenwert von Suchmaschinen in der journalistischen Recherche und die Bedeutung von technischen Fertigkeiten in der alltäglichen Arbeit – waren Teil des Fragebogens der Journalistenbefragung in Deutschland, Österreich und der Schweiz.

Die technologischen Innovationen tragen jedoch nicht nur zu einer Technisierung journalistischer Tätigkeiten bei, sondern verändern auch das Handeln des Publikums, indem sie die Grenzen zwischen Produzenten und Konsumenten verschwimmen lassen (Bruns 2005). Daraus nähren sich partizipative Kommunikationsformen und -formate innerhalb und außerhalb des professionellen Journalismus, die von aktiver Publikumsbeteiligung am gesamten Arbeitsprozess bis hin zum „Citizen Journalism" reichen (Schönhagen und Kopp 2007). Die Vermittlung von und der Zugang zu Informationen unterschiedlichster Herkunft über das Internet lässt die „Gatekeeping"-Funktion des klassischen Journalismus in den Hintergrund treten. Journalistisch aufbereitete Inhalte werden zu einem Bestandteil der Internetöffentlichkeit, in der die User mit den professionellen Beobachtern ebenso kommunizieren wie untereinander und direkt mit den Quellen, und in diese – mitunter weit gestreute – Kommunikation sowohl ihre eigenen Anliegen einfließen lassen als auch zu Verstärkereffekten weiter vermittelter Inhalte beitragen können (Neuberger 2008; Phillips 2015). Wenn schließlich kommunikative Beziehungen zwischen den Bürgern und diversen gesellschaftlichen Akteuren vollständig unter Umgehung der traditionellen Massenmedien aufgebaut werden können, dann verliert professioneller Journalismus sowohl sein Monopol als Beobachter der Gesellschaft als auch an Bedeutung in seiner Rolle als intermediäre Institution. Diesen komplexen Prozessen tragen Fragen sowohl nach dem veränderten Einfluss von Rückmeldungen aus dem Publikum und der Einbindung des Publikums in die Nachrichtenproduktion generell als auch von nutzergenerierten Inhalten, sozialen Online-Netzwerken und den dadurch ermöglichten Interaktionen zwischen Journalisten und ihrem Publikum im Speziellen Rechnung.

In *wirtschaftlicher* Hinsicht scheint die Finanzierung von qualitativ hochwertigem Journalismus infolge der Digitalisierung immer schwieriger zu werden. Die Koorientierung von Journalismus und Medienorganisationen (Altmeppen 2012), die nie eine zwischen gleichberechtigten Partnern war, entwickelt sich unter der zunehmenden Dominanz des ökonomischen Kalküls zu einem einseitigen Abhängigkeitsverhältnis. Von einer „Ökonomisierung" der Medien ist die Rede, wenngleich, um Karl Bücher (1917, S. 258) zu zitieren, die grundlegende Problematik, dass eine Zeitung nicht nur „Nachrichten an ihre Leser [verkauft]", sondern auch „ihren Leserkreis an jedes zahlungsfähige Privatinteresse" bereits vor einem Jahrhundert erkannt worden war. Dennoch: Cross-mediale, oft supranationale Konzentrationsbewegungen und die Diversifizierung des – teilweise kostenfrei zugänglichen – Medienangebots lassen einen steigenden Wettbewerbsdruck erwarten, die wachsende Bedeutung der Renditemaximierung spricht für einen höheren Druck durch Profiterwartungen, und die Abwanderung von Teilen des Anzeigenmarkts auf Online-Plattformen lässt vermuten, dass Werbung noch mehr als bisher „im wahrsten Sinne des Wortes Programm macht" (Karmasin 1998, S. 227). Damit könnte die strikte Trennung zwischen redaktionellem Teil und Werbung infrage gestellt werden, was allein im vermehrten Einsatz von integrativen Werbeformen wie Native Advertising zum Ausdruck kommt, aber letztlich die Gefahr einer freundlichen Berichterstattung im Interesse des jeweiligen Auftraggebers aus Politik und Wirtschaft in sich birgt (Baerns 2004; Seethaler et al. 2017b; 2018). Diese drei potenziell wachsenden ökonomischen Einflüsse – durch Wettbewerb, Profiterwartungen und Werbung – wurden in der Studie abgefragt.

Dieser Druck ist es aber nicht allein, in dem sich die von vielen Beobachtern diagnostizierte Ökonomisierung der Medien äußert. Vielmehr ist von direkten Auswirkungen auf den konkreten Redaktionsalltag die Rede, die journalistisches Handeln massiv verändern können. So wird in *organisationaler* Hinsicht weithin angenommen, dass die Redaktionen als Resultat wirtschaftlicher Überlegungen die der Nachrichtenproduktion zugewiesenen Ressourcen zurückschrauben müssen. Damit steigt naturgemäß die berufliche Belastung der Journalisten, die überdies mit zunehmend schwierigeren Arbeitsverhältnissen konfrontiert sind, während die Zeit, die ihnen für Recherchen zur Verfügung steht, schrumpft (Weaver et al. 2007; Debatin 2017). Angesichts wachsender, im Interesse wirtschaftlichen Erfolgs stehender Kontrolle sind außerdem Einschränkungen des Freiraums für redaktionelle Entscheidungen zu befürchten, die ohnehin auch als potenzielle Kollateralschäden der bereits angesprochenen Technisierung der journalistischen Arbeit und der damit verbundenen Verlagerung der Schwerpunkte weg von inhaltlichen und hin zu formalen Aspekten journalistischer Tätigkeit auftreten und einer „De-Professionalisierung" (Witschge und Nygren 2009) Vorschub leisten können. Von solchen Verschärfungen der Arbeitsbedingungen würde jedoch die Autonomie des Journalismus nicht unberührt bleiben (Örnebring 2016). Ihnen ist daher in unserem Fragebogen mit Aspekten der Veränderung von Arbeitszeit und Arbeitsbelastung, in der redaktionellen Autonomie und im Zeitbudget für Recherchetätigkeiten breiter Raum gewidmet.

Die Ökonomisierung der Medienproduktion ist freilich nicht nur in ihren Auswirkungen auf die organisationalen Rahmenbedingungen redaktioneller Arbeit zu sehen, sondern auch in möglichen Einflüssen auf den *Medieninhalt*, die weithin unter dem Stichwort „Kommerzialisierung" zusammengefasst werden (Schimank und Volkmann 2015; Örnebring 2018b). Sie wird im Fragebogen exemplarisch an drei Aspekten festgemacht: Kostenintensive Recherchen benötigender investigativer Journalismus weicht einer an sensationellen Ereignissen und schillernden Prominenten ausgerichteten Berichterstattung; die durch intensive Publikumsforschung untermauerte Orientierung am Publikumsmarkt lässt einen Service- und Lifestyle-Journalismus florieren (Eide und Knight 1999; Hanusch 2012); und der Einfluss der Öffentlichkeitsarbeit staatlicher Stellen und privater Unternehmen auf die Medienkommunikation nimmt zu

(Weischenberg et al. 2006a). Die Grenzen zwischen PR und Journalismus waren ja seit jeher fließend, da beide nicht nur aufeinander angewiesen (Jarren und Donges 2011; Strömbäck und Kiousis 2011), sondern auch personell miteinander verschränkt sind. Gegenwärtig scheint sich jedoch das Kräfteverhältnis zuungunsten des Journalismus zu verschieben: Auf den Medienbetrieben lastender wirtschaftlicher Druck und die Umschichtung von PR-Budgets von „klassischer" Werbung in Massenmedien hin zu unternehmenseigenen Internetauftritten, Corporate Weblogs und Kundenfernsehen und -zeitschriften erhöhen einerseits den Kampf um den Kuchen der PR-Mittel und damit die Abhängigkeit von zugelieferten PR-Inhalten, während andererseits prekäre Arbeitsverhältnisse vor allem freie Journalisten zwingen, ihr Einkommen durch PR-Tätigkeiten aufzubessern (Fröhlich et al. 2013). Im Fragebogen wird daher nicht nur nach der Zunahme des Drucks in Richtung Sensationsberichterstattung und Ergebnissen der Publikumsforschung gefragt, sondern auch nach der Zunahme des Einflusses vonseiten der Öffentlichkeitsarbeit.

Zweifellos haben die vielfältigen Veränderungen auf der technologischen, ökonomischen, organisationalen und inhaltlichen Dimension Implikationen für die *gesellschaftliche* Rolle und das Ansehen des Journalismus. Die Erweiterung der in der öffentlichen Kommunikation relevanten Stimmen kann einen Bedeutungsverlust des professionellen Journalismus als gesellschaftliche Beobachtungsinstanz bedeuten (Charles und Stewart 2011; McChesney und Nichols 2010), sie kann aber auch zu einer Neudefinition seiner Funktion herausfordern (Bruns 2005; Seethaler und Melischek 2015; Deuze und Witschge 2018). Ob eine solche Neudefinition nicht nur möglich ist, sondern Chancen auf öffentliche Akzeptanz hat, ist nicht zuletzt vom Vertrauen abhängig, das dem Journalismus entgegengebracht wird. Vor allem in den USA hat sich seit den 1970er Jahren ein alarmierender Vertrauensverlust gezeigt (Gronke und Cook 2007), aber auch in Deutschland, Österreich und der Schweiz verliert der traditionelle Journalismus in Teilen der Bevölkerung an Vertrauen, vor allem unter jungen Menschen und intensiven Nutzern sozialer Medien (Schultz et al. 2017; Seethaler 2012; Peters und Broersma 2013). Dennoch verbleibt das Medienvertrauen gegenüber dem wesentlich stärker sinkenden Vertrauen in politische Akteure auf vergleichsweise hohem Niveau (Hanitzsch 2013; Beaufort 2017). Ein eigener Fragenkomplex der Studie geht daher der Einschätzung der Veränderungen sowohl in der gesellschaftlichen Bedeutung des Journalismus und seiner Glaubwürdigkeit nach als auch im – das öffentliche Ansehen beeinflussenden – Stellenwert ethischer Grundsätze und journalistischer Ausbildungswege, sei es im Sinne einer brancheninternen Journalistenausbildung oder im Sinne akademischer Abschlüsse.

Insgesamt wurden im Rahmen der zweiten Runde der *Worlds of Journalism Study* elf Fragen nach Veränderungen in der Bedeutung verschiedener Aspekte journalistischen Handelns (vgl. Tab. 9.1) und 12 Fragen nach der Veränderung

Tab. 9.1 Veränderungen in den Einflüssen auf die journalistische Tätigkeit

	Deutschland				Österreich				Schweiz			
	N	%	MW	s	N	%	MW	s	N	%	MW	s
Journalistenaus-bildung	606	31,8	3,04	1,04	672	65,2	3,65	1,05	748	58,4	3,58	0,97
Ethische Standards	658	14,4	2,59	0,91	684	27,5	2,90	0,98	749	21,1	2,79	0,90
Wettbewerb	683	90,3	4,35	0,72	709	91,4	4,43	0,68	751	86,8	4,24	0,77
Überlegungen in Bezug auf Werbung	645	66,4	3,82	0,89	686	74,3	3,97	0,79	749	71,7	3,91	0,74
Druck durch Profiterwartungen	651	71,1	3,98	0,89	690	82,5	4,16	0,78	748	78,3	4,05	0,75
Öffentlichkeits-arbeit bzw. PR	658	57,4	3,68	0,84	689	64,3	3,78	0,78	752	69,1	3,93	0,79
Publikums-forschung	653	62,8	3,70	0,90	672	59,9	3,74	0,80	748	61,6	3,73	0,76
Nutzergenerierte Inhalte, wie z. B. in Blogs	671	85,2	4,22	0,80	696	88,6	4,27	0,73	751	83,0	4,15	0,73
Social Media, wie z. B. Facebook und Twitter	683	94,7	4,63	0,61	713	97,6	4,67	0,54	754	95,9	4,56	0,58
Einbindung des Publikums in Nachrichten-produktion	660	56,2	3,61	0,88	684	65,5	3,80	0,81	750	69,2	3,85	0,76
Rückmeldungen vom Publikum	675	63,7	3,80	0,87	700	68,9	3,86	0,80	744	59,5	3,71	0,78
Druck in Richtung Sensationsbericht-erstattung	668	59,6	3,67	0,87	693	58,0	3,70	0,81	753	68,5	3,87	0,77

Anmerkung: % = Anteil der Befragten, die „sehr verstärkt" und „etwas verstärkt" angegeben haben; Mittelwert auf einer Skala von 1 („sehr abgeschwächt") bis 5 („sehr verstärkt")

Tab. 9.2 Veränderungen im Journalismus

	Deutschland				Österreich				Schweiz			
	N	%	MW	s	N	%	MW	s	N	%	MW	s
Freiraum für redaktionelle Entscheidungen	667	12,7	2,71	0,81	698	13,2	2,73	0,79	752	10,1	2,69	0,77
Durchschnittliche Arbeitszeit	676	74,0	3,99	0,77	704	74,0	3,98	0,91	755	70,5	3,90	0,79
Verfügbare Zeit für Recherche	680	6,2	2,03	0,89	712	3,9	1,81	0,83	754	6,0	1,97	0,88
Interaktion zwischen Journalisten und Publikum	674	64,7	3,72	0,93	696	68,0	3,81	0,89	753	61,4	3,70	0,92
Bedeutung technischer Fertigkeiten	684	93,3	4,45	0,64	709	90,6	4,35	0,70	754	87,5	4,23	0,71
Gebrauch von Internet-Suchmaschinen	685	90,8	4,60	0,65	712	93,4	4,64	0,61	755	91,4	4,52	0,65
Bedeutung von Hochschulabschlüssen	649	38,2	3,35	0,98	684	33,5	3,20	0,90	750	40,8	3,37	0,88
Bedeutung eines Abschlusses in Journalismus o.ä.	636	21,4	2,99	0,89	677	33,5	3,19	0,87	749	44,1	3,43	0,79
Glaubwürdigkeit des Journalismus	673	9,5	2,37	0,88	703	6,0	2,30	0,79	754	5,6	2,24	0,88
Bedeutung von Journalismus für die Gesellschaft	675	29,8	2,96	0,99	700	20,6	2,77	0,91	752	16,8	2,74	0,88
Arbeitsbelastung von Journalisten	678	90,1	4,38	0,67	698	89,7	4,42	0,68	755	84,6	4,23	0,73

Anmerkung: % = Anteil der Befragten, die „stark zugenommen" und „etwas zugenommen" angegeben haben; Mittelwert auf einer Skala von 1 („stark zurückgegangen") bis 5 („stark zugenommen")

von Einflüssen auf den Journalismus (vgl. Tab. 9.2) gestellt. Alle Fragen waren auf einer fünfstufigen Skala zu beantworten, die im Falle der Bedeutung spezifischer Aspekte journalistischen Handelns von „stark zugenommen" bis „stark zurückgegangen" und im Falle der Wahrnehmung von Einflüssen von „sehr verstärkt" bis „sehr abgeschwächt" reicht. Mit beiden Fragenkomplexen wurden nur jene Befragten konfrontiert, die zumindest fünf Jahre im Journalismus tätig waren. In Deutschland waren dies 92 % der Befragten, in Österreich 93 % und in der Schweiz 84 %, insgesamt also 89 % aller 2454 in den drei Ländern befragten Personen, die Angaben zur Dauer ihrer Berufserfahrung gemacht hatten.

Die technologische Dimension

Wenn vom Wandel des Journalismus die Rede ist, dann wird er von den Angehörigen dieses Berufsstandes in Deutschland, Österreich und der Schweiz zu allererst als *technologischer* Wandel empfunden – und zwar zunächst in einem unmittelbar auf die Kenntnis der neuen Technologien bezogenen Sinn. In allen drei Ländern sehen um die 90 % der Journalisten im Gebrauch von Suchmaschinen und der Bedeutung technischer Fertigkeiten gravierende Veränderungen ihrer Arbeit begründet (vgl. Tab. 9.2). Ähnlich hoch schätzen nahezu alle Befragten den gestiegenen Einfluss der durch die neuen Kommunikationstechnologien gepushten sozialen Online-Netzwerke wie Facebook und Twitter auf den Journalismus ein (vgl. Tab. 9.1). Der Anteil der Journalisten, die angegeben haben, dass diese Aspekte an Bedeutung verloren oder sich kaum verändert haben, ist, wenig überraschend, verschwindend gering. Bildet man einen Saldo aus dem Anteil der Journalisten, die die Veränderung mit „sehr/etwas verstärkt" bzw. „stark/etwas zugenommen" bewertet haben, und jenen, die mit „sehr/ etwas abgeschwächt" bzw. „stark/etwas abgenommen" geantwortet haben, wird deutlich, dass diese drei technologisch bedingten Aspekte ihrer Tätigkeit in den Augen der Journalisten massiv an Bedeutung gewonnen haben (vgl. Abb. 9.1 und 9.2).

Gegenüber diesen Spitzenwerten gelten nutzergenerierte Inhalte (wie sie beispielsweise in Blogs zu finden sind) in etwas geringerem Ausmaß als Motor journalistischen Wandels. Noch deutlicher ist allerdings der Abstand zur Einschätzung der durch die neuen Technologien generell veränderten Rolle des Publikums. In Deutschland wollen nur 56 % der Journalisten von verstärkten

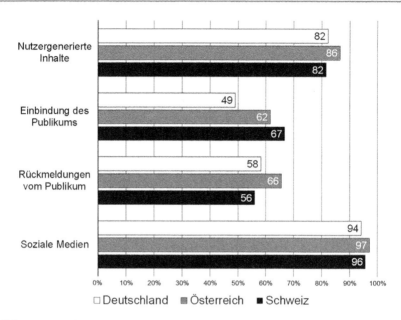

Abb. 9.1 Veränderungen in technikbezogenen Einflüssen. (Anmerkung: Prozentangaben beziehen sich auf die Differenz zwischen dem Anteil der Befragten, die den Einfluss als „sehr/etwas verstärkt" angegeben haben, und jenen, die mit „sehr/etwas abgeschwächt" geantwortet haben. N = 660–683 (Deutschland); N = 684–713 (Österreich); N = 744–754 (Schweiz))

Einflüssen auf die journalistische Arbeit durch die Einbindung des Publikums und 64 % durch Rückmeldungen vonseiten des Publikums sprechen (vgl. Tab. 9.1). Dementsprechend erkennen auch nur 65 % eine verstärkte Bedeutung der Interaktionen zwischen Journalisten und ihrem Publikum (vgl. Tab. 9.2). Während in Österreich die entsprechenden Prozentsätze durchwegs über den deutschen Werten liegen, gilt dies für die Schweiz nur in Bezug auf die Einbindung des Publikums in die Nachrichtenproduktion. Bei den anderen beiden Aspekten liegt der Anteil der eine Veränderung in den Publikumseinflüssen wahrnehmenden Journalisten unter jenem der deutschsprachigen Nachbarländer. In allen Fällen ist der Saldo, wie in den Abb. 9.1 und 9.2 zu sehen ist, positiv. Journalisten in Deutschland, Österreich und der Schweiz sind überwiegend der Auffassung, dass technologische Aspekte den Journalismus in den vergangenen Jahren nachhaltig verändert haben.

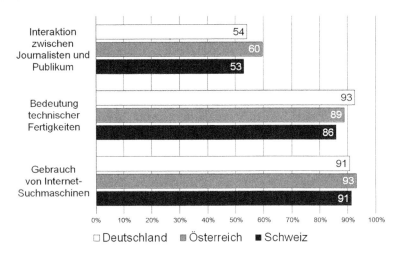

Abb. 9.2 Veränderungen in technikbezogenen Tätigkeiten. (Anmerkung: Prozentangaben beziehen sich auf die Differenz zwischen dem Anteil der Befragten, die „stark/etwas zugenommen" angegeben haben, und jenen, die mit „stark/etwas abgenommen" geantwortet haben. N = 674–685 (Deutschland); N = 696–712 (Österreich); N = 750–754 (Schweiz))

Die wirtschaftliche Dimension

Auf der *wirtschaftlichen* Dimension sprechen die Ergebnisse eine deutliche Sprache: Der Wettbewerbsdruck wird in allen drei Ländern als einer der am stärksten gestiegenen Einflüsse auf den Journalismus wahrgenommen. In Österreich rangiert er unmittelbar hinter den sozialen Medien und Internet-Suchmaschinen als drittstärkster Motor von Veränderung, in Deutschland und der Schweiz liegt er unter allen 22 abgefragten Aspekten an vierter Stelle, und zwar nach der Bedeutung technischer Fähigkeiten. Hinter dieser Einschätzung stehen in Deutschland und Österreich knapp über 90, in der Schweiz fast 87 % der Journalisten (vgl. Tab. 9.1). Die Gruppe jener, die von einer Abschwächung des Wettbewerbsdrucks sprechen, ist in allen drei Ländern mit ein bis drei Prozent verschwindend gering – dementsprechend hoch ist in allen drei Ländern der Saldo zwischen den beiden Gruppen (vgl. Abb. 9.3). Den Einflüssen aufgrund von Profiterwartungen der Medienunternehmen und von Überlegungen in Bezug auf Werbeaufträge werden von deutlich weniger Journalisten starke

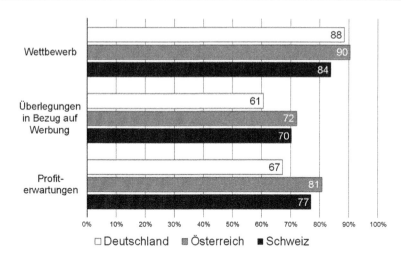

Abb. 9.3 Veränderungen in wirtschaftlichen Einflüssen. (Anmerkung: Prozentangaben beziehen sich auf die Differenz zwischen dem Anteil der Befragten, die den Einfluss als „sehr/etwas verstärkt" angegeben haben, und jenen, die mit „sehr/etwas abgeschwächt" geantwortet haben. N = 645–683 (Deutschland); N = 686–709 (Österreich); N = 748–751 (Schweiz))

Veränderungen zugeschrieben. Dies gilt insbesondere für Deutschland, wo die Zustimmungswerte bis zu einem Viertel unter jenem für den Wettbewerbsdruck liegen, während österreichische Journalisten in beiderlei Hinsicht die im Drei-Länder-Vergleich stärksten Bewegungen ausmachen.

Die organisationale Dimension

Neben technischen Fertigkeiten, den sozialen Medien und dem ökonomischen Wettbewerb zählt für die meisten Journalisten über alle drei Länder hinweg die gestiegene Arbeitsbelastung zu den entscheidendsten Faktoren der Veränderungen im Journalismus, wenngleich diese Beurteilung in der Schweiz mit 85 % (gegenüber rund 90 % in den anderen beiden Ländern) die am wenigsten breite Unterstützung genießt (vgl. Tab. 9.2). Allerdings sind nirgendwo mehr als ein Prozent der Meinung, dass die Arbeitsbelastung gesunken sei, sodass die Saldo-Werte

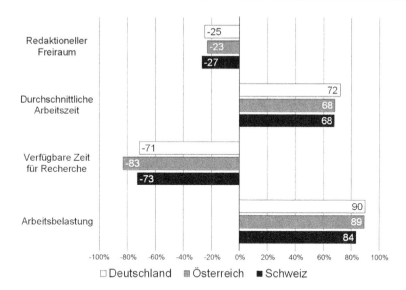

Abb. 9.4 Veränderungen in den Arbeitsbedingungen. (Anmerkung: Prozentangaben beziehen sich auf die Differenz zwischen dem Anteil der Befragten, die „stark/etwas zugenommen" angegeben haben, und jenen, die mit „stark/etwas abgenommen" geantwortet haben. N = 667–680 (Deutschland); N = 698–712 (Österreich); N = 752–755 (Schweiz))

zwischen den beiden Gruppen nahe den Prozentwerten derjenigen sind, die von einer erhöhten Belastung sprechen (vgl. Abb. 9.4). Mit ihr gehen auf der *organisationalen* Dimension des Wandels ein – etwas weniger stark empfundener – Anstieg in der durchschnittlichen täglichen Arbeitszeit und ein Rückgang der für Recherchen zur Verfügung stehenden Zeit einher. Hinter diesen Einschätzungen stehen zumindest 70 % der Befragten eines Landes; in Österreich sehen sogar mehr als 80 % Einschränkungen in der Zeit für Recherchen. Dieser pessimistischen Beurteilung steht kaum eine optimistische Sichtweise entgegen, sodass die Differenzen zwischen beiden Positionen entsprechend deutlich ausfallen. Dies ist anders in Bezug auf den Freiraum, redaktionelle Entscheidungen zu treffen. Zwar vertritt auch hier nur eine verschwindende Minderheit, nämlich kaum mehr als ein Zehntel der Journalisten, eine optimistische Sichtweise, jedoch beträgt der Überhang der Pessimisten in allen drei Ländern der Überhang der Pessimisten nur um die 25 %. Dies liegt daran, dass rund die Hälfte der Journalisten (in der Schweiz sogar 53 %) keinerlei Veränderungen des redaktionellen Entscheidungsspielraums wahrnehmen.

Die inhaltliche Dimension

Auf der *inhaltlichen* Dimension werden alle drei im Fragebogen enthaltenen Aspekte – Druck in Richtung Sensationsberichterstattung, Publikumsmarkt und PR-Abhängigkeit – von einem nicht unbedeutenden, aber auch nicht besonders breiten Anteil der Journalisten in den drei Ländern als Merkmale des Wandels angesehen, sodass der Saldo zwischen jenen, die von einer Verschärfung, und jenen, die von einer Abschwächung des Drucks sprechen, stets über der Hälfte, in Einzelfällen bei rund zwei Drittel der Befragten liegt (Abb. 9.5). Die zunehmende Bedeutung der PR und einer auf Sensationen ausgerichteten Berichterstattung wird besonders in der Schweiz registriert, und zwar von rund 69 % der Journalisten. Hinsichtlich einer Zunahme des Einflusses von Forschungen zum Publikumsmarkt gibt es mit einer Zustimmungsrate von um die 60 % kaum länderbezogene Unterschiede (vgl. Tab. 9.1).

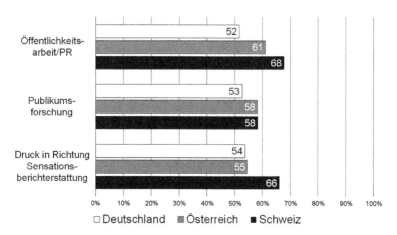

Abb. 9.5 Veränderungen in inhaltsbezogenen Einflüssen. (Anmerkung: Prozentangaben beziehen sich auf die Differenz zwischen dem Anteil der Befragten, die „sehr/etwas verstärkt" angegeben haben, und jenen, die mit „sehr/etwas abgeschwächt" geantwortet haben. N = 653–668 (Deutschland); N = 672–693 (Österreich); N = 748–753 (Schweiz))

Die gesellschaftliche Dimension

Hinsichtlich der *gesellschaftlichen* Dimension des Wandels sind die Ergebnisse der *Worlds of Journalism Study* ernüchternd. Die Glaubwürdigkeit des professionellen Journalismus wird in allen drei Ländern von einer Zwei-Drittel-Mehrheit der Befragten als rückläufig eingestuft (vgl. Abb. 9.7); der Anteil jener Journalisten, die von einem Gewinn an Glaubwürdigkeit ausgehen, liegt überall im einstelligen Bereich. Die gesellschaftliche Bedeutung des Journalismus ist umstritten: In Deutschland gibt es drei etwa gleich starke Lager, die sie abnehmend, stagnierend oder zunehmend erleben; in den beiden anderen Staaten – und besonders deutlich in der Schweiz – überwiegt der Anteil der Journalisten, die von einer abnehmenden Relevanz überzeugt sind, gegenüber dem Anteil jener, die das Gegenteil annehmen (vgl. Tab. 9.2).

In Bezug auf den Einfluss ethischer Standards ist die Gruppe der optimistisch denkenden Journalisten in Österreich am vergleichsweise größten (28 %). Es ist jedoch auch hier (37 %) wie in Deutschland, doch dort wesentlich ausgeprägter (47 %), die Gruppe der Pessimisten am größten, sodass der Saldo beider Gruppen stets negativ ist (vgl. Abb. 9.6). Dasselbe gilt für die Schweiz, auch wenn dort mit 42 % die meisten Journalisten keine Änderung des Einflusses ethischer Standards wahrnehmen. Der Ausbildung wird von deutschen Journalisten unterm Strich kein besonderer Einfluss auf den Wandel im Journalismus zugeschrieben. In den anderen beiden Ländern liegt die Differenz zwischen jenen, die von

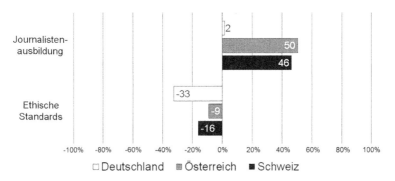

Abb. 9.6 Veränderungen in gesellschaftlichen Einflüssen. (Anmerkung: Prozentangaben beziehen sich auf die Differenz zwischen dem Anteil der Befragten, die „sehr/etwas verstärkt" angegeben haben, und jenen, die mit „sehr/etwas abgeschwächt" geantwortet haben. N = 606/658 (Deutschland); N = 672/684 (Österreich); N = 748/749 (Schweiz))

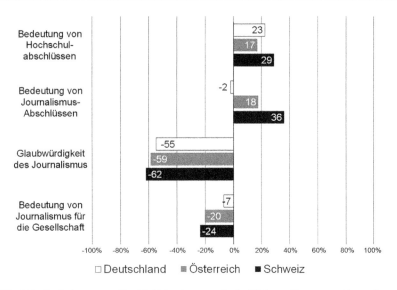

Abb. 9.7 Veränderungen hinsichtlich der gesellschaftlichen Kontexte. (Anmerkung: Prozentangaben beziehen sich auf die Differenz zwischen dem Anteil der Befragten, die „stark/etwas zugenommen" angegeben haben, und jenen, die mit „stark/etwas abgenommen" geantwortet haben. $N = 636–675$ (Deutschland); $N = 677–703$ (Österreich); $N = 749–754$ (Schweiz))

einem gestiegenen Einfluss der Ausbildung ausgehen, und jenen, die ihn eher sinken sehen, bei rund der Hälfte der Befragten (vgl. Abb. 9.6). Doch wenn es um Hochschulabschlüsse generell oder fachspezifische Hochschulabschlüsse im Besonderen geht, dann sinkt auch in Österreich und der Schweiz der Überhang jener, die von einer zunehmenden Bedeutung sprechen. Der Grund dafür liegt darin, dass die Mehrheit von einer unveränderten Bedeutung ausgeht (Österreich: 34 %, Schweiz: 44 %). Ob dies als Ausdruck eines zufriedenstellenden Ausbildungslevels oder als Stagnation zu interpretieren ist, sei dahingestellt.

Komponenten journalistischen Wandels

Bisher wurden die Befragungsergebnisse entlang einer heuristischen, fünf Dimensionen unterscheidenden Konzeption des Journalismuswandels dargestellt. Es ist jedoch zu vermuten, dass diese idealtypische Trennung der Dimensionen so nicht in der Realität anzutreffen ist. Vielmehr lässt erst die Kenntnis von Zusammenhängen und Querverbindungen zwischen den Dimensionen ein plastisches Bild des Wandels entstehen, wie es sich im Selbstverständnis der Journalisten abzeichnet. Dafür wurde eine Hauptkomponentenanalyse durchgeführt, durch die eine größere Zahl von Aspekten auf eine kleinere Zahl von Hauptkomponenten reduziert wird. Diese Komponenten werden dabei als hinter den jeweiligen beobachteten Aspekten stehende Konstrukte gesehen, die die Gemeinsamkeiten der beobachteten Aspekte repräsentieren (vgl. Tab. 9.3).

Die Ergebnisse der alle drei Länder umfassenden Analyse zeigen, dass die unterschiedlichen Auswirkungen, die technologische Innovationen auf die journalistische Tätigkeit einerseits und das Publikum andererseits haben, in ihrer Bedeutung für den Wandel im Journalismus auch getrennt voneinander wahrgenommen werden. Sowohl die beiden die *technische Kompetenz von Journalisten* herausfordernden Aspekte (Gebrauch von Suchmaschinen, technische Fertigkeiten) bilden eine eigene Komponente als auch die Einflüsse vonseiten des *Publikums*. Zu letzteren gehören sowohl die direkten Auswirkungen der neuen Kommunikationstechnologien auf das Medien*verhalten* des Publikums (nutzergenerierte Inhalte, Social Media) als auch die generellen Veränderungen in der Publikums*rolle* (Einbindung des Publikums in die Nachrichtenproduktion, Rückmeldungen seitens des Publikums, Interaktionen zwischen Journalisten und Publikum). Bemerkenswert ist, dass die Publikumskomponente den größten Beitrag zur Erklärung der Varianz in den Einschätzungen des Wandels durch deutsche, österreichische und Schweizer Journalisten leistet.

Eines der interessantesten Ergebnisse der Analyse liegt darin, dass die Journalisten den wachsenden ökonomischen Druck nicht unabhängig von den Veränderungen im Medieninhalt empfinden, sondern den Trend zur Sensationsberichterstattung, den steigenden Einfluss von PR und das zunehmende Gewicht auf der Erforschung von Publikumswünschen im Kontext verschärften Wettbewerbs, gestiegener Profiterwartungen und eines zunehmenden Kampfes um Werbekunden sehen. Die auf der wirtschaftlichen und inhaltlichen Dimension gemessenen Aspekte gehören in der journalistischen Wahrnehmung zusammen, bilden also eine gemeinsame Komponente, die wohl am Treffendsten mit *Ökonomisierung* überschrieben werden kann. Neben den Veränderungen aufseiten des Publikums zählt die Ökonomisierung zu den beiden varianzstärksten, also wichtigsten Komponenten, wenn es darum geht den Wandel im Journalismus zu erklären.

Entgegen der ökonomischen Kontextualisierung der Veränderungen im Medieninhalt werden organisationale Veränderungen isoliert von wirtschaftlichen Einflüssen wahrgenommen. Dies gilt zuvorderst für Arbeitsbelastung und

Tab. 9.3 Komponenten des journalistischen Wandels

	Publikum	Ökonomisierung	Ausbildung	Image	Arbeitsbedingungen	Technische Kompetenz
Rückmeldungen vom Publikum	0,74	0,07	0,01	0,02	0,11	0,03
Einbindung des Publikums in die Nachrichtenproduktion	0,73	0,14	0,06	-0,02	0,02	-0,03
Interaktion zwischen Journalisten und Publikum	0,63	-0,08	-0,06	0,14	0,06	0,03
Social Media	0,63	0,17	0,03	-0,09	0,03	0,18
Nutzergenerierte Inhalte	0,62	0,24	0,07	-0,07	-0,02	0,19
Überlegungen in Bezug auf Werbung	0,05	0,82	-0,04	-0,07	0,07	-0,04
Druck durch Profiterwartungen	0,12	0,78	-0,02	-0,09	0,12	0,02
Öffentlichkeitsarbeit bzw. PR	0,09	0,65	0,09	-0,08	-0,07	0,11
Wettbewerb	0,10	0,52	0,03	0,02	0,24	0,06
Druck in Richtung Sensationsberichterstattung	0,21	0,45	0,02	-0,34	0,06	0,15
Publikumsforschung	0,38	0,34	0,15	-0,07	-0,03	0,15
Bedeutung eines Abschlusses in Journalismus o.ä.	0,01	0,05	0,86	-0,04	-0,02	0,14
Bedeutung von Hochschulabschlüssen	-0,03	0,04	0,76	-0,05	0,02	0,31
Journalistenausbildung	0,13	0,05	0,68	0,13	0,08	-0,30

(Fortsetzung)

Tab. 9.3 (Fortsetzung)

	Publikum	Ökonomisierung	Ausbildung	Image	Arbeitsbedingungen	Technische Kompetenz
Glaubwürdigkeit des Journalismus	-0,09	-0,09	0,03	0,76	-0,07	0,01
Bedeutung von Journalismus für die Gesellschaft	0,01	0,04	0,01	0,68	0,13	0,11
Freiraum für redaktionelle Entscheidungen	0,10	-0,18	0,00	0,50	-0,22	-0,02
Verfügbare Zeit für Recherche	0,01	-0,13	-0,06	0,48	-0,45	-0,05
Ethische Standards	0,08	-0,11	0,37	0,41	0,11	-0,41
Arbeitsbelastung von Journalisten	0,08	0,10	0,09	-0,07	0,81	0,15
Durchschnittliche Arbeitszeit	0,08	0,08	-0,03	-0,02	0,78	0,08
Gebrauch von Internet-Suchmaschinen	0,14	0,14	0,11	0	0,15	0,67
Die Bedeutung technischer Fertigkeiten	0,24	0,03	0,08	0,11	0,16	0,66
Eigenwert	2,59	2,53	1,98	1,90	1,71	1,44
Anteil der Varianz (%)	11,3	11,0	8,6	8,3	7,4	6,2

Anmerkung: Ergebnisse einer Hauptkomponentenanalyse (N = 2.454; Varimax-Rotation). Faktorladung > 0,40 hervorgehoben

Arbeitsaufwand, die zusammen die Komponente *Arbeitsbedingungen* bilden. Getrennt vom ökonomischen Umfeld der Medienproduktion werden sie wohl eher als gesamtgesellschaftliches Phänomen erlebt, dem man kaum entrinnen kann. Die rückläufig empfundene Möglichkeit, eine Story hinreichend zu recherchieren, wird (vgl. Tab. 9.3: „Komponentenladung") nahezu gleich stark als Negativfolge der verschärften Arbeitsbedingungen wie in ihrer Konsequenz als Teil der Komponente des als rückläufig empfundenen öffentlichen *Images des Journalismus* gesehen. Gerade diese „Doppelladung" spricht für die hohe Bedeutung, die Journalisten unter ihren Arbeitsbedingungen der verfügbaren Zeit für Recherchen zuerkennen, da von einem Rückgang der Recherchezeit eine Verschlechterung des Images ihres Berufsstandes erwartet wird. In viel schwächerem Ausmaß kann man dieses Muster auch in Hinblick auf den (eingeengten) Freiraum, redaktionelle Entscheidungen zu treffen, beobachten. In die *Image*-Komponente fügen sich überdies die sinkende Glaubwürdigkeit des professionellen Journalismus und seine stagnierende gesellschaftliche Bedeutung sowie – deutlich weniger prononciert – die an Geltung verlierenden ethischen Standards ein. Solide journalistische Arbeit und autonome, verantwortungsvolle redaktionelle Entscheidungen werden, so könnte man interpretieren, zumindest von Teilen der befragten Journalisten nicht unabhängig von gesellschaftlicher Reputation und Relevanz des Berufsstandes einerseits und von ethischen Normen andererseits begriffen. Erstaunlich ist schließlich, dass Fragen der journalistischen *Ausbildung,* und zwar sowohl auf universitäre Abschlüsse als auch auf die brancheninterne Ausbildung bezogen, eine eigene Komponente bilden, also als isolierter, mit keiner der anderen Aspekte verbundener Komplex wahrgenommen werden.

Verbreitungsgebiet, Medientyp und soziodemografische Merkmale

Die Veränderungen im Journalismus werden je nach Verbreitungsgebiet und Medientyp mit zum Teil unterschiedlichen Schwerpunkten wahrgenommen; ihre Wahrnehmung variiert aber auch aufgrund soziodemografischer Merkmale wie Alter und Geschlecht. So sehen Journalisten, die für überregionale Medien arbeiten, ihren Beruf einem tiefer greifenden Wandel ausgesetzt als Journalisten, die für regionale und lokale Medien tätig sind (vgl. Tab. A2.37 und A2.38 im Anhang). Das betrifft die steigende Einbindung des Publikums in die journalistische Arbeit ebenso wie den zunehmenden ökonomischen Druck, die sinkenden Recherchemöglichkeiten und den gesellschaftlichen Bedeutungs- und

Glaubwürdigkeitsverlust. Noch deutlicher zeichnen sich die Wahrnehmungsunterschiede zwischen Frauen und Männern ab (vgl. Tab. A2.39 und A2.40 im Anhang): Journalistinnen erleben den Wandel ihres Berufs hinsichtlich fast aller Variablen signifikant ausgeprägter als ihre männlichen Kollegen – da sie in ihrem Beruf wesentlich weniger etabliert sind (vgl. Kap. 3), sind sie schließlich auch in höherem Maße davon betroffen. In gewisser Weise erwartbar waren auch die altersbedingten Unterschiede: Die unter 30-Jährigen – und fast ähnlich auch die unter 40-Jährigen – sehen deutlicher die Auswirkungen einer veränderten Publikumsrolle sowie den Druck durch Profiterwartungen und, damit im Zusammenhang, in Richtung Sensationsberichterstattung. Für die Generation 50+ dominieren hingegen die – für sie schwieriger anzueignenden – technischen Veränderungen und Fertigkeiten, die letztlich zu einer überhöhten Arbeitsbelastung beitragen; und auch die fortscheitende Akademisierung des Berufs ist hier stärker präsent.

Ein besonders differenzierteres Bild zeigt sich jedoch im Vergleich der Medientypen (vgl. Tab. A2.35 und A2.36 im Anhang). So stellt sich naheliegenderweise der Komplex der Publikumsorientierung und -einbindung insbesondere für Journalisten, die im Online-Sektor tätig sind, als besonders ausgeprägtes Moment des Wandels dar, den sie weitgehend ohne Auswirkung auf das Gewicht ethischer Standards sehen. Demgegenüber macht sich für Zeitschriftenjournalisten insbesondere der von Profiterwartungen und Werbung ausgehende wirtschaftliche Druck bemerkbar, während die Journalisten beim öffentlichen Hörfunk unter einem gestiegenen Zeit- und Arbeitsdruck leiden. Überdies konstatiert man im öffentlichen Rundfunksektor generell eine zunehmende Abhängigkeit von den Ergebnissen der Publikumsforschung, was Ausdruck des dort gestiegenen Zwangs zur Legitimation der Gebühren sein könnte. Mit einem deutlicheren Fokus auf technischen Fertigkeiten und (universitärer) Ausbildung sowie den am schwächsten wahrgenommenen Einflüssen von Profit und Werbung sieht man jedoch beim öffentlichen Fernsehen dem Wandel des Journalismus am optimistischsten entgegen. Journalisten bei Anzeigenblättern nehmen hingegen kaum Veränderungen wahr: das Publikum wird noch nicht so aktiv erlebt wie in anderen Mediensektoren und die gesellschaftliche Bedeutung des Journalisten noch nicht so sehr erschüttert. Zeitungen und Nachrichtenagenturen liegen schließlich im Durchschnitt quer über alle Medientypen hinweg (in den letztgenannten wird immerhin eine überdurchschnittliche Bedeutung der Akademisierung beobachtet). Am deutlichsten jedoch verspüren freie Journalisten einen sich rundum verstärkenden Druck: ökonomisch, organisational und ganz besonders im Hinblick auf ihre inhaltliche Gestaltungsfreiheit. Sie empfinden den Wandel besonders negativ: die Geltung ethischer Standards ist für sie ebenso obsolet wie die gesellschaftliche Glaubwürdigkeit und Bedeutung des Journalismus.

Die Wahrnehmung journalistischen Wandels im internationalen Vergleich

Gerade wenn es um die Wahrnehmung von Veränderungen in Handlungsfeldern geht, sind internationale Vergleiche schwierig zu interpretieren, da selbst ähnliche Triebkräfte wie kommunikationstechnologische Innovationen aufgrund unterschiedlicher Ausgangs- und Rahmenbedingungen zu unterschiedlichen Konsequenzen führen können. Da hier nicht der Raum ist, ökonomische, politische und kulturelle Faktoren auch nur ansatzweise diskutieren zu können, beschränken sich die folgenden Ausführungen auf eine sehr allgemeine Einordnung der deutschen, österreichischen und Schweizer Befunde in das Spektrum der 64 in der *Worlds of Journalism Study* vertretenen Länder, in denen sich Journalisten zum Wandel ihres Berufsstandes geäußert haben (Hanusch et al. 2019).[1] Untersucht man die Antworten auf alle 22 Aspekte, mit denen im Fragebogen der Wandel im Journalismus zu erfassen versucht wurde, mithilfe einer Clusteranalyse in ihren strukturellen Ähnlichkeiten, dann reihen sich Deutschland, Österreich und die Schweiz – wenig überraschend – gemeinsam mit den meisten west-, nord- und südeuropäischen Staaten (nebst Argentinien und Brasilien, Australien, Kanada und Südafrika) in eine große Gruppe ein. Von den USA, die lange Zeit als eine zeitlich versetzte Folie für Entwicklungsverläufe betrachtet wurden, unterscheiden sich die drei Länder hingegen gravierend. Trotz aller zwischenstaatlicher Abstufungen ist in den Augen der deutschen, österreichischen und Schweizer Journalisten der durch Wettbewerb, Profiterwartungen und Werbung aufgebaute wirtschaftliche Druck viel stärker gestiegen als dies US-amerikanische Journalisten empfinden. Ähnliches gilt für den Einfluss, den PR, Publikumsforschung und die Orientierung an Sensationen auf journalistische Inhalte ausüben. Dementsprechend sieht man in Deutschland, Österreich und der Schweiz im Vergleich zu den USA einen höheren Verlust an redaktioneller Entscheidungsfreiheit, aber auch an Glaubwürdigkeit, gesellschaftlicher Relevanz und der Geltung ethischer Normen. Weltweit gesehen gehören Deutschland und Österreich zu jenen zehn Ländern, in denen die Zunahme des Wettbewerbsdrucks besonders deutlich verspürt wird. Ebenso herausragend beurteilen deutsche Journalisten die gestiegene Bedeutung technischer Fertigkeiten für die Ausübung ihres Berufs und österreichische Journalisten den Rückgang an Recherchezeit und

---

[1]Vgl. auch https://worldsofjournalism.org/data-d79/data-and-key-tables-2012-2016/.

die Einbuße an gesellschaftlicher Relevanz. Letzteres gilt auch für die Schweizer Befragten, die überdies stärker als in den meisten untersuchten Ländern die Glaubwürdigkeit des Journalismus in Gefahr sehen.

Fazit

Zweifellos unterliegt der Journalismus als soziale Institution seit jeher Transformationsprozessen, die sich augenfällig an medien- und kommunikationstechnologischen Veränderungen festmachen lassen, aber auch nicht unbeeinflusst sind von wirtschaftlichen, politischen und gesellschaftlichen Faktoren. Um den gegenwärtigen Wandel präzisieren zu können, versuchte die *Worlds of Journalism Study* zum einen herauszufinden, welche Einflüsse auf die journalistische Tätigkeit aus Sicht der Betroffenen stärker, welche schwächer geworden sind, und zum anderen, welche Aspekte ihrer Tätigkeit an Bedeutung gewonnen, welche an Bedeutung verloren haben. Das über beide Befragungsmodule gelegte theoretische Raster verortete Veränderungen auf technologischer, wirtschaftlicher, organisationaler, inhaltlicher und gesellschaftlicher Ebene, die jedoch aus heutiger Sicht unvollständig sind. So wird das ins Jahr 2010 zurückreichende Entwicklungsdatum des Fragebogens daran deutlich, dass viele der heute relevanten Fragen wie Algorithmisierung und Filterblasen keine Berücksichtigung finden konnten, da sie damals noch kein Thema waren. Dennoch ergaben sich aufschlussreiche Einschätzungen des Wandels im Journalismus durch die unmittelbar Betroffenen, die zum Teil zu unerwarteten Verknüpfungen der 22 abgefragten Aspekte führten.

So zeigten sich die durch den technologischen Wandel unterstützen Veränderungen in der Rolle des Publikums hin zu einem aktiven bzw. zu aktivierenden Kommunikationspartner als *die* zentrale Komponente der Transformation des Journalismus. Nichts verändert professionellen Journalismus so sehr wie die von den sozialen Netzwerken und Online-Medien begünstigten und kultivierten Kommunikationsformen. Mit ihnen umgehen und sie in die journalistische Arbeit einbinden zu können, wird zum entscheidenden Kriterium, den Wandel zu bewältigen. Ähnliches gilt für Internet-Suchmaschinen, die klassische Recherchemethoden, für die kaum mehr ausreichend Zeit verfügbar ist, zu verdrängen scheinen. So sehr also der Umgang mit den veränderten Kommunikationsformen nach einer veränderten Definition der gesellschaftlichen Rolle verlangt, die sich möglicherweise von „information dissemination and gatekeeping to orientation and gatewatching" bewegt (Bruns 2005), so sehr wird ihre Realisierung durch die Veränderungen der Arbeitswelt und des wirtschaftlichen Umfelds erschwert.

Den durch Wettbewerb, Profiterwartungen und Werbeaufträge gestiegenen wirtschaftlichen Einflüssen wird nämlich von journalistischer Seite nahezu ebenso große Bedeutung zugemessen wie den veränderten Kommunikations- formen und -mitteln und sie werden in engem Zusammenhang mit einem ver- stärkten Druck in Richtung Sensationsberichterstattung, Publikumsorientierung und PR-Erwartungen gesehen – kurz: in Richtung Kommerzialisierung (Örnebring 2018b). Angesichts dieses überraschend klar zutage getretenen Bewusstseins für die Auswirkungen ökonomischer Faktoren auf den Inhalt jour- nalistischer Arbeit ist es umso erstaunlicher, dass rund die Hälfte der Journalis- ten in den drei untersuchten Ländern keine Änderung im Freiraum, redaktionelle Entscheidungen treffen zu können, wahrnehmen, wenngleich ebenso betont wer- den muss, dass durchschnittlich 37 % der Befragten sehr wohl von einer Ein- engung sprachen. Wie sensibel die Frage nach dem Entscheidungsfreiraum, aber auch nach dem Stellenwert der Recherche ist, zeigt ihre – überraschende – Ver- knüpfung mit den das Image des Journalismus beeinflussenden Faktoren: seine Glaubwürdigkeit und gesellschaftliche Relevanz werden wie die Geltung ethi- scher Standards nicht bloß als gesunken, sondern im internationalen Vergleich auf ein relativ tiefes Level gesunken wahrgenommen. Die als imagebelastend erlebte fehlende Zeit für Recherchen wird zwar in gewisser Weise in einem nega- tiven Verhältnis zu den als enorm verschärft eingeschätzten Arbeitsbedingungen gesehen, aber diese werden losgelöst von ökonomischen Einflüssen, also offenbar eher als generelles gesellschaftliches Phänomen empfunden.

Der von allen Komponenten des Wandels getrennt und mehrheitlich unver- ändert gesehene Stellenwert der Bildung stimmt nachdenklich: Eine (universitäre oder brancheninterne) Ausbildung, die sich bemüht, auf der Höhe der Zeit zu sein, dürfte nicht als stagnierend, sondern müsste eigentlich als dynamisch wahr- genommen werden. Anders lassen sich ja jene Kenntnisse, die einen produktiven Umgang mit dem Wandel im Journalismus im Interesse einer ebenso im Wandel befindlichen demokratischen Gesellschaft, nicht erwerben und in der täglichen Arbeit umsetzen.

Josef Seethaler ist stellvertretender Direktor des Instituts für vergleichende Medien- und Kommunikationsforschung der Österreichischen Akademie der Wissenschaften und der Alpen-Adria-Universität. Er leitet die Arbeitsgruppe „Media, Politics & Democracy", ist Lehrbeauftragter der Universität Wien und in zahlreichen Beratungs- und Gut- achterfunktionen tätig. Er forscht zu politischer Kommunikation und gesellschaft- licher Partizipation, Mediensystemen, Wissenschaftskommunikation sowie Medien- und Kommunikationsgeschichte.

Zwischen Kontinuität und Wandel: Journalismus in Deutschland, Österreich und der Schweiz

10

Josef Seethaler, Thomas Hanitzsch, Guido Keel, Corinna Lauerer, Nina Steindl und Vinzenz Wyss

Die Rede vom Ende des Journalismus ist seit einiger Zeit in der öffentlichen wie fachlichen Debatte allgegenwärtig, wenn auch aus unterschiedlichen Gründen. Mitte der 1990er Jahre waren es noch die verschwimmenden Grenzen hin zu Werbung und PR, die den Herausgeber der österreichischen Wochenzeitung *Falter*, Armin Thurnher (1995), veranlassten, das Ende des Journalismus zu prophezeien. Jene Medien, die sich an ein Publikum wenden, würden zusehends von solchen, die nur noch für die Werbewirtschaft erfunden werden, abgelöst, und der

---

J. Seethaler (✉)
Institut für vergleichende Medien- und Kommunikationsforschung, Österreichische Akademie der Wissenschaften, Wien, Österreich
E-Mail: josef.seethaler@oeaw.ac.at

T. Hanitzsch · C. Lauerer · N. Steindl
Ludwig-Maximilians Universität München, München, Deutschland
E-Mail: thomas.hanitzsch@ifkw.lmu.de

C. Lauerer
E-Mail: corinna.lauerer@ifkw.lmu.de

N. Steindl
E-Mail: nina.steindl@ifkw.lmu.de

G. Keel · V. Wyss
ZHAW Zürcher Hochschule für Angewandte Wissenschaften, Winterthur, Schweiz
E-Mail: guido.keel@zhaw.ch

V. Wyss
E-Mail: vinzenz.wyss@zhaw.ch

© Springer Fachmedien Wiesbaden GmbH, ein Teil von Springer Nature 2019
T. Hanitzsch et al. (Hrsg.), *Journalismus in Deutschland, Österreich und der Schweiz*, Studies in International, Transnational and Global Communications,
https://doi.org/10.1007/978-3-658-27910-3_10

237

Journalismus – ganz im Habermas'schen (1990, S. 291) Sinn – korrumpiert: Über den „Umweg über ein fingiertes Allgemeininteresse" gaukele Werbung und PR dem Publikum vor, am öffentlichen Wohl interessiert zu sein, um damit tatsächlich aber nur ihre geschäftlichen Absichten zu kaschieren. Diese in die 1980er Jahre zurückreichende Diskussion (Baerns 1985) verschwand zwar nicht (vgl. u. a. Westerbarkey 2004; McChesney und Nichols 2010; Lloyd 2015), trat aber insofern in den Hintergrund, als sie sich in den breiteren Kontext der Folgen der Digitalisierung einreihte (Altmeppen 2000b). Die Vermischung von Journalismus und Werbung („Native Advertising", „Brand Journalism"; vgl. Renner et al. 2017) zeigte sich damit als Konsequenz der sinkenden Erlöse professionell-journalistischer Anbieter aus Nutzergebühren und klassischer Werbung als auch als Ergebnis des Bedeutungsverlusts ihrer Marken infolge eines durch Algorithmen gesteuerten, auf die jeweils persönlichen Interessen zugeschnittenen Nachrichtenangebots (Lobigs 2016).

Die Digitalisierung veranlasste weite Teile der Journalismusforschung, auf die Rolle der Technologie als zentrales und bestimmendes Moment journalistischen Handelns zu fokussieren (Boczkowski und Anderson 2017). Sie bot (und bietet) eine Fülle von Anhaltspunkten, nicht bloß von einem Wandel, sondern von einer Transformation, wenn nicht sogar von einem Niedergang des Journalismus zu sprechen (Neuberger 2000). Mit den kommunikationstechnologischen Veränderungen würde nämlich der Journalismus, so die vielfach geteilte Einschätzung, in seinen internen und externen Beziehungen fundamental neu strukturiert, sodass die traditionellen Vorstellungen von Journalismus nichts weiter mehr wären als ein Kapitel seiner Geschichte (u. a. Hall 2001; Boczkowski 2004; Quandt 2005).

Die diskutierten Auswirkungen der Digitalisierung sind vielfältig. Sie reichen von einer Beschleunigung neoliberaler Medienpolitik und der damit verbundenen Deregulierung der Märkte (Voltmer 2016) über ein dramatisches Anwachsen der Marktmacht branchenfremder, oft global und vornehmlich im Internet agierender Akteure (Brake 2017) und eine Zunahme von Ökonomisierungsstrategien in der konvergenten, den Redaktionsalltag drastisch verändernden Medienproduktion (Scott 2005) bis hin zu gravierenden Umwälzungen im Mediennutzungsverhalten (Hasebrink 2008) und der Entstehung neuer Vermittlungs- und Kommunikationsformen in bisher ungeahnter Breite von Bürgerjournalismus bis Roboterjournalismus (Charles und Stewart 2011; Seethaler und Beaufort 2017). Vor allem das Hinzutreten neuer journalistischer Paradigmen ließ das Wort von der „Entgrenzung des Journalismus" zu einem ebenso bedrohlichen wie „plakativen Label" (Loosen 2016, S. 177) für eine Vielzahl von Veränderungen im Internetzeitalter werden.

Ein dritter Diskussionsstrang, der das Ende des „Journalismus, wie wir ihn kannten" (Teusch 2016) kommen sieht, hat sich erst in jüngster Zeit ausgebildet und setzt am behaupteten Glaubwürdigkeitsverlust des Journalismus an. Dieser Strang erhielt nicht zuletzt Aufwind im Zuge des US-amerikanischen Präsidentschaftswahlkampfs 2016 und der seither anhaltenden Diffamierung oppositioneller Medien als „Fake Media" durch den US-Präsidenten, aber auch infolge der „Lügenpresse"-Vorwürfe und -Kampagnen rechtsnationaler Politiker und Parteien in Europa (Zoll 2015). Da Glaubwürdigkeit eng mit Vertrauen verknüpft ist (Dernbach 2005), würde ein massiver Vertrauensverlust in der Tat die gesellschaftliche Legitimation des Journalismus infrage stellen. Wie die Datenlage jedoch zeigt (für Deutschland: Neuberger 2018; für Österreich: Beaufort 2017; für die Schweiz: Schranz, Schneider und Eisenegger 2016), lässt sich allenfalls von einer Stagnation des Vertrauens in den Journalismus sprechen, und dieser ist überdies im Kontext einer generell kritischeren, einem sich wandelnden Demokratieverständnis geschuldeten Haltung der Bürger gegenüber traditionellen Institutionen zu sehen. Dennoch ist nicht von der Hand zu weisen, dass die „Fake News"- oder „Lügenpresse"-Debatte einen selbstverstärkenden Prozess hervorruft, der letztlich den behaupteten Eindruck des Versagens erzeugt (Neuberger 2018).

Die zweite Runde der *Worlds of Journalism Study* fiel also in eine Zeit, in der Journalismus wie selten zuvor in der öffentlichen und zum Teil auch der wissenschaftlichen Diskussion zumindest in seiner bisherigen Form infrage gestellt wurde – und wird. Die Sicht der Betroffenen in den Mittelpunkt einer Untersuchung zu stellen (und dies in einem international vergleichenden Ansatz), ist nicht nur ebenso legitim wie dringend notwendig, sondern sollte auch als Beitrag zur Versachlichung der mitunter sehr spekulativ geführten Debatte verstanden werden. Die spezifische Funktion des Journalismus bedingt überdies, dass er nicht nur Objekt der gesellschaftlichen Debatte über ihn ist, sondern diese gleichzeitig repräsentiert und prägt.

Wenn die der Studie zugrundeliegende institutionentheoretische Perspektive (vgl. Kap. 1) davon ausgeht, dass Institutionen nichts Statisches sind, sondern ihre Identität und Rolle Gegenstand einer permanenten diskursiven Aushandlung sind, dann greifen beim Journalismus professionelle und gesellschaftliche Diskurse ineinander. Durch diesen von zahlreichen internen und externen Akteuren mit unterschiedlichem Status getragenen Diskurs werden Werte und Praktiken erst legitimiert und zu verbindlichen Handlungsnormen und -regeln; die diskursive Umdeutung der jeweils aktuell geltenden Werte und Praktiken ermöglicht dabei durch Reflexion der sich verändernden Bedingungen institutionellen Wandel (Hanitzsch und Vos 2017). Die Interviews mit über 2500 Journalisten in Deutschland, Österreich und der Schweiz haben wertvolle Einblicke in die Befindlichkeiten von Medienschaffenden und in den von ihnen geführten professionellen Diskurs geliefert. Die Ergebnisse der vorliegenden Studie dokumentieren also den Stand dieses Diskurses – einschließlich wahrgenommener Veränderungen – hinsichtlich der Zusammensetzung des Berufsstandes, des journalistischen Arbeitsumfeldes, der professionellen Autonomie und beruflichen Einflüssen, des gesellschaftlichen Rollenverständnis und der professionellen Identität, des Vertrauens in die anderen gesellschaftlichen Institutionen und der journalistischen Ethik.

Die Zusammensetzung des Berufsstandes

Gegenüber den letzten repräsentativen Erhebungen, die in Deutschland 2005 (Weischenberg et al. 2006) sowie in Österreich (Kaltenbrunner et al. 2007) und der Schweiz 2007 (Bonfadelli et al. 2011) stattfanden, werden die deutschen und österreichischen Journalisten immer älter. In Deutschland beträgt die Zunahme des Durchschnittsalters rund fünf, in Österreich drei Jahre. Mit 46 Jahren ist der deutsche Journalist der älteste, der österreichische Journalist kommt auf durchschnittlich 43 Jahre. Der durchschnittliche Schweizer Journalist ist mit 42 Jahren der jüngste und um ein Jahr jünger als zum Zeitpunkt der letzten Erhebung. In Deutschland ist eine umgekehrte Alterspyramide zu beobachten, d. h. die über 50-Jährigen stellen die größte Gruppe dar und die Anteile für jedes darunter liegende Jahrzehnt gehen sukzessive zurück. Das muss als alarmierender Hinweis auf eine nur unzureichend vollzogene Generationenablöse in deutschen Redaktionen interpretiert werden, zumindest in Bezug auf die in der Stichprobe dominanten festangestellten Journalisten. In Österreich ist das Verhältnis mit Ausnahme einer zu schwach besetzten Gruppe der unter 30-Jährigen immerhin einigermaßen ausgewogen. Lediglich in der Schweiz spiegelt die Alterspyramide – erneut mit Ausnahme der der unter 30-Jährigen – die Bevölkerungsverteilung wider.

Ebenso alarmierend – in diesem Fall für alle drei Länder – sind die von den früheren Befragungen nur geringfügig abweichenden Ergebnisse hinsichtlich der Geschlechterverteilung. Der journalistische Berufsstand ist weiterhin von Männern dominiert: mit nur geringen Schwankungen zwischen den drei Ländern sind nur vier von zehn Journalisten weiblich. Je weiter es in der Karriereleiter nach oben geht, desto schwieriger ist es, die gläserne Decke zu durchbrechen: Von den (Teil-)Leitungsfunktionen sind nur drei von zehn, von den Chefredakteurspositionen zwei von zehn Stellen mit einer Frau besetzt. Journalistinnen sind auch weiterhin in den – in der redaktionellen Hierarchie eher nachrangig firmierenden – Ressorts

Bildung, Wissenschaft, Service, Lifestyle, Gesundheit und Religion überrepräsentiert, während sie in den Politik- und Nachrichtenredaktionen nicht einmal den ohnehin niedrigen durchschnittlichen Anteilswert am Berufsstand erreichen. Dass Frauen den schlecht bezahlten Onlinesektor „erobert" haben, lässt sich auch nicht als Indiz für eine Entwicklung in Richtung Gleichstellung werten. Ihre deutliche Unterrepräsentation in der Gruppe der Journalisten mit mehr als 15 Jahren Berufserfahrung signalisiert nicht nur insgesamt einen enormen Aufholbedarf, sondern lässt überdies darauf schließen, dass die Arbeitsbedingungen – nach einem durch Familiengründung und Kindererziehung bedingten Ausstieg – offenbar einem Wiedereinstieg in den Beruf abträglich sind. Die Branche schöpft hier ein beachtliches intellektuelles Potenzial nicht aus, da Journalistinnen im Vergleich zu ihren männlichen Kollegen deutlich besser ausgebildet sind. Sie sind es vor allem, denen der in allen drei Ländern beobachtbare Anstieg der Akademisierungsrate zuzuschreiben ist.

Allerdings besteht auch bei der Akademisierung des Berufs noch deutlich Luft nach oben: In Deutschland haben drei Viertel der Journalisten ein Universitätsstudium absolviert, in der Schweiz gilt dies nur für etwas mehr als zwei Drittel, und die österreichischen Journalisten liegen sogar unter der Zwei-Drittel-Marke. Die Attraktivität einer fachspezifischen Ausbildung in den Bereichen Journalismus und Kommunikation nimmt generell und abermals besonders unter Frauen zu (wenn auch in Deutschland die Mehrheit der Journalisten weiterhin andere Fächer studiert hat). Erstaunlich ist, dass trotz der gestiegenen Anteilswerte die überwältigende Mehrheit der Befragten in allen drei Ländern weder einem Hochschulabschluss an sich noch einem fachspezifischen Abschluss eine zunehmende Bedeutung beigemessen hat. Fragen der Ausbildung nehmen offenbar einen geringen Stellenwert in der Einschätzung der in den letzten fünf Jahren vor der Befragung beobachtbaren Veränderungen ein – und dies trotz der bei nahezu allen Journalisten verbreiteten Überzeugung, dass die Bedeutung technischer Fertigkeiten und der Umgang mit Internet-Suchmaschinen und sozialen Medien zu den entscheidendsten Merkmalen des Wandels zählt.

Stabil ist hingegen der Befund zur politischen Haltung. Die „typischen" Journalisten Deutschlands und der Schweiz eint eine ähnliche Positionierung links von der Mitte, während sich der österreichische Durchschnittsjournalist eher in der politischen Mitte sieht und damit seit der letzten Erhebung etwas nach rechts gerückt ist. Journalisten, die bei Zeitschriften, Agenturen und beim öffentlichen Rundfunk arbeiten, sind etwas stärker dem linken bzw. linksliberalen Spektrum zugeneigt, während Personen in Leitungsfunktion und/oder mit höherem Einkommen eher zu konservativen Positionen tendieren. Geschlechts- und altersbedingte Unterschiede sind marginal.

Das journalistische Arbeitsumfeld

Wenn von den Folgen der technologischen Entwicklungen die Rede ist, dann fällt sehr bald das Wort „crossmedialer Newsroom". Es ist naheliegend, dass das Arbeitsumfeld der Journalisten zuvorderst von einem Wandel der medialen Strukturen erfasst wird. Doch trotz der Umstrukturierung und Integration zahlreicher Redaktionen ist der crossmedial arbeitende Journalist längst noch nicht die Norm. Die meisten Journalisten sind nach wie vor für nur einen Medientyp tätig. Unter denen, die mehrere Kanäle bedienen, ist – wie zu erwarten – der häufigste zusätzliche Typus der Online-Journalismus. Diese zusätzliche Tätigkeit für digitale Kanäle dürfte stetig steigen und die Anforderungen an den einzelnen Journalisten damit deutlich erhöhen. Die Herausforderung für die Ausbildung angehender Journalisten wird darin bestehen, sie bestmöglich für ein digitalisiertes Arbeitsumfeld zu qualifizieren, ohne das klassische journalistische Handwerkszeug zu vernachlässigen (Hofstetter und Schönhagen 2014). Deutlich stärker als hinsichtlich der Multimedialität zeigt sich flexible Tätigkeit in Form von Mehrfachtätigkeit für mehrere Medienangebote. Insbesondere in Deutschland bedienen Journalisten häufig mehrere Medienangebote und Redaktionen. Die Schweiz hebt sich im Ländervergleich stärker dadurch ab, dass zahlreiche Journalisten für mehrere Ressorts oder Themengebiete tätig sind. Was flexible Tätigkeiten betrifft, tut sich Österreich hingegen eher durch fehlende Spitzenwerte hervor.

Obwohl atypische Beschäftigung mitunter beachtliche Vorteile für krisengebeutelte Medienunternehmen birgt, ist der Großteil der hauptberuflichen Journalisten, die nach Entlassungswellen verbleiben, in Normalarbeitsverhältnissen tätig: Unbefristete Vollzeitanstellung bei solider Bezahlung ist im deutschen, österreichischen und schweizerischen Journalismus die Norm. Allerdings deuten die Entwicklungen darauf hin, dass befristete Verträge und bezahlte Tätigkeiten außerhalb des Journalismus weiter zunehmen könnten. Vor diesem Hintergrund und angesichts der Entlassungswellen innerhalb der letzten zwei Jahrzehnte, sollte daher auch die Verunsicherung unter derzeit normal beschäftigten Journalisten, in eine prekäre Arbeitssituation zu rutschen, als Vorstufe zur Prekarität verstanden werden (Castel und Dörre 2009). Denn potenziell drohender sozialer Abstieg kann eine psychische Belastung darstellen und zu wachsendem Konkurrenzdruck führen (Castel und Dörre 2009; Bourdieu 2004).

Stellt das Normalarbeitsverhältnis bei solider Vergütung die Norm dar, so variieren Anstellungsverhältnisse und Vergütung innerhalb des Journalismus der drei Länder dennoch. Atypische Beschäftigung in Form von Teilzeitanstellung, Nebentätigkeiten und Befristung ist zumindest in Teilgruppen durchaus verbreitet.

Journalistinnen arbeiten deutlich häufiger in Teilzeit. Da Arbeitsmarktstatistiken naheлegen, dass insbesondere Mütter in Teilzeit tätig sind, deutet dies darauf hin, dass es auch im Journalismus einen Gender-Care-Gap geben dürfte. Zudem übernehmen Journalisten in Teilzeit häufiger bezahlte Nebentätigkeiten außerhalb des Journalismus als ihre in Vollzeit angestellten Kollegen. Vor diesem Hintergrund rückt für die künftige Forschung die Frage in den Fokus, ob sich die (weibliche) Mehrheit der Journalisten in Teilzeit zu einer Stundenreduzierung gezwungen sieht oder sich aus freien Stücken gegen eine Vollzeitanstellung entscheidet, um sich anderen Aufgaben widmen zu können. Des Weiteren ist unter Journalisten, die mit weniger als fünf Jahren Berufserfahrung noch nicht zu den „alten Hasen" im Geschäft zählen, die befristete Anstellung als weiteres Merkmal atypischer Beschäftigung durchaus verbreitet. Angesichts des beschriebenen Flexibilisierungstrends auf europäischen Arbeitsmärkten insgesamt wäre zu vermuten, dass der Anteil befristeter Verträge im Journalismus steigt. Wenn sich die erfahrenen Kollegen, die aktuell die Sicherheit einer Entfristung genießen, zur Ruhe setzen und diese Stellen künftig nur befristet nachbesetzt werden, dringt Befristung als Merkmal atypischer Beschäftigung jenseits der Berufseinsteiger stetig weiter in den Kern des Journalismus ein. Zur Frage stünde dann neben mangelnder privater Planungssicherheit betroffener Journalisten insbesondere, inwiefern weniger Arbeitsplatzsicherheit die Bereitschaft senkt, kritische Artikel zu verfassen.

Wie viel Geld Journalisten monatlich zur Verfügung steht, variiert nach wie vor nicht nur abhängig davon, wie lange sie schon im Geschäft sind und ob sie Führungsverantwortung übernehmen, sondern auch in Abhängigkeit vom Geschlecht und vom Medium, für das sie tätig sind. Insbesondere Journalisten im privaten Radio und mitunter im Online-Segment verdienen deutlich weniger als Kollegen in anderen Medien, insbesondere als die Spitzenverdiener im öffentlichen Fernsehen. Auch zwischen den Geschlechtern besteht nach wie vor eine Einkommenslücke. Neben strukturellen Faktoren wie unterschiedliche Verteilung über Medien mit verschiedenen Lohnniveaus und variierender Berufserfahrung kristallisiert sich vor allem auch die schwächere Repräsentation von Frauen in der Führungsebene als Triebkraft für Gehaltsunterschiede heraus. Besonders deutlich wird das in Deutschland und Österreich, wo sich die Gehaltschere unter den erfahrenen Journalisten in besonderer Größe auftut; also dann, wenn es darum geht, in die oberen Hierarchie- und Gehaltsränge aufzusteigen.

Wie schon in früheren Befragungen zeigt sich auch in der vorliegenden Studie, dass freie Journalisten deutlich weniger verdienen und häufiger zusätzlichen Nebenjobs nachgehen als festangestellte Kollegen. Arbeiten Journalisten verstärkt auch in angrenzenden Bereichen wie der Öffentlichkeitsarbeit, ist von einer sinkenden Anzahl hauptberuflicher bzw. von einer wachsenden Anzahl nebenberuflicher Journalisten auszugehen, die sich ständig zwischen den Grenzen der verschiedenen Berufswelten bewegen. Dies ist von erheblicher gesellschaftlicher Bedeutung, weil damit verbundene finanzielle und soziale Unsicherheiten in dieser wachsenden Gruppe einerseits und die schrumpfende Anzahl hauptberuflicher Journalisten andererseits Auswirkungen auf die Leistungsfähigkeit des Journalismus haben mögen. Für die wissenschaftliche Auseinandersetzung mit Journalismus, aber auch für arbeits- und medienrechtliche Regulierung ist diese Entwicklung insofern relevant, als dass sie in die stetige fachliche Debatte dahin gehend einfließen muss, wer als Journalist gelten kann. Da die vorliegende Studie auf hauptberufliche Journalisten fokussierte, die mindestens die Hälfte ihres Einkommens im Journalismus verdienen, ist die skizzierte Gruppe der Grenzgänger hier nicht repräsentiert. Künftige Befragungen sollten daher in Abhängigkeit vom jeweiligen Forschungsinteresse abwägen, inwiefern mittels einer inklusiveren Definition auch die wachsende Peripherie der Branche abgebildet werden kann.

Zusammenfassend lassen sich aus den Befragungsergebnissen zum Arbeitsumfeld insbesondere Aspekte für die Medienpraxis herausstellen. Erstens sollten angehende Journalisten durch ihre Ausbildung künftig bestmöglich für ein digitalisiertes Arbeitsumfeld qualifiziert werden – allerdings ohne dabei das klassische journalistische Handwerkszeug wie Recherchefertigkeit im Interesse der Qualität journalistischer Arbeit zu vernachlässigen. Zweitens sollte sich der Trend zur Befristung junger Journalisten nicht weiter ausweiten, da ein anhaltender Mangel an Arbeitsplatzsicherheit nicht ohne Folgen für die Bereitschaft zu investigativer Recherche und kritischer Berichterstattung bleiben dürfte. Schließlich könnten drittens Maßnahmen wie geteilte Führungspositionen oder flexibles Homeoffice die Vereinbarkeit von Beruf und Familie verbessern und so dazu beitragen, Gender-Gaps zu verkleinern. Geht diese Form der Flexibilität mit unbefristeter Anstellung und solider Bezahlung einher, mag das von der EU proklamierte Ideal der „Flexicurity" (Europäische Kommission 2007) – der Vermählung von Flexibilität und Sicherheit – kein Luftschloss bleiben.

Autonomie und Einflüsse

Ein weiterer gesellschaftlich relevanter Faktor ist die Frage nach Autonomie im Journalismus. Aus demokratietheoretischer Sicht ist Unabhängigkeit essenziell für den Journalismus. Ein unabhängiger Journalismus ist Voraussetzung für die öffentliche Meinungsbildung ebenso wie für die Kritik und Kontrolle mächtiger

Akteure, und nur ein unabhängiger Journalismus kann allen gesellschaftlichen Akteuren und Gruppen den Zugang zum öffentlichen Diskurs gewährleisten. Journalisten müssen also frei entscheiden können, wie sie mit den Interessen staatlicher, wirtschaftlicher oder anderer Akteure umgehen. Die Frage, wer Journalismus und die Journalisten in welchem Maß beeinflusst, ist deshalb nicht nur von akademischem, sondern auch von medienpolitischem und professionellem Interesse.

Die Ergebnisse der vorliegenden Studie zeigen, dass die Unabhängigkeit des Journalismus – zumindest in den Augen der Journalisten – weitgehend gegeben ist. Dies betrifft zu allererst die Ebene des Agenda Setting – d. h. die Frage, worüber berichtet wird – und in noch größerem Maß auch die Ebene der Darstellung bzw. die Frage, wie über diese Themen berichtet wird. Naturgemäß empfinden sich Journalisten in Führungspositionen unabhängiger als Journalisten, die hierarchisch tiefer angesiedelt sind. Aber auch bei Journalisten ohne Führungsverantwortung ist das empfundene Maß an Autonomie hoch.

Einschränkungen der professionellen Unabhängigkeit kommen zum Ausdruck, fragt man die Journalisten danach, was ihre Arbeit am stärksten beeinflusst. Am häufigsten werden hier professionelle und persönliche Überzeugungen genannt. Aber auch prozessbezogenen Faktoren, wie den zeitlichen und finanziellen Ressourcen, sowie Herausforderungen im Informationszugang wird von einer – in Deutschland besonders ausgeprägten – Mehrheit der Journalisten Einfluss zugeschrieben. Besonders deutlich wird dies, wenn nach Veränderungen in diesen Einflüssen gefragt wird. Dann sprechen die meisten Journalisten von sich zusehends verschlechternden Arbeitsbedingungen. Die gestiegene Arbeitsbelastung wird sogar als eine der entscheidenden Veränderungen im Journalismus genannt; lediglich im privaten Rundfunksektor wird diese Einschätzung nicht so sehr geteilt. Parallel zum Anstieg der Arbeitsbelastung sprechen länderübergreifend mehr als drei Viertel der Journalisten von einer Zunahme der täglichen durchschnittlichen Arbeitszeit; ein ähnlich hoher Teil der Journalisten konstatiert demgegenüber einen Rückgang der für Recherchen zur Verfügung stehenden Zeit. Von einer solchen Verschlechterung der Arbeitsbedingungen dürfte die Autonomie des Journalismus nicht unberührt bleiben – doch die befragten Journalisten sehen das mehrheitlich anders. Für rund die Hälfte der Befragten hat sich am redaktionellen Entscheidungsfreiraum in den letzten Jahren nichts verändert; nur etwas mehr als ein Drittel glaubt, dass er zurückgegangen ist.

Dies mag auch damit zusammenhängen, dass sich Journalisten zwar von Werten, redaktionellen Strukturen und Ressourcen, aber nicht so sehr von den ökonomischen Interessen des Medienunternehmens wie dem organisationsinternen

Profitstreben beeinflusst sehen. Vor allem das private Umfeld sowie externe politische oder wirtschaftliche Einflussquellen sind in ihrer Wahrnehmung vernachlässigbar. Nur die deutschen Journalisten empfinden die ökonomische Beeinflussung, sei es durch externe Akteure oder durch die Geschäftsführung und Eigentümer, etwas stärker und sind daher womöglich etwas vorsichtiger in der Einschätzung der Größe ihres Entscheidungsfreiraums. Vergleichsweise am tiefsten liegen die Werte für die empfundene Autonomie bei Zeitschriftenjournalisten, was mit dem Einfluss von Profiterwartung, Werbeüberlegungen und betriebswirtschaftlich orientierten Vorgesetzten zu erklären sein dürfte. Hingegen glauben besonders Zeitungsjournalisten, deren wirtschaftliche Situation im Allgemeinen oft als am problematischsten wahrgenommen wird, hohe Entscheidungsfreiheit bei ihrer Arbeit zu besitzen.

Generell ist die schon in der ersten *Worlds of Journalism Study* (Hanitzsch und Seethaler 2009) beobachtbare geringe Wahrnehmung journalismusfremder Einflüsse auf die eigene Arbeit erstaunlich. Denn andererseits glaubt in allen drei Ländern ein hoher, zwischen 60 und mehr als 90 % liegender Anteil der Journalisten, die über fünf Jahre Berufserfahrung haben (und daher nach dem beobachteten Wandel gefragt wurden), dass die wirtschaftlichen Einflüsse auf den Journalismus seither sowohl infolge eines sich verschärfenden Wettbewerbs als auch aufgrund steigender Profiterwartung und Orientierung an Werbeaufträgen zugenommen haben. Diese Entwicklung wird mit einem zunehmenden Druck in Richtung PR und Sensationsberichterstattung in Zusammenhang gebracht und ist damit eindeutig als Kommerzialisierungsprozess zu beschreiben (Örnebring 2018). Hinzu kommt ein veränderter Stellenwert des Publikums. Spielte schon bisher die Orientierung an Marktdaten und Feedback des Publikums nicht nur im kommerziellen, sondern auch im öffentlichen Sektor eine große Rolle, so billigen nunmehr weite Teile des Journalismus dem Publikum einen weit darüber hinausreichenden Einfluss zu, der von der Berücksichtigung nutzergenerierter Inhalte bis zur Einbindung des Publikums in die Nachrichtenproduktion reicht. Vor allem aber gibt es kaum einen Journalisten in Deutschland, Österreich und der Schweiz, der nicht enorme Auswirkungen der sozialen Online-Netzwerke auf die journalistische Arbeit sehen würde.

Die durch die Befragung zutage getretene zwiespältige Einschätzung des Status quo der Einflussgrößen und ihrer Veränderung scheint typisch für eine Umbruchszeit zu sein: Die Befragten wollen die Voraussetzungen für einen unabhängigen Journalismus, der nach einer Eigenlogik zu funktionieren vermag, weiterhin intakt wissen – dies möglicherweise gerade deshalb, weil ihren Antworten zufolge der strukturelle Wandel der Medien zu einer stärkeren Beeinflussung durch journalismusfremde Einflüsse geführt hat. Diese Interpretation wird dadurch gestützt, dass einerseits nach den gegenwärtigen Einflüssen auf die *eigene* Arbeit und andererseits nach den Veränderungen der Einflüsse auf den Journalismus *generell* gefragt wurde. Während also das allgemeine Bild recht negativ gezeichnet wird, scheint man sich selbst als Fels in der Brandung zu sehen.

Der Berufsstand der Journalisten ist gut beraten, sich dieses widersprüchlichen Bildes bewusst zu werden, insbesondere der Gefährdung der Unabhängigkeit des Journalismus durch Einflussgrößen, die keiner journalistischen Logik folgen. Dies wäre ein wichtiger erster Schritt für die Entwicklung von Strategien, wie der Journalismus seine Eigenständigkeit, die Voraussetzung für die Erbringung seiner Leistungen ist, bewahren kann. Teil einer solchen Strategie kann sein, dass die journalistischen Akteure selbst in ihrer Arbeit nicht-journalistische Einflüsse auf die journalistische Arbeit identifizieren und dem Publikum transparent machen. Für die Medienpolitik stellt sich insbesondere in Zeiten der gefährdeten Geschäftsmodelle und der damit zunehmend problematischeren Finanzierung des Journalismus die Frage, inwiefern die Rahmenbedingungen des Journalismus als systemrelevantem Element einer Demokratie verändert werden müssen, damit sich dieser gegen nicht-journalistische Einflüsse behaupten und seine Funktion in der Demokratie weiterhin wahrnehmen kann.

Rollenverständnis und professionelle Identität

Diese gesellschaftliche Funktion des Journalismus spiegelt sich im professionellen Selbstverständnis der Journalisten wider. Im Fokus der in Kap. 6 präsentierten Analyse stand daher die Frage, welches Bild Journalisten in den drei Ländern von ihrer Rolle in der Gesellschaft haben. Wollen sie in erster Linie informieren und vermitteln? Sehen sie sich als Kontrollinstanz gegenüber politischen und wirtschaftlichen Mächten? Oder geht es primär darum, gesellschaftlichen Gruppen eine Artikulationsplattform zu geben und Menschen zur Teilhabe am politischen Geschehen zu befähigen? Die Antworten auf diese Fragen sollten es ermöglichen, Journalismus im Zusammenspiel der gesellschaftlichen Institutionen zu verorten – was vor dem Hintergrund eines sich radikal verändernden technologischen Umfelds (u. a. durch den Bedeutungsgewinn von sozialen Medien) und einer in Teilen der Bevölkerung zunehmend artikulierten Medienskepsis von besonderer Relevanz ist. Denn die öffentliche Debatte über den Platz und die Legitimität von Journalismus in der Gesellschaft wird vor allem auch über das berufliche Rollenverständnis geführt.

Die Auskünfte der Journalisten haben dabei gezeigt, dass die Gemeinsamkeiten zwischen deutschen, österreichischen und Schweizer Journalisten die

Unterschiede zwischen den Ländern klar überwiegen. Demnach dominiert unter den befragten Journalisten weiterhin ein Rollenverständnis, dass auf neutrale Information, unparteiische Vermittlung und sachliche Analyse abzielt. Ein berufliches Selbstverständnis, das auf Kritik und Kontrolle setzt, ist im Vergleich zu anderen Berufszielen hingegen allgemein etwas schwächer ausgeprägt, was insbesondere für deutsche Journalisten gilt. Im Gegensatz zu verschiedentlich geäußerten Auffassungen, wonach insbesondere deutsche Journalisten von einem starken politischen Sendungsbewusstsein geleitet werden, haben die Ergebnisse gezeigt, dass ein gesellschaftliches Engagement in der professionellen Selbstwahrnehmung der Journalisten nicht besonders stark ausgeprägt ist.

Die Bedeutung interventionistischer Aspekte im beruflichen Rollenverständnis ist daher in allen drei Ländern auch im internationalen Vergleich auffallend gering. Allenfalls das Eintreten für „sozialen Wandel" wird von deutschen und österreichischen Journalisten als wichtig erachtet, wobei der Anteil der Journalisten, die dies so sehen, immer noch unter einem Drittel liegt. Vor dem Hintergrund kritischer Debatten rund um die Berichterstattung über Migranten und Flüchtlinge ist zudem bemerkenswert, dass die Förderung von Toleranz und kultureller Vielfalt im beruflichen Rollenverständnis der Journalisten in Deutschland, Österreich und der Schweiz eine durchaus bedeutende Rolle spielt. Dabei ist der kulturvermittelnd-erzieherische Impuls bei deutschen und österreichischen Journalisten etwas stärker ausgeprägt als unter ihren Schweizer Kollegen.

Ein weiterer interessanter Befund ist die mittlerweile relative große Bedeutung einer Alltags-, Unterhaltungs- und Publikumsorientierung unter Journalisten in Deutschland und in Österreich. Hier lassen unsere Daten auch einen kontinuierlichen Bedeutungszuwachs im Rollenverständnis der Journalisten in den beiden Ländern erkennen. Eine Publikums- und Unterhaltungsorientierung sowie der Anspruch, den Menschen bei der Bewältigung des Alltags zu helfen, scheint den Journalisten in der Schweiz hingegen weniger wichtig zu sein, womit sie sich klar von ihren deutschen und österreichischen Kollegen unterscheiden.

Im Großen und Ganzen zeigt sich das berufliche Selbstverständnis der Journalisten in Deutschland, Österreich und der Schweiz erstaunlich resilient gegenüber den zahlreichen Veränderungen, die den Journalismus und seine gesellschaftlichen Umwelten in der jüngeren Vergangenheit erfasst haben. Es scheint geradezu, als ob sich die professionellen Selbstbeharrungskräfte im Journalismus mit aller Macht gegen einen zum Teil dramatischen Wandel der Medienlandschaft stemmen.

Hier bieten sich nun verschiedene Lesarten an. So könnte man die Frage stellen, ob es vielleicht doch so etwas gibt wie einen inhaltlichen „Kern" im beruflichen Selbstverständnis der Journalisten – ein Kern, der robust auf Veränderungen in der Umwelt reagiert. Oder anders ausgedrückt: Vielleicht ist es ja tatsächlich so, dass sich das, was Journalismus im Kern ausmacht, im Laufe der Zeit kaum verändert hat. Kritiker mögen freilich zurecht einwenden, dass die Selbstauskünfte der Journalisten zu einem Gutteil auch auf wünschenswerte Normen und Ansprüche dahin gehend rekurrieren, wie Journalismus in einer (sich vom tagtäglichen Redaktionsalltag unterscheidenden) idealen Welt beschaffen sein sollte. Möglicherweise ist hier der Nachhall einer längst verblassten Größe des Journalismus in einer Welt zu hören, in der die journalistische Welterzählung zunehmend mit anderen Angeboten (z. B. in sozialen und alternativen Medien) konkurriert. Damit könnte man Journalisten böswillig einen verloren gegangenen Realitätssinn attestieren, der aber – positiv gewendet – auch zeigen würde, dass zumindest die professionellen Ambitionen der Journalisten in Deutschland, Österreich und der Schweiz immer noch intakt sind. Ob die von den Medienschaffenden angestrebte journalistische Kultur in dieser Form auch beim Publikum ankommt, ist für die befragten Journalisten selbst jedoch fraglich. In allen drei Ländern sprechen nämlich zwei Drittel von ihnen von einem Verlust der Glaubwürdigkeit des Journalismus, und mehr als ein Drittel nimmt an, dass die Bedeutung von Journalismus für die Gesellschaft zurückgegangen ist.

So erscheint es geboten, dass sich maßgebliche journalistische Akteure – allen voran die berufsständischen Organisationen und Einrichtungen der Journalistenausbildung – mit der Frage beschäftigen, wie das professionelle Selbstverständnis anhand der veränderten gesellschaftlichen Realitäten neu kalibriert werden kann. Angesichts einer in den letzten Jahren gerade in Deutschland laut gewordenen Kritik an einer „System-" bzw. „Staatsnähe" von Journalisten erlangt der Befund, wonach ein berufliches Selbstverständnis der Kritik und Kontrolle hier allgemein etwas schwächer ausgeprägt ist, besondere Brisanz. Vielleicht ist genau dies der Punkt, an dem deutsche Journalisten zumindest einen Teil des Publikums zurückgewinnen könnten, der sich in jüngster Zeit von traditionellen Angeboten des sogenannten Mainstreams abgewendet hat: durch eine noch kritischere Haltung gegenüber der Politik, der Industrie sowie gegenüber gesellschaftlichen Missständen und festgefahrenen Verhältnissen. Die Schärfung eines professionellen Selbstverständnisses als achtsamer, kritischer und manchmal eben auch schonungsloser Wegbegleiter des Zeitgeschehens wäre somit auch verstärkt Ausbildungsaufgabe an Journalistenschulen, Hochschulen sowie in der Volontärsausbildung. Dem Image des Journalismus würde es dabei guttun, wenn der Berufsstand verstärkt entsprechende Vorbilder und Rollenmodelle hervorbringen könnte, an denen sich nachfolgende Journalistengenerationen orientieren können – Journalistenpersönlichkeiten wie Henri Nannen in Deutschland, Hugo Portisch in Österreich oder Constantin Seibt in der Schweiz.

Vertrauen in Institutionen

Vor dem Hintergrund der aktuellen Debatte um eine Erosion von Vertrauen in gesellschaftliche Institutionen war ein eigener Abschnitt der Frage gewidmet, inwiefern die Journalisten selbst den gesellschaftlichen Institutionen vertrauend gegenüberstehen. Denn während die bisherige Forschung das Vertrauen von Journalisten eher vernachlässigt hat, ist die Auseinandersetzung mit ihrer Perspektive von besonderer Relevanz. Immerhin wird Journalisten und ihrer Berichterstattung eine nicht unbedeutende Rolle bei der Wahrnehmung gesellschaftlicher Institutionen und damit auch möglicher Vertrauensverluste innerhalb der Gesellschaft zugesprochen.

Wie die Befragungsdaten belegen, stehen die Journalisten in Deutschland, Österreich und der Schweiz den gesellschaftlichen Institutionen zwar insgesamt eher skeptisch gegenüber. Zwischen den Ländern und den einzelnen Institutionen gibt es jedoch Unterschiede. Im Dreiländervergleich weisen die Daten darauf hin, dass die Journalisten in Deutschland das höchste, obgleich aber nur ein moderates Vertrauen angeben. Die Vertrauenswerte der Schweizer bewegen sich eher im Mittelfeld; österreichische Journalisten sind eindeutig am skeptischsten. Zudem zeigt sich im Vergleich mit der Bevölkerung, dass Journalisten tendenziell weniger Vertrauen in gesellschaftliche Institutionen hegen. Lediglich in Deutschland haben sie im Gegensatz zur Durchschnittsbevölkerung ein höheres Vertrauen in zwei Institutionen: in den deutschen Bundestag und in das Justizwesen. Hieran ist auch die Notwendigkeit einer differenzierten Betrachtungsweise der einzelnen Vertrauensobjekte bzw. gesellschaftlichen Institutionen erkennbar. Denn manchen Institutionen wird allgemein mehr vertraut (z. B. der Justiz) als anderen (z. B. den politischen Parteien).

Hinsichtlich des Vertrauens in repräsentative Institutionen zeigen die Befunde, dass das Parlamentsvertrauen in Deutschland und Österreich über dem Regierungsvertrauen liegt, während es in der Schweiz umgekehrt ist. Hier hatte annähernd jeder zweite Journalist angegeben, „viel" bzw. „vollstes" Vertrauen in den Bundesrat zu besitzen. Damit nimmt die Schweiz im weltweiten Vergleich mit jenen 52 Ländern, die im Zuge der *Worlds of Journalism Study* ebenfalls Journalisten zu deren Vertrauen in gesellschaftliche Institutionen befragt hatten, den fünften Platz ein. Davon abgesehen, fallen in allen drei Ländern die Vertrauenswerte in die repräsentativen Institutionen zumeist eher moderat aus und liegen im internationalen Vergleich im Mittelfeld.

Über die Zeit zeigt sich in Bezug auf Parlament und Regierung ein Vertrauensrückgang (mit Ausnahme des – allerdings auf niedrigem Niveau angesiedelten – Regierungsvertrauens in Österreich). Es kann daraus jedoch nicht geschlossen werden, dass Journalisten die grundlegenden Prinzipien des demokratischen Systems infrage stellen, sondern dass sie deren institutioneller Performanz kritisch gegenüberstehen. Dies verdeutlicht das extrem niedrig ausgeprägte (und über die Zeit weitestgehend stabil niedrig gebliebene) Vertrauen in Politiker und politische Parteien, die nur von einer kleinen Minderheit der Journalisten als vertrauenswürdig eingeschätzt werden. Darüber hinaus hat jeweils rund ein Viertel der Journalisten in Deutschland, Österreich und der Schweiz angegeben, „viel" bzw. „vollstes" Vertrauen in Gewerkschaften zu hegen. Auch das Vertrauen in den eigenen Berufszweig ist durchaus vorhanden, wenngleich es bei den deutschen Journalisten stärker ausgeprägt ist als bei ihren österreichischen und Schweizer Kollegen.

Das Vertrauen in regulative Institutionen fällt durchschnittlich am positivsten aus. Auch wenn diese Institutionen in den vergangenen Jahren Vertrauenseinbußen hinnehmen mussten, so zeigen die aktuellen Daten, dass deutsche, österreichische und Schweizer Journalisten ein vergleichsweise hohes Vertrauen in das Justizwesen und die Polizei hegen; nur dem Militär wird deutlich weniger vertraut. Diese Tendenz, wonach das politische Vertrauen in regulative Institutionen allgemein höher ausfällt als in repräsentative Institutionen (u. a. Walter-Rogg 2005), hält auch dem internationalen Vergleich stand. Insgesamt zeigt sich hier, dass Journalisten weltweit den gesellschaftlichen Institutionen moderat bis skeptisch gegenüberstehen. Unterschiede zwischen den Ländern können u. a. mit verschiedenen Regierungsformen, Demokratisierungserfahrungen, der Umsetzung der Demokratie oder auch der herrschenden politischen Situation in Zusammenhang gebracht werden (u. a. Braun 2010).

Zusammenfassend kann gesagt werden, dass unter deutschen, österreichischen und Schweizer Journalisten keineswegs blindes Vertrauen in gesellschaftliche Institutionen herrscht. Die Befragten nehmen eine kritische Haltung ein, die größtenteils skeptischer ist als jene in der Bevölkerung. Dieser Befund ist weder besorgniserregend noch problematisch. Denn blindes Vertrauen wäre schließlich ebenso dysfunktional wie blankes Misstrauen (Braun 2010). Besonders Journalisten hilft eine skeptische Haltung, ihre Funktionen in einer demokratischen Gesellschaft zuverlässig zu erfüllen (Brants et al. 2010; Schudson 1999; van Dalen 2012). In Anbetracht der aktuellen Debatte um anhaltende Vertrauensverluste und den damit einhergehenden Vermutungen über die Rolle der Medien bei der Erosion gesellschaftlichen Vertrauens sollten daher Politik, Journalismus und Gesellschaft reflektiert mit dem Thema umgehen. Für Journalisten sollte zudem gelten, sich die eigene Haltung gegenüber der Politik bewusst zu machen.

Denn nach wie vor ist unklar, welche Bedeutung das politische Vertrauen im journalistischen Arbeitsprozess hat. Dies sollte bereits in der Journalistenausbildung adressiert werden, um unter angehenden Journalisten Sensibilität für die Thematik zu schaffen und darüber hinaus Strategien für einen vertrauenserhaltenden Umgang mit Medienkritik seitens Politik und Gesellschaft zu etablieren.

Journalistische Ethik

Hinsichtlich der Frage, von welchen ethischen Prinzipien sich Journalisten leiten lassen, überwiegen – wie so oft – die Gemeinsamkeiten zwischen deutschen, österreichischen und Schweizer Journalisten die Unterschiede zwischen diesen drei Ländern im internationalen Vergleich klar. Wenn Unterschiede bestehen, können sie mehr oder weniger deutlich auf den Medientyp bzw. die mit ihm verbundene Organisationskultur zurückgeführt werden. Kaum signifikante Differenzen gibt es zwischen den Geschlechtern oder den Bildungsniveaus.

Ein erster wichtiger Befund ist, dass ein ethischer Relativismus in allen drei Ländern relativ schwach ausgeprägt ist. Für die überwältigende Mehrheit der befragten Journalisten steht es außer Zweifel, sich in ihrer Arbeit unabhängig von Situation und Kontext von etablierten beruflichen Standards leiten zu lassen; sie nehmen als in ethisch zu entscheidenden Fragen eine absolutistische Perspektive ein. Eine durchaus beachtliche Minderheit der Journalisten vertritt jedoch auch ein vom spezifischen Kontext abhängiges Verständnis ethisch gerechtfertigten Handelns, wie es für eine Situationsethik typisch ist.

Idealistische Pflichtethik und relativistische Situationsethik werden jedoch nicht generell als einander ausschließende Alternativen, sondern als durchaus vereinbar begriffen. Während sich über 90 % der Befragten „immer an die Berufsethik halten" wollen (was, für sich allein genommen, ein wenig naiv erscheinen würde), so sind etwas weniger als die Hälfte zugleich der Auffassung, es hänge eben doch von der konkreten Situation ab, „was im Journalismus ethisch vertretbar" sei. Bei einem Zielkonflikt müssen also ein grundsätzliches Festhalten an berufsethischen Prinzipien und ein situationsbedingtes Abrücken zugunsten erwünschter Wirkungen wie beispielsweise die Befriedigung des öffentlichen Interesses keinen Widerspruch darstellen. Ein Abweichen von jeder idealistischen Pflichtethik nimmt jedoch nur ein geringer Anteil der befragten Journalisten für sich in Anspruch. Dies gilt auch für die Auffassung der Exzeptionisten, wonach es „unter außergewöhnlichen Umständen akzeptabel ist, moralische Standards beiseite zu schieben". Auffallend ist zudem, dass Journalisten beim privaten Rundfunk sowie bei lokalen und regionalen Medien einem ethischen

Relativismus stärker zuneigen als ihre Kollegen beim öffentlichen Rundfunk und bei überregionalen Medien. Möglicherweise hängt dies damit zusammen, dass eine idealistische Haltung desto geringer ausgeprägt ist, je höher die Bedeutung der Profiterwartung des Mediums eingeschätzt wird (Plaisance et al. 2012).

Die Legitimität unlauterer Recherchemethoden wird von den Befragten als eher gering eingeschätzt. Eine differenzierte Analyse der Antworten verdeutlicht allerdings, dass sie trotz mehrheitlicher Ablehnung nicht als naive Idealisten urteilen, sondern zwischen „harten" und „skrupellosen" Praktiken (Weischenberg, Malik und Scholl 2006a, S. 176) zu unterscheiden wissen und ihre Entscheidung von einer Güterabwägung abhängig machen. Gerade dieser Befund unterstreicht, dass sich die Journalisten in den drei Ländern mehrheitlich primär an einer deontologischen Pflichtethik orientieren und nur unter bestimmten Umständen an einer relativistischen Situationsethik. Der den professionellen Regelwerken zugrunde liegenden Pflichtethik kommt also als Steuerungsressource ein hoher Stellenwert zu. Aufmerksamkeit verdient jedoch die aus den Befragungsdaten ableitbare Annahme, dass dieser Stellenwert organisationsspezifisch im Interesse kommerzieller Interessen zunehmend aufgeweicht werden könnte. Schließlich nimmt nicht nur die Wissenschaft (Örnebring 2018), sondern auch eine Mehrheit der Journalisten in Deutschland, Österreich und der Schweiz eine fortschreitende Kommerzialisierung als nicht unerheblichen Aspekt des gegenwärtigen Medienwandels wahr. Und vier von zehn Befragten sehen bereits einen Bedeutungsverlust ethischer Standards für die journalistische Tätigkeit; nur jeder fünfte will eine verstärkte Bedeutung bemerkt haben.

Will man aus diesen Befunden zum Umgang mit journalismusethischen Regeln Implikationen für die Praxis ableiten, so drängen sich unserer Ansicht nach drei Maßnahmen auf. Zum einen wird deutlich, dass es in der journalistischen Ausbildung nicht genügt, bloß auf gängige medienethische Richtlinien etwa aus Journalistenkodices zu verweisen und deren Inhalte zu vermitteln. Bereits in der Ausbildung muss mit Bezug auf konkrete Fallbeispiele auf die Notwendigkeit einer Güterabwägung widersprüchlicher Ziele aufmerksam gemacht werden. Des Weiteren müsste auch in medienpolitischer Hinsicht darauf hingearbeitet werden, dass journalistische Selbstkontrollinstanzen wie finanziell Not leidende Presseräte gestärkt und in die Lage versetzt werden, durch aktive Kommunikationsarbeit ihren Güterabwägungen öffentliche Resonanz zu verleihen. Angesichts des zentralen Befunds, dass eine „wirksame Medienethik […] in erster Linie Organisationsethik, ethische Selbstverpflichtung qua Organisation" ist (Saxer (1992, S. 108), wird schließlich auch die Notwendigkeit redaktionsinterner Systeme der Qualitätssicherung deutlich. Es sind nicht zuletzt die Medienorganisationen selbst, die das Bemühen um das Einhalten ethischer Regeln als Qualitätsziel kommunizieren und durchsetzen können.

Fazit

Das Kernergebnis der vorliegenden Studie lässt sich somit auf die Formel bringen: „Journalismus zwischen Kontinuität und Wandel". Dabei scheint sich Wandel im Wesentlichen in den Umwelten des Journalismus abzuspielen. Kontinuität findet sich – in erstaunlicher Deutlichkeit – hingegen in der professionellen (Selbst-)Wahrnehmung der von uns befragen Journalisten.

Tatsächlich deuten unsere Ergebnisse einerseits auf Veränderungen hin, die durchaus als Anpassungsleistung des Journalismus gedeutet werden können. Hier reagiert Journalismus auf Umwälzungen, die vor allem in den technologischen, ökonomischen und kulturellen Umwelten stattfinden. So ist das Berufsfeld weiter geschrumpft und Journalisten sind im Durchschnitt älter und stärker akademisiert als in früheren Jahrzehnten. Die Arbeitsbelastung und der ökonomische Druck haben zugenommen; gleichzeitig haben technologische Aspekte enorm an Relevanz gewonnen. Darüber hinaus glaubt ein großer Teil der befragten Journalisten, dass ihr Berufsstand im Publikum an Glaubwürdigkeit eingebüßt hat.

Demgegenüber steht das – durchaus etwas überraschende – Hauptergebnis, wonach die professionellen Einstellungen der Journalisten im Zeitverlauf von einer erstaunlichen Stabilität gekennzeichnet sind. Die berufliche Selbstwahrnehmung der deutschen, österreichischen und Schweizer Journalisten bezüglich ihrer gesellschaftlichen Rolle und berufsethischen Normen sowie hinsichtlich ihrer professionellen Autonomie und Einflüssen auf ihre Arbeit haben sich im Vergleich zu früheren Studien kaum verändert. Während sich in den materiellen Kontexten des Journalismus ein zum Teil dramatischer Medienwandel vollzieht, ist die professionelle Ideologie (Deuze 2005), so scheint es, bemerkenswert intakt geblieben.

Neben der inhaltlichen Relevanz hat diese Erkenntnis durchaus auch theoretische Implikationen. In der Einleitung zu diesem Band haben wir Journalismus als gesellschaftliche Institution charakterisiert, in der Strukturen in zweierlei Hinsicht verstanden werden müssen. Einerseits bestimmten Strukturen das Handeln von Journalisten, indem sie die journalistische Praxis gleichzeitig ermöglichen und beschränken. Andererseits wird Struktur durch das handelnde Zusammenwirken der Akteure fortwährend (neu) hervorgebracht. Im professionellen Diskurs werden diese Strukturen – Normen, Werte und regelhafte Praxis – beständig verhandelt, re-artikuliert und gegebenenfalls umgedeutet und reformiert. Die zur theoretischen Rahmung dieses Projekts verwendete Perspektive des diskursiven Institutionalismus ist nach unserer Auffassung somit eine fruchtbare Erweiterung von strukturationstheoretischen und (neo-)institutionalistischen Ansätzen, indem in Rechnung gestellt wird, dass Journalismus und seine Strukturen nicht im deutungsfreien Raum existieren, sondern mit Sinn aufgeladen sind – und stets aufs Neue in professionellen und außerprofessionellen Diskursen mit Sinn aufgeladen werden (Carlson 2017).

Ein wesentlicher Vorzug der Perspektive des diskursiven Institutionalismus besteht nun darin, wie die Begründerin des Ansatzes Vivian Schmidt (2008) selbst argumentiert, dass Wandel verstanden werden kann als Reaktion auf externe Einflüsse (d. h. Veränderungen in den institutionellen Umwelten) und als Resultat endogener Prozesse (z. B. Neuverhandlung von Normen und Regeln). Institutionen können sich demnach von innen heraus verändern als Ergebnis diskursiver Aushandlungsprozesse.

Unsere Ergebnisse legen jedoch nahe, dass zumindest im Journalismus professionelle Diskurse neben ihrer progressiven Rolle (als Treiber von Veränderung) durchaus auch in konservativer Hinsicht wirksam werden können. Denn während Journalismus im aktuellen Zeitgespräch in einem Krisennarrativ gefangen scheint, so vermitteln die Antworten der von uns befragten Journalisten oft den Eindruck einer Welt, die sich im Kern kaum verändert hat. Der professionelle Diskurs wirkt hier offenbar eben nicht als Treiber von Veränderung, sondern vielmehr als Stabilitätsanker in einer Zeit von existenzieller Unsicherheit.

In der beruflichen Selbstwahrnehmung der Journalisten offenbart sich hier eine Eigenschaft, die wir – in Ermangelung eines besseren Terminus – institutionelle Resilienz nennen wollen. Damit ist die Widerstandskraft gemeint, die der Journalismus (wie vermutlich auch andere gesellschaftliche Institutionen) dem Anpassungsdruck entgegensetzt, der durch die Veränderung der institutionellen Umwelten entsteht. Im professionellen Diskurs stemmen sich Journalisten, so scheint es, mit aller Macht gegen eine Welt, die sich verändert und den Journalismus in seinen Grundfesten erschüttert. Diesem vermeintlichen Widerspruch mag eine fundamentale Dialektik zugrunde liegen: Denn gerade in Krisenzeiten braucht es eine Erzählung, die Stabilität vermittelt und die einen Rückzugsraum schafft, in der die Welt des Journalismus noch in Ordnung scheint.

Josef Seethaler ist stellvertretender Direktor des Instituts für vergleichende Medien- und Kommunikationsforschung der Österreichischen Akademie der Wissenschaften und der Alpen-Adria-Universität. Er leitet die Arbeitsgruppe „Media, Politics & Democracy", ist Lehrbeauftragter der Universität Wien und in zahlreichen Beratungs- und Gutachterfunktionen tätig. Er forscht zu politischer Kommunikation und gesellschaftlicher Partizipation, Mediensystemen, Wissenschaftskommunikation sowie Medien- und Kommunikationsgeschichte.

Thomas Hanitzsch ist Professor für Kommunikationswissenschaft mit Schwerpunkt Journalismusforschung am Institut für Kommunikationswissenschaft und Medienforschung der LMU München. Nach einem Studium der Journalistik und Arabistik/Orientalischen Philologie an der Universität Leipzig hat er 2004 an der TU Ilmenau promoviert und sich 2010 an der Universität Zürich habilitiert. In seiner Forschung beschäftigt er sich mit dem Vergleich von Journalismuskulturen sowie mit Medienvertrauen und Kriegsberichterstattung.

Guido Keel ist Professor für Kommunikationswissenschaft mit Schwerpunkt Journalismusforschung am Institut für Angewandte Medienwissenschaft der ZHAW in Winterthur/Schweiz. Nach einem Studium der Ethnologie und Publizistikwissenschaft an der Universität Zürich und beruflichen Engagements im Journalismus und in der Kommunikationsberatung hat er 2011 an der Universität Zürich promoviert. In seiner Forschung beschäftigt er sich mit dem Wandel und den Leistungen des Journalismus in unterschiedlichen Kontexten sowie mit Media Literacy.

Corinna Lauerer ist seit 2013 wissenschaftliche Mitarbeiterin am Institut für Kommunikationswissenschaft und Medienforschung der LMU München. Sie studierte Kommunikations- und Staatswissenschaft an der Universität Erfurt sowie LMU München und sammelte praktische Erfahrung in den Bereichen Marktforschung, Kampagnen- sowie Mediaplanung. Ihr Forschungsschwerpunkt liegt an der Schnittstelle zwischen Medienökonomie und Journalismusforschung. Ihr Dissertationsprojekt widmet sich der Beziehung von Redaktion und Werbevermarktung in deutschen Medienorganisationen.

Nina Steindl ist seit 2014 wissenschaftliche Mitarbeiterin am Institut für Kommunikationswissenschaft und Medienforschung der LMU München. Ihr Studium der Publizistik- und Kommunikationswissenschaft sowie der Kultur- und Sozialanthropologie absolvierte sie 2011 an der Universität Wien. Derzeit promoviert sie zum Thema des politischen Vertrauens von Journalisten.

Vinzenz Wyss ist Professor für Journalistik an der Zürcher Hochschule für angewandte Wissenschaften in Winterthur. Nach dem Studium der Germanistik, Publizistik und Soziologie war er journalistisch tätig, promovierte 2002 an der Universität Zürich und gründete die Beratungsfirma Media Quality Assessment. In Forschung und Lehre beschäftigt er sich mit journalistischer Qualität und Qualitätssicherung, Medienethik und Medienkritik.

Anhang 1: Gemeinsamer Fragebogen für Deutschland, Österreich und die Schweiz

(Version für Telefonbefragung)

C1 Welche der folgenden Kategorien beschreibt Ihre aktuelle Position inner-halb Ihrer Redaktion am besten? *(Liste vorlesen)*

1 Chefredakteur(in)/Herausgeber(in)/Programmdirektor(in)
2 Redaktionsleiter(in)
3 Chef(in) vom Dienst
4 Ressortleiter(in)
5 Redakteur(in)[1]
6 Produzent(in)
7 Reporter(in)
8 Autor(in)
9 Volontär(in)
11 Moderator(in)
12 Praktikant(in)
13 Freie(r) Journalist(in)/Pauschalist(in)[2]
10 Anderes (bitte angeben)
999 Keine Angabe

---

[1] In der Schweiz „Redaktor(in)".
[2] Nicht in der Schweiz.

© Springer Fachmedien Wiesbaden GmbH, ein Teil von Springer Nature 2019
T. Hanitzsch et al. (Hrsg.), *Journalismus in Deutschland, Österreich und der Schweiz*, Studies in International, Transnational and Global Communications, https://doi.org/10.1007/978-3-658-27910-3

C2   Wie lässt sich Ihre derzeitige Anstellung am besten beschreiben: Vollzeit-
      anstellung, Teilzeitanstellung, freier Journalist bzw. freier Journalistin, fes-
      ter Freier bzw. feste Freie – oder handelt es sich um eine andere Art der
      Anstellung?
      1   Vollzeitanstellung
      2   Teilzeitanstellung
      3   Freie(r) Journalist(in) → *weiter bei T7*
      5   Feste(r) Freie(r) → *weiter bei T7*
      6   Pauschalist(in) → *weiter bei T7*
      4   Anderes (bitte angeben) → *weiter bei T7*
      999 Keine Angabe

Nur fragen, wenn C2 < 3:

O1   Ist Ihre Anstellung unbefristet oder befristet?
      1   Unbefristete Anstellung
      2   Befristete Anstellung
      999 Keine Angabe

T7   Für welchen Typ Medien sind Sie tätig? *(Mehrfachantworten sind möglich)*[3]
      1   Tageszeitung
      2   Sonntags- und Wochenzeitung
      3   Zeitschrift
      4   Fernsehen
      5   Radio
      6   Nachrichtenagentur/Mediendienst
      7   Online-Produktion (stand-alone)
      8   Online-Auftritt (eines offline-Mediums)

C3   In wie vielen Redaktionen sind Sie derzeit tätig? (Es zählen die Redaktio-
      nen, nicht die belieferten Medienangebote.)
      1   Eine Redaktion
      2   Mehrere Redaktionen (bitte Zahl nennen)
      999 Keine Angabe

---

[3]In der Schweiz wurde darüber hinaus noch Kombinationsmöglichkeiten als Antwort-
optionen genannt.

O2   Für wie viele Medienangebote sind Sie insgesamt tätig?

      1   1 Medienangebot

      2   Mehrere Medienangebote (bitte Zahl nennen)

      999 Keine Angabe

C4   Gehen Sie neben Ihrer Beschäftigung als Journalist bzw. Journalistin auch anderen bezahlten Tätigkeiten nach?

      1   Ja

      2   Nein

      999 Keine Angabe

C5   Sind Sie Mitglied in einer Berufsorganisation bzw. einem Berufsverband im Bereich Journalismus, z. B. einem Journalistenverband oder einer Journalistengewerkschaft?

      1   Ja

      2   Nein

      999 Keine Angabe

C6   Arbeiten Sie überwiegend in einem spezifischen Ressort oder Themenfeld der Berichterstattung (wie z. B. „Politik", „Wirtschaft" oder „Sport")?

      1   Spezielles Ressort bzw. Themenfeld

      2   Kein spezielles Ressort bzw. Themenfeld → *weiter bei C8*

      999 Keine Angabe

Nur fragen, wenn C6 = 1:

C7   In welchem Ressort bzw. Themenfeld sind Sie normalerweise tätig?[4]

      999 Keine Angabe

C8   Bitte sagen Sie mir, in Ihren eigenen Worten: Was sollten Ihrer Meinung nach die drei wichtigsten Rollen von JournalistInnen in Deutschland sein?

      777 Weiß nicht

      999 Keine Angabe

---

[4]In der Schweiz wurden darüber hinaus mehrere Kategorien als Vorauswahl genannt.

C9   Sprechen wir nun über Ihre Tätigkeiten im Allgemeinen. Wie viel Entscheidungsfreiheit haben Sie bei der Auswahl der Geschichten und Themen, über die Sie berichten?
5   Volle Autonomie
4   Große Autonomie
3   Etwas Autonomie
2   Wenig Autonomie
1   Überhaupt keine Autonomie
999   Keine Angabe

C10 Wie viel Entscheidungsfreiheit haben Sie hinsichtlich der Aspekte einer Geschichte, die betont werden?
5   Volle Autonomie
4   Große Autonomie
3   Etwas Autonomie
2   Wenig Autonomie
1   Überhaupt keine Autonomie
999   Keine Angabe

C11 Wie häufig sind Sie mit leitenden Aufgaben innerhalb der Redaktion betraut, z. B. in Redaktionssitzungen oder bei der Themenzuteilung)?
5   Immer
4   Sehr häufig
3   Manchmal
2   Selten
1   Fast nie
999   Keine Angabe

C12 Bitte sagen Sie mir, wie wichtig die folgenden Dinge in Ihrer Arbeit sind.
5   Extrem wichtig
4   Sehr wichtig
3   Teilweise wichtig
2   Weniger wichtig
1   Unwichtig
999   Keine Angabe
A   Ein unparteiischer Beobachter sein
B   Die Dinge so berichten, wie sie sind
C   Aktuelles Geschehen einordnen und analysieren

D	Die Regierung kontrollieren
E	Die Wirtschaft kontrollieren
F	Die politische Tagesordnung bestimmen
G	Die öffentliche Meinung beeinflussen
H	Für sozialen Wandel eintreten
J	Ein Gegengewicht zur Regierung bilden
K	Nationale Entwicklung unterstützen
L	Ein positives Bild der Regierung vermitteln
M	Regierungspolitik unterstützen
O	Unterhaltung und Entspannung bieten
P	Inhalte anbieten, die ein möglichst großes Publikum anziehen
R	Rat, Orientierung und Hilfestellung für den Alltag anbieten
S	Informationen vermitteln, die Menschen zu politischen Entscheidungen befähigen
T	Menschen zur Teilhabe am politischen Geschehen motivieren
U	Den Menschen die Möglichkeit geben, ihre Ansichten zu artikulieren
W	Das Publikum bilden
Y	Als Erzähler die Welt in Geschichten vermitteln
Z	Toleranz und kulturelle Vielfalt fördern

C13 Die folgenden Aussagen beschreiben verschiedene Ansichten zum Journalismus. Bitte sagen Sie mir, wie sehr Sie jeder Aussage zustimmen bzw. widersprechen.

5	Stimme stark zu
4	Stimme eher zu
3	Stimme teilweise zu
2	Stimme eher nicht zu
1	Stimme überhaupt nicht zu
999	Keine Angabe
A	Journalisten sollten sich immer an die Berufsethik halten – unabhängig von Situation und Kontext.
B	Was im Journalismus ethisch vertretbar ist, hängt von der konkreten Situation ab.
C	Was im Journalismus ethisch vertretbar ist, liegt im eigenen Ermessen.
D	Unter außergewöhnlichen Umständen ist es akzeptabel, moralische Standards beiseite zu schieben.

C14   Nehmen wir an, Sie arbeiten an einer wichtigen Geschichte. Welche der folgenden Praktiken würden Sie als gerechtfertigt erachten und welche würden Sie unter gar keinen Umständen billigen?

1   Immer gerechtfertigt
2   Gelegentlich gerechtfertigt
3   Unter keinen Umständen gebilligt
999   Keine Angabe
A   Menschen für geheime Informationen bezahlen
B   Vertrauliche Regierungsdokumente ohne Erlaubnis verwenden
C   Sich als jemand anderer ausgeben
D   Druck auf Informanten ausüben, um an eine Geschichte zu kommen
E   Persönliche Dokumente wie Bilder oder Briefe ohne Erlaubnis benutzen
F   Sich in einer Firma oder Organisation anstellen lassen, um an Insider-Informationen zu gelangen
G   Versteckte Mikrophone und Kameras benutzen
H   Ereignisse mittels Schauspieler nachstellen
J   Nachrichten ohne Bestätigung veröffentlichen
K   Im Zusammenhang mit Berichterstattung Geld von Außenstehenden annehmen

C15   Hier ist eine Liste mit potenziellen Einflüssen. Bitte sagen Sie mir, wie stark die folgenden Aspekte und Personengruppen Einfluss auf Ihre Arbeit nehmen.

5   Einfluss extrem stark
4   Einfluss sehr stark
3   Einfluss relativ stark
2   Einfluss relativ gering
1   Kein Einfluss
8   Nicht relevant für Ihre Arbeit
999   Keine Angabe
A   Persönliche Werte und Überzeugungen
B   Ihre Kollegen im Betrieb
C   Ihre Vorgesetzten und leitende Redakteure
D   Die Geschäftsführung Ihres Medienbetriebs
E   Die Eigentümer Ihres Medienbetriebs
F   Die Blattlinie bzw. redaktionelle Leitlinie

G   Überlegungen in Bezug auf Werbung
H   Profitwartungen Ihres Betriebes
J   Publikumsforschung und Marktdaten
K   Verfügbarkeit von Ressourcen für die Berichterstattung
L   Zeitlicher Druck
M   Journalistische Ethik
N   Religiöse Überlegungen

C16   Nachfolgend eine weitere Liste mit potenziellen Einflüssen. Auch hier möchten wir Sie bitten, auf einer Skala von 5 bis 1 einzuschätzen, wie stark die einzelnen Punkte Ihre Arbeit beeinflussen.

5   Einfluss extrem stark
4   Einfluss sehr stark
3   Einfluss relativ stark
2   Einfluss relativ gering
1   Kein Einfluss
999 Keine Angabe
A   Freunde, Bekannte und Verwandte
B   Kollegen in anderen Medien
C   Rückmeldungen vom Publikum
D   Konkurrierende Medien
E   Medienrecht und Medienregulierung
F   Zugang zu Information
G   Zensur
H   Regierungsmitarbeiter
J   Politiker
K   Interessensgruppen
L   Geschäftsleute und Wirtschaftsvertreter
M   Öffentlichkeitsarbeit bzw. PR
N   Beziehung zu Quellen und Informanten
O   Sicherheitsorgane, einschließlich Militär und Polizei

C17   Seit wie vielen Jahren sind Sie bereits im Journalismus tätig?
wenn < 5 Jahre → weiter bei O4
999 Keine Angabe → *weiter bei O4*

Nur fragen, wenn C17 ≥ 5:

C18   Die Bedeutung einiger Einflüsse im Journalismus hat sich möglicherweise mit der Zeit geändert. Bitte sagen Sie mir, inwieweit die folgenden Einflüsse in Deutschland[5] während der vergangenen fünf Jahre stärker bzw. schwächer geworden sind.

5   Sehr verstärkt
4   Etwas verstärkt
3   Keine Veränderung
2   Etwas abgeschwächt
1   Sehr abgeschwächt
999   Keine Angabe
A   Journalistenausbildung
B   Ethische Standards
C   Wettbewerb
D   Überlegungen in Bezug auf Werbung
E   Druck durch Profiterwartungen
F   Öffentlichkeitsarbeit bzw. PR
G   Publikumsforschung
H   Nutzergenerierte Inhalte, wie z. B. in Blogs
J   Social Media, wie z. B. Facebook und Twitter
K   Einbindung des Publikums in die Nachrichtenproduktion
L   Rückmeldungen vom Publikum
M   Druck in Richtung Sensationsberichterstattung

Nur fragen, wenn C17 ≥ 5:

C19   Journalismus befindet sich gerade im Wandel. Bitte sagen Sie mir, ob Sie während der vergangenen Jahre in Deutschland eine Zunahme bzw. einen Rückgang hinsichtlich der folgenden Aspekte bemerkt haben.

5   Stark zugenommen
4   Etwas zugenommen
3   Keine Veränderung
2   Etwas zurückgegangen
1   Stark zurückgegangen
999   Keine Angabe

---

[5]Bzw. „Österreich" und „der Schweiz".

A   Der Freiraum, redaktionelle Entscheidungen zu treffen
B   Die durchschnittliche Arbeitszeit
C   Die verfügbare Zeit für Recherche
D   Die Interaktion zwischen Journalisten und ihrem Publikum
E   Die Bedeutung technischer Fertigkeiten
F   Der Gebrauch von Internet-Suchmaschinen
G   Die Bedeutung von Hochschulabschlüssen
H   Die Bedeutung eines Abschlusses in Journalismus bzw. einem verwandten Fach
J   Die Glaubwürdigkeit des Journalismus
K   Die Bedeutung von Journalismus für die Gesellschaft
M   Die Arbeitsbelastung von Journalisten

O4   Bitte sagen Sie mir auf einer Skala von 1 bis 5, wie groß Ihr Vertrauen in die folgenden Institutionen und Personengruppen ist.
5   Vollstes Vertrauen
4   Viel Vertrauen
3   Etwas Vertrauen
2   Geringes Vertrauen
1   Kein Vertrauen
999 Keine Angabe
A   Bundestag[6]
B   Bundesregierung
C   Politische Parteien
D   Politiker im Allgemeinen
E   Das Justizwesen
F   Polizei
G   Militär
H   Gewerkschaften
J   Religiöse Führer
K   Nachrichtenmedien

---

[6]In Österreich „Nationalrat" und in der Schweiz „Parlament".

C20 Was ist Ihr höchster Schul- bzw. Bildungsabschluss? *(Die Liste vorlesen)*

    1   Kein Abitur[7] → *weiter bei C22*

    2   Abitur[8] → *weiter bei C22*

    3   Bachelor-Abschluss oder ähnlich

    4   Magister-/Master-Abschluss bzw. Diplom[9]

    5   Promotion

    6   Hochschulstudium begonnen, aber nicht abgeschlossen

    999 999 Keine Angabe

Nur fragen, wenn C20 > 2:

C21 Haben Sie sich während des Studiums auf Journalismus oder ein anderes Fach im Bereich Kommunikation spezialisiert?

    1   Ja, ich habe mich auf Journalismus spezialisiert

    2   Ja, ich habe mich auf ein anderes Fach im Bereich Kommunikation spezialisiert

    3   Ja, ich habe mich sowohl auf Journalismus als auch auf ein anderes Fach im Bereich Kommunikation spezialisiert

    4   Nein, ich habe mich nicht in derartigen Fächern spezialisiert

    999 Keine Angabe

C22 Was ist Ihr Geschlecht?

    1   Weiblich

    2   Männlich

    999 Keine Angabe

C23 In welchem Jahr sind Sie geboren?

    999 Keine Angabe

O8 Politische Einstellungen werden oft auf einem Kontinuum zwischen „Links" und „Rechts" eingeordnet. Auf einer Skala, bei der „0" Links, „10" Rechts und „5" die Mitte ist, wo würden Sie sich selbst verorten?

    999 Keine Angabe

---

[7]In Österreich und der Schweiz „keine Matura".

[8]In Österreich und der Schweiz „Matura".

[9]In der Schweiz „Master-Abschluss bzw. Lizentiat".

O12   In welche der folgenden Kategorien fällt Ihr monatliches Einkommen nach Abzug aller Steuern und Abgaben? Wenn Sie es nicht genau wissen, schätzen Sie bitte.[10]

1	0–600 EUR
2	601–1200 EUR
3	1201–1800 EUR
4	1801–2400 EUR
5	2401–3000 EUR
6	3001–3600 EUR
7	3601–4800 EUR
8	4801–6000 EUR
9	6001–7200 EUR
10	Mehr als 7200 EUR

777   Weiß nicht
999   Keine Angabe

Technische Fragen

T1   Interview-Code

T2   Interview-Datum (TTMMJJ)

T3   Interviewer-Code

T4   Interview Modus
  1   Telefon
  2   Face-to-Face
  3   Post oder E-Mail
  4   Online

---

[10]Abweichende Fragestellung in der Schweiz: „In welche der folgenden Kategorien fällt Ihr monatliches Brutto-Einkommen? Wenn Sie es nicht genau wissen, schätzen Sie bitte." Antwortkategorien: 0–1000 Franken; 1001–2000 Fr; 2001–3000 Fr; 3001–4000 Fr; 4001–5000 Fr; 5001–6000 Fr; 6001–8000 Fr; 8001–10.000 Fr; mehr als 10.000 Fr.

T5   Rang des Befragten
   1   Leitungsfunktion
   2   Teilleitungsrolle
   3   Journalist ohne Leitungsfunktion

T6   Name des Haupt-Mediums

T8   Reichweite des Mediums
   1   Lokal
   2   Regional
   3   National
   4   Transnational/international

T9   Eigentümerschaft des Mediums
   1   Ausschließlich privat
   2   Ausschließlich öffentlich-rechtlich
   4   Gemischte Eigentümerschaft, mehrheitlich privat
   5   Gemischte Eigentümerschaft, mehrheitlich öffentlich-rechtlich
   9   Anderes (bitte angeben)
   777 Keine Informationen

T10 Notizen

Anhang 2: Weiterführende Tabellen

© Springer Fachmedien Wiesbaden GmbH, ein Teil von Springer Nature 2019
T. Hanitzsch et al. (Hrsg.), *Journalismus in Deutschland, Österreich und der Schweiz*, Studies in International, Transnational and Global Communications,
https://doi.org/10.1007/978-3-658-27910-3

Tab. A2.1 Journalisten nach Alter, Berufserfahrung, Mitgliedschaft in Berufsverband, politischer Einstellung und Verbreitungsgebiet

		Deutschland	Österreich	Schweiz
Alter (Jahre)	N	746	719	853
Weiblich	Mittelwert	42,9	40,8	39,0
Männlich	Mittelwert	47,3	44,6	43,3
Berufserfahrung (Jahre)	N	758	769	909
Weiblich	Mittelwert	16,3	15,4	11,9
Männlich	Mittelwert	21,7	19,7	16,4
Mitglied in Berufsverband	N	769	765	903
Weiblich	%	51,3	47,8	54,2
Männlich	%	54,7	51,7	58,5
Politische Einstellung	N	690	640	797
Weiblich	Mittelwert	3,89	4,34	3,60
Männlich	Mittelwert	4,00	4,95	4,28
Anteil Journalistinnen				
Nach Altersgruppen:	N	746	719	853
Bis 29 Jahre	%	56,0	59,3	52,5
30–39 Jahre	%	53,0	49,1	44,6
40–49 Jahre	%	35,0	37,3	32,4
50+ Jahre	%	32,0	30,4	30,1
Nach Verbreitungsgebiet:	N	722	774	872
Regional/lokal	%	36,5	41,4	36,5
Überregional	%	49,6	40,5	41,0

Anmerkung: Für politische Einstellung Mittelwert auf einer Skala von 0 („links") bis 10 („Rechts"). % = Anteile in Prozent

Tab. A2.2 Alter und Berufserfahrung nach Medientyp (Hauptmedium) und Verbreitungsgebiet

	Deutschland				Österreich				Schweiz			
	Alter		Berufserfahrung		Alter		Berufserfahrung		Alter		Berufserfahrung	
	N	MW	N	MW	N	MW	N	MW	N	MW	N	MW
Medientyp												
Zeitung	233	48,6	241	22,8	353	44,8	389	19,5	341	42,3	362	15,1
Zeitschrift	149	44,4	150	16,9	29	41,9	32	15,8	78	43,3	81	15,0
TV privat	26	37,2	27	12,5	28	37,6	30	12,9	37	38,7	38	13,1
TV öffentlich	53	48,6	55	22,2	84	45,1	89	20,9	44	45,9	48	17,7
Radio privat	48	40,5	48	16,5	48	36,8	54	11,8	60	32,6	65	7,4
Radio öffentlich	73	51,3	73	25,4	59	45,3	66	21,1	85	42,8	93	16,1
Agentur & Dienst	32	41,0	33	15,5	26	44,7	27	20,6	26	41,5	27	16,3
Online	56	37,3	56	12,3	81	35,8	87	10,5	61	39,1	70	12,6
Verbreitungsgebiet												
Regional/lokal	487	46,5	495	21,1	281	42,3	301	16,9	481	40,1	509	12,9
Überregional	209	44,1	213	16,5	438	43,5	484	18,6	340	42,3	363	15,7

Anmerkung: Mittelwerte in Jahren

Tab. A2.3 Ausbildung nach Medientyp (Hauptmedium) und Verbreitungsgebiet

| | Medientyp | | | | | | | | Verbreitungsgebiet | |
	Zeitung %	Zeitschrift %	TV privat %	TV öffentlich %	Radio privat %	Radio öffentlich %	Agentur & Dienst %	Online %	Regional/ lokal %	Über- regional %
Deutschland										
Kein Abitur	2,6	3,4	7,4	0	0	0	0	0	2,0	1,9
Abitur	18,7	10,2	18,5	5,5	25,5	2,7	15,6	5,4	18,0	7,2
Bachelor	4,3	10,2	14,8	3,6	10,6	2,7	9,4	16,1	6,3	9,6
Master-/Magister bzw. Diplom	63,0	60,5	51,9	85,5	53,2	75,3	62,5	75,0	62,2	68,4
Promotion	3,0	4,1	0	0	2,1	13,7	9,4	0	3,5	3,3
Hochschulstudium nicht abgeschlossen	8,5	11,6	7,4	5,5	8,5	5,5	3,1	3,6	8,0	9,6
N	235	147	27	55	47	73	32	56	489	209
Österreich										
Kein Abitur	3,7	3,1	0	1,1	11,5	1,6	0	1,2	5,8	1,5
Abitur	21,0	15,6	17,2	18,0	34,6	25,8	18,5	8,2	24,2	17,7
Bachelor	7,1	3,1	3,4	5,6	15,4	3,2	11,1	17,6	11,6	5,9
Master-/Magister bzw. Diplom	44,1	62,5	58,6	49,4	28,8	45,2	29,6	60	37,9	51,3
Promotion	11,0	6,3	10,3	12,4	0	8,1	11,1	3,5	7,5	9,9

(Fortsetzung)

Tab. A2.3 (Forsetzung)

	Medientyp								Verbreitungsgebiet	
	Zeitung %	Zeitschrift %	TV privat %	TV öffentlich %	Radio privat %	Radio öffentlich %	Agentur & Dienst %	Online %	Regional/lokal %	Über-regional %
Hochschulstudium nicht abgeschlossen	13,1	9,4	10,3	13,5	9,6	16,1	29,6	9,4	13,0	13,7
N	381	32	29	89	52	62	27	85	293	474
Schweiz										
Kein Abitur	9,8	7,9	10,5	8,5	11,7	11,1	0	4,3	10,8	5,9
Abitur	11,0	10,5	10,5	10,6	16,7	8,9	0	7,2	12,0	9,3
Bachelor	18,2	23,7	36,8	17,0	36,7	25,6	34,6	30,4	24,8	22,9
Master-/Magister bzw. Diplom	44,4	46,1	31,6	53,2	28,3	41,1	53,8	43,5	40,6	45,6
Promotion	3,5	2,6	0	4,3	0	5,6	3,8	4,3	1,7	5,4
Hochschulstudium nicht abgeschlossen	13,3	9,2	10,5	6,4	6,7	7,8	7,7	10,1	10,1	10,8
N	347	76	38	47	60	90	26	69	483	353

Tab. A2.4 Studium nach Medientyp (Hauptmedium) und Verbreitungsgebiet

	Medientyp								Verbreitungsgebiet	
	Zeitung %	Zeitschrift %	TV privat %	TV öffentlich %	Radio privat %	Radio öffentlich %	Agentur & Dienst %	Online %	Regional/local %	Über-regional %
Deutschland										
Spezialisiert im Journalismus	23,0	11,8	35,0	23,5	17,1	27,1	25,9	17,3	23,0	14,3
Spezialisiert in anderem Fach im Bereich Kommunikation	15,3	20,5	25,0	11,8	17,1	8,6	3,7	21,2	15,2	20,1
Spezialisiert in Journalismus und anderem Fach im Bereich Kommunikation	5,5	8,7	0	2,0	8,6	7,1	7,4	17,3	6,5	8,5
Nicht in derartigen Fächern spezialisiert	56,3	59,1	40	62,7	57,1	57,1	63,0	44,2	55,3	57,1
N	183	127	20	51	35	70	27	52	387	189
Österreich										
Spezialisiert im Journalismus	27,5	34,6	16,7	26,4	7,1	24,4	9,1	31,2	23,4	26,6
Spezialisiert in anderem Fach im Bereich Kommunikation	11,5	3,8	20,8	12,5	10,7	11,1	4,5	10,4	12,7	10,2

(Fortsetzung)

Tab. A2.4 (Forsetzung)

	Medientyp								Verbreitungsgebiet	
	Zeitung %	Zeitschrift %	TV privat %	TV öffentlich %	Radio privat %	Radio öffentlich %	Agentur & Dienst %	Online %	Regional/ local %	Über- regional %
Spezialisiert in Journalismus und anderem Fach im Bereich Kommunikation	16,7	11,5	20,8	20,8	21,4	17,8	13,6	20,8	19,0	17,5
Nicht in derartigen Fächern spezialisiert	44,3	50	41,7	40,3	60,7	46,7	72,7	37,7	44,9	45,7
N	287	26	24	72	28	45	22	77	205	383
Schweiz										
Spezialisiert im Journalismus	28,5	27,4	36,7	23,7	28,9	18,6	25,9	35,0	27,8	28,0
Spezialisiert in anderem Fach im Bereich Kommunikation	10,9	11,3	6,7	2,6	8,9	8,6	7,4	13,3	9,6	10,1
Spezialisiert in Journalismus und anderem Fach im Bereich Kommunikation	8,0	6,5	10	13,2	22,2	7,1	18,5	16,7	10,2	9,5
Nicht in derartigen Fächern spezialisiert	52,6	54,8	46,7	60,5	40	65,7	48,1	35,0	52,4	52,4
N	274	62	30	38	45	70	27	60	374	296

Anmerkung: Anteile der Befragten, die ein Studium zumindest teilweise absolviert haben

Tab. A2.5 Mitgliedschaft in einer Berufsorganisation nach Medientyp (Hauptmedium), Verbreitungsgebiet und Geschlecht

	Deutschland		Österreich		Schweiz	
	N	%	N	%	N	%
Medientyp						
Zeitung	244	61,1	401	50,4	358	59,5
Zeitschrift	154	42,9	33	54,5	80	50,0
TV privat	27	48,1	31	51,6	38	42,1
TV öffentlich	55	54,5	89	49,4	48	64,6
Radio privat	48	31,3	55	32,7	65	35,4
Radio öffentlich	72	65,3	64	42,2	93	74,2
Agentur & Dienst	34	58,8	28	57,1	27	55,6
Online	60	46,7	91	56,0	70	45,7
Verbreitungsgebiet						
Regional/lokal	497	54,5	308	47,4	507	55,0
Überregional	222	45,5	497	50,7	359	54,9
Geschlecht						
Weiblich	308	51,3	312	47,8	349	54,2
Männlich	461	54,7	453	51,7	554	58,5

Tab. A2.6 Politische Einstellung nach Medientyp (Hauptmedium) und Verbreitungsgebiet

	Deutschland			Österreich			Schweiz		
	N	%	MW	N	%	MW	N	%	MW
Medientyp									
Zeitung	224	58,9	4,10	342	46,2	4,85	325	53,3	4,16
Zeitschrift	135	65,1	3,77	28	53,6	4,54	75	70,7	3,71
TV privat	25	48,0	4,20	25	40,0	4,92	35	45,7	4,31
TV öffentlich	49	71,4	3,90	58	60,3	4,45	35	60,1	3,97
Radio privat	47	61,7	4,13	43	39,6	4,88	48	58,4	4,00
Radio öffentlich	63	74,6	3,75	46	52,1	4,54	84	67,9	3,76
Agentur & Dienst	29	75,9	3,76	21	57,1	4,52	23	69,5	3,39
Online	52	67,2	4,00	70	52,9	4,31	60	61,7	4,08
Verbreitungsgebiet									
Regional/lokal	457	64,3	3,99	251	41,0	4,85	435	54,5	4,17
Überregional	189	62,9	3,94	390	53,1	4,62	328	63,4	3,81

Anmerkung: Mittelwert auf einer Skala von „0" Links bis „10" Rechts („5" = Mitte); % = Summe der Anteile, die auf die Skalenwerte 0 bis 4 (= links von der Mitte) entfallen

Tab. A2.7 Beschäftigungsverhältnisse nach Medientyp (Hauptmedium)

| | Medientyp | | | | | | | |
	Zeitung %	Zeitschrift %	TV privat %	TV öffentlich %	Radio privat %	Radio öffentlich %	Agentur & Dienst %	Online %
Deutschland								
In Anstellung	93,9	86,6	92,9	63,7	91,7	64,4	76,5	88,4
Vollzeit	86,1	76,3	92,9	58,2	79,2	58,9	55,9	81,7
Teilzeit	7,8	10,3	0	5,5	12,5	5,5	20,6	6,7
Unbefristet	96,5	96,2	87,5	85,7	86,4	93,6	92,3	81,1
Freie(r) Journalist	2,9	8,3	3,6	5,5	4,2	6,8	14,7	1,7
Feste(r) Freie(r)	2,5	4,5	3,6	30,9	4,2	24,7	5,9	8,3
Pauschalist(in)	0,8	0,6	0	0	0	4,1	2,9	1,7
N	244	156	28	55	48	73	34	60
Österreich								
In Anstellung	90,9	76,4	96,9	93,4	89,1	95,4	100	94,6
Vollzeit	79,6	67,6	87,5	75,6	63,6	60,6	89,3	84,9
Teilzeit	11,3	8,8	9,4	17,8	25,5	34,8	10,7	9,7
Unbefristet	98,4	100	100	95,2	91,5	95,2	96,4	97,7
Freie(r) Journalist	3,9	2,9	3,1	0	3,6	1,5	0	4,3
Feste(r) Freie(r)	3,4	8,8	0	5,6	5,5	1,5	0	1,1
Pauschalist(in)	1,5	11,8	0	0	0	1,5	0	0
Sonstige	0,2	0	0	0	1,8	0	0	0
N	407	34	32	90	55	66	28	93
Schweiz								
In Anstellung	95,3	85,2	97,3	100	93,9	98,9	100	92,8
Vollzeit	66,3	43,2	60,5	58,3	58,5	35,5	51,9	55,7
Teilzeit	29,0	42,0	36,8	41,7	35,4	63,4	48,1	37,1
Unbefristet	94,7	95,6	97,3	97,9	95,0	97,8	81,5	90,8
Freie(r) Journalist	3,3	11,1	2,6	0	6,2	1,1	0	7,1
Feste(r) Freie(r)	1,4	3,7	0	0	0	0	0	0
N	362	81	38	48	65	93	27	70

Tab. A2.8 Beschäftigungsverhältnisse nach Verbreitungsgebiet

	Deutschland		Österreich		Schweiz	
	Regional/ local %	Über- regional %	Regional/ local %	Über- regional %	Regional/ local %	Über- regional %
In Anstellung	83,6	88,4	94,9	89,3	94,1	97,0
Vollzeit	78,0	75,9	79,9	75,2	65,4	49,9
Teilzeit	5,6	12,5	15,0	14,1	28,7	47,1
Unbefristet	92,3	93,3	96,6	97,8	94,5	94,3
Freie(r) Journalist	5,6	5,4	2,2	4,2	4,7	2,2
Feste(r) Freie(r)	9,0	5,8	1,6	4,4	1,2	0,8
Pauschalist(in)	1,8	0,4	1,0	2,0	0	0
Sonstige	0	0	0,3	0,2	0	0
N	499	224	313	505	509	363

Tab. A2.9 Beschäftigungsverhältnisse nach Geschlecht

	Deutschland		Österreich		Schweiz	
	Journalis- tinnen %	Journalis- ten %	Journalis- tinnen %	Journalis- ten %	Journalis- tinnen %	Journalis- ten %
In Anstellung	81,9	82,9	90,2	91,9	92,3	92,3
Vollzeit	67,1	79,7	65,2	83,8	42,9	66,0
Teilzeit	14,8	3,2	25,0	8,1	49,4	26,3
Unbefristet	91,6	93,5	97,8	97,1	91,8	96,1
Freie(r) Journalist	7,4	8,2	4,7	2,8	7,1	6,3
Feste(r) Freie(r)	9,4	7,1	3,2	3,3	0,6	1,4
Pauschalist(in)	1,3	1,7	1,9	1,5	0	0
Sonstige	0	0	0	0,4	0	0
N	310	463	316	458	350	559

Tab. A2.10 Rang nach Medientyp (Hauptmedium), Verbreitungsgebiet und Geschlecht

	Deutschland				Österreich				Schweiz			
	N	Leitungs-funktion %	Teil-leitungs-rolle %	Ohne Lei-tungsrolle %	N	Leitungs-funktion %	Teil-leitungs-rolle %	Ohne Lei-tungsrolle %	N	Leitungs-funktion %	Teil-leitungs-rolle %	Ohne Lei-tungsrolle %
Gesamt	747	20,6	19,9	59,5	818	17,6	23,0	59,4	902	15,7	17,6	66,7
Medientyp												
Zeitung	241	18,0	20,9	61,1	407	17,9	26,5	55,5	360	15,5	17,7	66,8
Zeitschrift	154	22,4	19,2	58,3	34	17,6	23,5	58,8	78	21,8	12,8	65,4
TV privat	28	17,9	25,0	57,1	32	25,0	25,0	50,0	38	21,1	26,3	52,6
TV öffentlich	55	20,0	29,1	50,9	90	15,6	16,7	67,8	48	8,3	31,3	60,4
Radio privat	47	22,9	22,9	54,2	55	21,8	12,7	65,5	65	13,8	12,3	73,8
Radio öffentlich	72	12,3	31,5	56,2	66	12,1	25,8	62,1	93	15,1	29,0	55,9
Agentur & Dienst	33	17,6	17,6	64,7	28	14,3	25,0	60,7	27	7,4	11,1	81,5
Online	60	31,7	13,3	55,0	93	14,0	17,2	68,8	70	17,1	12,9	70,0
Verbreitungsgebiet												
Regional/lokal	489	20,3	21,4	57,7	313	22,7	19,8	57,5	508	18,1	16,9	65,0
Überregional	222	22,3	18,3	59,4	505	14,5	25,0	60,6	363	12,4	19,6	68,0
Geschlecht												
Weiblich	298	15,5	20,0	64,5	316	13,0	17,1	69,9	345	10,4	14,5	75,1
Männlich	447	24,2	19,9	55,9	458	20,3	27,9	51,7	557	19,0	19,6	61,4

Tab. A2.11 Nebentätigkeit nach Medientyp (Hauptmedium), Verbreitungsgebiet und Geschlecht

	Deutschland		Österreich		Schweiz	
	N	% mit Nebentätigkeit	N	% mit Nebentätigkeit	N	% mit Nebentätigkeit
Medientyp						
Zeitung	242	7,4	398	17,6	360	15,8
Zeitschrift	154	19,5	33	15,2	78	23,1
TV privat	27	29,6	31	29,0	38	21,1
TV öffentlich	55	21,8	89	19,1	48	20,8
Radio privat	48	31,3	54	48,1	64	25,0
Radio öffentlich	72	27,8	63	17,5	92	31,5
Agentur & Dienst	34	26,5	28	14,3	27	25,9
Online	60	6,7	90	16,7	70	18,6
Verbreitungsgebiet						
Regional/lokal	495	16,4	304	19,7	507	19,1
Überregional	222	17,1	495	20,4	358	21,2
Geschlecht						
Weiblich	306	16,7	308	20,5	346	24,0
Männlich	461	17,4	450	20,0	556	19,6

Tab. A2.12 Einkommen nach Medientyp (Hauptmedium)

Medientyp	Zeitung %	Zeitschrift %	TV privat %	TV öffentlich %	Radio privat %	Radio öffentlich %	Agentur & Dienst %	Online %
Deutschland								
Bis 600 €	0,5	0	0	0	0	0	0	2,0
601–1200 €	1,9	0,7	8,3	0	11,4	1,5	6,7	6,0
1201–1800 €	9,4	14,2	33,3	4,1	25,0	3,0	13,3	18,0
1801–2400 €	16,0	31,3	20,8	16,3	34,1	16,4	20,0	48,0
2401–3000 €	22,1	24,6	4,2	18,4	15,9	19,4	30,0	12,0
3001–3600 €	25,8	11,2	8,3	12,2	6,8	19,4	13,3	8,0
3601–4800 €	18,8	9,7	25,0	20,4	2,3	25,4	13,3	0
4801–6000 €	3,8	3,7	0	14,3	2,3	13,4	0	4,0
Über 6000 €	1,9	4,5	0	14,3	2,3	1,5	3,3	2,0
N	213	134	24	49	44	67	30	50
Österreich								
Bis 600 €	0,5	0	0	0	6,1	0	3,8	0
601–1200 €	4,1	3,4	4,0	0	10,2	0	0	4,9
1201–1800 €	17,8	20,7	8,0	11,0	49,0	3,3	3,8	32,1
1801–2400 €	27,4	24,1	36,0	18,3	14,3	28,3	15,4	37,0

(Fortsetzung)

Tab. A2.12 (Forsetzung)

Medientyp	Zeitung %	Zeitschrift %	TV privat %	TV öffentlich %	Radio privat %	Radio öffentlich %	Agentur & Dienst %	Online %
2401–3000 €	16,4	17,2	24,0	24,4	14,3	28,3	34,6	8,6
3001–3600 €	13,4	17,2	12,0	20,7	2,0	23,3	26,9	11,1
3601–4800 €	11,0	6,9	16,0	19,5	4,1	11,7	15,4	1,2
4801–6000 €	6,6	3,4	0	3,7	0	3,3	0	2,5
Über 6000 €	2,7	6,9	0	2,4	0	1,7	0	2,5
N	365	29	25	82	49	60	26	81
Schweiz								
Bis 1000 Fr	1,2	1,3	0	0	3,1	1,1	0	3,1
1001–2000 Fr	2,9	1,3	2,6	0	9,4	1,1	0	6,2
2001–3000 Fr	3,5	9,1	7,9	0	12,5	2,2	4,2	4,6
3001–4000 Fr	6,7	5,2	7,9	2,3	12,5	4,4	20,8	6,2
4001–5000 Fr	10,9	13,0	15,8	4,5	20,3	7,7	0	12,3
5001–6000 Fr	17,0	15,6	15,8	9,1	20,3	19,8	29,2	13,8
6001–8000 Fr	34,9	36,4	36,8	36,4	18,8	39,6	25,0	33,8
8001–10.000 Fr	15,8	10,4	10,5	47,7	3,1	18,7	12,5	10,8
Über 10.000 Fr	7,0	7,8	2,6	0	0	5,5	8,3	9,2
N	341	77	38	44	64	91	24	65

Tab. A2.13 Einkommen nach Geschlecht

	Deutschland		Österreich		Schweiz	
	Journalistinnen %	Journalisten %	Journalistinnen %	Journalisten %	Journalistinnen %	Journalisten %
Bis 600 €/1.000 Fr	0	0,5	1,0	0,7	2,4	0,6
Von 601 €/1001 Fr bis 1200 €/2000 Fr	5,0	1,9	5,7	2,1	4,2	2,3
Von 1201 €/2001 Fr bis 1800 €/3000 Fr	24,0	7,8	28,9	11,2	7,9	2,6
Von 1801 €/3001 Fr bis 2400 €/4000 Fr	31,4	20,1	31,2	23,2	12,4	4,2
Von 2401 €/4001 Fr bis 3000 €/5000 Fr	18,2	20,6	16,8	19,4	14,2	9,6
Von 3001 €/5001 Fr bis 3600 €/6000 Fr	11,2	19,2	9,1	18,3	20,9	15,5
Von 3601 €/6001 Fr bis 4800 €/8000 Fr	6,6	19,0	4,4	15,2	26,7	36,5
Von 4801 €/8001 Fr bis 6000 €/10.000 Fr	2,3	6,4	2,0	6,6	9,7	20,0
Über 6000 € bzw. 10.000 Fr	1,2	4,5	1,0	3,3	1,5	8,7
N	258	422	298	427	330	529

Tab. A2.14 Einkommen nach Verbreitungsgebiet

	Deutschland		Österreich		Schweiz	
	Regional/lokal %	Überregional %	Regional/lokal %	Überregional %	Regional/lokal %	Überregional %
Bis 600 €/1000 Fr	0,4	0	1,4	0,5	1,3	0,6
Von 601 €/1001 Fr bis 1200 €/2000 Fr	3,1	2,2	4,6	2,9	3,8	2,3
Von 1201 €/2001 Fr bis 1800 €/3000 Fr	14,3	11,8	25,1	14,4	5,4	3,4
Von 1801 €/3001 Fr bis 2400 €/4000 Fr	21,8	33,3	26,9	26,1	7,7	6,6
Von 2401 €/4001 Fr bis 3000 €/5000 Fr	19,4	19,4	16,3	19,6	15,0	6,6
Von 3001 €/5001 Fr bis 3600 €/6000 Fr	17,6	12,4	11,3	16,7	20,4	14,0
Von 3601 €/6001 Fr bis 4800 €/8000 Fr	16,0	9,7	8,8	11,9	30,2	35,7
Von 4801 €/8001 Fr bis 6000 €/10.000 Fr	5,1	5,4	4,6	4,7	12,5	22,0
Über 6000 € bzw. 10.000 Fr	2,3	5,9	1,1	3,2	3,8	8,9
N	449	186	283	444	480	350

Tab. A2.15 Autonomie nach Medientyp (Hauptmedium)

	Medientyp																							
	Zeitung			Zeitschrift			TV privat			TV öffentlich			Radio privat			Radio öffentlich			Agentur & Dienst			Online		
	N	%	MW	N	%	MW	N	%	MW	N	%	MW	N	%	MW	N	%	MW	N	%	MW	N	%	MW
Deutschland																								
Autonomie Themenselektion	240	86,3	4,24	149	55,7	3,50	27	88,9	4,11	54	66,7	3,69	48	79,2	4,10	72	79,2	3,94	34	61,8	3,71	60	75,0	3,93
Autonomie Darstellung	240	92,1	4,50	146	71,2	3,84	27	81,5	4,22	54	77,8	4,02	48	85,4	4,35	72	81,9	4,19	34	73,5	4,00	60	80,0	4,17
Leitende Aufgaben	243	49,4	3,30	152	52,0	3,32	27	74,1	3,93	54	53,7	3,30	48	60,4	3,69	72	61,1	3,54	34	38,2	3,00	60	63,3	3,70
Österreich																								
Autonomie Themenselektion	406	84,0	4,01	34	76,5	3,91	32	68,8	3,72	89	75,3	3,82	53	73,6	3,79	64	68,8	3,80	28	60,7	3,68	92	76,1	3,84
Autonomie Darstellung	403	92,1	4,29	34	79,4	3,97	32	87,5	4,03	89	89,9	4,20	54	81,5	3,98	64	87,5	4,11	28	92,9	4,14	92	92,4	4,15
Leitende Aufgaben	399	51,9	3,47	33	39,4	3,24	32	75,0	3,63	89	48,3	3,26	53	49,1	3,34	65	55,4	3,48	28	50,0	3,57	93	41,9	3,34

(Fortsetzung)

Tab. A2.15 (Forsetzung)

Medientyp																								
	Zeitung			Zeitschrift			TV privat			TV öffentlich			Radio privat			Radio öffentlich			Agentur & Dienst			Online		
	N	%	MW	N	%	MW	N	%	MW	N	%	MW	N	%	MW	N	%	MW	N	%	MW	N	%	MW
Schweiz																								
Autonomie Themenselektion	362	84,3	3,98	81	75,3	3,85	38	76,3	3,71	48	68,8	3,65	65	84,6	4,00	93	67,7	3,70	27	51,9	3,59	70	72,9	3,84
Autonomie Darstellung	362	86,7	4,09	81	82,7	4,10	38	86,8	4,08	48	81,3	3,83	65	93,8	4,18	93	86,0	3,99	27	70,4	3,85	70	77,1	3,94
Leitende Aufgaben	360	48,1	3,27	81	44,4	3,11	38	65,8	3,71	48	47,9	3,31	62	67,7	3,63	93	44,1	3,33	27	48,1	3,30	70	48,6	3,21

Anmerkung: % = Anteil der Befragten, die „volle" und „große Autonomie" angegeben haben; Mittelwert auf einer Skala von 1 („keine Autonomie") bis 5 („volle Autonomie")

Tab. A2.16 Autonomie nach Verbreitungsgebiet und Hierarchieebene

| | Verbreitungsgebiet | | | | | | Hierarchieebene | | | | | | | | |
| | Regional/lokal | | | Überregional | | | Gesamtleitungsrolle | | | Teilleitungsrolle | | | Keine Leitungsrolle | | |
	N	%	MW	N	%	MW	N	%	MW	N	%	MW	N	%	MW
Deutschland															
Autonomie Themenselektion	493	79,3	4,06	216	63,4	3,68	160	86,9	4,35	148	81,1	4,01	453	67,1	3,76
Autonomie Darstellung	493	85,4	4,32	216	75,1	3,98	160	88,8	4,46	148	87,8	4,26	450	77,6	4,09
Leitende Aufgaben	495	55,6	3,45	220	53,2	3,37	160	90,0	4,39	153	80,4	4,04	454	31,9	2,81
Österreich															
Autonomie Themenselektion	312	80,8	3,91	499	77,4	3,91	143	97,2	4,27	187	82,9	4,02	481	71,5	3,76
Autonomie Darstellung	311	90,7	4,18	498	89,8	4,22	142	99,3	4,46	184	94,6	4,31	483	85,7	4,09
Leitende Aufgaben	310	53,9	3,48	494	49,2	3,39	144	97,2	4,51	186	76,3	4,00	474	27,0	2,87
Schweiz															
Autonomie Themenselektion	509	81,1	3,93	363	73,8	3,82	142	94,4	4,23	614	82,4	3,95	146	72,8	3,78
Autonomie Darstellung	509	86,8	4,09	363	84,0	4,02	142	95,8	4,39	614	92,5	4,13	146	81,2	3,97
Leitende Aufgaben	504	55,8	3,47	363	39,9	3,10	141	93,6	4,48	611	71,5	3,84	145	31,4	2,84

Anmerkung: % = Anteil der Befragten, die „volle" und „große Autonomie" angegeben haben; Mittelwert auf einer Skala von 1 („keine Autonomie") bis 5 („volle Autonomie")

Tab. A2.17 Autonomie nach Geschlecht

	Deutschland						Österreich						Schweiz					
	Journalistinnen			Journalisten			Journalistinnen			Journalisten			Journalistinnen			Journalisten		
	N	%	MW	N	%	MW	N	%	MW	N	%	MW	N	%	MW	N	%	MW
Autonomie Themenselektion	301	68,8	3,78	458	77,7	4,04	313	72,5	3,75	455	83,3	4,03	350	71,4	3,76	559	81,9	3,95
Autonomie Darstellung	300	76,3	4,04	456	85,7	4,31	315	86,0	4,09	454	93,8	4,30	350	80,9	3,95	559	88,4	4,14
Leitende Aufgaben	307	49,8	3,32	458	56,3	3,43	313	39,9	3,18	449	58,4	3,59	348	41,4	3,05	556	52,2	3,40

Anmerkung: % = Anteil der Befragten, die „volle" und „große Autonomie" angegeben haben; Mittelwert auf einer Skala von 1 („keine Autonomie") bis 5 („volle Autonomie")

Tab. A2.18 Einflüsse auf die eigene Arbeit nach Medientyp (Hauptmedium, Deutschland)

Medientyp	Zeitung			Zeitschrift			TV privat			TV öffentlich			Radio privat			Radio öffentlich			Agentur & Dienst			Online		
	N	%	MW	N	%	MW	N	%	MW	N	%	MW	N	%	MW	N	%	MW	N	%	MW	N	%	MW
Persönliche Werte/Überzeugungen	241	61,8	3,74	147	59,9	3,66	27	74,1	4,11	55	72,7	3,95	47	46,8	3,51	73	74,0	3,97	33	54,5	3,58	56	50,0	3,52
Religiöse Überzeugungen	232	4,3	1,57	133	3,0	1,29	25	0	1,52	51	2,0	1,49	44	20,5	2,20	70	4,3	1,57	31	3,2	1,42	52	1,9	1,35
Journalistische Ethik	241	86,3	4,22	144	64,6	3,74	26	76,9	4,23	55	81,8	4,24	48	66,7	3,81	73	84,9	4,29	33	81,8	4,15	56	64,3	3,80
Zeitlicher Druck	242	66,1	3,75	150	48,0	3,47	26	57,7	3,81	55	60,0	3,78	48	66,7	3,65	73	61,6	3,63	33	78,8	4,00	56	66,1	3,77
Verfügbare Ressourcen	238	55,5	3,55	147	49,0	3,44	26	73,1	3,73	54	72,2	3,93	47	55,3	3,57	71	46,5	3,42	33	66,7	3,64	56	69,6	3,79
Redaktionelle Leitlinie	235	37,4	3,06	145	68,3	3,90	27	29,6	3,11	50	44,0	3,40	45	53,3	3,49	69	44,9	3,17	27	40,7	2,93	55	49,1	3,42
Vorgesetzte/leitende Redakteure	237	35,0	3,08	141	51,8	3,57	27	40,7	3,19	55	41,8	3,42	47	44,7	3,38	73	31,5	3,05	31	38,7	3,19	55	52,7	3,55
Ihre Kollegen im Betrieb	238	28,2	2,95	146	30,1	3,11	27	48,1	3,19	55	38,2	3,25	48	31,3	3,13	73	30,1	3,04	32	21,9	3,03	56	33,9	3,20
Publikumsforschung und Marktdaten	233	17,2	2,56	150	34,7	3,13	26	42,3	2,92	55	49,1	3,38	48	47,9	3,46	73	37,0	3,18	29	13,8	2,21	56	33,9	3,05

(Fortsetzung)

Tab. A2.18 (Fortsetzung)

Medientyp	Zeitung			Zeitschrift			TV privat			TV öffentlich			Radio privat			Radio öffentlich			Agentur & Dienst			Online		
	N	%	MW	N	%	MW	N	%	MW	N	%	MW	N	%	MW	N	%	MW	N	%	MW	N	%	MW
Geschäftsführung	235	12,8	2,10	144	23,6	2,82	27	25,9	2,63	51	19,6	2,63	47	31,9	2,98	73	12,3	2,16	29	17,2	2,28	55	29,1	2,69
Profiterwartungen	239	7,9	2,03	148	37,8	3,19	27	40,7	3,00	38	5,3	1,34	48	18,8	2,58	54	9,3	1,59	31	19,4	2,23	51	27,5	2,78
Überlegungen in Bezug auf Werbung	241	7,5	1,93	145	32,4	2,96	27	40,7	3,11	40	2,5	1,28	48	31,3	2,92	51	7,8	1,57	29	3,4	1,59	53	15,1	2,38
Eigentümer	232	9,5	1,87	139	21,6	2,49	27	18,5	2,30	34	14,7	2,09	42	16,7	2,43	40	7,5	1,53	29	13,8	1,97	53	18,9	2,38
Zugang zu Information	237	68,4	3,89	149	55,7	3,57	26	69,2	3,77	55	69,1	3,85	46	63,0	3,63	70	61,4	3,74	32	71,9	3,88	54	64,8	3,87
Beziehung zu Quellen und Informanten	237	44,7	3,19	145	37,2	2,94	26	42,3	3,35	54	35,2	2,96	47	17,0	2,74	71	35,2	3,10	33	45,5	3,24	56	32,1	2,91
Rückmeldungen vom Publikum	240	26,3	3,02	150	38,0	3,17	26	34,6	3,12	55	25,5	3,18	48	50,0	3,38	72	20,8	2,93	32	6,3	2,13	56	35,7	3,20
Konkurrierende Medien	241	21,2	2,71	150	19,3	2,69	26	34,6	2,81	55	12,7	2,55	48	10,4	2,71	72	13,9	2,56	33	15,2	2,76	56	35,7	3,09
Kollegen in anderen Medien	240	4,2	2,05	150	8,7	2,21	26	15,4	2,54	55	10,9	2,31	48	8,3	2,38	72	12,5	2,43	33	12,1	2,21	56	8,9	2,23

(Fortsetzung)

Tab. A2.18 (Fortsetzung)

| | Medientyp | | | | | | | | | | | | | | | | | | | | | | | |
| | Zeitung | | | Zeitschrift | | | TV privat | | | TV öffentlich | | | Radio privat | | | Radio öffentlich | | | Agentur & Dienst | | | Online | | |
	N	%	MW	N	%	MW	N	%	MW	N	%	MW	N	%	MW	N	%	MW	N	%	MW	N	%	MW
Freunde, Bekannte und Verwandte	242	4,1	2,02	150	3,3	1,90	26	7,7	2,08	55	1,8	1,96	48	14,6	2,48	71	9,9	2,14	33	0	1,61	56	7,1	1,88
Medienrecht und -regulierung	231	35,9	3,01	141	27,7	2,70	26	57,7	3,58	54	38,9	3,24	47	42,6	3,26	69	29,0	2,99	33	18,2	2,48	54	31,5	2,76
Öffentlichkeitsarbeit bzw. PR	242	5,0	2,03	148	19,6	2,54	26	30,8	3,00	55	3,6	1,76	48	14,6	2,31	72	8,3	2,14	33	12,1	2,45	55	14,5	2,25
Geschäftsleute, Wirtschaftsvertreter	241	2,9	1,72	149	4,7	1,83	26	11,5	2,08	55	1,8	1,45	47	6,4	1,87	71	1,4	1,39	33	6,1	1,45	54	0	1,69
Interessensgruppen	241	2,9	1,82	146	8,9	1,92	26	19,2	2,27	55	7,3	1,82	48	2,1	1,77	72	4,2	1,71	33	9,1	1,97	54	1,9	1,67
Sicherheitsorgane, Militär	237	5,1	1,73	145	0	1,10	26	7,7	1,77	54	5,6	1,37	47	12,8	2,17	72	2,8	1,64	33	3,0	1,58	54	5,6	1,65
Zensur	237	0,8	1,22	147	3,4	1,47	26	11,5	2,04	53	3,8	1,38	46	4,3	1,72	72	2,8	1,28	32	0	1,13	55	5,5	1,44
Politiker	239	1,3	1,46	147	0	1,20	26	3,8	1,65	55	5,5	1,53	47	0	1,53	71	2,8	1,39	31	3,2	1,45	54	0	1,30
Regierungsmitarbeiter	236	0,4	1,2-	148	0	1,12	26	7,7	1,65	55	5,5	1,40	47	0	1,32	72	1,4	1,25	32	0	1,25	54	0	1,19

Anmerkung: % = Anteil der Befragten, die „Einfluss extrem" und „Einfluss sehr stark" angegeben haben; Mittelwert auf einer Skala von 1 („kein Einfluss") bis 5 („Einfluss extrem stark")

Tab. A2.19 Einflüsse auf die eigene Arbeit nach Medientyp (Hauptmedium, Österreich)

Medientyp	Zeitung			Zeitschrift			TV privat			TV öffentlich			Radio privat			Radio öffentlich			Agentur & Dienst			Online		
	N	%	MW	N	%	MW	N	%	MW	N	%	MW	N	%	MW	N	%	MW	N	%	MW	N	%	MW
Persönliche Werte/Überzeugungen	394	61,9	3,75	33	66,7	3,88	31	54,8	3,61	86	44,2	3,38	54	51,9	3,44	65	46,2	3,40	27	48,1	3,26	88	48,9	3,50
Religiöse Überzeugungen	377	4,8	1,60	32	0	1,22	28	3,6	1,61	84	0	1,26	49	6,1	1,67	60	1,7	1,37	24	0	1,21	84	1,2	1,24
Journalistische Ethik	394	71,8	3,92	33	54,5	3,70	30	73,3	4,03	88	77,3	3,98	50	48,0	3,44	64	70,3	3,94	27	81,5	4,26	88	54,5	3,57
Zeitlicher Druck	396	61,1	3,67	33	42,4	3,21	31	71,0	3,94	88	62,5	3,69	52	51,9	3,52	65	53,8	3,68	27	88,9	4,26	89	70,8	3,92
Verfügbare Ressourcen	385	50,6	3,44	33	36,4	3,21	31	64,5	3,97	88	53,4	3,53	51	56,9	3,71	63	42,9	3,40	27	55,6	3,63	87	66,7	3,82
Redaktionelle Leitlinie	395	35,4	3,17	33	21,2	2,70	31	41,9	3,00	81	25,9	2,63	50	36,0	3,26	61	27,9	3,07	26	46,2	3,27	88	38,6	3,20
Vorgesetzte/leitende Redakteure	392	29,1	2,95	33	24,2	2,82	32	28,1	3,00	89	18,0	2,70	54	35,2	3,20	64	21,9	2,77	27	14,8	2,74	88	27,3	3,08
Ihre Kollegen im Betrieb	391	16,4	2,70	33	12,1	2,58	31	9,7	2,35	89	6,7	2,36	54	22,2	2,85	63	12,7	2,48	27	18,5	2,74	87	20,7	2,79
Publikumsforschung und Marktdaten	387	15,5	2,49	33	9,1	2,39	31	29,0	2,68	86	14,0	2,52	51	52,9	3,53	62	22,6	2,71	26	3,8	1,77	87	23,0	2,63

(Fortsetzung)

Tab. A2.19 (Fortsetzung)

Medientyp																								
	Zeitung			Zeitschrift			TV privat			TV öffentlich			Radio privat			Radio öffentlich			Agentur & Dienst			Online		
	N	%	MW	N	%	MW	N	%	MW	N	%	MW	N	%	MW	N	%	MW	N	%	MW	N	%	MW
Geschäftsführung	386	12,7	2,21	33	9,1	2,06	30	10,0	2,27	87	10,3	1,99	53	18,9	2,53	63	11,1	2,13	26	0	1,85	86	11,6	2,21
Profiterwartungen	384	10,9	2,17	33	6,1	2,09	29	3,4	1,86	81	2,5	1,58	51	23,5	2,84	59	3,4	1,53	26	0	1,62	86	19,8	2,49
Überlegungen in Bezug auf Werbung	390	10,5	2,07	33	6,1	1,94	30	3,3	1,93	79	5,1	1,48	52	23,1	2,83	60	3,3	1,50	26	0	1,12	85	8,2	2,04
Eigentümer	379	12,1	2,12	32	3,1	1,88	30	13,3	2,10	79	3,8	1,65	51	13,7	2,20	58	6,9	1,88	26	3,8	1,85	85	8,2	2,16
Zugang zu Information	383	49,1	3,40	32	53,1	3,50	31	51,6	3,58	88	53,4	3,44	52	46,2	3,23	61	47,5	3,33	27	44,4	3,30	87	58,6	3,59
Beziehung zu Quellen und Informanten	381	33,3	2,97	32	37,5	3,13	30	16,7	2,47	88	21,6	2,52	51	15,7	2,20	63	6,3	2,11	27	29,6	2,85	86	32,6	2,92
Rückmeldungen vom Publikum	391	20,7	2,84	32	9,4	2,72	31	16,1	2,45	89	11,2	2,47	53	32,1	3,08	64	9,4	2,48	26	7,7	1,88	87	26,4	2,90
Konkurrierende Medien	390	11,3	2,46	32	15,6	2,81	31	16,1	2,39	89	6,7	2,25	53	22,6	2,57	64	6,3	2,09	26	19,2	2,46	87	19,5	2,75
Kollegen in anderen Medien	391	3,3	2,02	32	3,1	2,28	31	6,5	1,97	89	6,7	1,97	52	15,4	2,37	64	1,6	1,91	27	7,4	2,19	86	7,0	2,08

(Fortsetzung)

Tab. A2.19 (Fortsetzung)

Medientyp	Zeitung			Zeitschrift			TV privat			TV öffentlich			Radio privat			Radio öffentlich			Agentur & Dienst			Online		
	N	%	MW	N	%	MW	N	%	MW	N	%	MW	N	%	MW	N	%	MW	N	%	MW	N	%	MW
Freunde, Bekannte und Verwandte	391	7,2	2,16	32	6,3	2,22	31	12,9	2,03	88	3,4	1,95	52	15,4	2,40	64	3,1	1,92	27	0	1,63	85	5,9	2,04
Medienrecht und -regulierung	376	24,7	2,73	31	16,1	2,39	31	22,6	2,77	85	30,6	2,87	50	22,0	2,68	60	31,7	2,95	27	29,6	2,85	86	29,1	2,74
Öffentlichkeitsarbeit bzw. PR	386	6,0	2,14	32	0	1,84	30	6,7	1,87	88	0	1,73	52	13,5	2,21	62	1,6	1,77	27	3,7	2,30	85	4,7	2,08
Geschäftsleute, Wirtschaftsvertreter	384	4,4	1,77	32	6,3	1,69	30	0	1,37	86	0	1,47	53	1,9	1,74	62	1,6	1,39	27	0	1,44	85	1,2	1,56
Interessensgruppen	385	3,1	1,84	32	0	1,59	30	0	1,40	87	0	1,75	52	3,8	1,67	62	1,6	1,71	27	3,7	1,67	85	0	1,67
Sicherheitsorgane, Militär	380	5,3	1,58	32	3,1	1,19	30	0	1,43	88	3,4	1,39	52	3,8	1,54	62	1,6	1,42	27	3,7	1,22	84	7,1	1,69
Zensur	374	2,4	1,33	31	0	1,16	31	3,2	1,35	86	0	1,15	50	0	1,30	61	1,6	1,23	27	0	1,00	83	0	1,27
Politiker	383	2,9	1,62	32	0	1,41	30	0	1,27	87	0	1,45	53	0	1,38	62	1,6	1,45	27	3,7	1,63	84	1,2	1,57
Regierungsmitarbeiter	380	2,1	1,40	32	0	1,31	30	0	1,20	86	0	1,36	53	0	1,26	62	1,6	1,37	27	0	1,41	83	0	1,35

Anmerkung: % = Anteil der Befragten, die „Einfluss extrem" und „Einfluss sehr stark" angegeben haben; Mittelwert auf einer Skala von 1 („kein Einfluss") bis 5 („Einfluss extrem stark")

Tab. A2.20 Einflüsse auf die eigene Arbeit nach Medientyp (Hauptmedium, Schweiz)

Medientyp	Zeitung			Zeitschrift			TV privat			TV öffentlich			Radio privat			Radio öffentlich			Agentur & Dienst			Online		
	N	%	MW	N	%	MW	N	%	MW	N	%	MW	N	%	MW	N	%	MW	N	%	MW	N	%	MW
Persönliche Werte/Überzeugungen	356	54,5	3,59	80	66,3	3,73	37	54,1	3,54	48	43,8	3,40	63	31,7	3,22	92	40,2	3,33	27	33,3	3,00	70	47,1	3,60
Religiöse Überzeugungen	286	1,7	1,38	63	6,3	1,54	34	2,9	1,44	38	0	1,26	51	0	1,37	71	1,4	1,44	24	4,2	1,25	56	0	1,30
Journalistische Ethik	356	55,9	3,59	80	60,0	3,59	38	50,0	3,50	48	79,2	3,94	64	59,4	3,64	93	74,2	3,89	27	63,0	3,96	68	60,3	3,93
Zeitlicher Druck	355	55,5	3,5?	81	18,5	2,78	38	65,8	4,05	48	43,8	3,35	64	68,8	3,83	93	69,9	3,89	26	61,5	3,69	69	58,0	3,27
Verfügbare Ressourcen	353	51,8	3,50	79	36,7	3,14	37	54,1	3,84	48	39,6	3,33	64	56,3	3,52	92	51,1	3,55	27	48,1	3,41	69	60,9	3,36
Redaktionelle Leitlinie	351	26,2	2,8?	76	36,8	3,12	37	27,0	2,97	46	15,2	2,89	62	53,2	3,47	89	37,1	3,16	25	36,0	3,24	64	42,2	2,64
Vorgesetzte/leitende Redakteure	346	23,7	2,8?	77	35,1	3,09	37	27,0	2,97	48	18,8	3,00	62	35,5	3,03	93	26,9	3,06	27	22,2	2,81	67	41,8	2,36
Ihre Kollegen im Betrieb	350	19,7	2,7?	78	25,6	2,94	38	21,1	2,82	48	8,3	2,73	64	26,6	3,06	93	23,7	3,03	27	18,5	2,85	68	20,6	1,75
Publikumsforschung und Marktdaten	337	10,7	2,37	75	18,7	2,68	35	14,3	2,63	46	13,0	2,30	58	19,0	2,59	87	10,3	2,45	24	8,3	2,08	62	25,8	2,00

(Fortsetzung)

Tab. A2.20 (Fortsetzung)

	Medientyp																								
	Zeitung			Zeitschrift			TV privat			TV öffentlich			Radio privat			Radio öffentlich			Agentur & Dienst			Online		
	N	%	MW	N	%	MW	N	%	MW	N	%	MW	N	%	MW	N	%	MW	N	%	MW	N	%	MW
Geschäftsführung	327	11,3	2,14	72	16,7	2,32	35	8,6	2,20	45	11,1	2,20	57	10,5	2,25	89	6,7	2,19	25	8,0	2,44	62	22,6	2,00
Profiterwartungen	327	8,0	2,14	76	22,4	2,61	34	11,8	2,24	35	0	1,71	57	7,0	2,09	60	1,7	1,50	22	4,5	1,59	52	19,2	2,25
Überlegungen in Bezug auf Werbung	326	6,7	2,05	80	16,3	2,30	35	2,9	1,94	35	2,9	1,37	52	5,8	1,85	43	7,0	1,51	21	0	1,24	44	9,1	2,10
Eigentümer	310	5,2	1,83	70	15,7	2,16	32	6,3	1,72	40	2,5	1,70	53	5,7	1,72	64	4,7	1,75	24	8,3	2,04	55	9,1	1,90
Zugang zu Information	355	51,0	3,50	80	45,0	3,33	38	65,8	3,79	47	57,4	3,60	63	54,0	3,41	92	42,4	3,37	27	59,3	3,70	70	55,7	3,47
Beziehung zu Quellen und Informanten	355	29,0	2,95	80	31,3	2,76	38	36,8	3,13	48	29,2	2,94	63	20,6	2,79	93	20,4	2,77	27	11,1	2,52	69	21,7	2,73
Rückmeldungen vom Publikum	358	9,5	2,49	81	21,0	2,75	38	13,2	2,55	48	6,3	2,35	64	12,5	2,61	93	10,8	2,46	27	3,7	1,67	70	28,6	2,60
Konkurrierende Medien	358	11,7	2,53	81	12,3	2,44	38	18,4	2,79	48	6,3	2,35	63	15,9	2,63	93	4,3	2,38	27	11,1	2,19	70	24,3	2,47
Kollegen in anderen Medien	358	2,2	2,10	81	4,9	2,23	38	2,6	2,39	48	6,3	2,04	64	7,8	2,28	93	6,5	2,33	27	7,4	2,22	70	2,9	2,33

(Fortsetzung)

Tab. A2.20 (Fortsetzung)

	Medientyp																							
	Zeitung			Zeitschrift			TV privat			TV öffentlich			Radio privat			Radio öffentlich			Agentur & Dienst			Online		
	N	%	MW	N	%	MW	N	%	MW	N	%	MW	N	%	MW	N	%	MW	N	%	MW	N	%	MW
Freunde, Bekannte und Verwandte	358	10,9	2,33	81	16,0	2,53	38	13,2	2,55	48	8,3	2,17	64	10,9	2,31	93	9,7	2,38	27	3,7	1,93	70	4,3	2,20
Medienrecht und -regulierung	357	18,5	2,63	80	12,5	2,41	37	32,4	3,00	48	25,0	2,88	63	33,3	3,11	93	18,3	2,65	27	29,6	3,00	70	37,1	3,33
Öffentlichkeitsarbeit bzw. PR	355	8,2	2,28	81	19,8	2,41	38	18,4	2,50	48	2,1	1,94	63	1,6	2,10	93	6,5	2,30	27	7,4	2,26	69	8,7	2,27
Geschäftsleute, Wirtschaftsvertreter	355	4,8	1,97	81	7,4	1,85	38	10,5	2,18	48	0	1,69	63	1,6	1,83	93	1,1	1,78	27	3,7	2,15	69	1,4	1,60
Interessensgruppen	352	5,4	2,05	81	4,9	1,94	38	13,2	2,29	48	0	1,83	63	3,2	1,94	93	3,2	2,03	27	0	2,04	69	4,3	1,67
Sicherheitsorgane, Militär	354	4,0	1,73	80	0	1,36	38	15,8	2,24	48	2,1	1,65	63	3,2	2,08	93	0	1,65	27	0	1,78	69	2,9	1,47
Zensur	350	2,0	1,49	80	1,3	1,50	38	0	1,55	47	0	1,36	63	4,8	1,60	92	1,1	1,41	27	0	1,11	68	5,9	1,27
Politiker	356	5,3	1,99	81	1,2	1,53	38	18,4	2,37	48	0	1,73	63	1,6	1,86	93	2,2	1,83	27	0	1,96	69	4,3	1,60
Regierungsmitarbeiter	357	16,0	1,85	81	4,9	1,48	38	28,9	2,16	48	12,5	1,65	63	7,9	1,78	93	12,9	1,73	27	25,9	2,00	69	13,0	1,47

Anmerkung: % = Anteil der Befragten, die „Einfluss extrem" und „Einfluss sehr stark" angegeben haben; Mittelwert auf einer Skala von 1 („kein Einfluss") bis 5 („Einfluss extrem stark")

Tab. A2.21 Einflüsse auf die eigene Arbeit nach Verbreitungsgebiet

	Deutschland						Österreich						Schweiz					
	Regional/lokal			Überregional			Regional/lokal			Überregional			Regional/lokal			Überregional		
	N	%	MW	N	%	MW	N	%	MW	N	%	MW	N	%	MW	N	%	MW
Persönliche Werte/ Überzeugungen	492	60,2	3,73	210	64,3	3,77	308	58,4	3,67	482	54,1	3,57	500	45,2	3,42	361	54,8	3,59
Religiöse Überzeugungen	468	4,5	1,57	195	3,6	1,41	297	5,4	1,69	453	1,8	1,33	415	1,9	1,41	273	1,8	1,35
Journalistische Ethik	494	82,4	4,16	207	65,2	3,82	306	67,6	3,86	479	69,3	3,88	498	60,6	3,67	361	60,7	3,67
Zeitlicher Druck	495	64,2	3,73	213	51,6	3,53	308	60,7	3,65	485	62,1	3,73	501	58,9	3,67	359	48,2	3,42
Verfügbare Ressourcen	489	56,6	3,57	208	53,8	3,50	301	49,5	3,45	476	54,8	3,58	499	52,7	3,54	356	45,8	3,38
Redaktionelle Leitlinie	472	43,9	3,25	207	58,9	3,65	303	34,0	3,17	473	34,2	3,04	493	32,0	3,01	343	29,7	3,05
Vorgesetzte/leitende Redakteure	485	36,7	3,16	204	52,5	3,57	304	28,9	2,99	487	24,8	2,87	494	26,9	2,91	352	26,7	3,00
Kollegen im Betrieb	492	29,1	2,99	209	34,4	3,17	306	15,7	2,66	481	15,2	2,63	496	22,6	2,85	356	16,9	2,81
Publikumsforschung/ Marktdaten	480	27,7	2,85	213	35,2	3,12	301	24,3	2,80	474	16,2	2,43	474	13,7	2,49	334	12,0	2,42
Geschäftsführung	481	20,0	2,44	206	22,8	2,67	301	14,3	2,38	474	10,1	2,05	469	12,6	2,26	333	9,3	2,16
Profiterwartungen	456	17,8	2,27	206	32,5	2,93	295	15,6	2,41	465	7,1	1,91	434	8,3	2,16	306	8,2	2,01
Überlegungen bzgl. Werbung	458	20,3	2,33	204	23,0	2,56	302	14,2	2,36	463	6,0	1,72	443	7,9	2,03	267	5,2	1,82
Eigentümer	430	14,9	2,10	191	17,8	2,32	293	10,9	2,17	455	9,0	1,95	441	7,5	1,89	283	4,6	1,78

(Fortsetzung)

Tab. A2.21 (Fortsetzung)

| | Deutschland | | | | | | Österreich | | | | | | Schweiz | | | | | |
| | Regional/lokal | | | Überregional | | | Regional/lokal | | | Überregional | | | Regional/lokal | | | Überregional | | |
	N	%	MW	N	%	MW	N	%	MW	N	%	MW	N	%	MW	N	%	MW
Zugang zu Information	485	65,4	3,81	210	58,1	3,63	300	49,3	3,39	472	51,5	3,44	500	51,6	3,51	360	50,6	3,46
Beziehung zu Quellen und Informanten	485	38,8	3,11	209	37,3	2,96	298	30,2	2,86	471	26,5	2,72	499	26,3	2,88	362	28,2	2,85
Rückmeldungen vom Publikum	492	29,3	3,07	213	35,7	3,13	302	26,8	2,97	482	14,7	2,60	505	11,3	2,55	362	14,1	2,52
Konkurrierende Medien	493	18,1	2,65	213	23,5	2,79	301	16,6	2,55	482	10,4	2,40	504	13,1	2,54	362	10,8	2,48
Kollegen in anderen Medien	492	6,7	2,17	213	9,9	2,24	300	5,7	2,08	483	4,6	2,04	505	2,8	2,15	362	5,2	2,20
Freunde, Bekannte, Verwandte	492	5,7	2,05	213	5,2	1,93	300	9,7	2,20	481	4,8	2,02	505	10,7	2,33	362	8,8	2,30
Medienrecht und -regulierung	476	38,7	3,12	204	28,9	2,72	294	28,9	2,89	462	24,9	2,69	501	23,6	2,79	362	19,9	2,63
Öffentlichkeitsarbeit bzw. PR	494	11,1	2,23	210	16,7	2,40	299	6,7	2,24	474	3,8	1,93	500	8,2	2,27	362	9,1	2,19
Geschäftsleute, Wirtschaftsvertreter	491	7,3	1,83	210	2,9	1,73	296	5,1	1,91	474	1,7	1,49	500	4,2	1,95	362	3,6	1,80
Interessensgruppen	492	4,9	1,84	208	6,3	1,85	295	4,1	1,93	475	1,1	1,65	497	5,0	2,01	362	3,9	1,98

(Fortsetzung)

Tab. A2.21 (Fortsetzung)

	Deutschland						Österreich						Schweiz					
	Regional/lokal			Überregional			Regional/lokal			Überregional			Regional/lokal			Überregional		
	N	%	MW	N	%	MW	N	%	MW	N	%	MW	N	%	MW	N	%	MW
Sicherheitsorgane, Militär	486	6,6	1,74	207	1,4	1,21	298	6,7	1,74	467	3,4	1,39	497	4,6	1,84	362	0,8	1,48
Zensur	484	2,7	1,38	210	3,8	1,41	288	2,1	1,32	465	1,1	1,24	492	2,4	1,59	361	1,7	1,39
Politiker	488	1,6	1,46	209	0,5	1,25	296	3,0	1,67	472	1,3	1,47	501	5,0	2,00	362	3,0	1,73
Regierungsmitarbeiter	485	1,2	1,26	210	1,0	1,19	293	2,4	1,45	469	0,4	1,31	502	4,0	1,85	362	1,9	1,64

Anmerkung: % = Anteil der Befragten, die „Einfluss extrem" und „Einfluss sehr stark" angegeben haben; Mittelwert auf einer Skala von 1 („kein Einfluss") bis 5 („Einfluss extrem stark")

Tab. A2.22 Einflüsse auf die eigene Arbeit nach Geschlecht

	Deutschland						Österreich						Schweiz					
	Journalistinnen			Journalisten			Journalistinnen			Journalisten			Journalistinnen			Journalisten		
	N	%	MW	N	%	MW	N	%	MW	N	%	MW	N	%	MW	N	%	MW
Persönliche Werte/Überzeugungen	300	57,3	3,67	451	62,5	3,76	311	51,1	3,56	451	58,8	3,64	347	51,3	3,52	550	49,5	3,49
Religiöse Überzeugungen	279	3,9	1,48	429	4,7	1,54	297	2,7	1,48	431	2,8	1,44	271	1,8	1,43	440	1,8	1,37
Journalistische Ethik	295	74,9	4,00	454	78,9	4,09	311	69,5	3,91	449	67,9	3,84	348	63,5	3,74	547	59,4	3,64
Zeitlicher Druck	302	63,2	3,77	456	59,6	3,62	315	60,6	3,69	451	62,3	3,71	348	58,6	3,61	548	51,1	3,52
Verfügbare Ressourcen	293	57,0	3,54	452	55,8	3,57	306	49,3	3,46	446	55,4	3,57	344	51,2	3,49	545	49,2	3,46
Redaktionelle Leitlinie	286	53,1	3,49	437	43,5	3,24	308	34,7	3,13	443	33,6	3,06	334	36,5	3,14	532	27,4	2,94
Vorgesetzte/leitende Redakteure	294	45,9	3,41	441	37,4	3,18	313	30,7	3,02	452	23,9	2,85	341	35,2	3,11	533	21,0	2,82
Kollegen im Betrieb	297	32,7	3,07	449	27,8	3,01	311	13,5	2,58	450	16,2	2,68	342	26,6	2,90	541	15,5	2,76
Publikumsforschung/Marktdaten	290	33,4	3,03	447	26,2	2,80	308	16,2	2,50	443	21,9	2,63	316	13,6	2,46	521	12,5	2,45
Geschäftsführung	291	21,6	2,59	441	19,7	2,42	303	17,8	2,35	447	7,8	2,06	320	13,1	2,36	507	10,3	2,13
Profiterwartungen	276	28,3	2,65	432	16,9	2,28	297	11,4	2,15	440	10,2	2,09	287	10,1	2,20	480	8,1	2,07
Überlegungen bzgl. Werbung	275	22,9	2,52	431	18,1	2,23	301	10,6	2,07	441	8,6	1,90	274	9,9	2,09	462	5,6	1,89
Eigentümer	257	17,5	2,27	405	13,6	2,05	295	14,9	2,25	429	6,3	1,89	287	7,3	1,95	462	6,5	1,81
Zugang zu Information	298	60,4	3,71	446	64,8	3,79	313	49,8	3,38	446	50,9	3,44	347	52,2	3,50	550	50,2	3,48

(Fortsetzung)

Tab. A2.22 (Fortsetzung)

| | Deutschland | | | | | | Österreich | | | | | | Schweiz | | | | | |
| | Journalistinnen | | | Journalisten | | | Journalistinnen | | | Journalisten | | | Journalistinnen | | | Journalisten | | |
	N	%	MW	N	%	MW	N	%	MW	N	%	MW	N	%	MW	N	%	MW
Beziehung zu Quellen und Informanten	293	32,1	2,95	450	42,2	3,14	309	26,2	2,67	447	29,1	2,85	346	23,7	2,74	552	29,5	2,94
Rückmeldungen vom Publikum	301	32,9	3,10	453	28,0	3,00	315	20,3	2,72	453	18,5	2,75	350	14,6	2,57	554	11,2	2,51
Konkurrierende Medien	301	22,9	2,76	454	16,7	2,64	315	14,0	2,47	452	12,2	2,46	349	13,2	2,53	554	11,0	2,49
Kollegen in anderen Medien	301	6,3	2,15	454	8,8	2,24	315	4,8	2,01	452	5,1	2,09	350	4,9	2,17	554	3,2	2,17
Freunde, Bekannte, Verwandte	302	5,0	1,95	453	5,3	2,04	314	7,3	2,07	451	6,2	2,12	350	10,0	2,32	554	9,7	2,32
Medienrecht und -regulierung	287	36,2	3,00	442	32,6	2,93	300	26,0	2,71	443	26,2	2,79	347	23,9	2,81	553	21,3	2,68
Öffentlichkeitsarbeit bzw. PR	299	14,7	2,34	455	11,2	2,25	311	6,1	2,04	449	4,2	2,06	347	8,6	2,21	552	9,1	2,26
Geschäftsleute, Wirtschaftsvertreter	296	6,1	1,73	455	5,7	1,82	308	3,2	1,66	448	2,9	1,64	347	3,2	1,81	552	4,2	1,93
Interessensgruppen	295	5,8	1,85	455	5,5	1,87	309	2,3	1,77	447	2,2	1,76	345	4,1	1,99	551	4,7	2,00
Sicherheitsorgane, Militär	291	4,8	1,50	451	4,7	1,63	306	4,6	1,46	446	4,9	1,56	345	1,7	1,56	551	3,8	1,72
Zensur	292	4,1	1,46	451	2,0	1,32	304	2,6	1,35	435	0,7	1,21	341	2,9	1,58	549	1,5	1,44
Politiker	294	1,4	1,34	450	1,6	1,45	308	1,6	1,55	446	2,2	1,55	348	3,2	1,81	552	4,5	1,91
Regierungsmitarbeiter	293	1,7	1,23	450	0,7	1,25	306	1,6	1,38	442	0,9	1,38	348	2,0	1,36	553	3,6	1,80

Anmerkung: % = Anteil der Befragten, die „Einfluss extrem" und „Einfluss sehr stark" angegeben haben; Mittelwert auf einer Skala von 1 („kein Einfluss") bis 5 („Einfluss extrem stark")

Tab. A2.23 Berufliches Rollenverständnis nach Medientyp (Hauptmedium, Deutschland)

Medientyp	Zeitung			Zeitschrift			TV privat			TV öffentlich			Radio privat			Radio öffentlich			Agentur & Dienst			Online		
	N	%	MW	N	%	MW	N	%	MW	N	%	MW	N	%	MW	N	%	MW	N	%	MW	N	%	MW
Ein unparteiischer Beobachter sein	244	92,6	4,57	152	66,4	3,78	28	100	4,61	55	90,9	4,53	48	81,3	4,06	73	87,7	4,45	34	91,2	4,59	60	68,3	3,95
Die Dinge so berichten, wie sie sind	244	97,1	4,78	151	82,1	4,40	28	96,4	4,75	55	94,5	4,62	48	91,7	4,52	71	94,4	4,73	32	90,6	4,59	60	81,7	4,32
Aktuelles Geschehen einordnen und analysieren	244	93,4	4,61	151	66,2	3,85	27	85,2	4,48	55	81,8	4,24	48	89,6	4,29	73	90,4	4,53	34	91,2	4,47	60	83,3	4,22
Die Regierung kontrollieren	234	55,6	3,38	147	17,0	1,97	25	24,0	2,76	53	47,2	3,34	47	17,0	2,47	72	45,8	3,15	32	34,4	2,81	59	23,7	2,34
Die Wirtschaft kontrollieren	234	49,1	3,30	149	21,5	2,27	25	48,0	3,12	54	44,4	3,17	47	17,0	2,45	71	35,2	2,93	33	21,2	2,45	59	23,7	2,49
Ein Gegengewicht zur Regierung bilden	232	25,4	2,55	149	12,1	1,73	26	11,5	2,15	52	23,1	2,54	47	14,9	2,26	69	29,0	2,64	31	19,4	2,26	58	20,7	2,26
Regierungspolitik unterstützen	232	0	1,24	147	0	1,22	26	0	1,42	53	1,9	1,34	47	0	1,47	71	0	1,30	34	0	1,03	57	0	1,32

(Fortsetzung)

Tab. A2.23 (Fortsetzung)

Medientyp	Zeitung			Zeitschrift			TV privat			TV öffentlich			Radio privat			Radio öffentlich			Agentur & Dienst			Online		
	N	%	MW	N	%	MW	N	%	MW	N	%	MW	N	%	MW	N	%	MW	N	%	MW	N	%	MW
Ein positives Bild der Regierung vermitteln	232	0	1,23	147	0,7	1,20	26	3,8	1,62	53	1,9	1,28	47	2,1	1,43	71	0	1,18	34	0	1,12	57	0	1,25
Politische Informationen vermitteln	240	70,8	3,78	149	24,8	2,35	27	59,3	3,37	54	74,1	3,96	47	53,2	3,36	73	79,5	4,05	34	55,9	3,29	59	44,1	2,93
Menschen die Möglichkeit geben, ihre Ansichten zu artikulieren	242	62,0	3,67	151	28,5	2,66	27	70,4	3,81	55	50,9	3,45	48	54,2	3,54	72	48,6	3,39	33	15,2	2,36	59	39,0	3,12
Menschen zur Teilhabe am politischen Geschehen motivieren	241	58,5	3,52	151	19,2	2,17	28	50,0	3,32	54	48,1	3,44	47	46,8	3,30	71	69,0	3,83	33	21,2	2,42	59	35,6	2,69
Die politische Tagesordnung bestimmen	231	12,6	2,43	146	4,8	1,55	25	0	2,08	54	18,5	2,44	47	2,1	1,96	72	13,9	2,36	33	6,1	1,91	59	11,9	1,92

(Fortsetzung)

Tab. A2.23 (Fortsetzung)

	Medientyp																							
	Zeitung			Zeitschrift			TV privat			TV öffentlich			Radio privat			Radio öffentlich			Agentur & Dienst			Online		
	N	%	MW	N	%	MW	N	%	MW	N	%	MW	N	%	MW	N	%	MW	N	%	MW	N	%	MW
Die öffentliche Meinung beeinflussen	236	21,6	2,71	151	21,2	2,63	26	19,2	2,77	54	27,8	2,85	47	29,8	2,57	71	26,8	2,89	33	18,2	2,30	58	19,0	2,74
Für sozialen Wandel eintreten	234	29,9	2,91	148	27,7	2,51	26	53,8	3,31	53	32,1	2,96	47	21,3	2,66	69	33,3	2,84	34	11,8	2,15	58	24,1	2,53
Nationale Entwicklung unterstützen	232	13,8	2,24	146	17,1	2,06	26	19,2	2,42	53	9,4	2,15	47	10,6	2,38	69	14,5	2,26	34	8,8	1,76	58	10,3	1,95
Rat, Orientierung und Hilfestellung für den Alltag anbieten	243	68,3	3,84	152	71,7	4,03	28	60,7	3,71	55	61,8	3,87	48	68,8	3,88	73	65,8	3,68	34	32,4	2,97	60	60,0	3,60
Unterhaltung und Entspannung bieten	242	44,6	3,45	154	66,9	3,88	28	53,6	3,68	55	34,5	3,04	48	77,1	4,04	71	43,7	3,25	34	29,4	2,68	60	65,0	3,78
Inhalte anbieten, die ein möglichst großes Publikum anziehen	243	79,8	4,09	152	67,1	3,90	27	74,1	4,11	55	69,1	4,05	48	79,2	4,23	71	66,2	3,77	34	61,8	3,53	60	73,3	4,10

(Fortsetzung)

Tab. A2.23 (Fortsetzung)

Medientyp	Zeitung			Zeitschrift			TV privat			TV öffentlich			Radio privat			Radio öffentlich			Agentur & Dienst			Online		
	N	%	MW	N	%	MW	N	%	MW	N	%	MW	N	%	MW	N	%	MW	N	%	MW	N	%	MW
Toleranz und kulturelle Vielfalt fördern	241	75,5	3,99	151	53,0	3,34	28	71,4	3,96	55	60,0	3,73	48	77,1	4,13	71	81,7	4,39	34	44,1	3,24	60	53,3	3,47
Das Publikum bilden	240	55,4	3,50	153	54,9	3,52	27	63,0	3,85	54	68,5	3,93	48	58,3	3,54	72	65,3	4,10	33	42,4	3,33	59	66,1	3,66
Als Erzähler die Welt in Geschichten vermitteln	238	58,0	3,54	151	52,3	3,48	27	81,5	4,19	55	74,5	4,05	47	61,7	3,72	71	60,6	3,73	33	36,4	2,97	60	53,3	3,40

Anmerkung: % = Anteil der Befragten, die „extrem wichtig" und „sehr wichtig" angegeben haben; Mittelwert auf einer Skala von 1 („unwichtig") bis 5 („extrem wichtig").

Tab. A2.24 Berufliches Rollenverständnis nach Medientyp (Hauptmedium, Österreich)

Medientyp	Zeitung			Zeitschrift			TV privat			TV öffentlich			Radio privat			Radio öffentlich			Agentur & Dienst			Online		
	N	%	MW	N	%	MW	N	%	MW	N	%	MW	N	%	MW	N	%	MW	N	%	MW	N	%	MW
Ein unparteiischer Beobachter sein	406	88,2	4,40	34	79,4	4,38	32	96,9	4,53	88	95,5	4,60	53	84,9	4,30	65	87,7	4,40	28	100	4,82	93	80,6	4,15
Die Dinge so berichten, wie sie sind	402	95,8	4,65	34	100	4,71	32	90,6	4,59	88	98,9	4,75	52	90,4	4,38	66	98,5	4,56	28	100	4,96	92	90,2	4,50
Aktuelles Geschehen einordnen und analysieren	405	91,9	4,48	34	82,4	4,24	32	90,6	4,44	89	92,1	4,65	54	87,0	4,24	66	87,9	4,36	28	89,3	4,61	93	80,6	4,23
Die Regierung kontrollieren	379	49,6	3,33	34	44,1	3,00	30	46,7	2,90	86	55,8	3,49	52	23,1	2,52	60	36,7	2,95	28	35,7	3,07	88	35,2	2,98
Die Wirtschaft kontrollieren	382	41,9	3,13	34	52,9	3,15	31	35,5	2,81	86	52,3	3,38	51	19,6	2,43	60	28,3	2,77	28	28,6	2,75	89	34,8	2,87
Ein Gegengewicht zur Regierung bilden	374	24,9	2,68	34	17,6	2,26	30	20,0	2,43	83	16,9	2,33	50	16,0	2,14	57	15,8	2,19	27	7,4	1,81	88	15,9	2,39

(Fortsetzung)

Tab. A2.24 (Fortsetzung)

	Medientyp																							
	Zeitung			Zeitschrift			TV privat			TV öffentlich			Radio privat			Radio öffentlich			Agentur & Dienst			Online		
	N	%	MW	N	%	MW	N	%	MW	N	%	MW	N	%	MW	N	%	MW	N	%	MW	N	%	MW
Regierungspolitik unterstützen	373	0,8	1,40	34	0	1,18	30	0	1,17	78	0	1,17	49	0	1,35	59	1,7	1,20	28	0	1,18	90	3,3	1,41
Ein positives Bild der Regierung vermitteln	370	0,3	1,33	33	0	1,06	29	0	1,10	80	0	1,11	50	0	1,38	59	1,7	1,17	28	0	1,14	90	3,3	1,36
Politische Informationen vermitteln	394	65,5	3,72	34	38,2	3,12	30	63,3	3,57	87	67,8	3,84	53	45,3	3,08	64	68,8	3,91	28	64,3	3,75	90	61,1	3,66
Menschen die Möglichkeit geben, ihre Ansichten zu artikulieren	399	56,1	3,54	34	38,2	3,03	31	45,2	3,32	90	52,2	3,43	52	48,1	3,33	63	44,4	3,40	28	17,9	2,64	90	51,1	3,41
Menschen zur Teilhabe am politischen Geschehen motivieren	395	52,4	3,44	34	38,2	2,76	30	50,0	3,23	87	56,3	3,39	52	42,3	3,04	62	48,4	3,50	28	21,4	2,71	89	42,7	3,15

(Fortsetzung)

Tab. A2.24 (Fortsetzung)

Medientyp	Zeitung			Zeitschrift			TV privat			TV öffentlich			Radio privat			Radio öffentlich			Agentur & Dienst			Online		
	N	%	MW	N	%	MW	N	%	MW	N	%	MW	N	%	MW	N	%	MW	N	%	MW	N	%	MW
Die politische Tagesordnung bestimmen	379	9,2	2,30	34	14,7	2,09	30	10,0	2,13	87	11,5	2,29	49	14,3	1,98	59	8,5	2,15	27	0	2,11	89	9,0	2,11
Die öffentliche Meinung beeinflussen	392	19,1	2,71	34	17,6	2,47	31	16,1	2,35	83	18,1	2,58	50	16,0	2,52	61	16,4	2,43	27	3,7	2,07	90	16,7	2,52
Für sozialen Wandel eintreten	398	38,2	3,16	34	23,5	2,74	32	25,0	2,84	84	31,0	2,86	51	29,4	2,86	61	36,1	2,84	27	3,7	2,19	89	24,7	2,69
Nationale Entwicklung unterstützen	372	15,3	2,41	34	11,8	2,15	31	19,4	2,55	77	14,3	2,40	48	12,5	2,31	58	8,6	2,29	26	7,7	2,08	90	7,8	2,06
Rat, Orientierung und Hilfestellung für den Alltag anbieten	405	62,0	3,67	34	67,6	3,82	31	67,7	3,58	89	56,2	3,61	54	72,2	3,91	66	75,8	4,00	28	32,1	2,93	93	64,5	3,73
Unterhaltung und Entspannung bieten	404	48,0	3,46	34	64,7	3,65	32	40,6	3,09	88	23,9	2,72	54	81,5	4,33	66	42,4	3,14	28	14,3	2,43	93	49,5	3,46

(Fortsetzung)

Tab. A2.24 (Fortsetzung)

	Medientyp																						
	Zeitung			Zeitschrift			TV privat			TV öffentlich			Radio privat			Radio öffentlich			Agentur & Dienst			Online		
	N	%	MW	N	%	MW	N	%	MW	N	%	MW	N	%	MW	N	%	MW	N	%	MW	N	%	MW
Inhalte anbieten, die ein möglichst großes Publikum anziehen	406	59,1	3,69	34	79,4	3,91	32	71,9	3,97	90	45,6	3,44	54	77,8	4,26	65	63,1	3,75	28	39,3	3,29	93	65,6	3,83
Toleranz und kulturelle Vielfalt fördern	403	71,2	3,94	33	54,5	3,45	32	68,8	3,84	90	58,9	3,72	54	59,3	3,67	64	70,3	3,92	27	37,0	3,07	91	52,7	3,54
Das Publikum bilden	397	52,6	3,53	33	51,5	3,61	32	50,0	3,47	90	63,3	3,86	51	43,1	3,27	65	66,2	3,83	28	39,3	3,07	89	47,2	3,36
Als Erzähler die Welt in Geschichten vermitteln	400	65,5	3,76	33	51,5	3,70	32	81,3	4,00	89	70,8	4,02	54	63,0	3,70	66	78,8	4,08	28	32,1	2,89	91	59,3	3,63

Anmerkung: % = Anteil der Befragten, die „extrem wichtig" und „sehr wichtig" angegeben haben; Mittelwert auf einer Skala von 1 („unwichtig") bis 5 („extrem wichtig")

Tab. A2.25 Berufliches Rollenverständnis nach Medientyp (Hauptmedium, Schweiz)

Medientyp	Zeitung			Zeitschrift			TV privat			TV öffentlich			Radio privat			Radio öffentlich			Agentur & Dienst			Online		
	N	%	MW	N	%	MW	N	%	MW	N	%	MW	N	%	MW	N	%	MW	N	%	MW	N	%	MW
Ein unparteiischer Beobachter sein	362	81,8	4,23	81	70,4	4,09	38	81,6	4,21	48	89,6	4,44	65	90,8	4,40	93	86,0	4,34	27	100	4,59	70	82,9	4,39
Die Dinge so berichten, wie sie sind	362	94,2	4,5_	81	90,1	4,38	38	86,8	4,50	48	97,9	4,71	65	100	4,66	93	91,4	4,45	27	100	4,81	69	97,1	4,64
Aktuelles Geschehen einordnen und analysieren	361	83,4	4,16	80	75,0	4,16	38	86,8	4,42	48	77,1	4,06	65	81,5	4,18	93	94,6	4,43	27	88,9	4,19	70	82,9	4,24
Die Regierung kontrollieren	362	52,2	3,39	81	33,3	2,68	38	44,7	3,47	48	50,0	3,42	65	43,1	3,28	92	44,6	3,17	27	55,6	3,48	70	45,7	3,16
Die Wirtschaft kontrollieren	362	38,7	3,09	81	34,6	2,78	38	31,6	3,11	48	41,7	3,29	65	24,6	2,95	92	37,0	3,01	27	59,3	3,56	70	47,1	3,13
Ein Gegengewicht zur Regierung bilden	357	28,0	2,76	81	18,5	2,20	38	28,9	2,87	47	14,9	2,68	62	11,3	2,42	92	13,0	2,30	26	19,2	2,35	68	20,6	2,34
Regierungspolitik unterstützen	358	0,3	1,55	81	1,2	1,38	37	0	1,68	47	0	1,36	64	3,1	1,66	92	1,1	1,37	27	0	1,30	68	4,4	1,65

(Fortsetzung)

Tab. A2.25 (Fortsetzung)

| | Medientyp | | | | | | | | | | | | | | | | | | | | | | | |
| | Zeitung | | | Zeitschrift | | | TV privat | | | TV öffentlich | | | Radio privat | | | Radio öffentlich | | | Agentur & Dienst | | | Online | | |
	N	%	MW	N	%	MW	N	%	MW	N	%	MW	N	%	MW	N	%	MW	N	%	MW	N	%	MW
Ein positives Bild der Regierung vermitteln	359	0,3	1,34	81	1,2	1,26	37	0	1,35	47	0	1,17	64	1,6	1,34	92	0	1,13	27	0	1,11	67	1,5	1,40
Politische Informationen vermitteln	361	70,9	3,82	81	42,0	3,14	38	78,9	4,03	48	75,0	3,98	65	67,7	3,77	93	78,5	4,09	27	92,6	4,41	70	70,0	3,80
Menschen die Möglichkeit geben, ihre Ansichten zu artikulieren	362	57,7	3,55	81	40,7	3,14	38	68,4	3,74	48	47,9	3,46	64	53,1	3,63	93	54,8	3,57	27	55,6	3,37	69	68,1	3,77
Menschen zur Teilhabe am politischen Geschehen motivieren	361	44,9	3,27	81	32,1	2,67	37	45,9	3,32	48	43,8	3,21	64	53,1	3,44	93	47,3	3,32	27	33,3	3,04	70	52,9	3,44
Die politische Tagesordnung bestimmen	361	24,7	2,76	80	11,3	2,08	38	21,1	2,87	48	16,7	2,65	64	20,3	2,64	92	8,7	2,23	26	53,8	3,27	70	12,9	2,46

(Fortsetzung)

Tab. A2.25 (Fortsetzung)

Medientyp	Zeitung			Zeitschrift			TV privat			TV öffentlich			Radio privat			Radio öffentlich			Agentur & Dienst			Online		
	N	%	MW	N	%	MW	N	%	MW	N	%	MW	N	%	MW	N	%	MW	N	%	MW	N	%	MW
Die öffentliche Meinung beeinflussen	357	18,5	2,60	80	18,8	2,58	37	16,2	2,57	48	12,5	2,42	62	19,4	2,40	93	12,9	2,34	26	7,7	2,00	69	17,4	2,45
Für sozialen Wandel eintreten	357	22,1	2,66	80	36,3	2,99	38	15,8	2,42	46	10,9	2,43	63	20,6	2,63	92	12,0	2,23	26	11,5	2,08	69	27,5	2,61
Nationale Entwicklung unterstützen	355	9,6	2,17	81	21,0	2,38	37	13,5	2,32	47	12,8	2,34	63	6,3	2,29	92	9,8	2,25	26	7,7	2,19	68	16,2	2,44
Rat, Orientierung und Hilfestellung für den Alltag anbieten	362	38,1	3,17	81	49,4	3,53	37	27,0	3,05	48	27,1	3,00	64	56,3	3,41	93	36,6	3,17	27	11,1	2,33	70	32,9	3,10
Unterhaltung und Entspannung bieten	362	34,5	3,17	81	54,3	3,53	38	26,3	2,87	48	12,5	2,67	65	50,8	3,40	93	18,3	2,72	27	0	2,41	70	31,4	3,16
Inhalte anbieten, die ein möglichst großes Publikum anziehen	362	45,9	3,35	81	64,2	3,58	38	57,9	3,45	48	33,3	3,08	65	63,1	3,57	93	28,0	3,04	27	29,6	3,07	70	48,6	3,49

(Fortsetzung)

Tab. A2.25 (Fortsetzung)

	Medientyp																							
	Zeitung			Zeitschrift			TV privat			TV öffentlich			Radio privat			Radio öffentlich			Agentur & Dienst			Online		
	N	%	MW	N	%	MW	N	%	MW	N	%	MW	N	%	MW	N	%	MW	N	%	MW	N	%	MW
Toleranz und kulturelle Vielfalt fördern	361	49,6	3,43	81	55,6	3,51	37	32,4	3,03	48	43,8	3,29	64	48,4	3,45	93	50,5	3,44	27	44,4	3,11	69	55,1	3,68
Das Publikum bilden	358	32,7	3,03	81	40,7	3,25	37	21,6	2,78	48	31,3	2,94	64	50,0	3,27	93	44,1	3,38	27	22,2	2,74	69	47,8	3,32
Als Erzähler die Welt in Geschichten vermitteln	361	52,6	3,40	81	64,2	3,73	38	42,1	3,05	48	62,5	3,48	64	45,3	3,44	93	60,2	3,57	27	48,1	3,37	70	61,4	3,76

Anmerkung: % = Anteil der Befragten, die „extrem wichtig" und „sehr wichtig" angegeben haben; Mittelwert auf einer Skala von 1 („unwichtig") bis 5 („extrem wichtig")

Tab. A2.26 Berufliches Rollenverständnis nach Verbreitungsgebiet

	Deutschland						Österreich						Schweiz					
	Regional/lokal			Überregional			Regional/lokal			Überregional			Regional/lokal			Überregional		
	N	%	MW	N	%	MW	N	%	MW	N	%	MW	N	%	MW	N	%	MW
Ein unparteiischer Beobachter sein	499	87,6	4,43	220	70,5	3,88	312	89,4	4,46	500	87,6	4,37	508	84,8	4,29	363	79,9	4,21
Die Dinge so berichten, wie sie sind	497	94,2	4,70	218	83,0	4,36	310	96,5	4,64	497	95,0	4,63	507	95,5	4,54	363	92,8	4,51
Aktuelles Geschehen einordnen und analysieren	498	88,0	4,42	219	72,1	4,01	313	87,5	4,37	501	90,8	4,48	506	84,6	4,21	363	83,5	4,23
Die Regierung kontrollieren	485	42,9	3,04	210	21,9	2,22	296	43,6	3,21	473	46,5	3,17	508	51,4	3,42	362	41,2	3,04
Die Wirtschaft kontrollieren	484	37,6	2,95	214	28,0	2,50	299	35,8	3,00	474	42,4	3,05	508	36,0	3,08	362	41,4	3,06
Ein Gegengewicht zur Regierung bilden	477	21,4	2,43	213	16,9	1,93	289	21,8	2,58	463	19,4	2,39	497	23,9	2,67	361	20,2	2,41
Regierungspolitik unterstützen	479	0,4	1,30	211	0,5	1,25	284	1,8	1,50	469	0,4	1,24	499	1,0	1,59	362	0,8	1,38
Ein positives Bild der Regierung vermitteln	479	0,6	1,27	211	0,9	1,24	282	1,4	1,42	469	0,2	1,19	499	0,6	1,31	362	0,3	1,26
Politische Informationen vermitteln	494	66,6	3,69	214	32,7	2,59	308	64,6	3,72	484	62,2	3,64	507	73,4	3,93	363	63,1	3,61
Menschen die Möglichkeit geben, ihre Ansichten zu artikulieren	496	54,6	3,51	217	32,3	2,83	308	61,7	3,67	491	44,4	3,27	506	62,5	3,73	363	46,8	3,30
Menschen zur Teilhabe am politischen Geschehen motivieren	492	54,9	3,47	218	25,7	2,35	307	55,7	3,56	482	45,2	3,17	504	51,2	3,40	363	38,0	3,01

(Fortsetzung)

Tab. A2.26 (Fortsetzung)

	Deutschland						Österreich						Schweiz					
	Regional/lokal			Überregional			Regional/lokal			Überregional			Regional/lokal			Überregional		
	N	%	MW	N	%	MW	N	%	MW	N	%	MW	N	%	MW	N	%	MW
Die politische Tagesordnung bestimmen	482	10,8	2,27	210	8,6	1,74	293	10,2	2,25	473	9,5	2,20	505	23,6	2,73	361	16,3	2,43
Die öffentliche Meinung beeinflussen	486	22,4	2,69	216	23,6	2,71	301	19,9	2,66	480	15,8	2,55	496	15,7	2,44	361	20,5	2,66
Für sozialen Wandel eintreten	481	32,2	2,93	213	27,2	2,50	303	37,3	3,16	483	29,4	2,83	497	19,9	2,60	360	21,9	2,57
Nationale Entwicklung unterstützen	478	12,6	2,21	210	17,6	2,10	285	17,2	2,52	462	11,0	2,22	495	9,9	2,22	361	14,1	2,32
Rat, Orientierung und Hilfestellung für den Alltag anbieten	497	68,6	3,88	219	64,8	3,79	313	73,2	3,95	500	57,2	3,55	506	38,5	3,14	363	41,0	3,29
Unterhaltung und Entspannung bieten	496	50,2	3,51	221	60,2	3,65	313	60,1	3,70	499	38,3	3,16	509	34,8	3,13	363	33,3	3,15
Inhalte anbieten, die ein möglichst großes Publikum anziehen	497	79,1	4,13	218	65,1	3,86	313	71,2	3,96	502	54,2	3,59	509	47,9	3,34	363	46,0	3,39
Toleranz und kulturelle Vielfalt fördern	495	75,2	4,05	218	52,8	3,38	312	72,1	3,98	494	60,5	3,68	504	52,2	3,47	363	47,9	3,40
Das Publikum bilden	493	57,8	3,61	219	58,9	3,61	303	55,1	3,56	495	52,7	3,54	499	33,7	3,01	363	42,4	3,28
Als Erzähler die Welt in Geschichten vermitteln	491	59,3	3,63	217	56,2	3,51	309	65,4	3,76	497	65,4	3,79	507	50,1	3,35	363	62,8	3,68

Anmerkung: % = Anteil der Befragten, die „extrem wichtig" und „sehr wichtig" angegeben haben; Mittelwert auf einer Skala von 1 („unwichtig") bis 5 („extrem wichtig")

Tab. A2.27 Berufliches Rollenverständnis nach Geschlecht

	Deutschland						Österreich						Schweiz					
	Journalistinnen			Journalisten			Journalistinnen			Journalisten			Journalistinnen			Journalisten		
	N	%	MW	N	%	MW	N	%	MW	N	%	MW	N	%	MW	N	%	MW
Ein unparteiischer Beobachter sein	309	75,1	4,12	460	87,6	4,37	313	86,3	4,34	455	89,2	4,45	350	81,4	4,22	558	83,7	4,29
Die Dinge so berichten, wie sie sind	305	86,6	4,51	458	93,7	4,65	311	94,2	4,59	452	96,2	4,66	350	93,4	4,50	557	95,0	4,54
Aktuelles Geschehen einordnen und analysieren	307	79,2	4,22	460	86,5	4,37	313	85,0	4,40	457	92,1	4,46	349	84,0	4,22	557	84,0	4,20
Die Regierung kontrollieren	295	29,4	2,57	448	40,8	2,94	297	39,7	3,07	435	49,2	3,26	349	39,0	3,04	558	51,4	3,38
Die Wirtschaft kontrollieren	297	27,9	2,57	450	38,4	2,97	298	34,6	2,91	438	43,2	3,10	349	31,8	2,88	558	42,1	3,19
Ein Gegengewicht zur Regierung bilden	294	21,8	2,30	444	18,7	2,26	288	21,5	2,57	427	18,7	2,37	344	19,2	2,47	551	24,1	2,61
Regierungspolitik unterstützen	295	1,0	1,33	444	0	1,23	280	0,7	1,39	435	0,7	1,26	344	1,2	1,55	554	0,7	1,47
Ein positives Bild der Regierung vermitteln	295	1,4	1,33	444	0,2	1,19	278	1,1	1,32	434	0,2	1,22	344	0,9	1,31	554	0,2	1,28
Politische Informationen vermitteln	303	52,5	3,22	455	58,7	3,45	304	63,5	3,66	446	62,8	3,67	350	69,4	3,81	557	68,6	3,78
Menschen die Möglichkeit geben, ihre Ansichten zu artikulieren	305	48,9	3,28	457	45,5	3,26	309	53,7	3,47	447	47,7	3,36	349	55,6	3,50	557	56,4	3,57
Menschen zur Teilhabe am politischen Geschehen motivieren	304	42,1	3,04	455	46,8	3,15	304	54,3	3,44	444	45,3	3,24	349	48,1	3,30	555	43,4	3,19

(Fortsetzung)

Tab. A2.27 (Fortsetzung)

	Deutschland						Österreich						Schweiz					
	Journalistinnen			Journalisten			Journalistinnen			Journalisten			Journalistinnen			Journalisten		
	N	%	MW	N	%	MW	N	%	MW	N	%	MW	N	%	MW	N	%	MW
Die politische Tagesordnung bestimmen	294	9,9	1,97	448	9,6	2,17	296	12,8	2,25	435	7,6	2,18	346	18,2	2,51	557	21,0	2,64
Die öffentliche Meinung beeinflussen	302	25,8	2,76	449	20,3	2,63	298	19,1	2,65	444	15,8	2,53	344	17,7	2,55	550	17,1	2,50
Für sozialen Wandel eintreten	300	35,3	2,88	444	25,7	2,70	300	42,7	3,21	444	25,7	2,76	342	28,4	2,85	552	17,2	2,43
Nationale Entwicklung unterstützen	297	15,8	2,20	440	11,6	2,11	284	13,0	2,36	426	13,1	2,29	343	14,6	2,41	550	10,2	2,17
Rat, Orientierung und Hilfestellung für den Alltag anbieten	309	68,9	3,92	457	64,1	3,75	313	60,4	3,68	456	64,3	3,69	349	41,5	3,26	557	37,7	3,16
Unterhaltung und Entspannung bieten	310	56,5	3,65	457	48,1	3,41	313	48,9	3,40	457	44,2	3,32	350	34,0	3,19	559	33,5	3,09
Inhalte anbieten, die ein möglichst großes Publikum anziehen	307	76,5	4,10	458	71,4	3,94	315	60,6	3,72	457	60,0	3,73	350	48,6	3,39	559	45,3	3,31
Toleranz und kulturelle Vielfalt fördern	308	71,4	3,91	455	63,5	3,73	312	68,3	3,91	451	62,5	3,71	349	57,0	3,60	555	46,3	3,36
Das Publikum bilden	306	60,5	3,68	454	55,3	3,55	303	58,1	3,66	452	49,6	3,46	345	44,6	3,28	554	31,8	3,01
Als Erzähler die Welt in Geschichten vermitteln	303	62,0	3,65	454	54,2	3,50	310	66,8	3,83	453	64,2	3,73	349	59,9	3,59	558	52,3	3,41

Anmerkung: % = Anteil der Befragten, die „extrem wichtig" und „sehr wichtig" angegeben haben; Mittelwert auf einer Skala von 1 („unwichtig") bis 5 („extrem wichtig")

Tab. A2.28 Institutionen-Vertrauen nach Medientyp (Hauptmedium)

Medientyp	Zeitung			Zeitschrift			TV privat			TV öffentlich			Radio privat			Radio öffentlich			Agentur & Dienst			Online		
	N	%	MW	N	%	MW	N	%	MW	N	%	MW	N	%	MW	N	%	MW	N	%	MW	N	%	MW
Deutschland																								
Parlament	233	38,2	3,24	140	35,0	3,16	24	29,2	3,17	55	32,7	3,22	48	43,8	3,38	70	41,4	3,43	31	51,6	3,45	52	46,2	3,38
Regierung	233	29,6	3,09	141	26,3	2,99	24	33,3	3,21	54	35,2	3,06	48	37,5	3,15	71	25,4	3,10	31	19,4	2,90	54	37,0	3,13
Politische Parteien	233	11,2	2,64	142	6,3	2,51	25	16,0	2,76	55	9,1	2,49	48	2,1	2,44	71	9,9	2,45	30	13,3	2,63	53	13,2	2,70
Politiker	231	7,4	2,66	142	8,5	2,47	25	16,0	2,88	54	7,4	2,69	48	6,3	2,67	71	7,0	2,68	31	9,7	2,71	54	7,4	2,65
Justizwesen	233	63,5	3,63	143	61,5	3,56	25	52,0	3,44	55	61,8	3,51	48	56,3	3,54	71	64,8	3,75	31	67,7	3,68	53	60,4	3,57
Polizei	232	59,9	3,60	145	52,4	3,44	25	60,0	3,64	55	56,4	3,45	48	58,3	3,60	71	59,2	3,65	31	48,4	3,39	54	42,6	3,26
Militär	217	24,9	2,90	138	18,8	2,73	25	32,0	2,96	51	29,4	2,88	47	17,0	2,94	67	19,4	2,93	29	13,8	2,48	53	24,5	2,66
Gewerkschaften	232	37,1	3,17	145	28,3	3,01	25	28,0	2,88	55	38,2	3,13	48	20,8	2,75	71	29,6	3,13	31	19,4	3,10	54	27,8	2,94
Nachrichtenmedien	236	72,5	3,74	146	52,7	3,51	26	42,3	3,38	55	58,2	3,58	48	56,3	3,52	70	44,3	3,33	31	58,1	3,68	55	60,0	3,49
Österreich																								
Parlament	359	27,6	2,97	31	22,6	3,03	26	30,8	3,08	77	28,6	3,03	46	10,9	2,63	57	28,1	3,07	27	44,4	3,26	76	22,4	2,92
Regierung	361	11,6	2,61	31	12,9	2,32	26	7,7	2,65	80	15,0	2,69	47	14,9	2,49	57	12,3	2,75	27	25,9	2,89	76	10,5	2,62
Politische Parteien	359	3,1	2,27	31	3,2	2,29	26	0	2,12	78	5,1	2,33	48	2,1	2,15	56	1,8	2,18	27	7,4	2,33	77	2,6	2,36
Politiker	359	3,3	2,41	31	3,2	2,45	26	3,8	2,35	80	2,5	2,44	48	2,1	2,25	55	0	2,38	27	7,4	2,63	78	5,1	2,46
Justizwesen	364	40,1	3 23	31	32,2	3,19	26	34,6	3,31	82	37,8	3,22	49	36,7	3,12	56	42,9	3,23	27	63,0	3,63	78	43,6	3,29
Polizei	362	30,9	3 04	31	19,4	2,97	26	26,9	3,04	82	24,4	2,85	49	49,0	3,39	56	28,6	2,95	27	40,7	3,11	80	33,8	3,01

(Fortsetzung)

Tab. A2.28 (Fortsetzung)

Medientyp	Zeitung			Zeitschrift			TV privat			TV öffentlich			Radio privat			Radio öffentlich			Agentur & Dienst			Online		
	N	%	MW	N	%	MW	N	%	MW	N	%	MW	N	%	MW	N	%	MW	N	%	MW	N	%	MW
Militär	347	18,4	2,63	29	17,2	2,59	22	9,1	2,64	80	16,3	2,51	49	22,4	2,82	55	20,0	2,58	27	14,8	2,78	77	18,2	2,64
Gewerkschaften	361	23,3	2,85	31	25,8	2,97	27	11,1	2,59	82	14,6	2,77	48	31,3	2,83	56	32,1	3,05	27	25,9	2,89	81	32,1	3,00
Nachrichtenmedien	363	44,9	3,34	31	32,3	3,42	27	37,0	3,33	82	47,6	3,43	49	44,9	3,33	56	46,4	3,39	27	51,9	3,44	79	44,3	3,33
Schweiz																								
Parlament	356	33,7	3,18	80	33,8	3,19	38	50,0	3,37	47	36,2	3,23	64	48,4	3,38	92	31,5	3,17	27	44,4	3,37	68	48,5	3,31
Regierung	356	41,6	3,30	80	42,5	3,39	38	52,6	3,42	47	48,9	3,47	64	64,1	3,56	92	50,0	3,42	27	59,3	3,56	68	54,4	3,49
Politische Parteien	358	5,9	2,54	80	6,3	2,63	38	5,3	2,63	47	0	2,49	64	7,8	2,67	92	2,2	2,47	27	11,1	2,74	69	8,7	2,57
Politiker	358	7,8	2,66	80	7,5	2,57	38	0	2,61	47	0	2,60	64	3,1	2,66	92	5,4	2,71	27	11,1	2,78	69	10,1	2,62
Justizwesen	357	56,3	3,51	80	56,3	3,49	38	57,9	3,53	47	61,7	3,62	64	57,8	3,56	92	69,6	3,67	27	66,7	3,78	69	73,9	3,88
Polizei	358	42,7	3,30	80	45,0	3,35	38	55,3	3,50	47	46,8	3,50	64	57,8	3,32	92	50,0	3,45	27	48,1	3,44	69	59,4	3,61
Militär	356	18,8	2,69	80	16,3	2,60	38	31,6	3,11	45	13,3	2,73	63	34,9	2,98	92	14,1	2,62	27	7,4	2,19	69	31,9	3,03
Gewerkschaften	358	19,3	2,83	80	32,5	3,13	38	13,2	2,82	47	19,1	3,04	64	21,9	3,09	92	25,0	3,05	27	18,5	3,11	69	29,0	2,93
Nachrichtenmedien	358	43,9	3,35	80	43,8	3,41	38	52,6	3,53	47	46,8	3,40	64	59,4	3,53	92	46,7	3,42	27	22,2	3,11	69	43,5	3,30

Anmerkung: % = Anteil der Befragten, die „vollstes Vertrauen" und „viel Vertrauen" angegeben haben; Mittelwert auf einer Skala von 1 („kein Vertrauen") bis 5 („vollstes Vertrauen")

Tab. A2.29 Institutionen-Vertrauen nach Verbreitungsgebiet

	Verbreitungsgebiet					
	Regional/lokal			Überregional		
	N	%	MW	N	%	MW
Deutschland						
Parlament	481	36,2	3,23	197	42,6	3,31
Regierung	481	28,9	3,06	200	32,0	3,08
Politische Parteien	482	8,9	2,55	200	9,5	2,57
Politiker im Allgemeinen	480	6,5	2,63	201	9,5	2,60
Das Justizwesen	483	62,5	3,62	201	60,2	3,53
Polizei	483	59,4	3,61	203	50,7	3,39
Militär	455	22,9	2,88	196	24,5	2,79
Gewerkschaften	482	32,4	3,07	204	28,9	3,01
Nachrichtenmedien	486	59,9	3,58	207	55,1	3,52
Österreich						
Parlament	273	23,5	2,87	435	28,5	3,04
Regierung	275	11,6	2,58	440	13,6	2,66
Politische Parteien	275	2,5	2,22	437	3,4	2,30
Politiker im Allgemeinen	275	2,9	2,40	438	3,4	2,42
Das Justizwesen	278	43,2	3,27	446	38,8	3,22
Polizei	280	42,9	3,26	443	24,4	2,90

(Fortsetzung)

Tab. A2.29 (Fortsetzung)

| | Verbreitungsgebiet | | | | | |
| | Regional/lokal | | | Überregional | | |
	N	%	MW	N	%	MW
Militär	271	21,4	2,74	425	15,5	2,56
Gewerkschaften	279	25,8	2,87	444	23,4	2,87
Nachrichtenmedien	278	45,0	3,33	446	44,2	3,37
Schweiz						
Parlament	498	38,0	3,26	360	37,5	3,21
Regierung	498	45,2	3,36	360	51,7	3,44
Politische Parteien	502	4,2	2,50	360	7,5	2,62
Politiker im Allgemeinen	502	4,6	2,61	360	8,6	2,69
Das Justizwesen	501	58,5	3,54	360	63,6	3,64
Polizei	502	47,6	3,40	360	49,7	3,38
Militär	497	23,5	2,82	360	16,4	2,58
Gewerkschaften	502	17,5	2,85	360	28,6	3,05
Nachrichtenmedien	502	45,4	3,39	360	46,1	3,37

Anmerkung: % = Anteil der Befragten, die „vollstes Vertrauen" und „viel Vertrauen" angegeben haben; Mittelwert auf einer Skala von 1 („kein Vertrauen") bis 5 („vollstes Vertrauen")

Tab. A2.30 Institutionen-Vertrauen nach Geschlecht

| | Geschlecht | | | | | | |
| | Journalistinnen | | | Journalisten | | |
	N	%	MW	N	%	MW
Deutschland						
Parlament	281	34,5	3,16	445	41,3	3,33
Regierung	283	27,6	3,02	446	30,0	3,09
Politische Parteien	284	7,0	2,50	445	10,8	2,60
Politiker im Allgemeinen	283	3,9	2,50	446	9,6	2,71
Das Justizwesen	286	59,1	3,55	446	63,9	3,64
Polizei	287	53,7	3,49	447	59,1	3,57
Militär	264	20,8	2,77	433	24,2	2,88
Gewerkschaften	288	29,9	3,02	446	31,8	3,09
Nachrichtenmedien	295	54,6	3,50	446	61,7	3,62
Österreich						
Parlament	278	27,0	3,01	426	26,3	2,96
Regierung	281	11,4	2,59	430	13,7	2,65
Politische Parteien	282	2,8	2,27	427	3,3	2,26
Politiker im Allgemeinen	283	2,1	2,34	427	4,0	2,46
Das Justizwesen	286	35,0	3,17	435	44,1	3,29

(Fortsetzung)

Tab. A2.30 (Fortsetzung)

| | Geschlecht | | | | | |
| | Journalistinnen | | | Journalisten | | |
	N	%	MW	N	%	MW
Polizei	288	25,0	2,97	432	36,1	3,09
Militär	272	16,5	2,61	421	18,8	2,65
Gewerkschaften	285	26,3	2,92	434	23,3	2,83
Nachrichtenmedien	286	47,2	3,39	433	42,7	3,33
Schweiz						
Parlament	345	39,7	3,29	550	35,5	3,18
Regierung	345	49,6	3,43	550	45,6	3,35
Politische Parteien	346	4,9	2,55	553	6,1	2,54
Politiker im Allgemeinen	346	4,6	2,60	553	7,6	2,66
Das Justizwesen	346	59,5	3,55	552	60,7	3,59
Polizei	346	48,6	3,40	553	47,7	3,38
Militär	344	20,6	2,73	550	20,2	2,71
Gewerkschaften	346	24,3	3,08	553	21,0	2,86
Nachrichtenmedien	346	49,7	3,44	553	43,0	3,35

Anmerkung: % = Anteil der Befragten, die „vollstes Vertrauen" und „viel Vertrauen" angegeben haben; Mittelwert auf einer Skala von 1 („kein Vertrauen") bis 5 („vollstes Vertrauen")

Tab. A2.31 Professionelle Ethik nach Medientyp (Hauptmedium)

Medientyp	Zeitung			Zeitschrift			TV privat			TV öffentlich			Radio privat			Radio öffentlich			Agentur & Dienst			Online		
	N	%	MW	N	%	MW	N	%	MW	N	%	MW	N	%	MW	N	%	MW	N	%	MW	N	%	MW
Deutschland																								
Journalisten sollten sich immer an die Berufsethik halten – unabhängig von Situation und Kontext	244	96,3	4,66	152	90,8	4,49	28	89,3	4,50	54	96,3	4,76	48	91,7	4,54	72	95,8	4,68	34	94,1	4,65	59	91,5	4,47
Was im Journalismus ethisch vertretbar ist, hängt von der konkreten Situation ab	240	48,3	3,17	154	48,1	3,14	27	55,6	3,41	53	52,8	3,23	48	37,5	3,19	71	40,8	2,96	31	22,6	2,52	59	49,2	3,22
Was im Journalismus ethisch vertretbar ist, liegt im eigenen Ermessen	241	14,9	2,10	153	9,8	2,12	27	7,4	2,04	54	9,3	2,13	48	10,4	2,27	69	4,3	1,74	32	3,1	1,84	59	11,9	2,22
Unter außergewöhnlichen Umständen ist es akzeptabel, Standards beiseite zu schieben	238	9,7	2,01	153	10,5	2,07	27	18,5	2,26	52	9,6	1,90	48	8,3	2,23	70	8,6	1,81	34	2,9	1,62	59	10,2	1,95

(Fortsetzung)

Tab. A2.31 (Fortsetzung)

Medientyp	Zeitung			Zeitschrift			TV privat			TV öffentlich			Radio privat			Radio öffentlich			Agentur & Dienst			Online		
	N	%	MW	N	%	MW	N	%	MW	N	%	MW	N	%	MW	N	%	MW	N	%	MW	N	%	MW
Österreich																								
Journalisten sollten sich immer an die Berufsethik halten – unabhängig von Situation und Kontext	406	94,1	4,65	34	100	4,71	32	93,8	4,59	90	94,4	4,64	53	88,7	4,58	65	93,8	4,63	28	100	4,79	91	94,5	4,58
Was im Journalismus ethisch vertretbar ist, hängt von der konkreten Situation ab	400	42,3	3,04	33	45,5	3,09	32	53,1	3,28	88	34,1	3,00	54	46,3	3,39	63	33,3	2,68	27	22,2	2,78	88	42,0	3,01
Was im Journalismus ethisch vertretbar ist, liegt im eigenen Ermessen	399	16,0	2,38	33	15,2	2,39	32	15,6	2,28	89	21,3	2,44	54	14,8	2,44	64	10,9	2,00	27	0	1,85	91	7,7	2,10
Unter außergewöhnlichen Umständen ist es akzeptabel, Standards beiseite zu schieben	395	9,6	1,99	34	14,7	2,09	32	6,3	1,91	89	6,7	1,84	51	9,8	2,08	64	12,5	1,78	27	7,4	1,85	88	6,8	1,97

(Fortsetzung)

Tab. A2.31 (Fortsetzung)

	Medientyp																							
	Zeitung			Zeitschrift			TV privat			TV öffentlich			Radio privat			Radio öffentlich			Agentur & Dienst			Online		
	N	%	MW	N	%	MW	N	%	MW	N	%	MW	N	%	MW	N	%	MW	N	%	MW	N	%	MW
Schweiz																								
Journalisten sollten sich immer an die Berufsethik halten – unabhängig von Situation und Kontext	362	92,0	4,48	81	90,1	4,51	38	89,5	4,32	48	89,6	4,58	64	92,2	4,53	93	97,8	4,63	27	92,6	4,70	70	87,1	4,47
Was im Journalismus ethisch vertretbar ist, hängt von der konkreten Situation ab	360	52,2	3,25	80	47,5	3,35	37	67,6	3,46	48	45,8	3,08	64	51,6	3,34	93	46,2	3,11	27	44,4	3,00	69	56,5	3,33
Was im Journalismus ethisch vertretbar ist, liegt im eigenen Ermessen	361	16,9	2,26	80	7,5	2,30	37	21,6	2,24	48	6,3	1,98	64	12,5	2,05	93	4,3	1,89	27	11,1	2,00	68	5,9	2,07
Unter außergewöhnlichen Umständen ist es akzeptabel, Standards beiseite zu schieben	361	17,2	2,40	80	25,0	2,48	37	29,7	2,54	47	17,0	2,30	64	17,2	2,36	93	9,7	2,08	27	11,1	2,11	69	21,7	2,48

Anmerkung: % = Anteil der Befragten, die „stimme eher zu" und „stimme stark zu" angegeben haben; Mittelwert auf einer Skala von 1 („stimme überhaupt nicht zu") bis 5 („stimme stark zu")

Tab. A2.32 Professionelle Ethik nach Geschlecht

	Geschlecht					
	Journalistinnen			Journalisten		
	N	%	MW	N	%	MW
Deutschland						
Journalisten sollten sich immer an die Berufsethik halten – unabhängig von Situation und Kontext	306	94,1	4,63	459	93,9	4,58
Was im Journalismus ethisch vertretbar ist, hängt von der konkreten Situation ab	304	45,1	3,11	453	47,2	3,18
Was im Journalismus ethisch vertretbar ist, liegt im eigenen Ermessen	303	9,9	2,06	454	11,5	2,09
Unter außergewöhnlichen Umständen ist es akzeptabel, Standards beiseite zu schieben	302	11,3	2,01	453	9,9	2,04
Österreich						
Journalisten sollten sich immer an die Berufsethik halten – unabhängig von Situation und Kontext	313	93,6	4,63	455	95,4	4,67
Was im Journalismus ethisch vertretbar ist, hängt von der konkreten Situation ab	311	40,5	3,01	447	40,9	3,03
Was im Journalismus ethisch vertretbar ist, liegt im eigenen Ermessen	310	14,5	2,22	451	14,4	2,36
Unter außergewöhnlichen Umständen ist es akzeptabel, Standards beiseite zu schieben	308	9,4	1,92	446	9,0	1,97
Schweiz						
Journalisten sollten sich immer an die Berufsethik halten – unabhängig von Situation und Kontext	350	92,6	4,52	558	90,5	4,48
Was im Journalismus ethisch vertretbar ist, hängt von der konkreten Situation ab	348	49,4	3,24	554	52,7	3,24
Was im Journalismus ethisch vertretbar ist, liegt im eigenen Ermessen	347	8,6	2,07	556	15,5	2,24
Unter außergewöhnlichen Umständen ist es akzeptabel, Standards beiseite zu schieben	348	14,4	2,31	554	19,9	2,39

Anmerkung: % = Anteil der Befragten, die „stimme eher zu" und „stimme stark zu" angegeben haben; Mittelwert auf einer Skala von 1 („stimme überhaupt nicht zu") bis 5 („stimme stark zu")

Tab. A2.33 Journalistische Recherchemethoden nach Medientyp (Hauptmedium)

	Medientyp															
	Zeitung		Zeitschrift		TV privat		TV öffentlich		Radio privat		Radio öffentlich		Agentur und Dienst		Online	
	N	%	N	%	N	%	N	%	N	%	N	%	N	%	N	%
Deutschland																
Vertrauliche Regierungsdokumente verwenden	231	16,0	141	28,4	26	42,3	54	14,8	45	42,2	71	9,9	33	18,2	58	20,7
Undercover an Insider-Informationen gelangen	238	32,4	146	25,3	26	34,6	55	14,5	47	27,7	70	20,0	34	26,5	56	25,0
Ereignisse mittels Schauspieler nachstellen	214	50,9	134	29,9	26	23,1	55	7,3	45	22,2	68	19,1	30	40,0	54	33,3
Versteckte Mikrophone und Kameras benutzen	238	59,2	144	41,0	26	30,8	55	10,9	47	48,9	71	29,6	33	51,5	58	43,1
Sich als jemand anderer ausgeben	242	61,2	145	41,4	26	42,3	55	34,5	47	51,1	71	50,7	34	55,9	58	46,6
Menschen für geheime Informationen bezahlen	236	55,1	145	23,4	26	38,5	55	34,5	45	55,6	70	42,9	32	62,5	57	36,8
Nachrichten ohne Bestätigung veröffentlichen	239	60,3	145	62,1	27	66,7	55	72,7	48	66,7	71	71,8	33	54,5	59	50,8
Persönliche Dokumente ohne Erlaubnis benutzen	241	84,2	147	79,6	26	88,5	55	83,6	48	89,6	70	87,1	33	78,8	58	74,1
Druck auf Informanten ausüben	241	80,9	144	77,1	26	80,8	54	83,3	47	72,3	71	84,5	34	94,1	58	79,3
Geld von Außenstehenden annehmen	243	99,2	149	89,9	27	88,9	55	100,0	48	97,9	71	100,0	34	97,1	57	91,2
Österreich																
Vertrauliche Regierungsdokumente verwenden	376	17,0	30	13,3	32	34,4	83	18,1	47	40,4	61	34,4	27	14,8	83	10,8
Undercover an Insider-Informationen gelangen	387	30,2	32	12,5	32	34,4	84	33,3	47	25,5	61	31,1	25	40,0	85	23,5
Ereignisse mittels Schauspieler nachstellen	347	61,1	30	50,0	32	6,3	81	17,3	46	23,9	61	34,4	24	75,0	76	55,3
Versteckte Mikrophone und Kameras benutzen	385	40,5	31	19,4	32	12,5	85	22,4	48	25,0	63	34,9	27	40,7	88	26,1
Sich als jemand anderer ausgeben	391	54,7	31	32,2	31	54,8	85	48,2	48	43,8	63	52,4	25	68,0	86	40,7

(Fortsetzung)

Tab. A2.33 (Fortsetzung)

	Medientyp															
	Zeitung		Zeitschrift		TV privat		TV öffentlich		Radio privat		Radio öffentlich		Agentur und Dienst		Online	
	N	%	N	%	N	%	N	%	N	%	N	%	N	%	N	%
Menschen für geheime Informationen bezahlen	381	57,7	30	40,0	31	45,2	86	57,0	48	45,8	62	51,6	27	63,0	85	55,3
Nachrichten ohne Bestätigung veröffentlichen	389	51,4	32	40,6	32	62,5	82	73,2	51	74,5	66	63,6	27	44,4	84	46,4
Persönliche Dokumente ohne Erlaubnis benutzen	395	77,0	31	71,0	32	84,4	86	79,1	51	88,2	64	89,1	27	85,2	86	67,4
Druck auf Informanten ausüben	387	83,2	31	67,7	32	84,4	87	87,4	47	80,9	62	93,9	27	81,5	87	80,5
Geld von Außenstehenden annehmen	400	99,0	31	96,8	32	96,9	87	100	51	94,1	66	100	27	96,3	90	98,9
Schweiz																
Vertrauliche Regierungsdokumente verwenden	361	13,0	81	22,2	38	10,5	48	6,3	64	31,3	93	14,0	27	11,1	68	33,8
Undercover an Insider-Informationen gelangen	359	36,8	81	25,9	38	34,2	48	33,3	64	54,7	93	35,5	26	46,2	68	30,9
Ereignisse mittels Schauspieler nachstellen	353	44,5	80	35,0	38	7,9	48	0	64	50,0	93	24,7	26	50,0	69	36,2
Versteckte Mikrophone und Kameras benutzen	360	37,5	81	28,4	38	21,1	48	14,6	64	42,2	93	33,3	27	40,7	68	32,4
Sich als jemand anderer ausgeben	357	49,3	81	39,5	38	47,4	48	47,9	64	60,9	93	50,5	27	63,0	68	54,4
Menschen für geheime Informationen bezahlen	359	73,5	81	59,3	38	68,4	48	70,8	64	84,4	93	73,1	27	92,6	68	69,1
Nachrichten ohne Bestätigung veröffentlichen	362	66,0	81	61,7	38	76,3	48	85,4	63	65,1	92	77,2	27	74,1	69	56,5
Persönliche Dokumente ohne Erlaubnis benutzen	361	67,6	81	63,0	38	68,4	47	72,3	63	84,1	93	67,7	27	74,1	69	72,5
Druck auf Informanten ausüben	360	73,9	80	76,3	38	65,8	48	75,0	61	73,8	93	73,1	26	80,8	69	75,4
Geld von Außenstehenden annehmen	361	99,4	81	96,3	38	97,4	48	100	64	100	92	100	27	100	69	95,7

Anmerkung: % = Anteil der Befragten, die die Recherchemethode „unter keinen Umständen billigen"

Tab. A2.34 Journalistische Recherchemethoden nach Geschlecht (Prozent)

	Deutschland				Österreich				Schweiz			
	Journalistinnen		Journalisten		Journalistinnen		Journalisten		Journalistinnen		Journalisten	
	N	%	N	%	N	%	N	%	N	%	N	%
Vertrauliche Regierungsdokumente ohne Erlaubnis verwenden	288	31,6	443	16,5	287	26,1	427	15,7	347	20,7	558	14,9
Sich in einer Firma oder Organisation anstellen lassen, um an Insider-Informationen zu gelangen	297	31,0	449	23,2	296	30,4	433	30,5	347	36,3	553	37,1
Ereignisse mittels Schauspieler nachstellen	276	29,7	424	36,6	271	41,3	403	51,1	346	32,9	550	37,8
Versteckte Mikrophone und Kameras benutzen	296	44,6	450	45,3	298	32,6	436	35,1	347	34,6	557	32,7
Sich als jemand anderer ausgeben	299	50,5	453	49,9	303	49,5	435	52,9	346	47,4	554	52,0
Menschen für geheime Informationen bezahlen	295	45,1	443	43,1	295	60,7	430	52,8	347	71,5	556	71,6
Nachrichten ohne Bestätigung veröffentlichen	300	65,7	451	60,3	304	55,3	438	55,5	349	67,6	555	66,8
Persönliche Dokumente wie Bilder oder Briefe ohne Erlaubnis benutzen	298	86,6	454	81,1	308	82,1	442	76,2	348	76,1	555	67,9
Druck auf Informanten ausüben, um an eine Geschichte zu kommen	297	86,9	451	77,2	303	83,8	436	82,1	346	78,0	552	72,1
Im Zusammenhang mit Berichterstattung Geld von Außenstehenden annehmen	303	96,0	455	95,8	310	98,1	449	99,1	349	98,6	555	99,1

Anmerkung: % = Anteil der Befragten, die die Recherchemethode „unter keinen Umständen billigen"

Tab. A2.35 Veränderungen in den Einflüssen auf die journalistische Tätigkeit nach Medientyp (Hauptmedium)

Medientyp																								
	Zeitung			Zeitschrift			TV privat			TV öffentlich			Radio privat			Radio öffentlich			Agentur & Dienst			Online		
	N	%	MW	N	%	MW	N	%	MW	N	%	MW	N	%	MW	N	%	MW	N	%	MW	N	%	MW
Deutschland																								
Journalistenausbildung	200	33,0	3,12	109	26,6	2,83	20	20,0	2,95	47	44,7	3,26	38	23,7	2,83	65	55,4	3,48	26	11,5	2,64	40	32,5	3,09
Ethische Standards	221	14,5	2,64	117	14,5	2,42	21	23,8	2,85	52	15,4	2,55	40	12,5	2,44	70	20,0	2,70	31	3,2	2,55	42	9,5	2,66
Wettbewerb	223	89,7	4,28	130	91,5	4,36	21	95,2	4,60	54	92,6	4,45	42	92,9	4,33	72	87,5	4,30	30	90,0	4,14	45	84,4	4,14
Überlegungen bzgl. Werbung	217	56,2	3,52	126	88,9	4,29	21	81,0	4,25	41	58,5	3,58	42	76,2	3,86	66	40,9	3,30	28	53,6	3,64	41	70,7	3,86
Druck durch Profiterwartungen	222	67,1	3,78	126	83,3	4,31	21	71,4	4,15	40	72,5	4,00	42	64,3	3,89	63	46,0	3,44	29	82,8	4,18	44	70,5	3,91
Öffentlichkeitsarbeit bzw. PR	219	48,9	3,42	123	63,4	3,65	21	52,4	3,80	50	62,0	3,87	40	62,5	3,61	70	55,7	3,56	28	67,9	3,77	43	58,1	3,66
Publikumsforschung	211	55,9	3,63	125	48,8	3,44	21	76,2	4,00	53	77,4	4,19	41	70,7	3,64	72	75,0	3,91	27	40,7	3,23	43	76,7	3,89
Nutzergenerierte Inhalte	220	84,1	4,09	127	83,5	4,19	21	76,2	4,10	50	88,0	4,35	41	80,5	4,03	71	91,5	4,31	30	93,3	4,00	45	86,7	4,37
Social Media	225	93,8	4,59	128	96,1	4,62	21	90,5	4,55	53	98,1	4,68	42	95,2	4,61	72	95,8	4,65	31	96,8	4,68	45	97,8	4,80

(Fortsetzung)

Tab. A2.35 (Fortsetzung)

	Medientyp																							
	Zeitung			Zeitschrift			TV privat			TV öffentlich			Radio privat			Radio öffentlich			Agentur & Dienst			Online		
	N	%	MW	N	%	MW	N	%	MW	N	%	MW	N	%	MW	N	%	MW	N	%	MW	N	%	MW
Einbindung des Publikums	224	64,7	3,70	120	57,5	3,51	21	52,4	3,40	48	45,8	3,58	40	37,5	3,22	69	33,3	3,26	30	50,0	3,45	45	71,1	3,97
Rückmeldungen vom Publikum	226	65,9	3,79	126	55,6	3,62	21	52,4	3,55	52	67,3	4,00	42	66,7	3,78	70	68,6	3,83	27	63,0	3,77	45	84,4	4,26
Sensationsberichterstattung	221	53,8	3,46	122	64,8	3,66	21	52,4	3,75	52	69,2	3,97	40	60,0	3,64	71	66,2	3,80	31	54,8	3,41	44	65,9	3,63
Österreich																								
Journalistenausbildung	337	65,6	3,60	26	50,0	3,54	23	65,2	3,83	78	71,8	3,85	37	56,8	3,35	61	65,6	3,66	26	84,6	4,00	73	60,3	3,74
Ethische Standards	342	28,9	2,94	26	19,2	2,77	26	11,5	2,62	77	32,5	2,96	43	23,3	2,74	60	26,7	2,83	27	22,2	2,70	72	30,6	3,01
Wettbewerb	355	89,6	4,40	28	92,9	4,64	28	100	4,54	82	93,9	4,54	42	97,6	4,43	63	96,8	4,57	27	96,3	4,43	73	84,9	4,29
Überlegungen bzgl. Werbung	349	72,5	3,91	27	77,8	4,00	27	74,1	3,96	76	67,1	3,90	41	85,4	4,14	58	77,6	4,06	24	95,8	4,43	73	740	3,94
Druck durch Profiterwartungen	351	82,6	4,13	27	96,3	4,40	26	76,9	4,19	76	73,7	4,00	42	81,0	4,16	59	84,8	4,16	26	100	4,57	73	80,8	4,21
Öffentlichkeitsarbeit bzw. PR	349	62,2	3,75	27	77,8	4,08	27	66,7	3,77	74	71,6	3,93	42	66,7	3,76	59	69,5	3,82	27	66,7	3,96	73	53,4	3,57

(Fortsetzung)

Tab. A2.35 (Fortsetzung)

| | Medientyp | | | | | | | | | | | | | | | | | | | | | | | |
| | Zeitung | | | Zeitschrift | | | TV privat | | | TV öffentlich | | | Radio privat | | | Radio öffentlich | | | Agentur & Dienst | | | Online | | |
	N	%	MW	N	%	MW	N	%	MW	N	%	MW	N	%	MW	N	%	MW	N	%	MW	N	%	MW
Publikumsforschung	333	60,7	3,65	25	52,0	3,52	27	63,0	3,73	79	69,6	3,93	42	73,8	3,97	59	78,0	4,02	24	33,3	3,30	73	57,5	3,76
Nutzergenerierte Inhalte	347	87,9	4,22	28	89,3	4,20	27	85,2	4,31	79	899	4,38	41	95,1	4,41	63	84,1	4,20	26	96,2	4,39	74	90,5	4,29
Social Media	355	96,6	4,62	28	92,9	4,52	28	100	4,69	83	98,8	4,62	43	100	4,89	65	98,5	4,78	26	100	4,87	74	100	4,82
Einbindung des Publikums	349	69,6	3,89	28	60,7	3,68	27	55,6	3,62	78	57,7	3,67	40	45,0	3,43	54	57,4	3,57	25	84,0	4,00	72	76,4	4,01
Rückmeldungen vom Publikum	351	71,2	3,90	28	57,1	3,60	27	51,9	3,62	82	58,5	3,67	43	74,4	3,89	61	72,1	3,94	25	56,0	3,65	72	80,6	4,19
Sensationsberichterstattung	349	52,1	3,61	27	44,4	3,52	26	65,4	3,92	80	56,3	3,68	41	75,6	4,03	60	68,3	3,92	27	70,4	4,00	73	68,5	3,83
Schweiz																								
Journalistenausbildung	296	56,7	3,55	71	54,9	3,51	33	48,5	3,55	43	60,5	3,75	41	48,8	3,48	87	66,7	3,66	22	54,5	3,52	50	60,0	3,68
Ethische Standards	297	18,1	2,76	72	23,6	2,80	33	24,2	2,97	43	32,6	3,10	41	29,3	2,90	87	14,9	2,54	22	4,5	2,43	50	28,0	2,98
Wettbewerb	297	85,5	4,22	72	90,3	4,38	33	84,8	4,21	43	81,4	4,13	41	97,6	4,38	87	92,0	4,33	22	86,4	4,38	50	82,0	4,16

(Fortsetzung)

Tab. A2.35 (Fortsetzung)

	Medientyp																							
	Zeitung			Zeitschrift			TV privat			TV öffentlich			Radio privat			Radio öffentlich			Agentur & Dienst			Online		
	N	%	MW	N	%	MW	N	%	MW	N	%	MW	N	%	MW	N	%	MW	N	%	MW	N	%	MW
Überlegungen bzgl. Werbung	298	71,8	3,86	70	94,3	4,35	33	69,7	4,00	42	42,9	3,48	41	73,2	3,95	87	74,7	3,91	22	72,7	3,86	50	60,0	3,74
Druck durch Profiterwartungen	297	79,1	4,06	71	93,0	4,42	33	75,8	4,03	43	62,8	3,63	40	75,0	3,93	86	77,9	4,05	23	73,9	4,14	50	80,0	4,02
Öffentlichkeitsarbeit bzw. PR	297	64,3	3,86	72	84,7	4,25	33	57,6	3,70	43	65,1	3,88	41	73,2	4,00	86	82,6	4,15	23	78,3	4,10	50	64,0	3,72
Publikumsforschung	297	56,2	3,63	70	70,0	3,84	33	60,6	3,67	43	58,1	3,55	41	61,0	3,73	87	70,1	3,87	22	72,7	3,76	50	70,0	3,92
Nutzergenerierte Inhalte	297	79,8	4,08	70	91,4	4,29	33	78,8	4,00	43	86,0	4,23	41	82,9	4,23	87	88,5	4,21	23	82,6	4,24	50	84,0	4,30
Social Media	298	95,0	4,52	72	98,6	4,62	33	97,0	4,73	43	93,0	4,35	41	100	4,85	87	98,9	4,53	23	91,3	4,52	50	98,0	4,72
Einbindung des Publikums	296	68,9	3,84	71	67,6	3,78	33	57,6	3,79	43	60,5	3,68	41	65,9	3,80	87	73,6	3,92	23	65,2	3,86	50	78,0	4,04
Rückmeldungen vom Publikum	297	58,6	3,68	69	58,0	3,67	33	54,5	3,55	41	51,2	3,55	41	63,4	3,78	86	60,5	3,78	23	39,1	3,57	50	82,0	4,06
Sensationsberichterstattung	298	69,8	3,89	72	76,4	3,99	33	63,6	3,82	43	37,2	3,18	41	75,6	3,88	87	71,3	3,89	22	72,7	4,14	50	60,0	3,72

Anmerkung: % = Anteil der Befragten, die „stark verstärkt" und „etwas verstärkt" angegeben haben; Mittelwert auf einer Skala von 1 („sehr abgeschwächt") bis 5 („stark verstärkt")

Tab. A2.36 Veränderungen der journalistischen Tätigkeit nach Medientyp (Hauptmedium)

Medientyp																							
	Zeitung			Zeitschrift			TV privat			TV öffentlich			Radio privat			Radio öffentlich			Agentur & Dienst			Online		
	N	%	MW	N	%	MW	N	%	MW	N	%	MW	N	%	MW	N	%	MW	N	%	MW	N	%	MW
Deutschland																								
Freiraum für redaktionelle Entscheidungen	219	14,6	2,80	126	7,1	2,49	21	28,6	3,14	51	5,9	2,54	42	23,8	2,92	70	12,9	2,70	30	6,7	2,75	44	15,9	2,95
Durchschnittliche Arbeitszeit	225	77,3	4,02	129	79,8	4,12	21	66,7	3,95	51	70,6	3,87	42	66,7	3,78	72	72,2	4,09	28	57,1	3,63	43	69,8	3,98
Verfügbare Zeit für Recherche	226	6,6	2,01	129	5,4	2,02	21	4,8	2,19	51	5,9	2,09	42	4,8	1,95	72	5,6	2,03	30	0	1,96	44	15,9	2,43
Interaktion mit dem Publikum	226	69,5	3,77	124	58,1	3,63	21	71,4	3,95	51	74,5	3,80	41	73,2	3,97	71	56,3	3,44	29	69,0	3,71	45	82,2	4,20
Bedeutung technischer Fertigkeiten	227	94,3	4,45	129	91,5	4,39	21	81,0	4,19	52	96,2	4,59	42	92,9	4,32	72	100	4,64	30	96,7	4,21	45	91,1	4,50
Gebrauch von Internet-Suchmaschinen	227	91,2	4,63	130	92,3	4,64	21	95,2	4,62	52	90,4	4,50	42	92,9	4,57	72	90,3	4,64	30	90,0	4,42	45	82,2	4,48
Bedeutung von Hochschulabschlüssen	213	40,4	3,39	120	38,3	3,32	21	4,8	2,57	51	43,1	3,57	40	37,5	3,11	70	48,6	3,48	28	28,6	3,33	43	34,9	3,40

(Fortsetzung)

Tab. A2.36 (Fortsetzung)

	Medientyp																							
	Zeitung			Zeitschrift			TV privat			TV öffentlich			Radio privat			Radio öffentlich			Agentur & Dienst			Online		
	N	%	MW	N	%	MW	N	%	MW	N	%	MW	N	%	MW	N	%	MW	N	%	MW	N	%	MW
Bedeutung eines einschlägigen Abschlusses	210	20,0	3,02	115	21,7	2,88	21	9,5	2,48	50	32,0	3,30	40	15,0	2,73	69	36,2	3,27	26	11,5	2,96	42	16,7	2,83
Glaubwürdigkeit des Journalismus	223	12,6	2,54	128	7,8	2,19	21	14,3	2,81	50	4,0	2,22	42	7,1	2,41	71	11,3	2,32	29	0	2,25	43	9,3	2,40
Gesellschaftliche Bedeutung von Journalismus	225	31,6	2,99	126	23,8	2,84	21	47,6	3,48	52	26,9	3,00	42	40,5	3,24	72	38,9	3,08	29	17,2	2,79	43	20,9	2,83
Arbeitsbelastung von Journalisten	226	92,0	4,42	129	91,5	4,34	21	71,4	4,00	52	94,2	4,50	41	82,9	4,16	72	97,2	4,52	30	86,7	4,29	42	81,0	4,23
Österreich																								
Freiraum für redaktionelle Entscheidungen	350	12,9	2,67	28	3,6	2,64	27	18,5	2,96	83	25,3	2,97	40	12,5	2,72	62	14,5	2,65	27	0	2,50	70	8,6	2,71
Durchschnittliche Arbeitszeit	354	76,8	4,07	28	71,4	3,92	27	70,4	3,88	82	67,1	3,92	41	65,9	3,75	64	81,3	3,96	27	70,4	3,75	70	70,0	3,81
Verfügbare Zeit für Recherche	357	5,6	1,88	28	0	1,80	27	3,7	1,85	84	3,6	1,73	41	2,4	2,03	65	1,5	1,69	27	0	1,67	72	2,8	1,88
Interaktion mit dem Publikum	351	70,1	3,86	27	70,4	3,76	27	63,0	3,65	83	60,2	3,63	40	70,0	3,83	61	62,3	3,73	24	66,7	3,83	72	75,0	4,04

(Fortsetzung)

Tab. A2.36 (Fortsetzung)

	Medientyp																							
	Zeitung			Zeitschrift			TV privat			TV öffentlich			Radio privat			Radio öffentlich			Agentur & Dienst			Online		
	N	%	MW	N	%	MW	N	%	MW	N	%	MW	N	%	MW	N	%	MW	N	%	MW	N	%	MW
Bedeutung technischer Fertigkeiten	355	36,2	4,30	27	28,0	3,96	27	22,2	4,46	84	48,7	4,60	41	18,4	4,17	65	33,3	4,43	27	40,7	4,17	72	15,3	4,50
Gebrauch von Internet-Suchmaschinen	356	89,3	4,60	28	81,5	4,64	27	96,3	4,62	84	96,4	4,74	41	87,8	4,50	65	89,2	4,76	27	92,6	4,67	73	93,1	4,62
Bedeutung von Hochschulabschlüssen	343	92,4	3,25	25	89,3	3,20	27	92,6	2,92	78	95,2	3,48	38	85,4	2,69	63	96,9	3,08	27	100	3,38	72	95,9	2,79
Bedeutung eines einschlägigen Abschlusses	339	33,3	3,20	25	36,0	3,24	27	33,3	3,15	78	42,3	3,36	37	18,9	2,72	61	42,6	3,29	27	33,3	3,33	72	23,6	2,94
Glaubwürdigkeit des Journalismus	353	6,2	2,36	28	0	2,20	27	11,1	2,31	80	5,0	2,26	41	12,2	2,33	63	4,8	2,29	27	0	2,17	73	6,8	2,15
Gesellschaftliche Bedeutung von Journalismus	352	20,7	2,85	27	18,5	2,72	27	25,9	2,92	80	26,3	2,84	41	19,5	2,58	63	17,5	2,65	27	18,5	2,88	72	18,1	2,65
Arbeitsbelastung von Journalisten	353	90,1	4,46	26	89,3	4,28	26	76,9	4,12	83	92,8	4,51	41	85,4	4,14	59	93,2	4,55	27	92,6	4,29	71	87,3	4,32

(Fortsetzung)

Tab. A2.36 (Fortsetzung)

Medientyp	Zeitung			Zeitschrift			TV privat			TV öffentlich			Radio privat			Radio öffentlich			Agentur & Dienst			Online		
	N	%	MW	N	%	MW	N	%	MW	N	%	MW	N	%	MW	N	%	MW	N	%	MW	N	%	MW
Schweiz																								
Freiraum für redaktionelle Entscheidungen	299	8,4	2,67	70	7,1	2,54	33	18,2	2,85	43	9,3	2,74	41	7,3	2,85	87	11,5	2,69	23	0	2,65	50	28,0	2,82
Durchschnittliche Arbeitszeit	300	72,7	3,97	71	69,0	3,93	33	51,5	3,58	43	60,5	3,67	41	68,3	3,85	87	80,5	4,00	23	52,2	3,61	50	66,0	3,78
Verfügbare Zeit für Recherche	299	5,7	1,97	71	2,8	2,01	33	6,1	2,09	43	14,0	2,26	41	7,3	1,98	87	2,3	1,69	23	4,3	1,83	50	16,0	2,27
Interaktion mit dem Publikum	300	56,0	3,61	70	62,9	3,66	33	63,6	3,73	43	72,1	3,84	41	70,7	3,93	87	73,6	3,95	23	43,5	3,48	50	72,0	3,96
Bedeutung technischer Fertigkeiten	300	84,3	4,12	71	84,5	4,23	33	87,9	4,36	43	93,0	4,33	41	87,8	4,12	87	92,0	4,30	23	78,3	4,26	50	94,0	4,59
Gebrauch von Internet-Such-maschinen	300	91,3	4,50	71	85,9	4,53	33	100	4,76	43	90,7	4,44	41	87,8	4,44	87	94,3	4,57	23	91,3	4,48	50	98,0	4,67
Bedeutung von Hochschul-abschlüssen	297	40,4	3,37	71	33,8	3,24	33	48,5	3,55	43	41,9	3,49	41	43,9	3,27	87	43,7	3,44	23	60,9	3,87	49	42,9	3,39

(Fortsetzung)

Tab. A2.36 (Fortsetzung)

	Medientyp																							
	Zeitung			Zeitschrift			TV privat			TV öffentlich			Radio privat			Radio öffentlich			Agentur & Dienst			Online		
	N	%	MW	N	%	MW	N	%	MW	N	%	MW	N	%	MW	N	%	MW	N	%	MW	N	%	MW
Bedeutung eines einschlägigen Abschlusses	296	45,3	3,43	71	39,4	3,33	33	39,4	3,36	43	53,5	3,63	41	41,5	3,37	87	47,1	3,49	23	34,8	3,52	49	49,0	3,45
Glaubwürdigkeit des Journalismus	300	5,3	2,21	71	2,8	2,09	33	0	2,24	43	11,6	2,49	41	4,9	2,44	87	3,4	2,16	23	4,3	1,96	50	14,0	2,53
Gesellschaftliche Bedeutung von Journalismus	299	16,1	2,71	70	15,7	2,70	33	6,1	2,64	43	27,9	2,98	41	19,5	2,88	87	18,4	2,78	23	0	2,48	50	26,0	2,90
Arbeitsbelastung von Journalisten	300	84,0	4,24	71	84,5	4,19	33	78,8	4,06	43	81,4	4,09	41	78,0	4,10	87	90,8	4,38	23	78,3	4,17	50	90,0	4,29

Anmerkung: % = Anteil der Befragten, die „stark zugenommen" und „etwas zugenommen" angegeben haben; Mittelwert auf einer Skala von 1 („stark zurückgegangen") bis 5 („stark zugenommen")

Tab. A2.37 Veränderungen in den Einflüssen auf die journalistische Tätigkeit nach Verbreitungsgebiet

| | Verbreitungsgebiet | | | | | |
| | Regional/lokal | | | Überregional | | |
	N	%	MW	N	%	MW
Deutschland						
Journalistenausbildung	405	34,1	3,13	158	30,4	2,87
Ethische Standards	441	16,5	2,67	169	11,2	2,40
Wettbewerb	450	89,8	4,30	185	90,8	4,31
Überlegungen in Bezug auf Werbung	425	60,9	3,64	176	79,5	4,02
Druck durch Profiterwartungen	429	66,2	3,81	177	80,2	4,13
Öffentlichkeitsarbeit bzw. PR	437	55,4	3,58	175	58,3	3,58
Publikumsforschung	432	60,8	3,67	178	59,6	3,64
Nutzergenerierte Inhalte	441	84,8	4,16	182	83,5	4,17
Social Media	452	94,0	4,58	182	96,2	4,64
Einbindung des Publikums	440	54,3	3,52	173	60,1	3,64
Rückmeldungen vom Publikum	450	63,8	3,74	180	63,3	3,84
Sensationsberichterstattung	445	59,3	3,63	174	59,8	3,56
Österreich						
Journalistenausbildung	251	60,2	3,44	421	68,2	3,76
Ethische Standards	260	25,8	2,85	424	28,5	2,96

(Fortsetzung)

Tab. A2.37 (Fortsetzung)

| | Verbreitungsgebiet | | | | | |
| | Regional/lokal | | | Überregional | | |
	N	%	MW	N	%	MW
Wettbewerb	268	91,8	4,46	441	91,2	4,41
Überlegungen in Bezug auf Werbung	263	76,1	4,01	423	73,3	3,92
Druck durch Profiterwartungen	262	82,4	4,15	428	82,5	4,15
Öffentlichkeitsarbeit bzw. PR	265	64,9	3,79	424	63,9	3,76
Publikumsforschung	258	66,3	3,84	414	60,6	3,68
Nutzergenerierte Inhalte	260	88,1	4,27	436	89,0	4,25
Social Media	270	97,1	4,70	443	98,0	4,65
Einbindung des Publikums	262	66,0	3,85	422	65,2	3,75
Rückmeldungen vom Publikum	268	69,8	3,89	432	68,3	3,87
Sensationsberichterstattung	265	57,7	3,69	428	58,2	3,70
Schweiz						
Journalistenausbildung	394	58,4	3,60	318	58,2	3,57
Ethische Standards	395	22,3	2,87	318	19,5	2,72
Wettbewerb	397	83,4	4,15	318	90,6	4,34
Überlegungen in Bezug auf Werbung	395	70,4	3,88	318	71,7	3,91
Druck durch Profiterwartungen	394	75,1	3,99	318	80,8	4,08

(Fortsetzung)

Tab. A2.37 (Fortsetzung)

| | Verbreitungsgebiet | | | | | |
| | Regional/lokal | | | Überregional | | |
	N	%	MW	N	%	MW
Öffentlichkeitsarbeit bzw. PR	398	63,1	3,83	318	74,5	4,02
Publikumsforschung	394	59,4	3,67	318	64,2	3,76
Nutzergenerierte Inhalte	396	76,5	4,03	319	90,6	4,30
Social Media	399	94,5	4,54	319	97,8	4,61
Einbindung des Publikums	395	67,1	3,84	319	71,5	3,86
Rückmeldungen vom Publikum	390	53,9	3,62	319	65,8	3,81
Sensationsberichterstattung	399	69,7	3,86	318	65,1	3,83

Anmerkung: % = Anteil der Befragten, die „stark verstärkt" und „etwas verstärkt" angegeben haben; Mittelwert auf einer Skala von 1 („sehr abgeschwächt") bis 5 („stark verstärkt")

Tab. A2.38 Veränderungen der journalistischen Tätigkeit nach Verbreitungsgebiet

	Verbreitungsgebiet					
	Regional/lokal			Überregional		
	N	%	MW	N	%	MW
Deutschland						
Freiraum für redaktionelle Entscheidungen	442	14,7	2,79	178	9,6	2,67
Durchschnittliche Arbeitszeit	450	73,6	4,00	181	76,2	4,05
Verfügbare Zeit für Recherche	451	6,0	2,09	182	8,2	2,14
Interaktion mit dem Publikum	449	64,1	3,69	178	65,7	3,84
Bedeutung technischer Fertigkeiten	453	93,8	4,46	183	91,3	4,42
Gebrauch von Internet-Suchmaschinen	453	90,7	4,60	184	90,2	4,54
Bedeutung von Hochschulabschlüssen	434	39,6	3,37	171	36,3	3,27
Bedeutung eines einschlägigen Abschlusses	429	21,0	2,98	165	24,2	2,89
Glaubwürdigkeit des Journalismus	447	11,5	2,50	179	7,3	2,29
Gesellschaftliche Bedeutung von Journalismus	450	34,0	3,11	178	23,6	2,81
Arbeitsbelastung von Journalisten	450	90,9	4,37	180	88,3	4,26
Österreich						
Freiraum für redaktionelle Entscheidungen	261	14,2	2,67	437	12,6	2,74
Durchschnittliche Arbeitszeit	268	76,1	4,01	436	72,7	3,96
Verfügbare Zeit für Recherche	269	5,9	1,96	443	2,7	1,76

(Fortsetzung)

Tab. A2.38 (Fortsetzung)

| | Verbreitungsgebiet | | | | | |
| | Regional/lokal | | | Überregional | | |
	N	%	MW	N	%	MW
Interaktion mit dem Publikum	265	66,0	3,85	431	69,1	3,83
Bedeutung technischer Fertigkeiten	268	89,2	4,37	441	91,4	4,36
Gebrauch von Internet-Suchmaschinen	269	92,2	4,65	443	94,1	4,62
Bedeutung von Hochschulabschlüssen	261	34,5	3,16	423	32,9	3,23
Bedeutung eines einschlägigen Abschlusses	256	31,7	3,13	421	34,7	3,25
Glaubwürdigkeit des Journalismus	263	8,0	2,41	440	4,8	2,25
Gesellschaftliche Bedeutung von Journalismus	264	23,1	2,87	436	19,0	2,74
Arbeitsbelastung von Journalisten	258	89,9	4,39	440	89,5	4,42
Schweiz						
Freiraum für redaktionelle Entscheidungen	397	10,3	2,77	319	10,7	2,64
Durchschnittliche Arbeitszeit	400	69,5	3,92	319	69,6	3,86
Verfügbare Zeit für Recherche	399	7,3	1,97	319	8,2	1,98
Interaktion mit dem Publikum	398	56,3	3,61	319	69,9	3,89
Bedeutung technischer Fertigkeiten	399	85,5	4,18	319	89,3	4,29
Gebrauch von Internet-Suchmaschinen	400	91,0	4,50	319	91,5	4,53
Bedeutung von Hochschulabschlüssen	395	42,0	3,39	319	38,2	3,34

(Fortsetzung)

Tab. A2.38 (Fortsetzung)

| | Verbreitungsgebiet | | | | | |
| | Regional/lokal | | | Überregional | | |
	N	%	MW	N	%	MW
Bedeutung eines einschlägigen Abschlusses	394	46,2	3,48	319	39,8	3,37
Glaubwürdigkeit des Journalismus	399	7,1	2,31	319	3,8	2,20
Gesellschaftliche Bedeutung von Journalismus	397	15,4	2,73	319	19,1	2,81
Arbeitsbelastung von Journalisten	400	82,0	4,21	319	86,5	4,26

Anmerkung: % = Anteil der Befragten, die „stark zugenommen" und „etwas zugenommen" angegeben haben; Mittelwert auf einer Skala von 1 („stark zurückgegangen") bis 5 („stark zugenommen")

Tab. A2.39 Veränderungen in den Einflüssen auf den Journalismus nach Geschlecht

Geschlecht	Weiblich			Männlich		
		%	MW		%	MW
Deutschland						
Journalistenausbildung	218	33,9	3,09	387	30,7	3,04
Ethische Standards	244	17,6	2,61	413	12,6	2,59
Wettbewerb	258	94,6	4,41	424	87,7	4,25
Überlegungen in Bezug auf Werbung	241	72,6	3,84	403	62,5	3,69
Druck durch Profiterwartungen	242	79,8	4,10	408	65,9	3,80
Öffentlichkeitsarbeit bzw. PR	243	59,3	3,62	414	56,3	3,56
Publikumsforschung	243	59,7	3,66	409	60,1	3,67
Nutzergenerierte Inhalte	250	90,0	4,26	420	82,6	4,11
Social Media	259	96,5	4,66	423	93,9	4,56
Einbindung des Publikums	247	61,5	3,67	412	53,2	3,50
Rückmeldungen vom Publikum	252	69,4	3,94	422	60,4	3,68
Sensationsberichterstattung	252	63,9	3,65	415	57,1	3,59
Österreich						
Journalistenausbildung	271	60,9	3,60	390	67,9	3,65
Ethische Standards	272	30,9	2,99	402	25,1	2,87
Wettbewerb	283	95,1	4,55	414	89,1	4,35

(Fortsetzung)

Tab. A2.39 (Fortsetzung)

| | Geschlecht | | | | | |
| | Weiblich | | | Männlich | | |
		%	MW		%	MW
Überlegungen in Bezug auf Werbung	274	79,6	4,13	400	71,5	3,84
Druck durch Profiterwartungen	275	87,6	4,34	404	79,5	4,03
Öffentlichkeitsarbeit bzw. PR	272	67,6	3,89	406	61,8	3,70
Publikumsforschung	267	65,9	3,78	394	60,9	3,72
Nutzergenerierte Inhalte	280	91,8	4,38	406	86,5	4,18
Social Media	288	98,3	4,71	413	97,6	4,64
Einbindung des Publikums	276	69,2	3,91	398	62,6	3,71
Rückmeldungen vom Publikum	280	69,6	3,94	408	68,1	3,84
Sensationsberichterstattung	277	65,3	3,85	406	53,0	3,59
Schweiz						
Journalistenausbildung	264	62,1	3,65	484	56,4	3,55
Ethische Standards	265	20,8	2,70	484	21,3	2,85
Wettbewerb	266	89,1	4,32	485	85,6	4,19
Überlegungen in Bezug auf Werbung	264	77,3	4,01	485	68,7	3,82
Druck durch Profiterwartungen	265	85,3	4,19	483	74,5	3,95
Öffentlichkeitsarbeit bzw. PR	266	72,6	4,06	486	67,3	3,84
Publikumsforschung	265	64,3	3,81	483	59,9	3,66

(Fortsetzung)

Tab. A2.39 (Fortsetzung)

	Geschlecht					
	Weiblich			Männlich		
		%	MW		%	MW
Nutzergenerierte Inhalte	266	89,5	4,35	485	79,4	4,04
Social Media	267	99,3	4,69	487	94,0	4,51
Einbindung des Publikums	266	76,7	4,03	484	65,1	3,75
Rückmeldungen vom Publikum	262	67,6	3,86	482	55,2	3,62
Sensationsberichterstattung	266	78,6	4,03	487	63,0	3,75

Anmerkung: % = Anteil der Befragten, die „stark verstärkt" und „etwas verstärkt" angegeben haben; Mittelwert auf einer Skala von 1 („sehr abgeschwächt") bis 5 („stark verstärkt")

Tab. A2.40 Veränderungen in der journalistischen Arbeit nach Geschlecht

	Geschlecht						
	Weiblich				Männlich		
		%	MW			%	MW
Deutschland							
Freiraum für redaktionelle Entscheidungen	250	8,0	2,66		416	15,6	2,81
Durchschnittliche Arbeitszeit	254	76,0	4,12		421	72,9	3,96
Verfügbare Zeit für Recherche	257	7,8	2,16		422	5,2	2,08
Interaktion mit dem Publikum	255	62,7	3,69		418	66,0	3,76
Bedeutung technischer Fertigkeiten	260	91,9	4,54		423	94,3	4,41
Gebrauch von Internet-Suchmaschinen	261	88,9	4,63		423	92,2	4,56
Bedeutung von Hochschulabschlüssen	240	40,0	3,43		408	37,3	3,30
Bedeutung eines einschlägigen Abschlusses	233	27,9	3,06		402	17,7	2,91
Glaubwürdigkeit des Journalismus	251	8,8	2,33		421	10,0	2,50
Gesellschaftliche Bedeutung von Journalismus	253	28,1	2,95		421	30,9	3,07
Arbeitsbelastung von Journalisten	256	89,8	4,39		421	90,5	4,32
Österreich							
Freiraum für redaktionelle Entscheidungen	279	15,1	2,65		412	11,7	2,75
Durchschnittliche Arbeitszeit	282	76,6	4,06		414	72,7	3,93
Verfügbare Zeit für Recherche	286	4,5	1,79		418	3,6	1,86

(Fortsetzung)

Tab. A2.40 (Fortsetzung)

	Geschlecht					
	Weiblich			Männlich		
		%	MW		%	MW
Interaktion mit dem Publikum	281	65,5	3,82	407	70,0	3,85
Bedeutung technischer Fertigkeiten	285	90,2	4,39	416	90,9	4,35
Gebrauch von Internet-Suchmaschinen	287	93,4	4,63	417	93,5	4,64
Bedeutung von Hochschulabschlüssen	271	34,3	3,24	406	32,5	3,17
Bedeutung eines einschlägigen Abschlusses	269	35,7	3,23	401	32,4	3,18
Glaubwürdigkeit des Journalismus	284	6,0	2,31	412	6,1	2,31
Gesellschaftliche Bedeutung von Journalismus	284	20,4	2,79	409	20,5	2,78
Arbeitsbelastung von Journalisten	279	91,4	4,49	410	88,8	4,36
Schweiz						
Freiraum für redaktionelle Entscheidungen	267	9,7	2,64	485	10,3	2,75
Durchschnittliche Arbeitszeit	268	73,1	3,96	487	69,0	3,85
Verfügbare Zeit für Recherche	268	6,0	1,90	486	6,0	2,02
Interaktion mit dem Publikum	266	62,8	3,74	487	60,6	3,73
Bedeutung technischer Fertigkeiten	267	86,5	4,26	487	88,1	4,21
Gebrauch von Internet-Suchmaschinen	268	92,9	4,61	487	90,6	4,47

(Fortsetzung)

Tab. A2.40 (Fortsetzung)

	Geschlecht						
	Weiblich			Männlich			
		%	MW			%	MW
Bedeutung von Hochschulabschlüssen	267	46,1	3,48	483		37,9	3,31
Bedeutung eines einschlägigen Abschlusses	267	52,1	3,57	482		39,6	3,36
Glaubwürdigkeit des Journalismus	268	5,6	2,22	486		5,6	2,27
Gesellschaftliche Bedeutung von Journalismus	267	19,1	2,82	485		15,5	2,74
Arbeitsbelastung von Journalisten	268	88,4	4,32	487		82,5	4,19

Anmerkung: % = Anteil der Befragten, die „stark zugenommen" und „etwas zugenommen" angegeben haben; Mittelwert auf einer Skala von 1 („stark zurückgegangen") bis 5 („stark zugenommen")

Literatur

Abramowitz, M. J. (2017). Freedom of the Press 2017. *Freedom of the Press.* https:// freedomhouse.org/sites/default/files/FOTP_2017_booklet_FINAL_April28.pdf. Zugegriffen: 05. März 2018.

Al-Ani, A. (2016). Journalisten werden eine neue Rolle haben. *Zeit online.* http://www. zeit.de/karriere/beruf/2016-01/journalismus-zukunft-digitalisierung-rolle-journalisten. Zugegriffen: 21. März 2019.

Allan, S., & Hintz, A. (2019). Citizen Journalism and Participation. In K. Wahl-Jorgensen & T. Hanitzsch (Hrsg.), *Handbook of Journalism Studies* (2. Aufl.). New York: Routledge.

Altmeppen, K. D. (2000a). Entscheidungen und Koordinationen. Dimensionen journalistischen Handelns. In M. Löffelholz (Hrsg.), *Theorien des Journalismus. Ein diskursives Handbuch* (S. 293–310). Wiesbaden: Westdeutscher.

Altmeppen, K.-D. (2000b). Online-Medien – Das Ende des Journalismus? Formen und Folgen der Aus- und Entdifferenzierung des Journalismus. In K.-D. Altmeppen, H.-J. Bucher, & M. Löffelholz (Hrsg.), *Online-Journalismus: Perspektiven für Wissenschaft und Praxis* (S. 123–138). Wiesbaden: VS Verlag.

Altmeppen, K.D. (2006). *Journalismus und Medien als Organisation. Leistungen, Strukturen und Management.* Wiesbaden: VS Verlag.

Altmeppen, K. D. (2012). Einseitige Tauschgeschäfte: Kriterien der Beschränkung journalistischer Autonomie durch kommerziellen Druck. In O. Jarren, M. Künzler, & M. Puppis (Hrsg.), *Medienwandel oder Medienkrise? Folgen für Medienstrukturen und ihre Erforschung* (S. 37–52). Baden-Baden: Nomos.

Augstein, J. (2009). Journalismus und Ethik gehen selten zusammen. *Medium – Magazin für Journalisten, 3,* 82.

Avery, J. (2009). Videomalaise or Virtuous Circle? The influence of the News Media on Political Trust. *International Journal of Press/Politics, 14*(4), 410–433.

Baerns, B. (1985). *Öffentlichkeitsarbeit oder Journalismus? Zum Einfluss im Mediensystem.* Köln: Wissenschaft und Politik.

Baerns, B. (Hrsg.). (2004). *Leitbilder von gestern? Zur Trennung von Werbung und Programm: Eine Problemskizze und Einführung.* Wiesbaden: VS Verlag.

Baker, C. E. (1994). *Advertising and a democratic press.* Princeton: Princeton University Press.

© Springer Fachmedien Wiesbaden GmbH, ein Teil von Springer Nature 2019   355
T. Hanitzsch et al. (Hrsg.), *Journalismus in Deutschland, Österreich und der Schweiz,* Studies in International, Transnational and Global Communications, https://doi.org/10.1007/978-3-658-27910-3

Barron, L. (2003). Ask and you shall receive? Gender differences in negotiators' beliefs about requests for a higher salary. *Human Relations, 56*(6), 635–662.

Bartsch, A., & Schneider, F. M. (2014). Entertainment and Politics Revisited: How Non-Escapist Forms of Entertainment Can Stimulate Political Interest and Information Seeking. *Journal of Communication, 64,* 369–396.

Baugut, P., Fawzi, N., & Reinemann, C. (2015). Mehr als Nähe und Harmonie. Dimensionen des Verhältnisses von Kommunalpolitikern und Lokaljournalisten in deutschen Städten. *Studies in Communication | Media, 4,* 407–436.

Bauman, Z. (2000). *Liquid Modernity.* Cambridge: Polity.

BDZV. (2012). Die deutschen Zeitungen in Daten und Zahlen. http://www.bdzv.de/fileadmin/bdzv_hauptseite/markttrends_daten/wirtschaftliche_lage/2012/assets/Zahlen-Daten_2012.pdf. Zugegriffen: 18. Juli 2018.

Beam, R. A., Weaver, D. H., & Brownlee, B. J. (2009). Changes in professionalism of U.S. journalists in the turbulent twenty-first century. *Journalism & Mass Communication Quarterly, 86,* 277–298.

Beaufort, M. (2017). Bildung als demokratischer Auftrag. In ORF. (Hrsg.), *Der Auftrag: Bildung im digitalen Zeitalter. Public Value Jahresstudie 2016/2017* (S. 63-80). Wien: ORF.

Beaufort, M., & Seethaler, J. (2017a). Transformation des Rundfunkjournalismus? Von Programmaufträgen, Rollenzuschreibungen und neuen. In S. Kirchhoff, D. Prandner, R. Renger, G. Götzenbrucker, & I. Aichberger (Hrsg.), *Was bleibt vom Wandel? Journalismus zwischen ökonomischen Zwängen und gesellschaftlicher Verantwortung* (S. 47–72). Baden-Baden: Nomos.

Beaufort, M., & Seethaler, J. (2017b). Von neuen Formen der Kommunikation zu neuen Formen der Partizipation – oder umgekehrt? *Texte: Öffentlich-rechtliche Qualität im Diskurs, 20,* 24–35.

Beck, U. (2007). *Schöne neue Arbeitswelt.* Frankfurt a. M.: Suhrkamp.

Beck, K., Reineck, D., & Schubert, C. (2010). *Journalistische Qualität in der Wirtschaftskrise.* Konstanz: UVK.

Becker, L., & Whitney, D. C. (1980). Effects of media dependencies. *Audience Assessment of Government. Communication Research, 7*(1), 95–120.

Behmer, M., Blöbaum, B., Scholl, A., & Stöber, R. (2005). *Journalismus und Wandel. Analysedimensionen, Konzepte, Fallstudien.* Wiesbaden: VS Verlag.

Bennett, W. L., & Manheim, J. B. (2006). The one-step flow of communication. *The Annals of the American Academy of Political and Social Science, 608,* 213–232.

Berganza, R., Van Dalen, A., & Chaparro, M. A. (2010). La percepción mutua de las relaciones entre periodistas parlamentarios y miembros del Congreso y de su influencia en las agendas política y mediática. *Revista de Comunicación, 9,* 7–25.

Berganza, R., Herrero, B., & Carratalá, A. (2015). (Dis)Trust of Spanish Journalists in public institutions based on the study of organisational factors. *Disertaciones. Anuario electrónico de estudios en Comunicación Social, 9*(1), 24–43.

Berganza, R., Herrero, B., & Arcila, C. (2016). Perceived influences and trust in political institutions of public vs. private television journalists in Spain. *Communication & Society, 29*(4), 185–202.

Bessing, N., Gärtner, M., Huesmann, M., Köhnen, M., Schiederig, K., Schlez, J. K., & Spee, M. (2016). Flexibles Arbeiten in Führung. Ein Leitfaden für die Praxis. https://

www.eaf-berlin.de/fileadmin/eaf/Projekte/Dokumente/P_Flexship_Leitfaden_Flexibles_Arbeiten_in_Fuehrung.pdf. Zugegriffen: 24. Apr. 2018.

BILD. (2014). Abschrift des Originals. Das Sprach Wulff dem BILD-Chef auf die Mailbox. https://www.bild.de/politik/inland/wulff-kredit-affaere/das-sprach-wulff-dem-bild-chef-auf-die-mailbox-34832232.bild.html. Zugegriffen: 8. Apr. 2018.

Birkner, T. (2010). Das Jahrhundert des Journalismus – Ökonomische Grundlagen und Bedrohungen. *Publizistik, 55,* 41–54.

Blöbaum, B. (1999). Selbstreferentialität und Journalismus. Eine Skizze. Anmerkungen und Ergänzungen zum Panel Selbstreferentialität. In M. Latzer, U. Maier-Rabler, G. Siegert, & T. Steinmaurer (Hrsg.), *Die Zukunft der Kommunikation. Phänomen und Trends in der Informationsgesellschaft* (S. 181–188). Innsbruck: Studien-Verlag.

Blöbaum, B. (2008). Wandel redaktioneller Strukturen und Entscheidungsprozesse. In H. Bonfadelli, K. Imhof, R. Blum, & O. Jarren (Hrsg.), *Seismographische Funktion von Öffentlichkeit im Wandel* (S. 119–129). Wiesbaden: VS Verlag.

Blum, R. (2014). *Lautsprecher und Widersprecher. Ein Ansatz zum Vergleich der Mediensysteme.* Köln: Halem.

Blumler, J. G., & Gurevitch, M. (1995). *The crisis of public communication.* London: Routledge.

BMFSFJ (Bundesministerium für Familie, Senioren, Frauen und Jugend). (2017). Zweiter Gleichstellungsbericht der Bundesregierung. Online am 14.11.2018 abgerufen unter https://www.gleichstellungsbericht.de/zweiter-gleichstellungsbericht.pdf. Zugegriffen: 14. Nov. 2018.

Boczkowski, P. J. (2004). *Digitizing the news: Innovation in online newspapers.* Cambridge: MIT Press.

Boczkowski, P. J., & Anderson, C. W. (Hrsg.). (2017). *Remaking the news: Essays on the Future of Journalism Scholarship in the Digital Age.* Cambridge: MIT Press.

Bonfadelli, H., & Marr, M. (2008). *Journalistinnen und Journalisten im privaten und öffentlichen Rundfunk der Schweiz.* Zürich: Institut für Politikwissenschaft und Medienforschung IPMZ.

Bonfadelli, H., Keel, G., Marr, M., & Wyss, V. (2011). Journalists in Switzerland: Structures and attitudes. *Studies in Communication Sciences, 11*(2), 7–26.

Bonfadelli, H., Keel, G., Marr, M., & Wyss, V. (2012). Journalists in Switzerland: Structure and Attitudes. In D. Weaver & L. Willnat (Hrsg.), *The Global Journalist in the 21st Century* (S. 320–330). New York: Routledge.

Bourdieu, P. (1999). *Die Regeln der Kunst. Genese und Struktur des literarischen Feldes.* Frankfurt a. M.: Suhrkamp.

Bourdieu, P. (2004). *Gegenfeuer.* Konstanz: UVK.

Brake, D. R. (2017). The invisible hand of the unaccountable algorith: How Google, Facebook and other tech compoanies are changing journalism. In J. Tong & S.-H. Lo (Hrsg.), *Digital technology and journalism: An international comparative perspective* (S. 25–46). Cham: Palgrave-Macmillan.

Brand, C. (2018). Fall Rupperswil / Vor dem Prozess: Wie viel Wahrheit ist zumutbar? In *NZZ am Sonntag.* https://nzzas.nzz.ch/notizen/fall-rupperswil-tag-0-wie-viel-wahrheit-ist-zumutbar-ld.1365362. Zugegriffen: 14. Mai 2018.

Brandstetter, B., & Schmalhofer, J. (2014). Paid Content. *Journalism Practice, 8,* 499–507.

Brants, K., de Vreese, C., Möller, J., & van Praag, P. (2010). The Real Spiral of Cynicism? Symbiosis and mistrust between politicians and journalists. *International Journal of Press/Politics, 15*(1), 25–40.

Brauck, M. (2009). Deutschland ist jetzt Berlusconi-Land. http://www.spiegel.de/kultur/
  gesellschaft/absetzung-von-zdf-chefredakteur-brender-deutschland-ist-jetzt-berlusconi-
  land-a-663699.html. Zugegriffen: 15. Mai 2018.
Braun, D. (2010). Politisches Vertrauen in neuen Demokratien Europas. Ein tausch- oder
  gemeinschaftsbasiertes Phänomen? *Arbeitspapiere des Mannheimer Zentrum für
  Europäische Sozialforschung*. http://www.mzes.uni-mannheim.de/publications/wp/
  wp-131.pdf. Zugegriffen: 8. Apr. 2018.
Brauck, M., Hülsen, I., Medick, V., & Müller, M. U. (2018). Sturz eines Ikarus. *Der Spiegel*
  7(67).
Brinkmann, U., Dörre, K., & Röbenack, S. (2006). *Prekäre Arbeit. Ursachen, Ausmaß,
  soziale Folgen und subjektive Verarbeitungsformen unsicherer Beschäftigungsver-
  hältnisse.* Bonn: Friedrich-Ebert-Stiftung.
Brodnig, I. (2015). „Lügenpresse": Die FPÖ wirft den Medien Manipulation vor. *Profil*.
  http://www.profil.at/oesterreich/luegenpresse-fpoe-medien-manipulation-5693766.
  Zugegriffen: 12. Apr. 2018.
Brüggemann, M., Engesser, S., Büchel, F., Humprecht, E., & Castro, L. (2014). Hallin and
  Mancini Revisited: Four Empirical Types of Western Media Systems. *Journal of Com-
  munication, 64*(6), 1037–1065.
Bruns, A. (2005). *Gatewatching: collaborative online news production.* New York: Lang.
Buckow, I. (2011). *Freie Journalisten und ihre berufliche Identität. Eine Umfrage unter den
  Mitgliedern des Journalistenverbands Freischreiber.* Wiesbaden: VS Verlag.
Bücher, K. (1917). *Die Entstehung der Volkswirtschaft* (10. Aufl.). Tübingen: Laupp.
Bühler, D. (2014). «Gerigate» – Märchen für Erwachsene. *Südostschweiz*. https://www.
  suedostschweiz.ch/politik/gerigate-maerchen-fuer-erwachsene. Zugegriffen: 13. März
  2018.
Bundesagentur für Arbeit. (2010). Klassifikation der Berufe 2010. Band 2: Definitori-
  scher und beschreibender Teil. https://statistik.arbeitsagentur.de/Statischer-Content/
  Grundlagen/Klassifikation-der-Berufe/KldB2010/Printausgabe-KldB-2010/Generische-
  Publikationen/KldB2010-Printversion-Band2.pdf. Zugegriffen: 22. Jan. 2019.
Bundesagentur für Arbeit. (2016). Gute Bildung – gute Chancen. Der Arbeitsmarkt für
  Akademikerinnen und Akademiker in Deutschland. https://statistik.arbeitsagentur.
  de/Statischer-Content/Arbeitsmarktberichte/Akademiker/generische-Publikationen/
  Broschuere-Akademiker-2016.pdf. Zugegriffen: 22. Jan. 2019.
Bundesagentur für Arbeit. (2017). Berichte: Blickpunkt Arbeitsmarkt Juli 2017. Akademi-
  kerinnen und Akademiker. https://statistik.arbeitsagentur.de/Statischer-Content/Arbeits-
  marktberichte/Akademiker/generische-Publikationen/Broschuere-Akademiker.pdf.
  Zugegriffen: 22. Jan. 2019.
Bundesamt für Kommunikation. (2018). Nutzung und Bewertung der Schweizer Radio und
  TV-Programme 2017. https://www.bakom.admin.ch/bakom/de/home/elektronische-
  medien/zahlen-und-fakten/studien/publikumsbefragung-programmbewertung.html.
  Zugegriffen: 24. März 2019.
Bundesamt für Statistik Schweiz (BFS Schweiz). (2014). Lohnunterschied. https://www.
  bfs.admin.ch/bfs/de/home/statistiken/arbeit-erwerb/loehne-erwerbseinkommen-arbeits-
  kosten/lohnniveau-schweiz/lohnunterschied.html. Zugegriffen: 14. Dez. 2018.
Bundesamt für Statistik Schweiz (BFS Schweiz). (2016). Verteilung der Nettolöhne.
  https://www.bfs.admin.ch/bfs/de/home/statistiken/arbeit-erwerb/loehne-erwerbseinkom-

men-arbeitskosten/lohnniveau-schweiz/verteilung-nettoloehne.html. Zugegriffen: 14. Nov. 2018.

Bundesamt für Statistik Schweiz (BFS Schweiz). (2017). Unterbeschäftigung. https://www. bfs.admin.ch/bfs/de/home/statistiken/wirtschaftliche-soziale-situation-bevoelkerung/ gleichstellung-frau-mann/erwerbstaetigkeit/unterbeschaeftigung.html. Zugegriffen: 14. Nov. 2018.

Bundesamt für Statistik Schweiz (BFS Schweiz). (2018a). Teilzeitarbeit. https://www.bfs. admin.ch/bfs/de/home/statistiken/wirtschaftliche-soziale-situation-bevoelkerung/gleich-stellung-frau-mann/erwerbstaetigkeit/teilzeitarbeit.html. Zugegriffen: 14. Nov. 2018.

Bundesamt für Statistik Schweiz (BFS Schweiz). (2018b). Teilzeiterwerbstätige nach Geschlecht. https://www.bfs.admin.ch/bfs/de/home/statistiken/arbeit-erwerb/erwerb-staetigkeit-arbeitszeit/erwerbstaetige/vollzeit-teilzeit.assetdetail.5286221.html. Zugegriffen: 14. November 2018.

Bundesamt für Statistik Schweiz (BFS Schweiz). (2018c). Monatlicher Bruttolohn (Zentralwert) nach Beschäftigungsgrad, beruflicher Stellung und Geschlecht – Privater und öffentlicher Sektor zusammen. https://www.bfs.admin.ch/bfs/de/home/statistiken/ arbeit-erwerb/loehne-erwerbseinkommen-arbeitskosten/lohnniveau-schweiz/personen-bezogene-merkmale.assetdetail.5146021.html. Zugegriffen: 22. März 2019.

Bundeszentrale für politische Bildung. (2014). Das Normalarbeitsverhältnis. http://www. bpb.de/politik/innenpolitik/arbeitsmarktpolitik/178192/normalarbeitsverhaeltnis?p=all. Zugegriffen: 22. Apr. 2018.

Cappella, J. N., & Jamieson, K. H. (1997). *Spiral of Cynicism: The press and the public good*. New York: Oxford University Press.

Carlson, M. (2017). *Journalistic Authority: Legitimating News in the Digital Era*. New York: Columbia University Press.

Carlson, M. (2019). The perpetual failure of journalism. *Journalism, 20*(1), 95–97.

Castel, R. (2008). *Metamorphosen der sozialen Frage. Eine Chronik der Lohnarbeit*. Konstanz: UVK.

Castel, R., & Dörre, K. (2009). *Prekarität, Abstieg, Ausgrenzung. Die soziale Frage am Beginn des 21. Jahrhunderts*. Frankfurt a. M.: Campus.

Chadwick, A. (2017). *The hybrid media system: Politics and power*. Oxford: Oxford University Press.

Charles, A., & Stewart, G. (Hrsg.). (2011). *The End of Journalism: News in the Twenty-First Century*. Bern: Lang.

Christians, C. G., Glasser, T. L., McQuail, D., Nordenstreng, K., & White, R. A. (2009). *Normative theories of the media: Journalism in democratic societies*. Urbana: University of Illinois Press.

Cohen, B. C. (1963). *The press and foreign policy*. Princeton: Princeton University Press.

Cohen, N. S. (2015). Entrepreneurial journalism and the precarious state of media work. *South Atlantic Quarterly, 114*(3), 513–533.

Coleman, J. S. (1984). Micro foundations and macrosocial behavior. *Angewandte Sozial-forschung, 12*(1/2), 25–37.

Cook, T. E. (1998). *Governing with the News: The News Media as a Political Institution*. Chicago: University of Chicago Press.

Correll, S. J., Benard, S., & Paik, I. (2007). Getting a Job: Is There a Motherhood Penalty? *American Journal of Sociology, 112*(5), 1297–1339.

Cueni, P. (2007). *Ethik und Journalismus.* Referat auf Tagung der Eidgenössischen Ausländerkommission „Perspektivenwechsel". https://www.ekm.admin.ch/content/dam/data/ekm/aktuell/Veranstaltungen/Archiv%20Veranstaltungen/ref_cueni.pdf. Zugegriffen: 21. Jan. 2019.

Czepek, A., Hellwig, M., & Nowak, E. (2009). Pre-conditions for press freedom in Germany. In A. Czepek, M. Hellwig, & E. Nowak (Hrsg.), *Press Freedom and Pluralism in Europe. Concepts and Conditions* (S. 229-249). Bristol: Intellect Books.

Debatin, B. (1997). Medienethik als Steuerungsinstrument? Zum Verhältnis von individueller und korporativer Verantwortung in der Massenkommunikation. In H. Wessler (Hrsg.), *Perspektiven der Medienkritik. Die gesellschaftliche Auseinandersetzung mit der öffentlichen Kommunikation in der Mediengesellschaft* (S. 287-303). Opladen: Westdeutscher Verlag.

Debatin, B. (2017). Wandel des Journalismus, Erweiterung der Journalismus- und Medienethik? In I. Stapf, M. Prinzing, & A. Filipović (Hrsg.), *Gesellschaft ohne Diskurs? Digitaler Wandel und Journalismus aus medienethischer Perspektive* (S. 53–67). Baden-Baden: Nomos.

Dernbach, B. (2005). Was schwarz auf weiß gedruckt ist: Vertrauen in Journalismus, Medien und Journalisten. In B. Dernbach & M. Meyer (Hrsg.), *Vertrauen und Glaubwürdigkeit: Interdisziplinäre Perspektiven* (S. 135–154). Wiesbaden: VS Verlag.

Dernbach, B. (2009). Generalisierung und Spezialisierung systemtheoretisch betrachtet: keine Frage von Entweder – Oder. In B. Dernbach & T. Quandt (Hrsg.), *Spezialisierung im Journalismus* (S. 37–47). Wiesbaden: VS Verlag.

Deutsch, M. (1958). Trust and suspicion. *Conflict Resolution II (4)*, 265–279.

Deutscher Presserat. (2017). Publizistische Grundsätze (Pressekodex). Richtlinien für die publizistische Arbeit nach den Empfehlungen des Deutschen Presserates. https://www.presserat.de/fileadmin/user_upload/Downloads_Dateien/Pressekodex2017_web.pdf. Zugegriffen: 12. Dez. 2018.

Deuze, M. (2005). What is journalism? Professional identity and ideology of journalists reconsidered. *Journalism, 6*(4), 442–464.

Deuze, M., & Fortunati, L. (2011). Atypical newswork, atypical media magagement. In M. Deuze (Hrsg.), *Managing media work* (S. 111–120). London: SAGE.

Deuze, M., & Witschge, T. (2018). Beyond journalism: Theorizing the transformation of journalism. *Journalism, 19*(2), 165–181.

Der Standard. (2008). Scheckbuchjournalismus in Fellners „Österreich"-„Bild". In *Der Standard.* https://derstandard.at/1219725155305/Scheckbuchjournalismus-in-Fellners-Oesterreich-Bild. Zugegriffen: 13. März 2018.

Der Standard. (2018) FPÖ-Angriffe auf ORF: Strache will sich bei Armin Wolf entschuldigen. *Der Standard.* https://www.derstandard.de/story/2000074938041/fpoe-angriffe-auf-orf-strache-will-sich-bei-wolf-entschuldigen. Zugegriffen: 18. Jan. 2019.

DESTATIS. (2015a). Entwicklung der Bruttoverdienste. https://www.destatis.de/DE/ZahlenFakten/GesamtwirtschaftUmwelt/VerdiensteArbeitskosten/VerdiensteVerdienstunterschiede/Tabellen/LangeReiheD.html. Zugegriffen: 14. Nov. 2018.

DESTATIS. (2015b). Nettoverdienst. Früheres Bundesgebiet. https://www.destatis.de/DE/ZahlenFakten/GesamtwirtschaftUmwelt/VerdiensteArbeitskosten/Realloehne-Nettoverdienste/Tabellen/NettolohnFBProzent.html. Zugegriffen: 14. Nov. 2018.

DESTATIS. (2015c). Nettoverdienst. Neue Länder. https://www.destatis.de/DE/Zahlen-Fakten/GesamtwirtschaftUmwelt/VerdiensteArbeitskosten/RealloehneNettoverdienste/Tabellen/NettolohnNLProzent.html. Zugegriffen: 14. Nov. 2018.

DESTATIS. (2015d). Drei Viertel des Gender Pay Gap lassen sich mit Strukturunterschieden erklären. https://www.destatis.de/DE/PresseService/Presse/Pressemitteilungen/2017/03/PD17_094_621.html. Zugegriffen: 14. Nov. 2018.

DESTATIS. (2016). Arbeitsmarkt auf einen Blick. Deutschland und Europa. https://www.destatis.de/DE/Publikationen/Thematisch/Arbeitsmarkt/Erwerbstaetige/Broeschuere-ArbeitsmarktBlick0010022169004.pdf?__blob=publicationFile. Zugegriffen: 14. Nov. 2018.

Dick, W. (2015). „Lying press": Germany's misleading media? *Deutsche Welle.* http://www.dw.com/en/lying-press-germanys-misleading-media/a-18816438. Zugegriffen: 14. Nov. 2018.

DJV. (2009). Arbeitsbedingungen freier Journalisten. Bericht zu einer Umfrage unter freien Journalisten. http://www.djv.de/fileadmin/user_upload/Freiendateien/Freie-Hintergrund/Umfrage2008.pdf.

DJV. (2014). *DJV-Umfrage Freie Journalisten 2014.* Berlin: Deutscher Journalisten-Verband.

DJV. (2017). Umfragen unter Freien. Umfrage zur Arbeitslosenversicherung 2017. https://www.djv.de/startseite/info/beruf-betrieb/freie/freienumfrage.html Zugegriffen: 14. November 2018.

Döpfner, M. (2019). „Luftgewehr der Fantasie". *Die Welt.* https://www.welt.de/kultur/medien/article187009630/Mathias-Doepfner-Luftgewehr-der-Fantasie.html. Zugegriffen: 20. Jan. 2019.

Domingo, D. (2019). Journalism, Social Media and Online Publics. In K. Wahl-Jorgensen & T. Hanitzsch (Hrsg.), *Handbook of Journalism Studies* (2. Aufl.). New York: Routledge.

Donsbach, W. (1982). *Legitimationsprobleme im Journalismus. Gesellschaftliche Rolle der Massenmedien und berufliche Einstellung von Journalisten.* Freiburg: Alber.

Donsbach, W., Rentsch, M., Schielicke, A. M., & Degen, S. (2009). *Entzauberung eines Berufs: Was die Deutschen vom Journalismus erwarten und wie sie enttäuscht werden.* Konstanz: UVK.

Dunham, J. (2017). Press Freedom's Dark Horizon: Global Findings. In Freedom House (Hrsg.), *Press Freedom's Dark Horizon: Freedom of the Press 2017* (S. 3–16). Washington, DC: Freedom House.

Dütschke, E., & Börner, S. (2012). Zweite Wahl oder Selbstverwirklichung? Eine empirische Studie zur Präferenz flexibler Beschäftigung. *Zeitschrift für Arbeits- und Organisationspsychologie, 56*(4), 178–185.

Easton, D. (1965). *A System Analysis of Political Life.* New York: Wiley.

Edstrom, M., & Ladendorf, M. (2012). Freelance journalists as a flexible workforce in media industries. *Journalism Practice, 6*(5–6), 711–721.

Ehrlich, M. C., & Saltzman, J. (2015). *Heroes and scoundrels: The image of the journalist in popular culture.* Champaign: University of Illinois Press.

Eickelkamp, A. (2011). *Der Nutzwertjournalismus. Herkunft, Funktionalität und Praxis eines Journalismustyps.* Köln: Halem.

Eide, M., & Knight, M. (1999). Public/Private Service: Service Journalism and the Problems of Everyday Life. *European Journal of Communication, 14*(4), 525–547.

Engelmann, I. (2012). Nachrichtenfaktoren und die organisationsspezifische Nachrichtenselektion. Eine Erweiterung der Nachrichtenwerttheorie um die Meso-Ebene journalistischer Organisationen. *Medien & Kommunikationswissenschaft, 60,* 41–63.

Engesser, S., Esser, F., Reinemann, C., Scherr, S., Matthes, J., & Wonneberger, A. (2014). Negativität in der Politikberichterstattung: Deutschland, Österreich und die Schweiz im Vergleich. *Medien & Kommunikationswissenschaft, 62*(4), 588–605.

Erdal, I. J. (2009). Crossmedia (re)production cultures. *Convergence, 15*(2), 215–231.

Esser, F. (1998). *Die Kräfte hinter den Schlagzeilen. Englischer und deutscher Journalismus im Vergleich.* Freiburg: Alber.

Esser, F., & Umbricht, A. (2013). Competing models of journalism? Political affairs coverage in US, British, German, Swiss, French and Italian newspapers. *Journalism, 14*(8), 989–1007.

Esser, H. (1993). *Soziologie: Allgemeine Grundlagen.* Frankfurt a. M.: Campus.

Europäische Kommission. (2007). *Council agrees common principles on flexicurity.* https://ec.europa.eu/social/main.jsp?newsId=40&langId=de&catId=89&furtherNews=yes&. Zugegriffen: 4. Apr. 2019.

Europäische Kommission. (2018). Flexicurity. http://ec.europa.eu/social/main.jsp?catId=102&langId=de. Zugegriffen: 14. Nov. 2018.

Europäisches Parlament. (2013). EU-Charta: Normensetzung für die Freiheit der Medien in der EU. http://www.europarl.europa.eu/sides/getDoc.do?type=TA&reference=P7-TA-2013-0203&language=DE&ring=A7-2013-0117. Zugegriffen: 14. Nov. 2018.

Fiedler, M. (2015). „Lügenpresse". Warum verlieren Medien an Glaubwürdigkeit? *Der Tagesspiegel.* http://www.tagesspiegel.de/medien/luegenpresse-warum-verlieren-medien-an-glaubwuerdigkeit/12691124.html. Zugegriffen: 12. Apr. 2018.

Foeg – Forschungsinstitut Öffentlichkeit und Gesellschaft der Universität Zürich. (2018). Zentralredaktionen hebeln publizistischen Wettbewerb aus. https://qualitaet-der-medien.blogspot.com/2018/10/zentralredaktionen-hebeln.html?m=1. Zugegriffen: 24. März 2019.

Fogarty, F. (2015). Backing the Bundeswehr: A research note regarding the State of German Civil-Military Affairs. *Armed Forces & Society, 41*(4), 742–755.

Forsyth, D. R. (1980). A taxonomy of ethical ideologies. *Journal of Personality and Social Psychology, 39*(1), 175–184.

Forsyth, D. R., & Pope, W. R. (1984). Ethical ideology and judgments of social psychological research: Multidimensional analysis. *Journal of Personality and Social Psychology, 46*(6), 1365–1375.

Forum Informationsfreiheit. (2018). Transparenzgesetz.at. https://www.informationsfreiheit.at/transparenzgesetz-at/. Zugegriffen: 22. Feb. 2018.

Foucault, M. (1973). *Archäologie des Wissens.* Frankfurt a. M.: Suhrkamp.

Frank, A. (2016). Warum die „Tagesschau" nun doch über den Mord in Freiburg berichtet. Spiegel Online. http://www.spiegel.de/kultur/tv/getoetete-studentin-maria-l-in-freiburg-warum-die-ard-nun-doch-ueber-den-mord-berichtet-a-1124574.html. Zugegriffen: 14. Nov. 2018.

Friedrichs, H. J. (1995). Cool bleiben, nicht kalt. *Der Spiegel, 13,* 112–119.

Fröhlich, R., Koch, T., & Obermaier, M. (2013). What's the harm in moonlighting? A qualitative survey on the role conflicts of freelance journalists with secondary employment in the field of PR. *Media, Culture and Society, 35,* 809–829.

Fromm, A., Kruse, J., & Krüger, A. (2015). Die Leiharbeiter des Journalismus. *taz.de*, 06.07.2015. http://www.taz.de/!5210276/. Zugegriffen: 14. Nov. 2018.

Fuchs, D., Gabriel, O., & Völkl, K. (2002). Vertrauen in politische Institutionen und politische Unterstützung. *ÖZP, 31*(4), 427–450.

Fürst, S., Meißner, M., Hofstetter, B., Puppis, M., & Schönhagen, P. (2017). Gefährdete Autonomie? Kontinuität und Wandel der journalistischen Berichterstattungsfreiheit und redaktioneller Arbeitsbedingungen in der Schweiz. In I. Stapf, M. Prinzing, & A. Filipovic (Hrsg.), *Gesellschaft ohne Diskurs? Digitaler Wandel und Journalismus aus medienethischer Perspektive* (S. 219–236). Baden-Baden: Nomos.

Funiok, R. (2002). Medienethik und der Wertediskus über Medien. In M. Karmasin (Hrsg.), *Medien und Ethik* (S. 37–58). Stuttgart: Reclam.

Gäbler, B. (2018). Was die Medien aus dem Geiseldrama von Gladbeck gelernt haben. *Der Tagesspiegel*. https://www.tagesspiegel.de/gesellschaft/medien/journalismus-und-ethik-was-die-medien-aus-dem-geiseldrama-von-gladbeck-gelernt-haben/22916902.html. Zugegriffen: 19. Aug. 2018.

García Avilés, J. A., Kaltenbrunner, A., & Meier, K. (2014). Media convergence revisited: Lessons learned on newsroom integration in Austria. *Germany and Spain. Journalism Practice, 8*(5), 573–584.

Gerhardt, R., Kepplinger, H. M., & Maurer, M. (31. März 2005). Klimawandel in den Redaktionen. *Frankfurter Allgemeine Zeitung*, S. 40.

GfK Verein. (2015). *Global Trust Report 2015 – Eine Studie des GfK Vereins. Vertrauen in Institutionen und Branchen*. Nürnberg: Gesellschaft für Konsum-, Markt- und Absatzforschung e. V.

GfK Verein. (2017). *Global Trust Report 2017 – Eine Studie des GfK Vereins. Vertrauen in Institutionen und Branchen*. Nürnberg: Gesellschaft für Konsum-, Markt- und Absatzforschung e. V.

Goldin, C., Kerr, S. P., Olivetti, C., & Barth, E. (2017). The expanding gender earnings gap: Evidence from the LEHD-2000 Census. *American Economic Review, 107*(5), 110–114.

Gollmitzer, M. (2014). Precariously employed watchdogs? Perceptions of working conditions among freelancers and interns. *Journalism Practice, 8*(6), 826–841.

Gravengaard, G., & Rimestad, L. (2014). Socializing Journalist Trainees in the Newsroom: On how to capture the intangible parts of the process. *Nordicom Review, 35*, 81–95.

Gronke, P., & Cook, T. E. (2007). Disdaining the media: The American public's changing attitudes toward the news. *Political Communication, 24*, 259–281.

Gross, K., Aday, S., & Brewer, P. (2004). A panel study of media effects on political and social trust after September 11, 2001. *International Journal of Press/Politics, 9*(4), 49–73.

Hänska-Ahy, M. T. (2011). Journalism between cultures: ethical ideologies and the challenges of international broadcasting into Iran. *Medij. istraž., 17*(1–2), 119–139.

Haagerup, U. (2015). *Constructive news: Warum "bad news" die Medien zerstören und wie Journalisten mit einem völlig neuen Ansatz wieder Menschen berühren*. Salzburg: Oberauer.

Habermas, J. (1990). *Strukturwandel der Öffentlichkeit*. Frankfurt: Suhrkamp.

Hagen, L. M., Flämig, A., & In der Au, A. M. (2014). Synchronisation von Nachricht und Werbung. Wie das Anzeigenaufkommen von Unternehmen mit ihrer Darstellung im Spiegel und im Focus korreliert. *Publizistik, 49*, 367–386.

Haim, M. (2019). Die Orientierung von Online-Journalismus an seinen Publika. Anforderung, Antizipation, Anspruch. Wiesbaden: Springer VS.

Hall, J. (2001). *Online journalism: A critical primer.* Sterling: Pluto Press.

Hall, P. A., & Taylor, R. C. R. (1996). Political science and the three new institutionalisms. *Political Studies, 44*(5), 936–957.

Haller, M., & Holzhey, H. (Hrsg.). (1992). *Medien-Ethik.* Opladen: Westdeutscher Verlag.

Hallin, D. C., & Mancini, P. (2004). *Comparing media systems: Three models of media and politics.* New York: Cambridge University Press.

Hamada, B., Hughes, S., Hanitzsch, T., Hollings, J., Lauerer, C., Arroyave, J., Rupar, V., & Splendore, S. (2019). Editorial Autonomy: Journalists' perceptions of their freedom. In: T. Hanitzsch, F. Hanusch, J. Ramaprasad & A. S. de Beer (Hrsg.), *Worlds of Journalism: Comparing Journalistic cultures around the globe* (S. 133–159). New York: Columbia University Press.

Hanitzsch, T. (2007). Journalismuskultur: Zur Dimensionierung eines zentralen Konstrukts der kulturvergleichenden Journalismusforschung. *M&K Medien & Kommunikationswissenschaft, 3*(55), 372–389.

Hanitzsch, T. (2009). Zur Wahrnehmung von Einflüssen im Journalismus: Komparative Befunde aus 17 Ländern. *Medien & Kommunikationswissenschaft, 57*(2), 153–173.

Hanitzsch, T. (2011). Populist disseminators, detached watchdogs, critical change agents and opportunist facilitators: Professional milieus, the journalistic field and autonomy in 18 Countries. *International Communication Gazette, 73,* 477–494.

Hanitzsch, T. (2013). Journalism, participative media and trust in a comparative context. In C. Peters & M. Broersma (Hrsg.), *Rethinking journalism: Trust and participation in a transformed news landscape* (S. 200–209). London: Routledge.

Hanitzsch, T., & Berganza, R. (2012). Explaining Journalists' Trust in Public Institutions across 20 countries: Media Freedom, Corruption, and Ownership matter most. *Journal of Communication, 62,* 794–814.

Hanitzsch, T., & Berganza, R. (2014). Political trust among Journalists. Comparative evidence from 21 Countries. In M. J. Canel & K. Voltmer (Hrsg.), *Comparing political communication across time and space* (S. 153–174). Basingstoke: Palgrave McMillan.

Hanitzsch, T., & Mellado, C. (2011). What shapes the news around the world? How Journalists in Eighteen Countries perceive influences on their work. *International Journal of Press/Politics, 16*(3), 404–426.

Hanitzsch, T., & Seethaler, J. (2009). Journalismuswelten: Ein Vergleich von Journalismuskulturen in 17 Ländern. *Medien & Kommunikationswissenschaft, 57,* 464–483.

Hanitzsch, T., & Vos, T. P. (2017). Journalistic roles and the struggle over institutional identity: The discursive constitution of journalism. *Communication Theory, 27*(2), 115–135.

Hanitzsch, T., & Vos, T. P. (2018). Journalism beyond Democracy: A new look into journalistic roles in political and everyday life. *Journalism: Theory, Practice & Criticism, 19*(2), 146–164.

Hanitzsch, T., Anikina, M., Berganza, R., Cangoz, I., Coman, M., Hamada, S., Hanusch, F., Karadjov, C. D., Mellado, C., Moreira, S. V., Mwesige, P. G., Plaisance, P. L., Reich, Z., Seethaler, J., Skewes, E. A., Noor, D. V., & Yuen, K. W. (2010). Modeling perceived influences on Journalism: Evidence from a Cross-National Survey of Journalists. *Journalism & Mass Communication Quarterly, 87,* 7–24.

Hanitzsch, T., Hanusch, F., Mellado, C., Anikina, M., Berganza, R., Cangoz, I., Coman, M., Hamada, B., Hernandez, M. E., Karadjov, C. D., Moreira, S. V., Mwesige,

P. G., Plaisance, P. L., Reich, Z., Seethaler, J., Skewes, E. A., Vardiansyah Noor, D., & Yuen, K. W. (2011). Mapping Journalism Cultures across Nations: A comparative study of 18 Countries. *Journalism Studies, 12*(3), 273–293.

Hanitzsch, T., Seethaler, J., Skewes, E. A., Anikina, M., Berganza, R., Cangöz, I., Coman, M., Hamada, B., Hanusch, F., Karadjov, C. D., Mellado, C., Moreira, S. V., Mwesige, P. G., Plaisance, P. L., Reich, Z., Vardiansyah Noor, D., & Yuen, K. W. (2012). Worlds of Journalism: Journalistic Cultures, Professional Autonomy, and Perceived Influences across 18 Nations. In D. H. Weaver & L. Willnat (Hrsg.), *The Global Journalist in the 21st Century* (S. 473–494). New York: Routledge.

Hanitzsch, T., Lauerer, C., & Steindl, N. (2016). Journalismus studieren in der Krise. *Medien & Kommunikationswissenschaft, 64*(4), 465–481.

Hanitzsch, T., van Dalen, A., & Steindl, N. (2018). Caught in the Nexus: A comparative and longitudinal analysis of public trust in the press. *International Journal of Press/Politics, 23*(1), 3–23.

Hanitzsch, T., Hanusch, F., Ramaprasad, J., & de Beer, A. S. (Hrsg.). (2019a). *Worlds of Journalism: Comparing Journalistic cultures around the globe*. New York: Columbia University Press.

Hanitzsch, T., Ramaprasad, J., Arroyave, J., Berganza, R., Hermans, L., Hovden, J. F., Lab, F., Lauerer, C., Tejkalová, A., & Vos, T. P. (2019b). Perceived influences: Journalists' awareness of pressures on their work. In: T. Hanitzsch, F. Hanusch, J. Ramaprasad, & A. S. de Beer (Hrsg.), *Worlds of Journalism: Comparing Journalistic cultures around the globe* (S. 103–132). New York: Columbia University Press.

Hanitzsch, T., Vos, T. P., Standaert, O., Hanusch, F., Hovden, J. F., Hermans, L., & Ramaprasad, J. (2019c). Role orientations: Journalists' views on their place in society. In: T. Hanitzsch, F. Hanusch, J. Ramaprasad, & A. S. de Beer (Hrsg.), *Worlds of Journalism: Comparing Journalistic Cultures Around the Globe* (S. 161-197). New York: Columbia University Press.

Hanusch, F. (2012). Broadening the focus: The case for lifestyle journalism as a field of scholarly inquiry. *Journalism Practice, 6*(1), 2–11.

Hanusch, F. (2019). Journalism and everyday life. In K. Wahl-Jorgensen & T. Hanitzsch (Hrsg.), *Handbook of Journalism Studies* (2. Aufl.). New York: Routledge.

Hanusch, F., & Bruns, A. (2017). Journalistic branding on Twitter. A representative study of Australian journalists' profile descriptions. *Digital Journalism, 5*(1), 26–43.

Hanusch, F., & Hanitzsch, T. (2013). Mediating orientation and self-expression in the world of consumption: Australian and German lifestyle journalists' professional views. *Media, Culture & Society, 35*(8), 943–959.

Hanusch, F., Hanitzsch, T., & Lauerer, C. (2017). 'How much love are you going to give this brand?' Lifestyle journalists on commercial influences in their work. *Journalism, 18*, 141–158.

Hanusch, F., Tandoc, E., Dimitrakopoulou, D., Muchtar, N., Rafter, K., Márquez Ramírez, M., Rupar, V., & Sacco, V. (2019): Transformations: Journalists' Reflections on Changes in News Work. In T. Hanitzsch, F. Hanusch, J. Ramaprasad, & A. S. de Beer (Hrsg.), *Worlds of Journalism: Comparing Journalistic Cultures Around the Globe* (S. 259–281). New York: Columbia University Press.

Hasebrink, U. (2008). Das multiple Publikum: Paradoxien im Verhältnis von Journalismus und Mediennutzung. In B. Pörksen, W. Loosen, & A. Scholl (Hrsg.), *Paradoxien des Journalismus: Theorie – Empirie – Praxis* (S. 513–530). Wiesbaden: VS Verlag.

Hasebrink, U., & Hölig, S. (2016). Germany. In N. Newman (Hrsg.), *Reuters Institute Digital News Report 2016* (S. 35–36). Oxford: Reuters Institute for the Study of Journalism.

Haybäck, G. (1990). Journalistische Ethik. Auf der Suche nach Wahrheit in den österreichischen Medien. Österreichisches Jahrbuch für Politik. In A. Khol, G. Ofner, & A. Stirnemann (Hrsg.), Österreichisches Jahrbuch '89 für Politik (S. 439–458). Wien: Politische Akademie der ÖVP.

Heffler, M., & Höhe, D. (2016). Werbemarkt 2015 (Teil 2): Rückläufige Nettozahlen durch anhaltende Schwäche von Print. *Media Perspektiven, 6*, 310–312.

Heinrich, J. (1996). Qualitäts- und/oder Kostenwettbewerb im Mediensektor. *Rundfunk und Fernsehen, 44*, 165–184.

Heise, N., Loosen, W., Reimer, J., & Schmidt, J.-H. (2014). Including the Audience. Comparing the attitudes and expectations of journalists and users towards participation in German TV news journalism. *Journalism Studies, 15*(4), 411–430.

Hermida, A. (2010). Twittering the news: The emergence of ambient journalism. *Journalism Practice, 4*(3), 37–41.

Herrnkind, K. (2018). Ungleiche Bezahlung bei „Frontal 21": Journalistin verklagt ZDF und verlangt Entschädigung. https://www.stern.de/wirtschaft/job/zdf–frontal-21-journalistin-klagt-wegen-ungleicher-bezahlung-8495302.html Zugegriffen: 14. Nov. 2018.

Hilbert, M., & López, P. (2011). The world's technological capacity to store, communicate, and compute information. *Science, 332*(6025), 60–65.

Hipp, L. & Stuth, S. (2013). Management und Teilzeitarbeit – Wunsch und Wirklichkeit. *WZBrief Arbeit 15*. https://bibliothek.wzb.eu/wzbrief-arbeit/WZBriefArbeit152013_hipp_stuth.pdf Zugegriffen: 22. Jan. 2019.

Hirschler, M. (2009). Arbeitsbedingungen freier Journalisten. Bericht zu einer Umfrage unter freien Journalisten. http://www.djv.de/fileadmin/user_upload/Freiendateien/Freie-Hintergrund/Umfrage2008.pdf. Zugegriffen: 14. Nov. 2018.

Hirschler, M. (2014). DJV-Umfrage Freie Journalisten 2014. https://www.djv.de/fileadmin/user_upload/Freiendateien/Freie-Hintergrund/Zwischenbericht-Umfrage-Freie-2014.pdf. Zugegriffen: 14. Nov. 2018.

Hodges, M., & Budig, M. (2010). Who gets the daddy bonus? Organizational hegemonic masculinity and the impact of fatherhood earnings. *Gender & Society, 24*, 717–745.

Hofstetter, B., & Schönhagen, P. (2014). Wandel redaktioneller Strukturen und journalistischen Handelns. *SCM Studies in Communication and Media, 3*(2), 228–252.

Hölig, S., & Hasebrink, U. (2016). *Reuters Institute Digital News Survey 2016 – Ergebnisse für Deutschland*. Hamburg: Hans-Bredow-Institut.

Howarth, D. (2000). *Discourse*. Buckingham: Oxford University Press

Hummel, R., Kirchhoff, S., & Prandner, D. (2012). We used to be queens and now we are slaves! Working conditions in Austrian Media. *Journalism Practice, 6*(5–6), 722–731.

Inglehart, R., & Welzel, C. (2005). *Modernization, Cultural Change and Democracy*. Cambridge: Cambridge University Press.

Institut für Demoskopie Allensbach. (2014). Pressefreiheit in Deutschland. Allensbacher Kurzbericht. http://www.ifd-allensbach.de/uploads/tx_reportsndocs/PD_2014_10.pdf. Zugegriffen: 14. Nov. 2018.

Institut zur Förderung publizistischen Nachwuchses Deutscher Presserat (Hrsg.). (2005). *Ethik im Redaktionsalltag*. Konstanz: UVK.

Janowitz, M. (1975). Professional models in journalism: The gatekeeper and the advocate. *Journalism Quarterly, 52,* 618–626.

Jarren, O. (2012). Medienkrise oder Tageszeitungsfinanzierungskrise? In O. Jarren, M. Künzler, & M. Puppis (Hrsg.), *Medienwandel oder Medienkrise?* (S. 165–174). Baden-Baden: Nomos.

Jarren, O. (2015). Journalismus – unverzichtbar?! *Publizistik, 60,* 113–122.

Jarren, O., & Donges, P. (2011). *Politische Kommunikation in der Mediengesellschaft. Eine Einführung* (3. Aufl.). Wiesbaden: VS Verlag.

Johnstone, J. W. C., Slawski, E. J., & Bowman, W. W. (1976). *The news people: A sociological portrait of American journalists and their work.* Urbana: University of Illinois Press.

Kaase, M. (1984). The challenge of the "Participatory Revolution" in Pluralist Democracies. *International Political Science Review, 5*(3), 299–318.

Kaiser, U. (o. D.). Arbeitsmarkt und Berufschancen. *Deutscher Journalisten-Verband.* https://www.djv.de/startseite/info/themen-wissen/aus-und-weiterbildung/arbeits-markt-und-berufschancen.html. Zugegriffen: 14. Nov. 2018.

Kalleberg, A. L. (2000). Nonstandard employment relations: Part-time, temporary, and contract work. *Annual Review of Sociology, 26,* 341–365.

Kaltenbrunner, A., & Luef, S. (2017). Newsroom integration. A nationwide study. Austria as a microcosm of editorial models of daily newspapers. In A. Kaltenbrunner, M. Karmasin, & D. Kraus (Hrsg.), *Journalism Report V. Innovation and Transistion* (S. 91–114). Wien: Facultas Verlag.

Kaltenbrunner, A., Karmasin, M., Kraus, D., & Zimmermann, A. (2007). *Der Journalisten Report. Österreichs Medien und ihre Macher.* Wien: Facultas Verlag.

Kaltenbrunner, A. Karmasin, M., Kraus, D., & Zimmermann, A. (2008). *Der Journalisten Report II. Österreichs Medienmacher und ihre Motive.* Wien: Facultas Verlag.

Karmasin, M. (1995). Soziodemografische Spezifika des Journalismus in Österreich. *Publizistik, 40,* 448–464.

Karmasin, M. (1996). *Journalismus: Beruf ohne Moral? Journalistisches Berufshandeln in Österreich.* Wien: Facultas/wuv.

Karmasin, M. (1998). *Medienökonomie als Theorie (massen-)medialer Kommunikation: Kommunikationsökonomie und Stakeholder Theorie.* Graz: Nausner & Nausner.

Karmasin, M. & Winter, C. (2002). Medienethik vor der Herausforderung der globalen Kommerzialisierung von Medienkultur. Probleme und Perspektiven. In M. Karmasin (Hrsg.), *Medien und Ethik* (S. 9–37). Stuttgart: Reclam.

Kazim, H. (2018). Wie die FPÖ Journalisten unter Druck setzt. *Spiegel online.* http://www.spiegel.de/kultur/gesellschaft/oesterreich-wie-die-fpoe-journalisten-unter-druck-setzt-a-1203408.html. Zugegriffen: 24. Apr. 2018.

Keel, G. (2011). *Journalisten in der Schweiz: Eine Berufsfeldstudie im Zeitverlauf.* Konstanz: UVK.

Kellenberger, C. (2018). Es geht um die Pressefreiheit in Österreich. *SRF.* https://www.srf.ch/news/international/fpoe-angriffe-auf-orf-es-geht-um-die-pressefreiheit-in-oesterreich. Zugegriffen: 24. Apr. 2018.

Kepplinger, H. M. (1979). *Angepaßte Außenseiter. Was Journalisten denken und wie sie arbeiten.* Freiburg: Karl Alber.

Kepplinger, H. M. (2011). *Journalismus als Beruf.* Wiesbaden: VS Verlag.

Kepplinger, H. M., Maurer, M. & Gerhardt, R. (2004). Innere Pressefreiheit in Gefahr. Befragung von Zeitungsredakteuren. Online-Portal von *Kepplinger*, abgerufen am 15.04.2018, http://www.kepplinger.de/files/Innere_Pressefreiheit.pdf.

Klaus, E. (2005). *Kommunikationswissenschaftliche Geschlechterforschung: Zur Bedeutung der Frauen in den Massenmedien und im Journalismus*. Wien: LIT Verlag.

Klingemann, H.-D. (1999). Mapping political support in the 1990s: A global analysis. In P. Norris (Hrsg.), *Critical citizens: Global support for Democratic Governance* (S. 31–56). Oxford: University Press.

Knop, C. (2016). Politiker und Eliten haben das Vertrauen verspielt. *Frankfurter Allgemeine Zeitung*. http://www.faz.net/aktuell/wirtschaft/weltwirtschaftsforum/weltweite-umfrage-politiker-und-eliten-haben-das-vertrauen-verspielt-14021020.html?printPagedArticle=true#pageIndex_0. Zugegriffen: 19. Jan. 2019.

Koch, T., Obermaier, M., & Riesmeyer, C. (2017). Powered by Public Relations? Mutual perceptions of PR practitioners' bases of power over journalism. *Journalism*. https://doi.org/10.1177/1464884917726421.

Köcher, R. (1986). Bloodhounds or missionaries. Role definitions of German and British Journalists. *European Journal of Communication, 1*, 43–64.

Köppel, R. (2015). Rückblickend kann man immer alles noch klarer sagen. *Schweizer Kommunikationswirtschaft*. http://www.persoenlich.com/medien/rueckblickend-kann-man-immer-alles-noch-klarer-sagen-324230. Zugegriffen: 24. Apr. 2018.

Kostenzer, C. (2009). *Die literarische Reportage: Über eine hybride Form zwischen Journalismus und Literatur*. Innsbruck: StudienVerlag.

Krainer, L. (2001). *Medien und Ethik. Zur Organisation medienethischer Entscheidungsprozesse*. München: Kopäd.

Kramp, L., Novy, L., Ballwieser, D., & Wenzlaff, K. (Hrsg.). (2013). *Journalismus in der digitalen Moderne. Einsichten – Ansichten – Aussichten*. Wiesbaden: VS Verlag.

Kramp, L., & Weichert, S. (2012). *Innovationsreport Journalismus. Ökonomische, medienpolitische und handwerkliche Faktoren im Wandel*. Bonn: Friedrich-Ebert-Stiftung.

Krüger, U. (2013). *Der Einfluss von Eliten auf Leitmedien und Alpha-Journalisten – eine kritische Netzwerkanalyse*. Köln: Halem.

Kuhn, R., & Nielsen, R. K. (2014). *Political Journalism in Transition: Western Europe in a Comparative Perspective*. London: I.B. Tauris.

Künzler, M. (2013). *Mediensystem Schweiz*. Konstanz: UVK Medien.

Lachmayr, N., & Dornmayr, H. (2015). *Der Arbeitsmarkt für JournalistInnen: Trends und Perspektiven Endbericht*. http://www.oeibf.at/db/calimero/tools/proxy.php?id=15156. Zugegriffen: 14. Nov. 2018.

Lauerer, C. (2018). Bröckelt die Brandschutzmauer? Werbeinteressen und ihr Einfluss auf journalistische Arbeit in Medienunternehmen. In A. Czepek, M. Hellwig, B. Illg, & E. Nowak (Hrsg.), *Freiheit und Journalismus* (S. 123–140). Baden-Baden: Nomos.

Lauerer, C., Steindl, N., Hanitzsch, T., Dingerkus, F., Wyss, V., Lohmann, M.-I., & Seethaler, J. (2017). Alarmierende Verhältnisse oder viel Lärm um Nichts? Ökonomischer Druck auf Journalisten in Medienunternehmen in Deutschland, Österreich und der Schweiz. In I. Stapf, M. Prinzing, & A. Filipović (Hrsg.), *Gesellschaft ohne Diskurs? Digitaler Wandel und Journalismus aus medienethischer Perspektive* (S. 201–218). Baden-Baden: Nomos.

Laufenberg, M. (2018). ‚Feminisierung' der Wissenschaft? Affektive Arbeit, Geschlecht und Prekarität in wissenschaftlichen Arbeitsgruppen. In M. Laufenberg, M. Erlemann,

M. Norkus & G. Petschick (Hrsg), *Prekäre Gleichstellung. Geschlechtergerechtigkeit, soziale Ungleichheit und unsichere Arbeitsverhältnisse in der Wissenschaft* (S. 279–307). Wiesbaden: Springer.

Lavie, A., & Lehman-Wilzig, S. (2003). Whose news? Does gender determine the editorial product? *European Journal of Communication, 18,* 5–29.

Levy, D., Newman, N., Fletcher, R., Kalogeropoulos, A., & Nielsen, R. K. (2018). Digital News Report 2018. *Reuters Institute for the Study of Journalism.* http://media.digitalnewsreport.org/wp-content/uploads/2018/06/digital-news-report-2018.pdf?x89475. Zugegriffen: 14. Nov. 2018.

Lischka, J. (2018). Nachrichtenorganisation: Umbrüche durch Konvergenz, Crossmedialität, Multikanal- und Innovationsfähigkeit. In C. Nuernbergk & C. Neuberger (Hrsg.), *Journalismus im Internet. Profession – Partizipation – Technisierung* (2. Aufl.) (S. 273–293). Wiesbaden: Springer.

Lloyd, J. (2015). *Journalism and PR – News media and public relations in the digital age.* London: I. B. Tauris.

Lobigs, F. (2016). *Finanzierung des Journalismus – von langsamen und schnellen Disruptionen.* Baden-Baden: Nomos.

Löhr, J. (2013). Journalistenberuf in der Krise: „Nur 30 Prozent mit fester Stelle". *Frankfurter Allgemeine Zeitung Online.* http://www.faz.net/aktuell/beruf-chance/beruf/journalistenberuf-in-der-krise-nur-30-prozent-mit-fester-stelle-12162566.html. Zugegriffen: 14. Nov. 2018.

Loosen, W. (2007). Entgrenzung des Journalismus: Empirische Evidenzen ohne theoretische Basis? *Publizistik, 52*(1), 63–79.

Loosen, W. (2016). Journalismus als (ent-)differenziertes Phänomen. In M. Löffelholz & L. Rothenberger (Hrsg.), *Handbuch Journalismustheorien* (S. 177–190). Wiesbaden: Springer VS.

Loosen, W., & Dohle, M. (Hrsg.). (2014). *Journalismus und (sein) Publikum.* Wiesbaden: VS Verlag.

Loretan, M. (1994). Grundrisse einer Medienethik. Eine, Ethik des Öffentlichen` als Theorie kommunikativen Handelns. *Zoom, Kommunikation und Medien, 4,* 56–63.

Loser, P. (2016). Kleines Lexikon der Medienkrise. *Tages-Anzeiger.* http://www.tagesanzeiger.ch/schweiz/standard/kleines-lexikon-der-krise/story/22396459. Zugegriffen: 24. Apr. 2018.

Luhmann, N. (2014). *Vertrauen. Ein Mechanismus der Reduktion sozialer Komplexität.* 5. Aufl., Konstanz: UVK.

Lünenborg, M. (2012). Die Krise des Journalismus? Die Zukunft der Journalistik! Ein Diskussionsbeitrag zur Reflexivität und Praxisrelevanz von Wissenschaft. *Publizistik, 57,* 445–461.

Lungmus, M. (2015). Scheinselbständigkeit. Was Pauschalisten jetzt wissen müssen. *Journalist 9.* http://www.journalist.de/ratgeber/handwerk-beruf/tipps-fuer-den-berufsalltag/scheinselbststaendigkeit-was-pauschalisten-jetzt-wissen-muessen.html. Zugegriffen: 14. Nov. 2018.

Maares, P., & Putz, N. (2016). Der (Alb-)Traum vom Freisein. Berufliche Identität und Prekarisierung von Freien JournalistInnen in Österreich. *Medien Journal Zeitschrift für Kommunikationskultur, 1,* 43–63.

Machill, M., Beiler, M., & Krüger, U. (2014). Das neue Gesicht der Öffentlichkeit. *LfM-Materialien Bd. 31.* http://lfmpublikationen.lfm-nrw.de/index.php?view=product_detail&product_id=343. Zugegriffen: 24. Apr. 2018.

Manske, A., & Schnell, C. (2010). Arbeit und Beschäftigung in der Kultur- und Kreativwirtschaft. In F. Böhle, G. Voß, & G. Wachtler (Hrsg.), *Handbuch Arbeitssoziologie* (S. 699–727). Wiesbaden: Springer.

Mair, P. (2006). *Polity Scepticism, Party Failings, and the Challenge to European Democracy*. Wassenaar: NIAS.

Malik, M. (2011). Repräsentativität als Herausforderung für Journalistenbefragungen in Deutschland. In O. Jandura, T. Quandt, & J. Vogelgesang (Hrsg.), *Methoden der Journalismusforschung* (S. 259–275). Wiesbaden: VS Verlag.

Marketagent. (2010). Einschätzung von Journalisten zur Zukunft ihres Berufes 2010. http://de.statista.com/statistik/daten/studie/169725/umfrage/einschaetzung-zur-zukunft-von-journalisten-in-deutschland/.

Marr, M., & Wyss, V. (1999). Schweizer Journalistinnen und Journalisten im sprachregionalen Vergleich. Strukturmerkmale und Einstellungen. *Medienwissenschaft Schweiz, 2,* 16–30.

Marr, M., Wyss, V., Blum, R., & Bonfadelli, H. (2001). *Journalisten in der Schweiz: Eigenschaften, Einstellungen, Einflüsse*. Konstanz: UVK.

Maurer, P. (2017). In the grip of politics? How political journalists in France and Germany perceive political influence on their work. *Journalism,* online first. https://doi.org/10.1177/1464884917707139.

Mayer, V. (2019). Kein Recht auf gleichen Lohn. *Süddeutsche Zeitung,* 5.2.2019. https://www.sueddeutsche.de/karriere/gehalt-birte-meier-zdf-1.4317783.

McChesney, R. W. (2004). *The problem of the media: U.S. communication politics in the 21st century*. New York: Monthly Review Press.

McChesney, R. W., & Nichols, J. (2010). *The death and life of American Journalism: The media revolution that will begin the world again*. New York: Nation Books.

McChesney, R. W., & Pickard, V. (2010). *Will the last reporter please turn out the lights: The collapse of journalism and what can be done to fix it*. New York: New Press.

McManus, J. H. (1995). A market-based model of news production. *Communication Theory, 5,* 301–338.

McManus, J. H. (2009). The Commercialization of News. In K. Wahl-Jorgensen & T. Hanitzsch (Hrsg.), *The handbook of Journalism studies* (S. 218–233). New York: Routledge.

McQuail, D. (1992). *Media performance: Mass communication and the public interest*. London: Sage.

McQuail, D. (2000). *Mass Communication Theory* (4. Aufl.). London: Sage.

Meckel, M., Fieseler, C., & Grubenmann, S. (2012). Social Media – Herausforderungen für den Journalismus. *HMD – Praxis der Wirtschaftsinformatik 287,* 25–35.

Meier, K. (2006). Newsroom, Newsdesk, crossmediales Arbeiten: Neue Modelle der Redaktionsorganisation und ihre Auswirkung auf die journalistische Arbeit. In S. Weischenberg, W. Loosen, & M. Beuthner (Hrsg.), *Medien-Qualitäten: Öffentliche Kommunikation zwischen ökonomischem Kalkül und Sozialverantwortung* (S. 203–222). Konstanz: UVK.

Meier, K. (2009). Journalismus in Zeiten der Wirtschaftskrise. Neun Thesen zum Strukturwandel der Medien. *Journalistik Journal, 12*(1), 14–17.

Meier, K. (2011). *Journalistik* (2. Aufl.). Konstanz: UVK.

Meier, W. A., & Jarren, O. (2001). Ökonomisierung der Medienindustrie: Ursachen. *Formen und Folgen. Medien & Kommunikationswissenschaft, 49*(2), 145–158.

Melischek, G., & Seethaler, J. (2011). Structural Theory. In G. Barnett (Hrsg.), *Encyclopedia of Social Networks* (S. 829–832). Thousand Oaks: Sage.

Mellado, C., & Van Dalen, A. (2014). Between rhetoric and practice. *Journalism Studies, 15*, 859–878.

Meyen, M., & Riesmeyer, C. (2009). *Diktatur des Publikums. Journalisten in Deutschland.* Konstanz: UVW.

Meyen, M., & Springer, N. (2009). *Freie Journalisten in Deutschland.* Konstanz: UVK.

Mikich, S. S. (2010). Sind wir Putzerfische? *Süddeutsche Zeitung.* http://www.sueddeutsche.de/medien/serie-wozu-noch-journalismus-sind-wir-putzerfische-1.1831. Zugegriffen: 14. Nov. 2018.

Mishler, W., & Rose, R. (2001). What are the origins of political trust? Testing institutional and cultural theories in post-communist societies. *Comparative Political Studies, 34*(1), 30–62.

Misztal, B. (2001). Trust and cooperation: The democratic public sphere. *Journal of Sociology, 37*(4), 371–386.

Motakef, M. (2015). *Prekarisierung.* Bielefeld: Transcript.

Moy, P., Pfau, M., & Kahlor, L. A. (1999). Media use and public confidence in democratic institutions. *Journal of Broadcasting and Electronic Media, 43*(2), 137–158. https://doi.org/10.1080/08838159909364481.

Moy, P., & Scheufele, D. (2000). Media effects on political and social trust. *J&MC Quarterly, 77*(4), 744–759.

Neuberger, C. (2000). Renaissance oder Niedergang des Journalismus? Ein Forschungsüberblick zum Online-Journalismus. In. K.-D. Altmeppen, H.-J. Bucher & M. Löffelholz (Hrsg.), *Online-Journalismus: Perspektiven für Wissenschaft und Praxis* (15-48). Wiesbaden: VS Verlag.

Neuberger, C. (2008). Internet und Journalismusforschung: Theoretische Neujustierung und Forschungsagenda. In T. Quandt & W. Schweiger (Hrsg.), *Journalismus online – Partizipation oder Profession?* (S. 17–42). Wiesbaden: VS Verlag.

Neuberger, C. (2018). Journalismus in der Netzwerköffentlichkeit: Zum Verhältnis zwischen Profession, Partizipation und Technik. In C. Nuernbergk & C. Neuberger (Hrsg.), *Journalismus im Internet: Profession – Partizipation – Technisierung* (S. 11–80). Wiesbaden: Springer VS.

Neuberger, C., Nuernbergk, C., & Rischke, M. (2009). Crossmedialität oder Ablösung? Anbieterbefragung I: Journalismus im Übergang von den traditionellen Massenmedien ins Internet. In C. Neuberger, C. Nuernbergk, & M. Rischke (Hrsg.), *Journalismus im Internet* (S. 231–278). Wiesbaden: VS Verlag.

Netzwerk Recherche. (2007). Anwendungserfahrungen: IFG im Praxistest. Transparenz nur für Hartnäckige? https://netzwerkrecherche.org/handwerk/informationsfreiheit-und-auskunftsrechte/ifg-guide/anwendungserfahrungen-ifg-im-praxistest/. Zugegriffen: 22. Feb. 2019.

Neveu, E. (2002). Four generations of political journalism. In R. Kuhn & E. Neveu (Hrsg.), *Political journalism: New challenges, new practices* (S. 22–43). London: Routledge.

Newman, N., Fletcher, R., Kalogeropoulos, A., Levy, D.A.L., & Nielsen, R. K. (2018). *Reuters Institute. Digital News Report 2018.* http://media.digitalnewsreport.org/wp-content/uploads/2018/06/DNR_2018-FINAL_WEB.pdf?x89475. Zugegriffen: 22. Januar 2018.

Nielsen, R. (2016). The Business of News. In T. Witschge, C. W. Anderson, D. Domingo, & A. Hermida (Hrsg.), *The Sage Handbook of Digital Journalism* (S. 51–67). Los Angeles: Sage.

Niggemeier, S. (2015). Positiv-Journalismus. Der Welt geht es doch gut. *Frankfurter Allgemeine Zeitung online*. http://www.faz.net/aktuell/feuilleton/medien/constructive-news-positiv-journalismus-fuer-bessere-quoten-13763396.html. Zugegriffen: 26. März 2018.

Norris, P. (1999). Introduction: The growth of critical citizens? In P. Norris (Hrsg.), *Critical Citizens: Global support for Democratic Governance* (S. 1–27). Oxford: Oxford University Press.

North, D. C. (1991). Institutions. *Journal of Economic Perspectives, 5*, 97–112.

Novy, L. (2013). Vorwärts (n)immer? Normalität, Normativität und die Krise des Journalismus. In L. Kramp, L. Novy, D. Ballwieser, & K. Wenzlaff (Hrsg.), *Journalismus in der digitalen Moderne. Einsichten – Ansichten – Aussichten* (S. 17-32), Wiesbaden: VS Verlag.

Obermaier, M., & Koch, T. (2015). Mind the gap. Consequences of inter-role conflicts of freelance journalists with secondary employment in the field of PR. *Journalism: Theory, Practice & Criticism, 16*(5), 615–629.

O'Donnell, P., Zion, L., & Sherwood, M. (2016). Where do Journalists go after Newsroom Job Cuts? *Journalism Practice, 10*(1), 35–51.

Oesch, D., & Graf, R. (2007). Löhne in den Medien 2006. Eine Analyse der Löhne von 1150 Journalisten und Journalistinnen in der Schweiz. *Schweizerischer Gewerkschaftsbund*. http://ssm-site.ch/cms/wp-content/uploads/2013/02/Journalistenloehne.pdf. Zugegriffen: 14. Nov. 2018.

Öffentlichkeitsgesetz. (2018). *Öffentlichkeitsgesetz.ch. Mehr Transparenz. Mehr Durchblick.* https://www.oeffentlichkeitsgesetz.ch/deutsch/das-gesetz/ Zugegriffen: 22. Febr. 2018.

Örnebring, H. (2010). Technology and journalism as labour: Historical perspectives. *Journalism – Theory, Practice & Criticism, 11*, 57–74.

Örnebring, H. (2016). *Newsworkers: A comparative European perspective*. New York: Bloomsbury Academic.

Örnebring, H. (2018a). Journalists thinking about precarity: Making sense of the "new normal". http://isoj.org/research/journalists-thinking-about-precarity-making-sense-of-the-new-normal/. Zugegriffen: 22. Jan. 2019.

Örnebring, H. (2018b). Journalism and change. In T. P. Vos (Hrsg.), *Journalism* (S. 555–574). Boston: De Gruyter.

Örnebring, H., & Ferrer Conill, R. F. (2016). Outsourcing newswork. In D. Domingo, T. Witschge, A. Hermida, & C. Anderson (Hrsg.), *Handbook of Digital Journalism* (S. 207–221). London: SAGE.

Örnebring, H., Lindell, J., Clerwall, C., & Karlsson, M. (2016). Dimensions of journalistic workplace autonomy: A five-nation comparison. *Javnost, 23*, 307–326.

Örnebring, H., & Möller, C. (2018). In the Margins of Journalism – Gender and livelihood among local (ex-) journalists in Sweden. *Journalism Practice, 12*(8), 1–10.

Österreichischer Presserat. (1999). Grundsätze für die publizistische Arbeit. Ehrenkodex der österreichischen Presse. Ziffer 7. https://www.presserat.at/show_content.php?sid=3 Zugegriffen: 22. Jan. 2019.

Padtberg, C. (2018). Deutsche Journalisten appellieren an Bundeskanzler Kurz. *Spiegel online.* http://www.spiegel.de/kultur/gesellschaft/sebastian-kurz-offener-brief-von-deutschen-journalisten-wegen-armin-wolf-a-1196017.html. Zugegriffen: 24. Apr. 2018.

Panizza, F., & Miorelli, R. (2013). Taking discourse seriously: Discursive institutionalism and post-structuralist discourse theory. *Political Studies, 61,* 301–318.

Parsons, C. (2007). *How to Map Arguments in Political Science.* New York: Oxford Press.

Patalong, F. (2015). Arbeitsmarkt Journalismus. Wie macht man Karriere in Krisestan? *SpiegelOnline.* http://www.spiegel.de/karriere/berufsstart/journalist-werden-wie-sieht-es-mit-job-in-den-medien-aus-a-1004915.html. Zugegriffen: 22. Jan. 2019.

Patterson, T. E., & Donsbach, W. (1996). News decisions: Journalists as partisan actors. *Political Communication, 13,* 455–468.

Persönlich (2016). Fall Geri Müller. Presserat rügt «Schweiz am Sonntag» und erklärt Kehrtwende. http://www.persoenlich.com/medien/presserat-rugt-schweiz-am-sonntag-und-erklart-kehrtwende. Zugegriffen: 22. Febr. 2018.

Petermann, F. (2013). *Psychologie des Vertrauens.* Göttingen: Hogrefe.

Peters, C. (2019). Journalism needs a better argument: Aligning public goals with the realities of the digital news and information landscape. *Journalism, 20*(1), 73–76.

Peters, C., & Broersma, M. (2013). *Rethinking journalism: Trust and participation in a transformed news landscape.* London: Routledge.

Petre, C. (2015). The Traffic Factories: Metrics at Chartbeat, Gawker Media, and The New York Times. *Tow Center for Digital Journalism.* https://towcenter.org/research/traffic-factories/. Zugegriffen: 05. März 2018.

Phillips, A. (2015). Futures of Journalists: Low-Paid Piecework or Global Brands?" In T. P. Vos und F. Heinderyckx (Hrsg), *Gatekeeping in Transition* (S. 65–81). New York: Routledge.

Picard, R. G., & van Weezel, A. (2008). Capital and control: Consequences of different forms of newspaper ownership. *International Journal on Media Management, 10,* 22–31.

Plaisance, P. L. (2006). An assessment of media ethics education: Course content and the values and ethical ideologies of media ethics students. *Journalism & Mass Communication Educator, 61*(4), 378–396.

Plaisance, P. L., & Deppa, J. A. (2009). Perceptions and manifestations of autonomy, transparency and harm among U.S. *Newspaper Journalists. Journalism & Communication Monographs, 10,* 327–386.

Plaisance, P. L., Skewes, E. A., & Hanitzsch, T. (2012). Ethical orientations of journalists around the globe: Implications from a cross-national survey. *Communication Research, 39,* 641–661.

Plasser, F., Pallaver, G., & Lengauer, G. (2009). Die (trans-) nationale Nachrichtenlogik in Mediendemokratien. Politischer TV-Journalismus im Wahlkampf zwischen transatlantischer Konvergenz und nationaler Divergenz. In F. Marcinkowski & B. Pfetsch (Hrsg.), *Politik in der Mediendemokratie.* (S. 174–202). Wiesbaden: VS Verlag.

Platman, K. (2004). "Portfolio Careers" and the search for flexibility in later life. *Work, Employment and Society, 18*(3), 573–599.

Pörksen, B. (2005). Medienethik. In S. Weischenberg, H. J. Kleinsteuber, & B. Pörksen (Hrsg.), *Handbuch Journalismus und Medien* (S. 211–220). Köln: Halem.

Porlezza, C. (2014). *Gefährdete journalistische Unabhängigkeit. Zum wachsenden Einfluss von Werbung auf redaktionelle Inhalte*. Konstanz: UVK.

Prandner, D., & Lettner, M. (2012). Jung, weiblich und Journalistin: Endstation Prekariat? *Momentum Quarterly. Zeitschrift für Sozialen Fortschritt, 1*(3), 153–164.

Prandner, D. (2013). Young female journalists in Austria's journalists' union: Part of the working poor? *Catalan Journal of Communication & Cultural Studies, 5*(1), 69–81.

Preston, P. (2009). *Making the news: Journalism and news cultures in Europe*. London: Routledge.

Preston, P., & Metykova, M. (2009). From news to house rules: Organisational contexts. In P. Preston (Hrsg.), *Making the news: Journalism and news cultures in Europe* (S. 72–92). London: Routledge.

Primbs, S. (2016). *Social Media für Journalisten*. Wiesbaden: VS Verlag.

Przeworski, A., & Teune, H. (1970). *The Logic of Comparative Inquiry*. New York: Wiley.

Pürer, H. (2015). *Journalismusforschung*. Konstanz: UVK.

Putnam, R. (1995). Tuning in, tuning out: The strange disappearance of Social Capital in America. *PS: Political Science and Politics, 28*(4), 664–683.

Putnam, R. (2000). *Bowling alone. The collapse and revival of American Community*. New York: Simon & Schuster.

Quandt, T. (2005). *Journalisten im Netz: Eine Untersuchung journalistischen Handelns in Online-Redaktionen*. Wiesbaden: VS Verlag.

Raabe, J. (2005). *Die Beobachtung journalistischer Akteure. Optionen einer empirisch-kritischen Journalismusforschung*. Wiesbaden: VS Verlag.

Rainer, C. (2016). Die Lüge von der Lügenpresse. *Profil*. https://www.profil.at/meinung/christian-rainer-die-luege-von-der-luegenpresse-7797605. Zugegriffen: 14. Nov. 2018.

Ramaprasad, J., Hanitzsch, T., Lauk, E. Harro-Loit, H., Hovden, J. F., Väliverronen, J., & Craft, S. (2019). Ethical Considerations: Journalists' Perceptions of Professional Practice. In T. Hanitzsch, F. Hanusch, J. Ramaprasad, & de A. S. Beer (Hrsg.). *Worlds of Journalism: Comparing Journalistic Cultures around the Globe*. New York: Columbia University Press.

Rang, M., Heinz, M., Rühl, O., & Lehmann, D. (2007). *Journalistinnen und Journalisten. Arbeitsmarkt-Information für qualifizierte Fach- und Führungskräfte*. Bonn: Bundesagentur für Arbeit.

Reich, Z., & Hanitzsch, T. (2013). Determinants of Journalists' professional autonomy: Individual and national level factors matter more than organizational ones. *Mass Communication and Society, 16*, 133–156.

Reimann, A., & Schopf, J. (2012). Nachgefragt! Deutsche und Österreichische Journalisten über den Einfluss der Werbewirtschaft. In S. Gadringer, S. Kweton, J. Trappel & T. Vieth (Hrsg.), *Journalismus und Werbung. Kommerzielle Grenzen redaktioneller Autonomie* (S. 191–213). Wiesbaden: Springer VS.

Reinemann, C., & Baugut, P. (2014). Alter Streit unter neuen Bedingungen. Einflüsse politischer Einstellungen von Journalisten auf ihre Arbeit. *Zeitschrift für Politik, 61*, 480–505.

Reinemann, C., & Fawzi, N. (2016). Eine vergebliche Suche nach der Lügenpresse. Analyse von Langzeitdaten. *Der Tagesspiegel*. https://www.tagesspiegel.de/politik/analyse-von-langzeitdaten-eine-vergebliche-suche-nach-der-luegenpresse/12870672.html. Zugegriffen: 14. Nov. 2018.

Renner, K. N., Schultz, T., & Wilke, J. (Hrsg.). (2017). *Journalismus zwischen Autonomie und Nutzwert*. Köln: Halem.

Reporter ohne Grenzen. (2017). Rangliste der Pressefreiheit 2017. *Reporter ohne Grenzen*. https://www.reporter-ohne-grenzen.de/fileadmin/Redaktion/Presse/Downloads/Ranglisten/Rangliste_2017/Rangliste_der_Pressefreiheit_2017_-_Reporter_ohne_Grenzen.pdf. Zugegriffen: 05. März 2018.

Reumann, K. (2016). Wahrheiten über Journalisten und Wissenschaftler. Das Beispiel der Flüchtlingsfrage. *Forschung & Lehre, 23*(1), 22–23.

Ricceri, M. (2016). Social Precarity and Labor Markets Reforms in Europe: The Need to Go Beyond. In R. Hepp, R. Riesinger, & D. Kergel (Hrsg.), *Verunsicherte Gesellschaft: Prekarisierung auf dem Weg in das Zentrum* (S. 35–54). Wiesbaden: Springer.

Riepl, W. (1913). *Das Nachrichtenwesen des Altertums. Mit besonderer Rücksicht auf die Römer*. Leipzig: Teubner.

Rietzschel, A. (2017). Reporterin verliert gegen ZDF – Das Problem bleibt. *Süddeutsche Zeitung*. http://www.sueddeutsche.de/karriere/lohnungleichheit-reporterin-verliert-gegen-zdf-das-problem-bleibt-1.3359109. Zugegriffen: 22. Apr. 2018.

Rinsdorf, L. (2017). *Redaktionelle Strategien entwickeln. Analyse – Geschäftsmodelle – Konzeption*. Konstanz: UVK.

Rodgers, G. (1989). Precarious work in Western Europe: The state of the debate. In G. Rodgers & J. Rodgers (Hrsg.), *Precarious jobs in labour market regulation: The growth of atypical employment in Western Europe* (S. 1–16). Genf: International Institute for Labour Studies.

Röper, H. (2012). Zeitungsmarkt 2012: Konzentration erreicht Höchstwert. *Media Perspektiven, 5,* 268–285.

Rössler, P., Hautzer, L., & Lünich, M. (2014). Mediennutzung im Zeitalter von Social Navigation. Ein Mehrebenen-Ansatz zur theoretischen Modellierung von Selektionsprozessen im Internet. In W. Loosen & M. Dohle (Hrsg.), *Journalismus und (sein) Publikum* (S. 91–112). Wiesbaden: VS Verlag.

Rotter, J. (1967). A new scale for the measurement of interpersonal trust. *Journal of Personality, 35,* 651–665.

Rühl, M. (1996). Soziale Verantwortung und persönliche Verantwortlichkeit im Journalismus. In J. Wilke (Hrsg.), *Ethik der Massenmedien* (S. 89–99). Wien: Braunmüller.

Runge, N. (2012). Mission Impossible? Die Vereinbarkeit von Familie und Beruf im Journalismus. In K.-D. Altmeppen & R. Greck (Hrsg.), *Facetten des Journalismus. Theoretische Analysen und empirische Studien* (S. 63–85). Wiesbaden: Springer.

Sadrozinski, J. (2013). Zwischen Beruf und Berufung. Wie sich das Bild des Journalisten wandelt. In L. Kramp, L. Novy, D. Ballwieser, & K. Wenzlaff (Hrsg.), *Journalismus in der digitalen Moderne. Einsichten – Ansichten – Aussichten* (S. 81–95). Wiesbaden: VS Verlag.

Sander, M. (2015). «Konstruktiver Journalismus»: Der Journalist, dein Freund und Helfer, *Neue Zürcher Zeitung*. https://www.nzz.ch/feuilleton/medien/der-journalist-dein-freund-und-helfer-1.18575396. Zugegriffen: 14. Nov. 2018.

Saxer, U. (1992). Strukturelle Möglichkeiten und Grenzen von Medien- und Journalismusethik. In M. Haller & H. Holzhey (Hrsg.), *Medien-Ethik* (S. 104–128). Opladen: Westdeutscher Verlag.

Schade, M. (2016). Der schlimme Schein: Wie das System der „festen Freien" für Verlage zum Bumerang wird. *Meedia*. https://meedia.de/2016/08/04/der-schlimme-schein-wie-das-system-der-festen-freien-fuer-verlage-zum-bumerang-wird/. Zugegriffen: 04. Aug. 2018.

Schimank, U. (1995). Teilsystemevolutionen und Akteurstrategien Die zwei Seiten struktureller Dynamiken moderner Gesellschaften. *Soziale Systeme, 1*(1), 73–100.

Schimank, U., & Volkmann, U. (2015). Ökonomisierter Journalismus: Erodiert funktionale Differenzierung zur „Unterhaltungsgesellschaft"? In K.-D. Altmeppen, P. Donges, M. Künzler, M. Puppis, U. Röttger, & H. Wessler (Hrsg.), *Soziale Ordnung durch Kommunikation?* (S. 119–136). Baden-Baden: Nomos.

Schlenker, B. R., Helm, B., & Tedeschi, J. T. (1973). The effects of personality and situational variables on behavioral trust. *Journal of Personality and Social Psychology, 25*(3), 419–427.

Schmidt, V. A. (2008). Discursive institutionalism: The explanatory power of ideas and discourse. *Annual Review of Political Science, 11*, 303–326.

Schmidt, V. A. (2011). Discursive Institutionalism. In B. Badie, D. Berg-Schlosser, & L. Morlino (Hrsg.), *International Encyclopedia of Political Science* (S. 683–686). Thousand Oaks: Sage.

Schnedler, T. (2013). San Precario an der Weser. *Message, 3*, 36–39.

Schneider, B., Schönbach, K., & Stürzebecher, D. (1993). Journalisten im vereinigten Deutschland: Strukturen, Arbeitsweisen und Einstellungen im Ost-West-Vergleich. *Publizistik, 3*, 353–382.

Schönhagen, P., & Kopp, M. (2007). „Bürgerjournalismus" – eine publizistische Revolution? *Zeitschrift für Politik, 54*(3), 296–323.

Scholl, A., & Weischenberg, S. (1998). *Journalismus in der Gesellschaft. Theorie, Methodologie und Empirie.* Opladen: Westdeutscher Verlag.

Schranz, M., Eisenegger, M., & Udris, L. (2016). Switzerland. Reuters Institute Digital News Report 2016. http://reutersinstitute.politics.ox.ac.uk/sites/default/files/research/files/Digital%2520News%2520Report%25202016.pdf. Zugegriffen: 22. Apr. 2018.

Schudson, M. (1999). Social origins of Press Cynicism in Portraying Politics. *American Behavioral Scientist, 42*(6), 998–1008.

Schultz, I. (2007). The Journalistic Gut Feeling: Journalistic Doxa, News Habitus and Orthodox News Values. *Journalism Practice, 1*(2), 190–207.

Schultz, T., Jackob, N., Ziegele, M., Quiring, O., & Schemer, C. (2017). Erosion des Vertrauens zwischen Medien und Publikum? *Media Perspektiven, 5*, 246–259.

Schweizer Presserat. (2017). So arbeiten Journalisten fair Was Medienschaffende wissen müssen. Ein Ratgeber des Schweizer Presserats. Bern. https://presserat.ch/complaints/wahrheitspflicht-anhrung-bei-schweren-vorwrfen-privatsphre/. Zugegriffen: 10. Febr. 2018.

Schweizer Presserat. (2018). Erklärung der Pflichten der Journalistinnen und Journalisten. https://presserat.ch/journalistenkodex/erklaerung. Zugegriffen: 10. Febr. 2018.

Schweizer PR- & Medienverzeichnis. (2013). *Schweizer PR- & Medienverzeichnis 2013.* Zürich: Renteria.

Scott, B. (2005). A contemporary history of digital journalism. *Television & New Media, 6*(1), 89–126.

Seethaler, J. (2012). Krise des Journalismus – Handlungsbedarf für Politik, Medienunternehmen und Journalisten. In O. Jarren, M. Künzler, & M. Puppis (Hrsg.),

Medienwandel oder Medienkrise? Folgen für Medienstrukturen und ihre Erforschung (S. 83–93). Baden-Baden: Nomos.

Seethaler, J. (2018). Informations- und Meinungsfreiheit: Medienpolitische Grundlagen und Herausforderungen. In H. Koziol (Hrsg.), *Tatsachenmitteilungen und Werturteile: Freiheit und Verantwortung* (S. 13–26). Wien: Sramek.

Seethaler, J., & Beaufort, M. (2017). Community media and broadcast journalism in Austria: Legal and funding provisions as indicators for the perception of the media's societal roles. *The Radio Journal: International Studies In Broadcast & Audio Media, 15*(2), 173–194.

Seethaler, J., Beaufort, M., & Dopona, V. (2017a). Media Pluralism Monitor 2016. Monitoring Risks for Media Pluralism in the EU and Beyond. Länderbericht: Österreich. http://cadmus.eui.eu/bitstream/handle/1814/46787/Cover_Austria_O.pdf?sequence=2&isAllowed=y. Zugegriffen: 14. Nov. 2018.

Seethaler, J., Beaufort, M., & Dopona, V. (2017). *Media pluralism in Austria 2016.* Florence: European University Institute.

Seethaler, J., Beaufort, M., & Dopona, V. (2018). *Monitoring media pluralism in the EU: Application of the Media Pluralism Monitor 2017 in the European Union, FYROM, Serbia & Turkey. Country Report Austria.* Florence: European University Institute.

Seethaler, J., & Melischek, G. (2015). Koexistenzen von scheinbar Inkompatiblem? Zum Wandel der österreichischen Medien- und Kommunikationsstrukturen. In K.-D. Altmeppen, P. Donges, M. Künzler, M. Puppis, U. Röttger, & H. Wessler (Hrsg.), *Soziale Ordnung durch Kommunikation?* (S. 67–88). Baden-Baden: Nomos.

Seethaler, J., & Melischek, G. (2019). Twitter as a new tool for agenda building in election campaigns? The case of Austria. Paper presented at the 68th annual conference of the International Communication Association (ICA), Prague, 24–28 May 2018.

Seligman, A. (2000). *The Problem of Trust* (2. Aufl.). New Jersey: Princeton University Press.

Shoemaker, P. J., & Reese, S. D. (2014). *Mediating the Message in the 21st Century: A Media Sociology Perspective.* New York: Routledge.

Siegert, S. (2008). Frei sein. *Journalist, 2008*(11), 13–20.

Singer, J. B. (2018). Entrepreneurial journalism. In T. P. Vos (Hrsg.), *journalism* (S. 355–372). Boston: De Gruyter.

Singer, J. B., Domingo, D., Heinonen, A., Hermida, A., Paulussen, S., Quandt, T., Reich, Z., & Vujnovic, M. (2011). *Participatory Journalism: Guarding Open Gates at Online Newspapers.* Oxford: Wiley-Blackwell.

Sjøvaag, H. (2013). Journalistic autonomy between structure, agency and institution. *NORDICOM Review, 34,* 155–166.

Skovsgaard, M., & van Dalen, A. (2013). The Fading Public Voice. *Journalism Studies, 14,* 371–386.

Sparrow, B. H. (1999). *Uncertain guardians: The News Media as a Political Institution.* London: Johns Hopkins University Press.

Sparrow, B. H. (2006). A research agenda for an institutional media. *Political Communication, 23*(2), 145–157.

Sparviero, S., & Trappel, J. (2016). Austria. *Reuters Institute Digital News Report 2016.* http://reutersinstitute.politics.ox.ac.uk/sites/default/files/research/files/Digital%2520News%2520Report%25202016.pdf. Zugegriffen: 22. April 2018.

Spiegel Online. (2013). Als Priester verkleideter Journalist wollte zu Schumacher, *Spiegel Online*. http://www.spiegel.de/panorama/als-priester-verkleideter-journalist-wollte-zu-schumacher-a-941379.html. Zugegriffen: 07. August 2018.

SPJ. (2014). *SPJ Code of Ethics. In: Society of Professional Journalists.* http://www.spj.org/ethicscode.asp. Zugegriffen: 11. Nov. 2018.

Spyridou, L.-P., & Veglis, A. (2016). Convergence and the changing labor of journalism: Towards the 'super journalist' paradigm. In A. Lugmayr & C. Dal Zotto (Hrsg.), *Media convergence handbook* – (Bd. 1, S. 99–116)., Journalism, broadcasting, and social media aspects of convergence Wiesbaden: Springer.

Staatssekretariat für Wirtschaft SECO. (2014). Die Lage auf dem Arbeitsmarkt 2014. https://www.seco.admin.ch/seco/de/home/Arbeit/Arbeitslosenversicherung/arbeits-losenzahlen.html. Zugegriffen: 11. Nov. 2018.

Standaert, O. (2018). A labour market without boundaries? Integration paths for young journalists in French-speaking Belgium. *ESSACHESS. Journal for Communication Studies, 1*(21), 99–117.

Standing, G. (2011). *The precariat: The new dangerous class.* London: Bloomsbury.

Stapf, I. (2006). *Medien-Selbstkontrolle. Ethik und Institutionalisierung.* Konstanz: UVK.

Statistik Austria. (2015). Gender-Statistik. http://www.statistik-austria.at/web_de/statisti-ken/menschen_und_gesellschaft/soziales/gender-statistik/index.html. Zugegriffen: 11. Nov. 2018.

Statistik Austria. (2016). Nettomonatseinkommen unselbständig Erwerbstätiger nach sozio-ökonomischen Merkmalen – Jahresdurchschnitt 2016. https://www.statistik.at/web_de/statistiken/menschen_und_gesellschaft/soziales/personen-einkommen/nettomonatsein-kommen/index.html. Zugegriffen: 19. Dez. 2018.

Statistik Austria. (2018). Arbeitsmarktstatistik 1. Quartal 2018. Mikrozensus-Arbeits-kräfteerhebung. http://www.statistik-austria.at/web_de/statistiken/menschen_und_gesellschaft/arbeitsmarkt/arbeitszeit/teilzeitarbeit_teilzeitquote/index.html. Zugegriffen: 11. Nov. 2018.

Staun, H. (2014). Schlagzeilenprosa. Mit kompromisslos optimierten Klickködern zum durchschlagenden Erfolg im SocialMediaRanking: Das OnlineMagazin „Heftig" führt vor, wie man im Internet Leser einfängt. *Frankfurter Allgemeine Zeitung.* http://www.faz.net/aktuell/feuilleton/medien/schlagzeilenprosa-das-online-magzin-hef-tig-12955990.html. Zugegriffen: 24. Apr. 2018.

Steindl, N., Lauerer, C., & Hanitzsch, T. (2017). Journalismus in Deutschland. Aktuelle Befunde zu Kontinuität und Wandel im deutschen Journalismus. *Publizistik, 62*(4), 401–423.

Steindl, N., & Hanitzsch, T. (2018). *Media Pluralism Monitor 2017 – Country Report: Germany.* Florence: Centre for Media Pluralism and Media Freedom.

Stone, K. (2012). The Decline in the Standard Employment Contract: Evidence from Ten Advanced Industrial Countries. *Law-Econ Research Paper No. 12–19.* Los Angeles: UCLA School of Law.

Strömbäck, J., & Kiousis, S. (2011). *Political public relations: Principles and applications.* New York: Routledge.

Summ, A. (2013). *Freie Journalisten im Fernsehen. Professionell, kompetent und angepasst – Ein Beruf im Wandel.* Baden-Baden: Nomos Verlag.

SVP. (2017). Fake News auf Radio SFR – Beanstandung mehrheitlich gutgeheißen. *Schweizerische Volkspartei*. https://www.svp.ch/news/artikel/medienmitteilungen/fake-news-auf-radio-srf-beanstandung-mehrheitlich-gutgeheissen/. Zugegriffen: 11. Nov. 2018.

Tandoc, E. C., Hellmueller, L., & Vos, T. P. (2013). Mind the gap. *Journalism Practice, 7*, 539–554.

taz. (2015). Problem Scheinselbstständigkeit. Die Leiharbeiter des Journalismus, *taz*. http://www.taz.de/!5210276/. Zugegriffen: 11. Nov. 2018.

Teichert, W. (1996). Journalistische Verantwortung. Medienethik als Qualitätsproblem. In J. Nida-Rümelin (Hrsg.), *Angewandte Ethik* (S. 751–776). Stuttgart: Kröner.

Teusch, U. (2016). *Lückenpresse: Das Ende des Journalismus wie wir ihn kannten*. Frankfurt: Westend.

Thomaß, B. (1998). *Journalistische Ethik. Ein Vergleich der Diskurse in Frankreich, Großbritannien und Deutschland*. Opladen: Westdeutscher Verlag.

Thomaß, B. (2016). Ethik des Journalismus. In M. Löffelholz & L. Rothenberger (Hrsg.), *Handbuch Journalismustheorien* (S. 537–550). Wiesbaden: Springer.

Thurnher, A. (1995). Das Ende des Journalismus. *profil, 26*(2), 68.

Trappel, J. (2019). Medienkonzentration – trotz Internet kein Ende in Sicht. In M. Karmasin und C. Oggolder (Hrsg.), *Österreichische Mediengeschichte, Bd. 2: von Massenmedien zu sozialen Medien (1918 bis heute)* (S. 199–226). Wiesbaden: Springer VS.

Tsfati, Y. (2004). Exploring possible correlates of journalists' perceptions of audience trust. *J&MC Quarterly, 81*(2), 274–291.

Tsfati, Y., & Cappella, J. (2003). Do people watch what they do not trust? Exploring the association between news media skepticism and exposure. *Communication Research, 30*(5), 504–529.

Tuchman, G. (1978). *Making news: A study in the construction of reality*. New York: Free Press.

Ulfkotte, U. (2010). Systempresse im Gleichschritt voran. Zerstört unsere abendländischen Wurzeln! *Kopp Online*. http://info.kopp-verlag.de/hintergruende/deutschland/systempresse-im-gleichschritt-voran-zerstoert-unsere-abendlaendischen-wurzeln-.html. Zugegriffen: 11. Nov. 2018.

Van Aelst, P., Brants, K., van Praag, P., de Vreese, C., Nuytemans, M., & van Dalen, A. (2008). The Fourth Estate as Superpower? An Empirical Study of Perceptions of Media Power in Belgium and the Netherlands. *Journalism Studies, 9*(4), 494–511.

Van Dalen, A. (2012). The people behind the political headlines: A comparison of political journalists in Denmark, Germany, the United Kingdom and Spain. *The International Communication Gazette, 74*(5), 464–483.

Van Dalen, A., de Vreese, C. H., & Albæk, E. (2012). Different roles, different content? A four-country comparison of the role conceptions and reporting style of political journalists. *Journalism: Theory, Practice & Criticism, 13*, 903–922.

Van Dalen, A., Albaek, E., & de Vreese, C. (2011). Suspicious minds: Explaining political cynicism among political journalists in Europe. *European Journal of Communication, 26*(2), 147–162.

Van Dalen, A. Berganza, R., Amado, A., Hanitzsch, T., Herrero, B., Josephi, B., Seizova, S., Skovsgaard, M., & Steindl, N. (2019). Confidence in Public Institutions: In Whom Do Journalists Trust? In T. Hanitzsch, F. Hanusch, J. Ramaprasad &

A. S. de Beer (Hrsg.), *Worlds of Journalism: Comparing Journalistic Cultures Around the Globe*. New York: Columbia University Press.

Verein für Medienvielfalt. (2019). Mehr Politik, viel mehr «SVP». Auswertung der «Winterthurer Zeitung» nach der Übernahme durch Christoph Blocher im August 2017. Medienmitteilung vom 22. Januar 2019. https://medienvielfaltschweiz.ch/wp-content/uploads/2019/01/190122_WIZ_Auswertung_MM_def.pdf. Zugegriffen: 24. März 2019.

Voakes, P. S. (1997). Social influences on journalists' decision making in ethical situations. *Journal of Mass Media Ethics, 12*, 8–35.

Voltmer, K. (2016). Press freedom and the limitations of the marketplace of ideas. In Robert G. Picard (Hrsg.), *What society needs from media in the age of digital communication* (S. 249–272). Ramada: Formalpress.

Vosko, L. F. (2010). *Managing the Margins: Gender, Citizenship, and the International Regulation of Precarious Employment*. Oxford: Oxford University Press.

Walter-Rogg, M. (2005). Politisches Vertrauen ist gut – Misstrauen ist besser? Ausmaß und Ausstrahlungseffekte des Politiker- und Institutionenvertrauens im vereinigten Deutschland. In W. Gabriel, J. Falter, & H. Rattinger (Hrsg.), *Wächst zusammen, was zusammengehört? Stabilität und Wandel politischer Einstellungen im wiedervereinigten Deutschland* (S. 129–156). Baden-Baden: Nomos.

Weaver, D. H. (1998). Journalists around the world: Commonalities and differences. In D. H. Weaver (Hrsg.), *The Global Journalist: News people around the world* (S. 455–480). Cresskill: Hampton.

Weaver, D. H., Beam, R. A., Brownley, B. J., Voakes, P. S., & Wilhoit, G. C. (2007). *The American journalist in the 21st century: U.S. news people at the dawn of a new millennium*. Mahwah: Erlbaum.

Weaver, D. H., & Wilhoit, G. C. (1986). *The American journalist: A portrait of the U.S. news people and their work*. Bloomington: Indiana University Press.

Weaver, D. H., & Wilhoit, G. C. (1996). *The American journalist in the 1990s: U.S. news people at the end of an era*. Mahwah: Erlbaum.

Westerbarkey, J. (2004). Die Assimilationsfalle, oder was eigentlich vorgeht: Ein Plädoyer für anschlussfähige Unterscheidungen. In B. Baerns (Hrsg.), *Leitbilder von gestern? Zur Trennung von Werbung und Programm* (S. 193–204). Wiesbaden: VS Verlag.

Willnat, L., & Weaver, D. H. (2014). *The American Journalist in the digital age: Key findings*. Bloomington: School of Journalism, Indiana University.

Willnat, L., Weaver, D. H., & Wilhoit, G. C. (2017). *The American journalist in the digital age*. New York: Lang.

Weichler, K. (2005). Freier Journalismus. In S. Weischenberg, H. Kleinsteuber, & B. Pörksen (Hrsg.), *Handbuch Journalismus und Medien* (S. 69–73). Konstanz: UVK.

Weischenberg, S. (1992). *Journalistik. Theorie und Praxis aktueller Medienkommunikation. Band 1: Mediensysteme, Medienethik, Medieninstitutionen*. Opladen: Westdeutscher Verlag.

Weischenberg, S. (1995). *Journalistik. Theorie und Praxis aktueller Medienkommunikation. Band 2: Medientechnik, Medienfunktionen, Medienakteure*. Opladen: Westdeutscher Verlag.

Weischenberg, S. (1997). *Neues vom Tage: Die Schreinemakerisierung unserer Medienwelt*. Hamburg: Rasch und Röhring.

Weischenberg, S. (2001). Das Ende einer Ära? Aktuelle Beobachtungen zum Studium des künftigen Journalismus. In H. J. Kleinsteuber (Hrsg.), *Aktuelle Medientrends in den USA: Journalismus, politische Kommunikation und Medien im Zeitalter der Digitalisierung* (S. 61–82). Opladen: Westdeutscher Verlag.

Weischenberg, S. (2004). *Journalistik. Medienkommunikation: Theorie und Praxis. Band 1: Mediensysteme – Medienethik – Medieninstitutionen* (3. Aufl.). Opladen: Westdeutscher Verlag.

Weischenberg, S., Altmeppen, K. D., & Löffelholz, M. (1994). *Die Zukunft des Journalismus: technologische, ökonomische und redaktionelle Trends.* Opladen: Westdeutscher Verlag.

Weischenberg, S., Löffelholz, M., & Scholl, A. (1993). Journalismus in Deutschland. Design und erste Befunde der Kommunikatorstudie. *Media Perspektiven, 1,* 21–33.

Weischenberg, S., Löffelholz, M., & Scholl, A. (1994). Merkmale und Einstellungen von Journalisten. „Journalismus in Deutschland" II. *Media Perspektiven, 4,* 154–167.

Weischenberg, S., Malik, M., & Scholl, A. (2006a). *Die Souffleure der Mediengesellschaft: Report über die Journalisten in Deutschland.* Konstanz: UVK.

Weischenberg, S., Malik, M., & Scholl, A. (2006b). Zentrale Befunde der aktuellen Repräsentativbefragung deutscher Journalisten Journalismus in Deutschland 2005. *Media Perspektiven, 7,* 346–361.

Welzel, C. (2013). *Freedom rising: Human empowerment and the quest for emancipation.* Cambridge: Cambridge University Press.

Wilczek, B. (2014). Redaktionelle Konvergenz und Trade-offs bei der Sicherung journalistischer Qualität. In H. Rau (Hrsg.), *Digitale Dämmerung. Die Entmaterialisierung der Medienwirtschaft* (S. 189–206). Baden-Baden: Nomos Verlag.

Witschge, T., & Nygren, G. (2009). Journalistic work: A profession under pressure? *Journal of Media Business Studies, 6*(1), 37–59.

Wladarsch, J. (2014). Journalistische Inhalte in sozialen Onlinenetzwerken: Was Nutzer rezipieren und weiterkommunizieren. In W. Loosen & M. Dohle (Hrsg.), *Journalismus und (sein) Publikum* (S. 113–130). Wiesbaden: VS Verlag.

Wolfe, T. (1973). *The New Journalism.* New York: Harper & Row.

Worlds of Journalism Study. (2012). *Field Manual. Instructions for Field Research.* http://www.worldsofjournalism.org/fileadmin/user_upload/Field_Manual_1.3.pdf. Zugegriffen: 11. Nov. 2018.

Worlds of Journalism Study. (2016). *The WJS 2012-2015. Conceptual Framework.* Abgerufen von http://www.worldsofjournalism.org/research/2012-2015-study/conceptual-framework/. Zugegriffen: 10. Jan. 2019.

Wyss, V. (2008). Das Doppelgesicht des redaktionellen Managements. ,Heuchelei' in der Qualitätssicherung. In B. Pörksen, W. Loosen, & A. Scholl (Hrsg.), *Paradoxien des Journalismus. Theorie – Empirie – Praxis* (S. 123–143). Wiesbaden: VS Verlag.

Wyss, V. (2012). Das Prekariat des Schweizer Journalismus. In K. Imhof, R. Blum, H. Bonfadelli, & O. Jarren (Hrsg.), *Stratifizierte und segmentierte Öffentlichkeit. Mediensymposium 2010* (S. 167–186). Wiesbaden: Springer Fachmedien.

Wyss, V. (2016). Journalismus als duale Struktur. In M. Löffelholz & L. Rothenberger (Hrsg.), *Handbuch Journalismustheorien* (S. 265–280). Wiesbaden: Springer.

Wyss, V., & Keel, G. (2010). Schweizer Journalismuskulturen im sprachregionalen Vergleich: Eine Längsschnittuntersuchung zu Strukturmerkmalen und Einstellungen.

In A. Hepp, M. Höhn, & J. Wimmer (Hrsg.), *Medienkultur im Wandel* (S. 245–260). Konstanz: UVK.

Wyss, V., Studer, P., & Zwyssig, T. (2012). *Medienqualität durchsetzen. Qualitätssicherung in Redaktionen. Ein Leitfaden.* Zürich: Orell Füssli.

Zehnder, M. (2015). Wo die Neutralität aufhört und die Verantwortung beginnt, *Basellandschaftliche Zeitung*. http://www.basellandschaftlichezeitung.ch/kommentare-basel/ zehnders-zettelkasten/wo-die-neutralitaet-aufhoert-und-die-verantwortung-be-ginnt-128785206. Zugegriffen: 11. Nov. 2018.

Zelizer, B. (1993). Journalists as Interpretive Communities. *Critical studies in Mass Communication, 10*(3), 219–237.

Zimmer, A., Krimmer, H., & Stallmann, F. (2007). *Frauen an Hochschulen. Winners among Losers. Zur Feminisierung der deutschen Universität.* Opladen: Budrich.

Zoll, P. (2015). Verschwörungstheoretische Medienkritik: Wächter oder Totengräber der Demokratie? – Plädoyer für einen neuen Realismus in der Medienkritik. *Communicatio Socialis, 48*(2), 126–137.

Zöchling, C. (2016). Lügen wie gedruckt. *Profil.* https://www.profil.at/oesterreich/lue-gen-wie-gedruckt-luegenpresse-7915819. Zugegriffen: 11. Nov. 2018.